MUSÉE IMPÉRIAL

DU LOUVRE.

PRIX : 1 fr. 50 c.

NOTICE DES TABLEAUX

EXPOSÉS DANS LES GALERIES

DU

MUSÉE IMPÉRIAL

DU LOUVRE,

PAR

FRÉDÉRIC VILLOT,

CONSERVATEUR DES PEINTURES.

2e PARTIE.

ÉCOLES ALLEMANDE, FLAMANDE ET HOLLANDAISE.

—

2e ÉDITION.

PARIS,

VINCHON, IMPRIMEUR DES MUSÉES IMPÉRIAUX,

RUE J.-J. ROUSSEAU, 8.

1853

Monsieur le Directeur général,

J'ai l'honneur de soumettre à votre approbation les épreuves de la seconde partie de la Notice des tableaux exposés dans les galeries du Musée du Louvre. Elle comprend la description des peintures allemandes, flamandes et hollandaises, ainsi que tous les renseignements authentiques que j'ai pu me procurer jusqu'à présent sur ces ouvrages et sur leurs auteurs. Le plan que j'ai suivi est entièrement conforme à celui que vous avez déjà approuvé pour les écoles d'Italie et d'Espagne; dans chaque nouvelle édition je ne négligerai aucun soin pour diminuer les erreurs de rédaction et augmenter le nombre des documents intéressants.

Recevez, Monsieur le directeur général, l'assurance de ma haute considération et de mon dévouement.

Le Conservateur des peintures,
F. VILLOT.

Approuvé

Le Directeur général des Musées,
NIEUWERKERKE.

9 Novembre 1852.

AVERTISSEMENT.

L'avertissement placé au commencement de la Notice des tableaux italiens et espagnols donnant sur la rédaction du catalogue des peintures exposées au Musée du Louvre tous les renseignements nécessaires pour en faire comprendre l'économie et l'usage, nous ne le reproduirons pas plus ici que l'introduction ou histoire de la formation et de l'accroissement successif de la collection qui suit cet avertissement, afin de ne pas grossir inutilement ce volume. Le lecteur désireux de connaître le but que nous nous sommes proposé, la nature des renseignements que nous avons réunis, leur classification, ainsi que la signification des différents caractères employés dans le texte et dans les tables, est donc prié de vouloir bien recourir à cette première partie. Nous n'ajouterons à ce que nous avons déjà dit que quelques réflexions applicables plus particulièrement à cette deuxième Notice.

Malgré tout notre désir de donner aux artistes leurs véritables noms et d'adopter pour chacun d'eux une appellation unique, nous n'avons pu y réussir complètement, parce que l'orthographe des noms propres flamands et hollandais du XVIIe siècle n'était pas plus fixée que celle des noms propres italiens au XVe ou XVIe siècle. Ainsi l'on trouve des tableaux signés d'une manière authentique *Rembrandt* et *Rembrant*; *Berchem* et *Berghem*; *Ruisdael* et *Ruysdael*; *Peter*, *Pieter*, *Peeter Neefts*, *Neeffs* ou

Neefs, etc.; et quoique les Allemands écrivent généralement *Johann* et les Hollandais *Jan*, on rencontre cependant parmi ces derniers des *Johan* et des *Johannes*. Ces différences dans la transcription des noms sont si fréquentes, qu'Houbraken lui-même, par exemple, dans ses tables alphabétiques placées à la fin de chaque volume, ne reproduit pas toujours identiquement ceux dont il s'est servi dans le cours de la biographie de l'artiste. Cependant comme il faut un guide, c'est lui qui nous en a servi le plus ordinairement pour l'école des Pays-Bas.

En parcourant les biographies contenues dans ce volume, celles des artistes hollandais principalement, on remarquera un grand nombre de dates incertaines. Quelques recherches que nous ayons pu faire, il nous a été impossible, jusqu'à présent, d'arriver à plus d'exactitude. Van Mander, Houbraken, van Gool, les seuls historiens nationaux importants que nous possédions, et que les autres biographes n'ont fait que copier presque littéralement, renferment des renseignements précieux; mais l'esprit de critique auquel nous sommes accoutumés maintenant n'a pas présidé au choix de tous leurs documents : attachant trop d'importance à des anecdotes dont l'authenticité, pour un grand nombre au moins, est fort douteuse, ils ont souvent négligé la vérification des faits et des dates. Il reste à écrire un beau livre sur les artistes hollandais; mais il ne peut être entrepris avec succès que dans leur patrie. Que les érudits des différentes villes des Pays-Bas, à l'imitation des savants des moindres cités italiennes, étudient avec amour la vie et les œuvres de leurs peintres, qu'ils consultent les registres de naissance et de mort, qu'ils recueillent les correspondances éparses, qu'ils fouillent avec persévérance leurs archives, qu'ils relèvent soigneusement sur leurs tableaux les signatures et les dates, qu'ils recherchent les origines de ces toiles précieuses, en fassent des descriptions suffisantes, et bientôt, au lieu de ces insignifiants catalogues des superbes galeries de La Haye et d'Amsterdam, nous posséderons une histoire véritable de l'école néerlandaise. Les Hollandais laisseront-ils toujours à des étrangers le soin de glorifier les noms de Rembrandt, de Paul Potter, de Cuyp, d'Ostade, de Ruïsdael, de Terburg, de Metsu, de van den Velde? Et, pour ne citer qu'une contrée voisine, consentiront-ils à rester en arrière des Flamands, qui ont publié et publient journellement des recherches intéressantes sur van Eyck, Memling, Rubens, etc., et qui, par les soins apportés à la rédaction du catalogue du Musée d'Anvers, se montrent si désireux de dégager les biographies des grands artistes des erreurs grossières dont elles sont encore remplies?

EXPLICATION DES ABRÉVIATIONS

EMPLOYÉES DANS CETTE NOTICE.

H.	— Hauteur.
L.	— Largeur.
T.	— Toile.
B.	— Bois.
C.	— Cuivre.
Fig.	— Figure.
Gr. nat.	— Grandeur naturelle.
Pet. nat.	— Petite nature.
Calc. imp.	— Calcographie impériale.

NOTA. On a imprimé en lettres capitales les noms des artistes dont les tableaux sont exposés dans la galerie; en italique, les surnoms; en caractères plus gros que les autres, les noms des peintres cités seulement, mais dont le Louvre ne possède pas encore d'ouvrages.

Les numéros *rouges* placés sur les bordures des tableaux indiquent qu'ils appartiennent aux écoles d'Italie et d'Espagne.

Les numéros *bleus* désignent les peintures des écoles allemande, flamande et hollandaise.

Chacune de ces deux séries a donc un numérotage particulier et correspondant avec celui de la Notice qui lui est consacrée.

Les numéros *noirs* ont été réservés pour l'école française, dont la Notice paraîtra prochainement.

ÉCOLES
ALLEMANDE, FLAMANDE
ET HOLLANDAISE.

ASSELYN (Jan), *né à Anvers vers 1610, mort à Amsterdam en 1660.* (Ecole hollandaise.)

Il fût élève de Jan Miel et d'**Ezaïas van den Velde**; mais il imita surtout la manière de Pieter van Laar, dit *Bamboche*. Ce peintre se rendit en Italie en 1630, séjourna à Rome et à Venise, où il produisit un nombre considérable de tableaux fort estimés, et revint se fixer à Amsterdam en 1645. Il fut un des premiers, parmi ses compatriotes, qui chercha à substituer dans le paysage la manière de Claude le Lorrain à celle des Bril et des Breughel, jusque-là fort en vogue. Asselyn peignit quelquefois des tableaux d'histoire et des batailles, mais plus souvent des paysages avec des monuments antiques, des animaux et des figures. On lui donna les surnoms de *Crabatje* (petit Crabe), *Krabbete*, *Krabbetje*, *Crabetie*, *Grabatier*, ou *Krab*, parce qu'il avait une main estropiée et les doigts crochus. Florent le Comte l'appelle aussi *Petit-Jean de Hollande*.

1. *Vue du pont Lamentano, sur le Teverone.*

H. 0, 58. — L. 0, 58. — T. — Fig. de 0, 07.

Une femme montée sur un bœuf, et causant avec une autre femme, va passer le fleuve à gué. Plus loin et à gauche, des animaux traversant également le Teverone.

Filhol, t. 3, pl. 154.

Ancienne collection.

2. *Paysage*

H. 0, 72. — L. 0, 42. — Forme ovale. — T. — Fig. de 0, 06.

A gauche, entourée d'arbres et de broussailles, une tour construite sur un rocher domine un fleuve encaissé dans des montagnes escarpées. Au pied du rocher, un muletier décharge deux mulets de leurs bagages; près de lui, un galérien montre deux barques chargées de marchandises. Sur le devant, un homme portant un paquet et précédé de son chien. Effet de soleil couchant.

Filhol, t. 1, pl. 46. — Landon, t. 1, pl. 2.

Ancienne collection.

3. *Vue du Tibre.*

H. 0, 65. — L. 0, 88. — T. — Fig. de 0, 08.

A gauche et au premier plan, une masse de rochers. Dans le fond, un pont à quatre arches protégé par une tour et aboutissant à une éminence sur laquelle s'élèvent des fabriques. Deux pâtres montés, l'un sur un âne, l'autre sur un bœuf, et précédés de leurs bestiaux, traversent la rivière.

Gravé par Dequevauvillers dans le Musée français. — Filhol, t. 2, pl. 130. — Landon, t. 1, pl. 1.

Ancienne collection. — Ce tableau, ainsi que le suivant et celui de Swanewelt exposé sous le n° 507, décoraient le cabinet de *l'Amour* peint par Lesueur à l'hôtel Lambert. (Voir aussi, dans la 3e partie de la Notice, *Patel*, n°....)

4. *Ruine dans la campagne de Rome.*

H. 0, 78. — L. 0, 59. — Forme ovale. — T. — Fig. de 0, 09.

Deux pâtres sont assis à côté d'une hutte dressée au pied d'un fragment d'aqueduc antique; près d'eux paissent des chèvres et des moutons. Dans le fond, de hautes montagnes.

Filhol, t. 10, pl. 647.

Ancienne collection. — Ce tableau faisait partie des peintures de l'hôtel Lambert. (Voir la note du numéro précédent.)

BACKUISEN ou BAKHUYSEN (LUDOLFF), *peintre, graveur, né à Embdem, ville de Westphalie, en* 1631, *mort à Amsterdam le 7 novembre* 1709. (Ecole hollandaise.)

Son père, secrétaire des États, le destinait au commerce, et jusqu'à l'âge de 18 ans il travailla dans le bureau d'un négociant d'Amsterdam, où il se fit remarquer par une superbe écriture. Sans avoir reçu aucune leçon, il commença par faire, d'après les vaisseaux qu'il voyait dans le port, des dessins que les amateurs payaient jusqu'à 100 florins. Ce succès le décida à se livrer à la peinture, et il se mit sous la direction d'Aldert van Everdingen, paysagiste distingué. Epris de son art, il ne négligea aucun moyen pour arriver à la perfection. Afin de rendre avec plus de vérité les effets de la tempête, il s'exposa souvent sur une petite barque aux plus grands dangers. Ses marines étaient très recherchées; le roi de Prusse, l'électeur de Saxe, le grand-duc de Florence lui firent de nombreuses commandes, et le czar Pierre Ier, appréciant la fidélité avec laquelle il représentait les diverses espèces de bâtiments, voulut qu'il lui dessinât une suite de navires. Quoique parvenu à une haute réputation comme artiste, la peinture ne lui fit pas négliger son talent de calligraphe; il exécuta une grande quantité de modèles d'écriture et en grava plusieurs lui-même. — Les principaux élèves et imitateurs de Backuisen sont : **Jan-Klaasze Rietschorf**, né à Hoorn en 1652; **Hendrick Rietschorf**, son fils, né en 1678; **Michiel Maddersteg**, né à Amsterdam en 1659, mort en 1709; **Jan Dubbels**, que les biographes font tantôt maitre, tantôt élève de Backuisen; et **Peter Coopse**.

5. *Escadre hollandaise.*

H. 1, 71. — L. 2, 85. — T.

Elle est composée de dix bâtiments de guerre en deux divisions sur deux lignes.

Collection de Louis XIV. — « Les bourguemestres d'Amsterdam commandèrent à Backuysen une grande marine, qu'ils lui payèrent 1,300 florins, et de plus une gratification considérable. Ce beau tableau fut envoyé en présent à Louis XIV en 1665. » (DESCAMPS, *Vie des peintres flamands, allemands et hollandais*, t. II, p. 444.) Ce passage de Descamps est traduit littéralement de la biographie écrite par Houbraken. Si le tableau de la collection du Louvre est bien celui dont il veut parler, comme c'est la tradition du Musée, les deux auteurs auraient commis une erreur de chiffre, puisqu'on lit sur un tonneau flottant à gauche la date de 1675, et non celle de 1665. Mais il pourrait bien se faire que la tradition fût fausse; car cette peinture ne figure pas sur l'inventaire dressé par Bailly en 1709-1710, tandis qu'on voit apparaître comme acquisition récente, sur celui de Louis XVI, fait par ordre de M. d'Angiviller, une grande marine dont les dimensions sont exactement conformes à celles du n° 5, et qui est la seule de la collection ayant cette importance.

6. *Marine.*

H. 1, 27. — L. 2, 20. — T. — Fig. de 0, 07.

La mer est couverte de barques et de vaisseaux. L'arrière d'un de ces bâtiments, à gauche, est sculpté et porte l'inscription suivante : AN DE SPIE. GEL 1666, *Ludolff Backysen.* A l'horizon, la ville d'Amsterdam, dont on lit le nom au bas du tableau, à gauche.

Collection de Louis XV. — Donné par les héritiers du sculpteur Bouchardon.

7. *Marine.*

H. 0, 46. — L. 0, 65. — T. — Fig. de 0, 06.

A gauche, au pied d'un vieil arbre presque entièrement dépouillé de ses branches et de son écorce, un homme debout, une femme assise et un enfant placé sur une pointe de terre regardent des barques qui luttent contre la marée montante. — Signé : L. BACK.

Gravé par Daudet, dans le Musée français, sous le titre du Coup de vent. — Landon, t. 1, pl. 4.

Collection de Louis XVIII. — Vendu en 1784, à la vente du comte de Vaudreuil, 4,300 livres, et acquis le 28 décembre 1816, de M. Baudelaire, pour 2,500 fr.

8. *Marine.*

H. 0, 66. — L. 0, 80. — T. — Fig. de 0, 05.

Sur une mer houleuse, deux matelots dirigent un canot vers une barque dont la voile est très inclinée. A quelque distance et à droite, un grand bâtiment hollandais ; plus loin, d'autres embarcations.

Musée Napoléon.

9. *Marine.*

H. 0, 50. — L. 0, 68. — T. — Fig. de 0, 08.

A gauche, deux pêcheurs sont debout près d'une barque amarrée au rivage; un bâtiment hollandais poussé par le vent s'éloigne de la côte. Dans le fond, plusieurs autres bâtiments.

Collection de Louis-Philippe. — Acquis de M. Gaillard, en 1849, pour la somme de 1,200 fr.

BALEN (HENRIK VAN), *né à Anvers en 1560, mort dans la même ville en 1632.* (Ecole flamande.)

Élève d'**Adam van Noort** et non pas van Oort, comme on écrit ordinairement ce nom. Jeune encore il voyagea en Italie, étudia l'antique, les œuvres des grands maîtres, puis revint se fixer à Anvers, où il fut reçu franc-maître de Saint-Luc en 1593. Il aimait à peindre les sujets mythologiques, qui lui permettaient d'introduire des figures nues, et il se servait souvent de Jan Breughel pour faire les fonds et les paysages de ses tableaux. Son fils **Jan**, né en 1611, fut également peintre. Balen a été le premier maître de van Dyck et de Snyders.

10. *Le repas des dieux.*

H. 0, 56. — L. 0, 85. — B. — Fig. de 0, 30.

Au bord de la mer et sous l'entrée d'une grotte décorée de coquillages, Neptune, Apollon, Saturne et Mars sont assis à une table et servis par des nymphes : à droite, un amour présente une coupe à Mars ; à gauche, deux divinités apportent des fruits, un homard, et un amour traîne un gros poisson. Au deuxième plan, à droite, une table chargée de pièces d'orfèvrerie. Dans le fond, à gauche, le triomphe d'Amphitrite. — Signé : H. V. BALEN.

Ancienne collection.

BAMBOCHE. — *Voir* LAAR.

BARENT VAN BRÜSSEL. — *Voir* ORLEY.

BAUDOIN. — *Voir* BOUDEWINS.

BEERSTRAETEN *ou* **BEERSTRAATEN (A.-JOHANNES),** *florissait en* 1664. (Ecole hollandaise.)

On n'a aucun détail biographique sur cet artiste, qui peignit surtout des marines, des ports de mer, et dessina des vues de villes avec beaucoup de talent. Ses ouvrages sont rares et estimés. La date de sa mort est fort incertaine et a été fixée par différents historiens en 1684, 1685 et même en 1686.

11. *L'ancien port de Gênes.*

H. 0, 94. — L. 1, 29. — T. — Fig. de 0, 09.

Au second plan, et vue de face, une église terminée à droite par une haute tour carrée, et précédée d'un péristyle à colonnes et à pilastres de marbre rouge. En avant, à droite, un petit monument sculpté, surmonté d'une croix et s'élevant au pied d'un escalier qui descend à la mer. Par terre, deux canons démontés et un chapiteau brisé. A gauche, dans le golfe, un bâtiment portant le pavillon hollandais et une barque remplie de soldats; plus loin, d'autres bâtiments et un fort. — Signé : *Johannes Beerstraaten fecit* 1662.

Collection de Louis XVIII. — Compris dans le lot de tableaux acquis de M. de Langeac, en 1822, moyennant la somme de 20,000 fr.

BEGA (ABRAHAM *ou* ADRIAAN). *On ignore la date de sa naissance; mort à la fin du XVIIe siècle.* (Ecole hollandaise.)

Les auteurs ne sont d'accord ni sur les noms de cet artiste, ni sur les dates de sa naissance et de sa mort. Van Gool, qui a tiré ses notices d'Augustin Terwesten, contemporain et ami de Bega, le nomme Abraham Begyn, et il est à croire qu'il appartenait à la famille de Kornelis Bega, élève d'Ostade, dont le père portait le nom de Begyn, nom que Kornelis changea en celui de Bega. Van Gool dit encore qu'Abraham naquit en 1560; mais cela ne se rapporte pas avec le récit de Weyerman qui le nomme Adriaan Bega, le fait naître à Leyde et

BEGA (KORNELIS BEGYN).

mourir à Berlin en 1696, âgé de 74 à 75 ans. Humbert, dans son manuscrit publié par Heinecke, assure qu'il a signé C.-A. Bega les nombreux tableaux qu'il a exécutés pour les châteaux des électeurs de Brandebourg, et d'autres auteurs hollandais appellent le même peintre Begyn. Nicolaï le nomme Cornelius-Abraham. Quoi qu'il en soit, C.-A. Bega et Abraham ou Adriaan Begyn ne sont qu'un même artiste hollandais qui peignit des paysages, des animaux dans la manière de Berghem, et des vues d'architecture. En 1680, il fut appelé à Berlin par l'électeur de Brandebourg, depuis roi de Prusse, qui le nomma son premier peintre en 1690, et lui fit dessiner les maisons royales de ses États ainsi que les plus belles campagnes. Il s'acquitta de cette mission avec succès et décora ensuite les galeries du palais du roi. Ses tableaux de chevalet sont plus rares que ses peintures de grande dimension.

12. *Paysage.*

H. 0, 61. — L. 0, 50. — T.

Au milieu d'une espèce de bosquet, deux chèvres sont en avant d'une statue antique de femme, en marbre blanc, dont le piédestal bas et circulaire est caché par des ronces et des chardons. Fond de paysage. — Signé :
A. BEGA.

Ancienne collection.

BEGA (KORNELIS BEGYN, *dit*), *peintre, graveur, né à Harlem en 1620, et non pas en 1610 comme on l'a prétendu, mort de la peste dans la même ville le 27 août 1664.* (École hollandaise.)

Son père, Pieter Begyn, sculpteur, l'envoya à l'atelier d'Adriaan van Ostade, dont il fut un des bons élèves. Il peignit surtout des assemblées de paysans et des scènes familières. Son inconduite l'ayant obligé de quitter la maison paternelle, il changea son nom de Begyn en celui de Bega, sous lequel il est plus connu.

13. *Intérieur rustique.*

H. 0, 44. — L. 0, 39. — T. collée sur bois — Fig. de 0, 25.

Un homme assis auprès d'une table pose la main sur l'épaule d'une femme placée à côté de lui ; à droite, les premières marches d'un escalier. — Signé, sur une planche par terre : *C. Bega, A° 1652.*

> *Gravé par Guttemberg, dans le Musée français, sous le titre du* Bon ménage.

Musée Napoléon. — Acquis sous l'Empire.

BEHAM ou **BOEHM** (Hans-Sebald), *peintre, graveur, né à Nuremberg en 1500, mort à Francfort-sur-le-Mein vers 1550.* (Ecole allemande.)

Il fut élève de son oncle Bartel Beham, graveur habile, et reçut aussi des leçons d'**Albrecht Durer**. Son inconduite l'ayant forcé de s'expatrier, il alla s'établir à Francfort en 1544, où il tint un cabaret. Malgré la vie dissipée que ses biographes lui reprochent d'avoir menée jusqu'à la fin de ses jours, Beham a beaucoup peint, et a gravé sur bois et sur cuivre un nombre considérable d'estampes estimées. Aucun nom n'a été peut-être aussi défiguré que celui de ce maître : on l'a appelé *Sebald Been, Hisbens, Hispean, Hans Ben, Hispanien Peham, Hans Sebalde de Bohême, Hisibit Peham*, etc. Les deux monogrammes HSP et HSB accolés à son nom de Beham, écrits en toutes lettres sur des recueils publiés par lui, prouvent cependant que, quoique différents, ils appartiennent au même artiste, et que cet artiste s'appelait Hans-Sebald Beham ou Peham.

14. *Sujets tirés de l'histoire de David.*

H. 1, 28. — L. 1, 31. — B. — Fig. de 0, 03 à 0, 07.

Cette peinture, destinée à être posée à plat et vue comme une table, est divisée en quatre triangles par des lances dorées et chargées d'écussons qui, partant des quatre angles, aboutissent à un carré central dont les côtés sont parallèles à ceux de la table. Ce carré est lui-même diagonalement partagé en quatre parties égales par les ailes de quatre sphinx dorés qui soutiennent chacun un cartel où se trouve un distique latin contenant l'explication du sujet placé au-dessous.

1° *Entrée du roi Saül à Jérusalem après la défaite des Philistins.*

Saül est à cheval, suivi d'un corps de cavaliers et de fantassins; David est à côté de lui. Les femmes qui viennent à leur rencontre chantent les louanges de ce dernier en s'accompagnant de divers instruments. Dans le fond, les murs et les édifices de la ville. On lit sur le cartouche :

> FERT DAVID PRIMOS SAVLI PRÆLATVS HONORES
> DVM NOVVS OCCISO MILES AB HOST REDIT
> . REGVM. xviii.

2° *David et Bethsabée.*

Bethsabée, dans un jardin, est assise au bord d'un bassin où baigne une de ses jambes. Ses femmes l'entourent et montrent un fou qui se sauve en relevant son vêtement. Sur le devant, un cerf et des lapins. Au fond d'une place, à gauche, David à la fenêtre de son palais; sur la place, David remettant à Urie, mari de Bethsabée, un message pour Joab, qui faisait le siége de Rabbath. On lit sur le cartouche :

> HANC VIDET ET SVBITO VISÆ REX ARDET AMORE
> GLISCIT AD INFANDAM SÆVA LIBIDO NECEM.
> . ii REGVM xi.

A droite, le cardinal Albert, entouré de quelques personnages, s'appuie sur une balustrade. Un cartouche porte cette inscription allemande :

> ALBRECH VON GOTIS GNADEN DER HEILICHEN
> ROMISSCHEN KIRCHEN DES TITELS. S. PETRI
> ADVINCVLA PRIESTER CARDINAL DES HEILIGEN
> STVLS ZV MEINCZ VND DES STIFT MAGDEBVRG
> ERCZBISCHOF CHVRFVRST DES HEILIGEN ROM
> REICHS DVRCH GERMANIEN ERCZCANCZLER
> VND PRIMAS ADMINISTRATOR ZV HALBERSTAT
> MARGGRAF ZV BRANDENBVRG ZV STETTIN
> PVMERN DER CASSVBEN VND WENDEN
> HERCZOG BVRGGRAF ZV NVRMBERG VND
> FVRST ZV RVGEN.

C'est-à-dire : Albert, par la grâce de Dieu, prêtre-cardinal de la sainte Église romaine, du titre de Saint-Pierre-ès-Liens, archevêque du saint siége de Mayence et du chapitre de Magdebourg, électeur du saint Empire romain, archichancelier de Germanie, primat administrateur d'Halberstat, margrave de Brandebourg, de Stettin en Poméranie, duc des Cassubes et des Wendes, burgrave de Nuremberg et prince de Rugen.

3° *Siége de Rabbath.*

Sur le devant, à droite, des tentes; à gauche, des troupes en bataille; au fond, d'autres troupes donnant l'assaut aux remparts. Sur ce cartouche :

> MITTITVR INNOCVVS PERITVRVS AB HOSTE MARITVS
> QVA TVTAM TENEAT CÆDE LIBIDO VIAM.
> . II REGUM. XI.

4° *Le prophète Nathan devant David.*

Place entourée de riches édifices. Le prophète Nathan reproche à David le crime qu'il a commis; il lui montre le pauvre désolé à qui le riche vient d'enlever l'unique brebis qu'il possédait. Sur le cartouche :

> NATHAN ADVLTERII DAVIDA REDARGVIT · VNAM
> DELICIAS INOPIS QVI RAPVISSET OVEM.
> . II REGVM XII.

A gauche, le peintre, représenté derrière un bureau, debout, coiffé d'une toque, un compas à la main. Sur le bureau, le monogramme HSB; et sur le mur, derrière le peintre, l'inscription suivante :

> SEBALDVS BEHAN NORIBERGENSIS
> PICTURAM HANC ILLUSTRISSIMO
> PRINCIPI ALBERTO CARD : ARCHIEP.
> : MOG : HVIVS ARTIS ALIARVMQVE
> OMNIVM AMATORI, SVMMA CVRA
> PINGENS ABSOLVEBAT. AÑO. 1534.

Chacune des quatre lances qui divisent le tableau porte quatre écussons des principautés soumises au cardinal Albert, et dont les noms sont écrits sur de petites banderoles; ce sont :

MAGDEBVRG, · H · PART, · G · BVCZGAW, B. NVRMBERG. — HALBERSTAT ·, · H · MALGAST., · G · REPIN., · H · STETIN. — · H · RVGEN, · H · BVMMERN, · HE · BERNSTEIN (au-dessous de cet écusson, le mot REGALIA); · M · BRANDENBURG. — MENCZ, · H · CASSVBEN, · H · VSTVM., G · HOHENZOLLERN.

Collection de Louis XIV. — Cette table a appartenu au cardinal de Mazarin, et dans l'inventaire de ce ministre elle est estimée 2,000 livres.

BERCHEM. — *Voir* BERGHEM.

BERCKEYDEN. — *Voir* BERKEYDEN.

BERGEN (DIRK VAN), *né à Harlem, mort vers 1680.*
(Ecole hollandaise.)

Il fut élève d'Adriaan van den Velde et imita plus particulièrement la manière de Berghem. Il peignit des paysages et des animaux, travailla vers 1675 à Londres, et revint mourir dans sa patrie.

15. *Paysage et animaux.*

H. 0, 60. — L. 0, 72. — T. — Fig. de 0, 14.

Un mouton, un bélier, un taureau blanc traversent un ruisseau qui côtoie le bord d'une route. A gauche, une chèvre a déjà passé le gué. Au deuxième plan, un pâtre guide un troupeau composé de bœufs, de vaches, de chèvres, de moutons, et chasse devant lui un mulet chargé et richement caparaçonné. Dans le fond, une femme tenant son enfant dans ses bras et montée sur un âne qu'un homme conduit par la bride. — Signé : D. V. BERGEN, 1688.

Filhol, t. 10, pl. 658.

Ancienne collection.

16. *Paysage.*

H. 0, 26. — L. 0, 32. — T. collée sur bois. — Fig. de 0, 05.

Un cheval blanc et deux vaches, dont une couchée, sont près d'un arbre. Plus loin, à droite, un mouton boit à un ruisseau. A gauche, sur un plan plus éloigné, une paysanne assise. — Signé : D. V. BERGHEN.

Ancienne collection.

BERGHEM ou BERCHEM (NICOLAAS), *peintre, graveur, né à Harlem en 1624, mort dans la même ville le 18 février 1683.* (Ecole hollandaise.)

Son père, **Peter Klaasze** ou **Peter van Haerlem,** peintre médiocre de nature morte, après lui avoir enseigné les premiers éléments de l'art, le mit successivement chez van Goyen, **N. Mojaert, P. Grebber, J. Wils** et J.-B. Weenix. On prétend qu'il reçut le surnom de Berghem parce que son père étant venu le chercher chez van Goyen pour le maltraiter, le maître, qui l'aimait beaucoup, cria aux autres élèves *berg-hem* (sauvez-le)! Berghem est un des artistes hollandais qui ont peint le paysage et les animaux avec le plus d'habileté. Son assiduité au travail, sa prodigieuse facilité d'exécution, lui permirent de produire, tout en ne négligeant aucun détail, un nombre de tableaux, de dessins et d'eaux-fortes très remarquables et très recherchés.

17. *Vue des environs de Nice.*

H. 0,˜95. — L. 1, 38. — T. — Fig. de 0, 13.

A gauche, un village et une tour en ruines surmontée d'un moulin s'élèvent sur les bords du Var, qui se jette dans la mer à quelque distance. A l'horizon, les Alpes dont les cimes se perdent dans les nuages. A droite, sur un chemin qui serpente entre des arbres et des rochers, un pâtre et une villageoise portant un panier sur sa tête conduisent des bestiaux. — Signé à droite : *C. Berghem.*

Gravé par Daudet dans le Musée français. — *Filhol, t. 2, pl. 124.* — *Landon, t. 1, pl. 5.*

Collection de Louis XVI. — Ce tableau fut acheté en 1776 par ordre du roi à la vente de M. Blondel de Gagny, trésorier de la caisse d'amortissement, 4,810 livres. On remarque, dans la signature de ce tableau, un enlacement du B avec le C (*Claas*, abréviation de *Nicolaas*) analogue à celui qui se voit sur la peinture du numéro suivant et du n° 27.

18. *Paysage et animaux.*

H. 1, 30. — L. 1, 95. — T. — Fig. de 0, 20.

A gauche, des rochers et de grands arbres au bord d'une rivière qui traverse une route. Au pied des arbres, un chasseur assis et deux chiens accouplés, dont l'un se désaltère. Un pâtre, les jambes nues, tenant un agneau dans ses bras, traverse le gué. Sur la route, vers la droite, un homme monté sur un mulet chargé de ballots; près de lui, une femme à cheval, suivie de deux vaches et parlant à une paysanne à pied qui porte un enfant et un paquet. Plus loin, un homme avec un bœuf et un âne, s'apprêtant à passer la rivière. Dans le fond, un autre homme, conduisant des animaux, s'arrête devant une hôtellerie située au bord de la route. — Signé : *C Berghem. F.* 1653.

Gravé par Daudet dans le Musée français. — Filhol, t. 9, pl. 593. — Landon, t. 1, pl. 8.

Collection de Louis XVI. — Ce tableau fut vendu, en 1770, à la vente de M. de La Live de Jully, 8,252 livres; en 1777, à la vente de M. Randon de Boisset, 10,000 livres; en 1782, à la vente de M. Lebœuf, 18,000 livres. Le roi l'acheta à M. Lebrun (en 1782) 24,000 livres. (Voir la note du numéro précédent.)

19. *Le gué.*

H. 0, 32. — L. 0, 40. — B. — Fig. de 0, 05.

Trois pâtres accompagnés de quatre chiens font passer à un troupeau de bœufs le gué d'une rivière qui coule dans une vallée terminée à l'horizon par de hautes montagnes. Sur le premier plan, vers la gauche et au bord de la rivière, une femme à cheval s'entretient avec un de ces pâtres, qui s'appuie sur un long bâton. — Signé : *Berchem. F.* 1650.

Gravé par Halck dans le Musée français. — Filhol, t. 3, pl. 166. — Landon, t. 1, pl. 7.

Collection de Louis XVI. — M. d'Angiviller acquit ce tableau pour le roi à la vente de M. de Vaudreuil, en 1784.

20. *L'abreuvoir.*

H. 0, 51. — L. 0, 62. — T. — Fig. de 0, 15.

Une paysanne debout, tenant une quenouille et un fuseau, fait désaltérer son troupeau à une mare. Dans le fond, un pont d'une seule arche réunissant deux masses de rochers, et, plus loin, une chaîne de montagnes.

Gravé par Daudet dans le Musée royal. — Filhol, t. 10, pl. 689.

Ancienne collection.

21. *Le passage du bac.*

H. 0, 50. — L. 0, 70. — B. — Fig. de 0, 11.

Au second plan, des bergers font traverser à leurs bestiaux une large rivière qui coule entre des collines et des rochers surmontés, à gauche, de tours et de fabriques. Quelques animaux entrent dans un bac, tandis que d'autres sont déjà sur la rive opposée. Au premier plan, une femme, montée sur un mulet, semble parler à un paysan qui frappe un âne chargé de ballots et qui rue. — Signé : *Berchem, f.*

Gravé par Daudet dans le Musée français. — Filhol, t. 2, pl. 87. — Landon, t. 1, pl. 6.

Ancienne collection.

22. *Paysage et animaux.*

H. 0, 89. — L. 1, 10. — T. — Fig. de 0, 22.

Un taureau, une vache, une chèvre, un mouton, un âne, vont traverser un ruisseau ; une femme, tenant un agneau sous son bras, les suit ; une autre paysanne, montée sur une vache chargée d'un fagot, lève la tête vers le ciel. A gauche, de l'autre côté du ruisseau et au second plan, un homme portant un fagot sur son dos, et une femme, montée sur un âne, conduisant des bestiaux. — Signé : *Berchem.*

Gravé par Le Bas; par Geissler, dans le Musée royal, sous le titre du Retour des animaux.

Collection de Louis XVI. — Vendu, en 1737, à la vente de la comtesse de Verrue, 3,600 livres; en 1768, à la vente de M. Gaignat, 8,500 livres. On voit une répétition de cette composition, avec quelques différences, dans la collection d'Abraham Robarts, esq.

23. *Paysage et animaux.*

H. 0, 50. — L. 0, 60. — B. — Fig. de 0, 14.

Une jeune fille lave ses pieds au bord d'un ruisseau dans lequel une vache vient de boire. Deux autres vaches et une chèvre sont encore dans le ruisseau. Sur un tertre plus élevé, deux pâtres gardent leurs troupeaux. — Signé : *Berchem, f.*

Ancienne collection.

24. *Paysage et animaux.*

H. 0, 65. — L. 0, 60. — B. — Fig. de 0, 12.

Sur le premier plan, deux femmes, l'une debout et l'autre accroupie, trayant une chèvre ; un troupeau de vaches et de moutons les environne. A gauche, au pied d'un tertre surmonté d'arbres, un paysan assis et un chien couché. Dans le fond, un homme conduisant un mulet. — Signé : *Berchem.*

Gravé par F. Geissler dans le Musée royal. — Filhol, t. 11, pl. 64.

Collection de Louis XVIII. — Compris dans le lot de tableaux acquis, en 1817, de M. de La Hante, moyennant 100,000 fr.

25. *Paysage et animaux.*

H. 1, 12. — L. 1, 40. — T. — Fig. de 0, 15.

Une femme, montée sur un mulet caparaçonné, parle à un homme appuyé sur un bâton, qui a près de lui un âne et un cheval chargé de ballots. Devant eux, assis à terre, une femme et un pâtre ; plus loin, à droite, des bestiaux traversant le gué d'une rivière qui coule au pied de hautes montagnes. — Signé : *Berchem, f.*

Collection de Louis XVIII. — Compris dans le lot de tableaux acquis, en 1817, de M. Quatresols de La Hante, moyennant 100,000 fr.

26. *Paysage et animaux.*

H. 0, 24. — L. 0, 31. — B. — Fig. de 0, 10.

Un pâtre appuyé sur un bœuf garde son troupeau et cause avec une femme qui lave du linge à un petit ruisseau. Plus loin, à gauche, un saule et une chaumière couverte en chaume. — Signé : *Berchem.*

Ancienne collection. — Ce tableau, qui a appartenu à M. le président de Tugny et à Crozat, fut vendu, en 1751, 259 livres.

27. *Paysage et animaux.*

H. 1, 67. — L. 1, 59. — T. — Fig. de 0, 30.

Un homme en costume oriental et une femme richement vêtue sont assis à terre et s'entretiennent avec une paysanne debout devant eux. Près de là deux enfants jouent avec un chien. Des vaches, un troupeau de chèvres et de moutons, et quelques figures, sont disséminés dans la vallée. Plus loin, une habitation près d'une tour, et à l'horizon des montagnes. — Signé : *C Berghem* 1664.

Collection de Louis XVIII. — Acquis, en 1816, de Mme Rivière, pour 4,000 fr. (Voir la note du n° 17.)

BERKEYDEN ou BERCKEYDEN (GERARD), *né à Harlem en 1643, mort dans la même ville le 29 novembre 1693.* (Ecole hollandaise.)

Gerard a travaillé presque constamment avec son frère aîné Job Berkeyden. Le nom du maître de ces deux artistes est inconnu. Après avoir séjourné quelque temps à Cologne et à Heydelberg, ils revinrent se fixer dans leur ville natale, comblés des présents de l'électeur palatin, qui estimait beaucoup leur talent. — Gerard exécuta des vues de ville et des intérieurs d'église avec des figures finement dessinées d'après nature. — Son frère **Job**, né aussi à Harlem en 1628, et qui se noya dans un canal de la même ville le 12 ou 13 juin 1698, peignit le portrait avec habileté et fit des fêtes de village dans le genre de Teniers.

28. *Vue de la colonne Trajane et de l'église Sainte-Marie-de-Lorette, à Rome.*

H. 0, 45. — L. 0, 52. — T. — Fig. de 0, 04.

Un marché se tient à gauche, sur la place. A droite, un carrosse arrêté devant le portail de l'église.

Ancienne collection. — Gerard n'ayant jamais été en Italie, a dû peindre ce tableau d'après quelques gravures ou d'après un dessin fait à Rome.

BESCHEY, BESSCHEY ou **BISCHEY** (BALTHASAR), *né à Anvers en 1709, mort en 1776.* (Ecole flamande.)

Il fut élève de **Peter Strick**, imita la manière de H. van Balen et fut doyen de l'académie de Saint-Luc à Anvers en 1756. Il peignit des sujets de l'Histoire-Sainte, et fit avec son frère, **Jacob Beschey**, des copies de Rubens, de van Dyck, de Rembrandt et des meilleurs peintres de son pays. Ces petites copies, exécutées avec beaucoup de soin, furent très recherchées, malgré leur froideur. Outre Jacob, Balthasar eut encore deux autres frères : **John-Franz**, qui travailla en Angleterre ; **Nicolas**, qui peignit à Dublin, et un fils nommé **Jacob-Franz**, né à Anvers vers 1739, doyen de l'académie en 1767, mort en 1799.

29. *Une famille flamande.*

H. 0, 90. — L. 0, 72. — T. — Fig. de 0, 32.

Dans une espèce de vestibule orné de colonnes, trois femmes sont assises près d'une table, sur laquelle on voit un plat d'huîtres et un gobelet en vermeil. L'une d'elles, à gauche, pose une main sur l'épaule d'une petite fille et tient de l'autre une pomme ; en face d'elle est assis un homme vêtu d'une robe de chambre, tenant un verre. Au premier plan, à gauche, un petit garçon debout, portant un oiseau sur un bâton. Au milieu, un autre, agenouillé, ayant une cage ; près de lui, un petit épagneul. A droite, deux petites filles, dont l'une fait des bulles de savon. Dans le fond, à gauche, près d'une fenêtre, une femme avec un enfant dans ses bras : un homme debout, un autre assis entre les deux femmes.

A droite, on aperçoit à travers un portique un jardin et des pavillons. — Signé : *Beschey*, 1721.

Collection de Louis-Philippe. — Acquis en 1844 pour 500 fr.

BLOEMAERT, BLOEMAR, BLOMART, *ou* **BLOM** (Abraham), *peintre, graveur, né à Gorcum en 1564 suivant Houbraken, en 1567 selon Sandrard et van Mander, mort à Utrecht en 1647, ou d'après d'autres biographes en 1657 et même 1658.* (Ecole hollandaise.)

Son père, Kornelis Bloemaert, sculpteur habile, architecte et ingénieur, lui fit d'abord copier des dessins de **Frans Floris**, et le mit ensuite sous la direction de plusieurs peintres sans talent, qui ne purent lui donner de bons conseils. Après avoir successivement habité Bois-le-Duc, Utrecht et Rotterdam, Bloemaert, âgé de 16 ans, vint à Paris, où il resta près de trois ans à peindre sans avoir reçu aucune instruction des deux artistes médiocres chez lesquels le hasard l'avait fait entrer. De retour dans son pays, il s'arrêta quelque temps à Herenthals auprès de **Hieronymus Frank**, puis rejoignit son père à Amsterdam, et, à la mort de celui-ci, vint s'établir définitivement à Utrecht. Bloemaert peignit beaucoup de tableaux d'histoire, des paysages et des animaux; il grava au burin, à la pointe, sur bois et en camaïeu. Il exécuta aussi un grand nombre de grisailles, gravées par J. Muller, H. Goltzius et Saenrendam. Abraham eut quatre fils : **Hendrik**, l'aîné, élève médiocre de son père, mort en 1647; — **Frederik**, son deuxième fils, né à Utrecht vers 1600, s'attacha à la gravure, mais avec moins de succès que son frère Kornelis; — **Kornelis**, né à Utrecht en 1603, mort à Rome en 1680, dessinateur et graveur habile, élève d'abord de son père, puis de Crispin de Passe pour la gravure; — **Adriaan**, qui s'appliqua plus au dessin qu'à la peinture. Après avoir voyagé en Italie, il vint à Vienne, et enfin à Saltzbourg, où l'on dit qu'il fut tué en duel. Il vivait encore en 1665. On croit qu'il a gravé une suite de portraits.

30. *La Salutation angélique,*

H. 0, 30. — L. 0 25. — C. — Fig. de 0, 20.

Au premier plan, à gauche et derrière un panneau sculpté, sur lequel on lit : AVE MARIA PVRISSIMA, le roi David tenant une tablette et ayant sa harpe posée près de lui. Dans le fond, la Vierge, agenouillée devant un prie-dieu, se retourne vers l'ange également agenouillé, une palme à la main; dans la partie supérieure, le Saint-Esprit au milieu d'une gloire d'anges.

Ancienne collection.

31. La Nativité.

H. 3, 60. — L. 2, 00. — T. — Fig. gr. nat.

Au milieu de l'étable, la Vierge agenouillée lève le voile qui couvre l'Enfant-Jésus couché dans un berceau, et adoré par des bergers et des anges. Dans la partie supérieure, une gloire d'anges. — Signé : A. BLOEMART Fe. 1612.

Musée Napoléon. — Ce tableau était porté à tort sur les inventaires et dans la notice de 1841 à Bernardino Fassolo.

32. Portrait d'homme.

H. 0, 70. — L. 0, 57. — T. — Buste gr. nat.

Il est coiffé d'un bonnet de fourrure, porte un vêtement gris, et deux médailles en argent attachées à son bras gauche. Il tient devant lui une chaufferette, sur le dessus de laquelle est posé un réchaud en terre rempli de charbons ; il en a pris un avec une petite pincette et l'approche de sa bouche. — Signé, sur le côté de la chaufferette : *A. Bloemaert fe.*

Collection de Louis-Philippe. — Acquis en 1843, de M. Vidal, pour la somme de 800 fr.

BLOEMEN ou **BLOOM** (JOHAN ou JULIUS-FRANZ VAN), *dit* ORIZONTE, *peintre, graveur, né à Anvers en* 1656, *mort à Rome en* 1748 *ou* 1749. (Ecole flamande.)

On ignore le nom de son maître et à quelle époque il se rendit en Italie. L'académie de Saint-Luc, à Rome, le reçut parmi ses membres, et on lui donna le surnom de *Orizonte* à cause de l'habileté avec laquelle il savait dégrader les différents plans de ses paysages. Bloemen imita d'abord la manière de **van der Kabel**, se rapprocha ensuite de celle de Gaspard Dughet et finit par se créer un style particulier en étudiant les effets de la nature. Il a représenté surtout des environs de Rome et de Tivoli. Il eut deux frères : **Peter van Bloemen**, né à Anvers on ne sait en quelle année, qui passa aussi en Italie, fut membre de l'académie de Saint-Luc, et reçut le surnom de *Standaert* ou *Etendart*. Il peignait habituellement des batailles, des caravanes, des chevaux, des fêtes de Rome, et a gravé à l'eau-forte. Il laissa son frère en Italie, revint dans son pays, et fut nommé directeur de l'académie d'Anvers en 1699. L'année de sa mort est incertaine ; Fiorillo prétend qu'il mourut en 1719, à 70 ans. — L'autre frère de l'Orizonte, **Norbert van Bloemen**, naquit à Anvers en 1672, étudia dans son pays, fit le voyage d'Italie et mourut à Amsterdam en 1746. Il peignait des scènes familières et des portraits.

33. *Vue d'Italie.*

H. 0, 74. — L. 0, 98. — T. — Fig. de 0, 13.

Au premier plan, deux hommes assis au bord d'un chemin parlent à une femme debout. Plus loin, à gauche, un homme couché à l'ombre d'un grand massif d'arbres, et, devant lui, un homme appuyé sur un bâton. A droite, une fontaine où trois jeunes filles viennent puiser de l'eau. Au fond, des fabriques et une vaste plaine.

Filhol, t. 11, pl. 11.

Ancienne collection.

34. *Vue d'Italie.*

H. 0, 73. — L. 0, 99. — T. — Fig. de 0, 10.

Au premier plan, un chemin tournant bordé à gauche par une rivière et à droite par de grands arbres. Un pâtre, assis sur un rocher au bord de ce chemin, cause avec une femme debout qui porte un paquet sur sa tête. De l'autre côté de la rivière et près des arbres, deux femmes assises et un homme debout appuyé sur un bâton. Dans le fond, au pied de hautes montagnes, une ville et des ruines antiques d'ordre dorique.

Gravé par Schroeder dans le Musée français. — Filhol, t. 11, pl. 28.

Ancienne collection.

35. *Vue d'Italie.*

H. 0, 99. — L. 1, 37. — T. — Fig. de 0, 14.

Sur une route qui serpente entre de grands arbres et des rochers, un homme et une femme assis causent avec un pâtre debout et appuyé sur un bâton. De l'autre côté du chemin, un homme étendu à terre demande l'aumône. Dans le fond, une ville avec des tours, une porte crénelée, des usines au bord de l'eau, et à l'horizon de hautes montagnes.

Gravé par Gaudefroy dans le Musée français. — Filhol, t. 8, pl. 558. — Landon, t. 1, pl. 10.

Ancienne collection.

36. *Paysage.*

H. 0, 98. — L. 1, 33. — T. — Fig. de 0, 15.

Des pâtres, gardant leurs troupeaux, se reposent sur le bord d'une rivière qui divise le paysage en deux parties. A droite, une femme montée sur un cheval.

Gravé par Eichler, dans le Musée français, sous le nom de Lucatelli. — Filhol, t. 6, pl. 418. — Landon, t. 5, pl. 13.

Ancienne collection. — Ce tableau, attribué par les inventaires et la notice de 1841 à Lucatelli, est de la même main que le numéro qui précède, et en fait le pendant.

37. *Paysage.*

H. 0, 72. — L. 0,96. — T. — Fig. de 0, 12.

A gauche, trois hommes, deux assis par terre et un debout, accompagnés de deux lévriers, se reposent sur le bord d'un chemin sinueux conduisant à un fleuve. Dans le fond, une ville adossée à des collines.

Gravé par Duthenofer, dans le Musée français, sous le nom de Gaspre Dughet. — Filhol, t. 8, pl. 577.

Collection de Louis XIV. — Ce tableau, dans les catalogues précédents, était donné à tort à Gaspre Dughet.

38. *Paysage.*

H. 0, 72. — L. 0, 96. — T. — Fig. de 0, 12.

Trois bergers, dans le costume antique, se reposent sur le bord d'un chemin; deux sont couchés, un est debout. Plus loin, à gauche, d'autres bergers conduisent un troupeau près de la rive d'un torrent. Dans le fond, sur le sommet d'une montagne, des fabriques entourées d'arbres.

<small>Gravé par Duthenofer, dans le Musée français, sous le nom de Gaspard Poussin. — Filhol, t. 4, pl. 286.</small>

<small>Collection de Louis XIV. — Ce tableau, dans les notices précédentes, était donné à tort à Gaspre Dughet.</small>

BOEHM (Hans-Sebald). — *Voir* Beham.

BOL (Ferdinand), *peintre, graveur, né à Dordrecht vers 1610, mort à Amsterdam en 1681. (Ecole hollandaise.)*

<small>Il fut un des meilleurs élèves de Rembrandt, dont il imita la manière avec beaucoup d'art, jusque dans ses eaux-fortes, qui sont justement estimées. Il fit beaucoup de tableaux d'histoire et un grand nombre de portraits. Il ne faut pas confondre cet artiste avec **Hans Bol**, miniaturiste et paysagiste, né à Malines, mort à Amsterdam en 1593, âgé de 50 ans.</small>

39. *Philosophe en méditation.*

<small>H. 1, 45. — L. 1, 37. — T. — Fig. jusqu'aux genoux gr. nat.</small>

Un vieillard à moustaches blanches et habillé d'une robe de bure, sous laquelle on aperçoit un vêtement rouge, est assis dans un fauteuil; il s'appuie sur une canne et tient une lettre. Sur une table couverte d'un tapis sont posés devant lui un livre, une tête de mort, une guitare, une flûte, une mappemonde, un casque et une écharpe brodée.

<small>Collection de Louis XVI.</small>

40. *Un jeune prince hollandais dans un char traîné par des chèvres.*

<small>H. 2, 11. — L. 2, 49. — T. — Fig. gr. nat.</small>

Un jeune prince, portant une toque verte brodée d'argent et un pourpoint de même couleur avec une chaîne et une médaille d'or au cou, est assis dans un char doré traîné par deux chèvres ; il est soutenu par un jeune page. Un enfant à toque et à robe rouge, placé sur le devant du char, tient les rênes. Quatre génies accompagnent le char : l'un guide les chèvres, les autres jouent du tambour de basque et du triangle. — Signé : F. BOL, 1654.

Ancienne collection. — La date de ce tableau peut faire supposer que le jeune prince représenté est Guillaume-Henri de Nassau, prince d'Orange, alors âgé de 4 ans, qui fut depuis roi d'Angleterre sous le nom de Guillaume III.

41. *Portrait d'un mathématicien.*

H. 0, 77. — L. 0, 63. — T. — Buste gr. nat.

Il est représenté de trois quarts, tourné à droite, avec une calotte noire sur la tête et portant un vêtement noir. Il s'appuie sur une plinthe de pierre, tient de la main gauche une espèce de règle en cuivre, et montre du doigt une figure de géométrie tracée à la craie sur le mur, à droite.

Gravé par Klaubert dans le Musée français. — Gravé par Waumans.

Collection de Louis XV.

42. *Portrait d'homme.*

H. 1, 18. — L. 0, 99. — T. — Fig. à mi-corps.

Il a un vêtement noir, la tête nue, vue presque de face, un col blanc, la main droite posée sur la hanche et la gauche appuyée sur une balustrade en pierre où est placé son chapeau. — Signé : *F. Bol.* 1659.

Musée Napoléon.

BORCH. — *Voir* TERBURG.

BOTH (Jan), *dit* Both d'Italie, *peintre, graveur, né à Utrecht en* 1610, *mort en* 1650. (Ecole hollandaise.)

Jan Both apprit, ainsi que son frère Andries, les premiers éléments du dessin de son père, peintre sur verre, qui les mit ensuite tous les deux à l'école d'Abraham Bloemaert. Jan et Andries, jeunes encore, traversèrent la France et voyagèrent en Italie. Arrivé à Rome, Jan prit Claude le Lorrain pour modèle et fit des paysages fort recherchés, où Andries, qui s'était attaché à la manière de Peter van Laar, introduisait des figures et des animaux peints avec beaucoup d'habileté. Les deux frères travaillèrent constamment ensemble, et les tableaux qu'ils produisirent en commun semblent exécutés par la même main. Ils vivaient dans la plus étroite union, lorsqu'un soir, à Venise, en 1650, Andries tomba dans un canal et s'y noya. Jan, inconsolable de cette perte, mourut la même année à Venise suivant quelques historiens, ou à Utrecht selon d'autres auteurs. Andries Both a aussi gravé à l'eau-forte.

43. *Paysage.*

H. 1, 56. — L. 2, 11. — T. — Fig. de 0, 18.

Un cavalier et une dame montée sur un mulet descendent un chemin bordé d'arbres et de rochers, sous la conduite d'un guide qui parle à un paysan assis sur un tertre au bord de la route. Plus loin, à gauche, un homme fait passer son cheval sur un pont de bois qui traverse un torrent. Dans le fond, une vallée et des montagnes éclairées par le soleil couchant. — Signé : *J. Both.*

Gravé par Duthenofer dans le Musée royal. — *Filhol, t. 8, pl.* 572.

Collection de Louis XVI. — Le paysage est de Jan Both et les figures sont de son frère Andries.

44. *Paysage.*

H. 0, 70. — L. 0, 58. — T. — Fig. de 0, 06.

Dans un chemin creux dominé par des rochers, deux ânes chargés sont conduits par un paysan. Au premier plan, un autre paysan s'entretient avec un pâtre près duquel se reposent un chien et deux chèvres. Fond de montagnes; effet de soleil couchant.

Gravé par Fortier et Niquet l'aîné dans le Musée royal.

Musée Napoléon.

BOUCK ou BOUCLE (VAN). *On ignore l'année de sa naissance; mort à l'Hôtel-Dieu, à Paris, en 1673. (Ecole flamande.)*

Il fut élève de Snyders et peignit surtout des animaux.

45. *Valet gardant du gibier.*

H. 1, 58. — L. 2, 16. — T. — Fig. gr. nat.

A droite, un valet, assis et tenant un panier dans lequel sont des bouteilles, est entouré de chiens; devant lui et placés à terre, un chevreuil, une bécasse, un héron et d'autres pièces de gibier.

Ancienne collection.

BOUDEWYNS (ANTON-FRANZ), *peintre, graveur.* (Ecole flamande.)

La plus grande confusion règne dans la biographie de cet artiste, que les uns appellent Antoine-François et les autres Nicolas; qu'on fait naître tantôt à Dixmunde en 1676, tantôt à Bruxelles en 1660. Descamps dit que le nom de son maître est inconnu et qu'il a eu deux fils peintres qui ne méritent pas d'être comparés à leur père. Quelques historiens, et Nagler est de ce nombre, ne veulent pas, tout en ne donnant aucune preuve, que l'on confonde *Boudewyns* avec Antoine-François Beaudouin, né à Dixmunde ou peut-être aussi à Bruxelles, et qui a gravé d'après van der Meulen. Nous pensons au contraire que la confusion vient de la différente manière dont on a orthographié le nom de l'artiste, et que Boudewyns, Baudouin ou Baudoins sont un seul et même personnage à la fois peintre et graveur. Nous citerons à ce sujet une note de Mariette, qui, dans ses additions manuscrites à son exemplaire de *l'Abecedario pittorico*, ne parle pas de Boudewyns, mais attribue à Baudouin tout ce qui a été écrit des deux prétendus artistes; voici cette note : « Baudouin (Antoine-
» François) disciple de van der Meulen, a été fort bon peintre de
» paysages; il a beaucoup travaillé sous lui, et il a gravé nombre de
» ses tableaux; ce sont même ceux qui ont été le mieux exécutés;
» cependant Baudouin était peu varié dans sa touche de paysage;
» van der Meulen étant mort, il retourna à Anvers, où il s'associa avec

» Pierre Bout, peintre de figures, et ils faisaient ensemble des tableaux
» où l'un peignait les figures et l'autre le paysage. » — Plus loin, dans
une note sur Bout, Mariette écrit indifféremment *Baudoin* et *Bau-
duins*. Enfin il existe une suite de paysages gravés *d'après* Baudouin
et non pas *par lui*, circonstance qui donne une nouvelle autorité à
l'opinion de Mariette.

46. *Le marché aux poissons.*

H. 0, 52. — L. 0, 81. — B. — Fig. de 0, 06.

Au bord d'un canal d'une ville de Hollande, des pêcheurs débarquent du poisson; plus loin, des marchandes établies sous des hangars, et des acheteurs. Sur le canal, des barques à voiles et à rames; dans le fond, une grande église.

Ancienne collection. — Les figures sont attribuées à Pierre Bout.

BRAUWER, BRAWER, BRAUER, BROWER et **BROUWER** (ADRIAAN), *peintre, graveur, né à Harlem en 1608, mort à Anvers en 1640.* (Ecole hollandaise).

Il commença par dessiner à la plume des fleurs et des oiseaux pour sa mère, qui était une pauvre brodeuse. Franck Hals ayant un jour remarqué les dispositions de cet enfant, se chargea de lui donner des leçons et le prit chez lui. Brauwer fit de rapides progrès; mais au bout de quelque temps, ne pouvant supporter davantage les mauvais traitements dont son maître l'accablait, tout en s'appropriant ses ouvrages qu'il vendait fort cher, il parvint à s'échapper de la maison de Hals. Brauwer habita successivement Amsterdam, Anvers, Paris, gagnant beaucoup d'argent qu'il dissipait immédiatement en excès de tous genres. Enfin, de retour à Anvers, il mourut à l'hôpital, à l'âge de 32 ans. Cet artiste peignait avec une grande supériorité des scènes de cabaret, des corps-de-garde, des joueurs, des fêtes villageoises. Rubens, qui estimait beaucoup ses ouvrages, fit retirer son corps du cimetière des pestiférés, où il avait été enterré, pour le placer dans l'église des Carmes. Il voulait lui élever un monument magnifique dont il fit le dessin, mais la mort ne lui permit pas de le faire exécuter. Brauwer eut pour élève Craesbeke, boulanger, chez lequel il habitait et qui fut le compagnon de ses débauches.

47. *Intérieur de tabagie.*

H. 0, 20. — L. 0, 28. — B. — Fig. de 0, 15.

Un homme vu de dos, assis sur un baquet renversé, dort les coudes appuyés sur une table. Un autre, en face de lui, allume sa pipe à des charbons posés dans un réchaud en terre. Plus loin, à droite, un homme embrasse une femme assise sur un banc. Dans le fond, contre une cheminée, une petite fille et deux hommes debout qui causent.

Ancienne collection.

BRECKELENCAMP ou **BREKLINCAMP** (Quirin van), *vivait en* 1660 *et en* 1668. (Ecole hollandaise.)

On ignore la date de sa naissance, celle de sa mort et le nom de sa ville natale. Quelques auteurs le disent élève de Gerard Dov, sans donner aucune preuve à l'appui de leur opinion, et seulement parce qu'ils croient trouver dans ses travaux une imitation de la manière de ce maître. Les dates des peintures de ces deux artistes prouvent seulement qu'ils étaient contemporains.

48. *Un moine écrivant.*

H. 0, 21. — L. 0, 17. — B. — Fig. à mi-corps.

Assis sur un banc près d'une petite table où est posé un encrier, un vieillard à barbe blanche, vêtu d'une robe de bure, écrit dans un gros livre qu'il tient sur ses genoux.

Ancienne collection.

BREDA (Johann van), *né à Anvers le* 19 *mars* 1683, *mort dans la même ville le* 19 *février* 1750. (Ecole flamande.)

Il était fils d'**Alexandre van Breda**, bon paysagiste. Après avoir copié longtemps les peintures de Breughel de Velours et de Wouwerman avec une telle fidélité qu'on pouvait à peine distinguer les copies des originaux, il fit, dans la manière de ces deux maîtres, des tableaux qui trompèrent les plus habiles connaisseurs. Cet artiste habita quelque temps l'Angleterre, revint à Anvers en 1725 et fut nommé directeur de l'académie de Saint-Luc. Il eut un fils, **Franz van Breda**, qui a suivi sa manière.

49. *Campement militaire.*

H. 0, 21. — L. 0, 25. — C. — Fig. de 0, 06.

Un corps d'armée a dressé ses tentes de chaque côté d'une route près d'un village. Sur le premier plan, un cavalier tient un cheval par la bride; derrière lui, un cheval blanc tout équipé mange dans une auge, au pied de laquelle un autre cheval est couché.

Collection de Louis XVIII. — Acquis en 1821 de Mme Pelet pour 400 fr.

BREEMBERG (BARTHOLOMEUS), *peintre, graveur, né à Utrecht en 1620, mort en 1660 ou 1663.* (Ecole hollandaise.)

On ignore le nom de son maître et à quelle époque il fut en Italie. Il peignit souvent des ruines, des monuments antiques et des vues des environs de Rome avec des figures et des animaux. Il eut deux manières fort distinctes : la première, très sombre, où il chercha à imiter les Carrache et Titien ; la deuxième, beaucoup plus claire et plus transparente.

50. *Paysage. — Repos de la Sainte-Famille.*

H. 0, 27. — L. 0, 35. — C. — Fig. de 0, 09.

A gauche, saint Joseph assis sur des fragments d'architecture et s'appuyant sur une pierre; près de lui, la Vierge, assise également et tenant l'Enfant-Jésus endormi. A droite, dans le fond, des bergers faisant paître leurs troupeaux au pied de ruines.

Ancienne collection. — Les figures sont de Kornelis Poelenburg.

51. *Martyre de saint Étienne.*

H. 0, 40. — L. 0, 54. — C. — Fig. de 0, 12.

Saint Étienne est lapidé au pied des murs de Rome, à la porte de Saint-Sébastien. Au milieu du tableau, un homme confie au jeune Saül la garde de ses vêtements. A gauche, debout sur une ruine, deux hommes, dont l'un tire son sabre et repousse du pied un jeune homme qui veut escalader ces ruines. Au-dessous, trois docteurs de la loi s'entretenant ensemble.

Collection de Louis XIV.

52. *Vue du Campo-Vaccino, à Rome.*

H. 0, 54. — L. 0, 74. — B. — Fig. de 0, 09.

Au second plan, près des ruines du Colysée, des femmes lavent du linge à une fontaine et un homme fait boire son cheval. En avant, un homme, conduisant une vache par le licou, cause avec un vieillard et un pâtre tenant un bâton ; plus loin, à gauche, un berger garde ses bestiaux au pied des ruines ; à droite, une femme marche à côté d'un âne. Dans le fond, le môle d'Adrien, appelé maintenant le château Saint-Ange.

Gravé par Daudet, dans le Musée français, sous le titre de Ruines du Campo-Vaccino. — Gravé par Guyot. — Landon, t. 1, pl. 12.

Ancienne collection.

53. *Vue du Campo-Vaccino.*

H. 0, 40. — L. 0, 55. — C. — Fig. de 0, 06.

Répétition du tableau précédent, avec quelques figures de moins.

Ancienne collection.

54. *Ruines de l'ancienne Rome.*

H. 0, 26. — L. 0, 34. — C. — Fig. de 0, 03.

Devant les restes d'un temple d'ordre ionique, des paysans conduisant leurs bestiaux. Plus loin, un marché d'animaux au pied d'une rotonde en ruine. Parmi les figures du premier plan on remarque une femme assise, allaitant son enfant qu'un autre enfant caresse.

Ancienne collection.

55. *Paysage.—Réunion de ruines de l'ancienne Rome.*

H. 0, 43. — L. 0, 56. — C. — Fig. de 0, 09.

A droite, au pied d'un monument décoré d'un bas-relief représentant un sacrifice, une femme lavant du linge à une fontaine ; près d'elle, deux hommes, dont l'un tient par la bride un cheval chargé de paquets, causent ensemble. A gauche, au deuxième plan, la porte des jardins Farnèse, une partie des restes du palais des Césars, et des animaux. Dans le fond, la campagne de Rome.

Gravé par Daudet, dans le Musée français, sous le titre de Ruines du Campo-Vaccino. — Gravé par Guyot. — Gravé aussi par J. Morin, et faussement attribué par ce graveur à K. Poelenburg. — Filhol, t. 9, pl. 640. — Landon, t. 1, pl. 13.

Ancienne collection. — Mariette, dans des notes manuscrites à l'*Abecedario d'Orlandi*, dit avoir vu ce tableau chez M. de La Faille.

BREKLINCAMP. — *Voir* **BRECKELENCAMP.**

BREUGHEL (PETER), *dit* LE VIEUX, *né à Breughel, village près de Breda, suivant quelques auteurs en* 1510, *et plus probablement selon d'autres en* 1530, *mort à Bruxelles vers* 1600. (Ecole flamande.)

Les historiens ne sont pas d'accord sur les dates de sa naissance et de sa mort ; son nom de famille est inconnu. On sait seulement qu'il était fils d'un paysan et qu'il étudia d'abord sous la direction de **Pieter Koeck d'Alost**, puis sous celle de **Hieronymus Kock** de Bois-le-Duc. Il voyagea en France, en Italie, et, de retour à Anvers, il fut reçu franc-maître de l'académie de Saint-Luc en 1551. Il peignait surtout des marches d'armées, des attaques de voitures, des kermesses et des sujets grotesques, ce qui lui fit donner le surnom de *Viesen Breughel* (Breughel le drôle) et de *Boeren Breughel* (Breughel le rustique). On lui attribue quelques gravures sur cuivre et sur bois.

56. *Vue d'un village.*

H. 0, 12. — L. 0, 17. — B. — Fig. de 0, 025.

Sur la route qui longe une rivière, deux paysannes et un paysan sont assis par terre avec des paquets auprès d'eux. Ils s'entretiennent avec un homme conduisant une charrette attelée d'un cheval blanc et appuyé sur un bâton. A droite, des bateaux amarrés au rivage. Dans le fond, un pont de bois sur la rivière, et, à gauche, plusieurs personnes arrêtées devant une hôtellerie.

Ancienne collection. — Ce tableau, ainsi que le suivant, avaient été attribués à **Peter Gysen**, élève de Johann Breughel, dans la notice du Musée publié en 1820.

57. *Danse de paysans.*

H. 0, 12. — L. 0, 17. — B. — Fig. de 0,03.

Des paysans dansent une ronde au milieu d'une grande rue de village et devant une auberge. A gauche, d'autres paysans arrêtés près d'une mare et un homme faisant boire un cheval blanc. Au premier plan, une femme assise et son enfant; près d'elle, debout, deux hommes et une autre femme.

Ancienne collection. — (Voir la note du tableau précédent, dont celui-ci fait le pendant.)

BREUGHEL (JOHANN), *dit* DE VELOURS, *né à Bruxelles en 1569 suivant Resta, et, selon d'autres historiens, en 1575 ou en 1589; mort en 1625, ou en 1642 d'après Félibien.* (Ecole flamande.)

Il était fils de Breughel le vieux, et Houbraken prétend qu'il reçut des leçons de son père. Van Mander, au contraire, affirme qu'il fut élevé chez la veuve de **Peter Koech d'Alost**, où il apprit d'abord à peindre en miniature et à la gouache. **Goe-Kindt** lui enseigna ensuite la peinture à l'huile. Après avoir quitté ce maître, il fut à Cologne, puis il voyagea en Italie, où ses tableaux étaient très recherchés, et revint à Anvers. L'académie de Saint-Luc d'Anvers le reçut au nombre des francs-maîtres en 1597. Breughel peignit d'abord des fleurs et des fruits avec une rare finesse et avec une grande intelligence; il s'adonna ensuite aux paysages et aux marines, qu'il animait de petites figures touchées avec beaucoup d'esprit. Les peintres les plus habiles mirent son talent à profit. Rubens, van Balen, Rottenhamer lui firent faire souvent les fonds de paysage de leurs tableaux, et il peignit avec non moins de succès des figures dans les ouvrages de Steenvick et de **Momper**. Ses paysages ont souvent le défaut d'être d'un ton trop bleuâtre. — Johann Breughel eut un frère nommé **Peter**, franc-maître en 1609, mort en 1625 à l'âge de 56 ans. Il fût élève de **Coninxloo** et surnommé *Breughel d'enfer*, parce qu'il aimait à retracer des scènes de l'enfer et des incendies. Breughel de Velours eut aussi un fils, nommé également **Johann**, qui peignit dans la manière de son père, mais avec beaucoup moins de talent. On sait qu'il faisait partie d'une confrérie religieuse en 1629. — Il ne faut pas confondre la famille des Breughel dont nous venons de parler avec une autre famille qui porte le même nom et qui compte aussi des artistes d'une certaine valeur : **Ambros Breughel**, peintre de fleurs, directeur de l'académie à Anvers en 1653 et 1670. — **Abraham Breughel**, dit *le Napolitain*, fils et élève probablement du précédent, qui peignit avec beaucoup de talent des fleurs, des fruits et des oiseaux. Il habita Rome et surtout Naples, où il jouit d'une réputation méritée. Il fut membre de l'académie de Saint-Luc, qui lui donna le surnom de *Rhyn-Graf* (*comte du Rhin*). — **Johann-Baptist Breughel**, frère d'Abraham, peintre aussi de fleurs et de fruits. On ignore à quelle époque il mourut, mais on sait qu'il peignait à Rome en 1700. — **Caspar Breughel**, un fils peut-être d'Abraham, qui représenta également des fleurs et des fruits, mais sur lequel on n'a pas de détails. — **Franz-Hieronymus Breughel**, graveur, né à Breughel vers 1605. Heineken cite un peintre de marines du même nom, mais le fait vivre en 1500.

58. *La terre ou le paradis terrestre.*

H. 0, 46. — L. 0, 67. — C.

Au premier plan, des animaux à l'ombre de massifs d'arbres élevés. A gauche, un cheval, un lion, un tigre ; au milieu, un paon ; à droite, un loup. Dans le fond, à gauche, le Père-Éternel, Adam et Eve ; à droite, des oiseaux aquatiques sur un fleuve.

Musée Napoléon.

59. *L'air.*

H. 0, 45. — L. 0, 65. — C. — Fig. de 0, 15.

Uranie, assise sur des nuages qui s'élèvent au-dessus d'une immense vallée, tient d'une main une sphère céleste et de l'autre un perroquet blanc. Près d'elle le génie de l'astronomie observe avec une lunette le char d'Apollon et celui de Diane qui parcourent les cieux. Quelques petits génies de l'air poursuivent des oiseaux. A droite, au premier plan, d'autres génies sont auprès d'instruments d'optique. A terre et sur les arbres, des oiseaux de toute espèce. — Signé, sur un des instruments : BRVEGHEL, 1621.

Musée Napoléon. — Ce tableau et le précédent faisaient partie d'une suite de compositions représentant les quatre éléments. — Les figures sont d'Henri van Balen.

60. *La bataille d'Arbelles.*

H. 0, 86. — L. 1, 35. — B. — Fig. de 0, 12.

La bataille se passe dans une immense vallée bornée à droite par de hautes montagnes boisées, et sur le flanc d'un coteau où s'élèvent de grands arbres. Le nombre des figures que le peintre a introduites dans cette composition est incalculable. On remarque à droite, sur le deuxième plan, la famille de Darius prisonnière et la femme du roi agenouillée devant Alexandre à cheval entouré de soldats.

Ancienne collection.

61. *Paysage. — Vertumne et Pomone.*

H. 0, 49. — L. 0, 64. — B. — Fig. de 0, 12.

Au milieu de la composition, Pomone, la faucille à la main et assise au pied d'un arbre chargé de fruits, semble écouter les plaintes de Vertumne qui a pris les traits d'une vieille femme. A gauche, au premier plan, des fruits de toute espèce par terre; plus loin, des jardins et un palais. A droite, une charrette, et, au-delà, un canal au bord duquel s'élève une habitation rustique. Au fond, sur une hauteur, un moulin à vent; à l'horizon, un clocher.

Donné en 1850 par M. Pierret. — Les figures sont de l'école de Franck.

62. *Vue de Tivoli.*

Forme ronde, diam. de 0, 21. — C. — Fig. de 0, 03.

Au premier plan, des cavaliers qui viennent de traverser un large pont vu de face, et près duquel s'élève, sur un rocher, le temple de la sibylle; plus loin, des hommes faisant baigner leurs chevaux.

Musée Napoléon.

63. *Paysage.*

H. 0, 14. — L. 0, 20. — C. — Fig. de 0, 025.

Une barque portant plusieurs personnes richement vêtues aborde une rive où attendent des valets, des chevaux et un carrosse. Plus loin, d'autres barques arrêtées près du bord, et, au fond, l'entrée d'un village.

Ancienne collection. — Ce paysage et le suivant étaient attribués, dans les anciennes notices, à Paul Bril.

64. *Paysage.*

H. 0, 13. — L. 0, 19. — C. — Fig. de 0, 025.

Sur une route qui passe devant un moulin, deux cavaliers rencontrent un chariot traîné par trois chevaux; plus loin, un pâtre conduisant un troupeau de bœufs. Dans le fond, une église en ruine.

Ancienne collection. — (Voir la note du numéro précédent.)

BRIL (MATTHAUS), *né à Anvers en 1550, mort à Rome en 1584.* (Ecole flamande.)

Jeune encore il alla à Rome, où il peignit à l'huile et à fresque de beaux paysages dans les salles et dans les galeries du Vatican.

65. *Paysage.* — *La chasse aux daims.*

H. 1, 05. — L. 1, 36. — T. — Fig. de 0, 15.

Au milieu d'une forêt, des chasseurs et une femme à cheval poursuivent des daims forcés par des chiens. Dans le fond, à droite, un homme conduisant un mulet caparaçonné et chargé de paquets. De l'autre côté, une vaste prairie, et des montagnes à l'horizon.

Ancienne collection.

66. *Paysage.* — *La chasse au cerf.*

H. 1, 05. — L. 1, 35. — T. — Fig. de 0, 15.

A gauche, un cavalier et d'autres chasseurs à pied descendent, avec leurs chiens, un sentier escarpé et poursuivent un cerf qui va se jeter dans un étang au pied d'un coteau. A droite, des lapins.

Ancienne collection.

BRIL (Paul), *peintre, graveur,* né à Anvers en 1554, mort à Rome en 1626. (Ecole flamande.)

Tous les biographes disent qu'il fut d'abord élève de **Daniel Wortelmans.** Cependant, comme ce nom est tout-à-fait inconnu, peut-être faudrait-il le remplacer par celui de **Damien Oortelman,** peintre de la confrérie de Saint-Luc d'Anvers. Paul, ayant appris le succès de son frère en Italie, quitta secrètement ses parents, traversa la France, s'arrêta quelque temps à Lyon et arriva enfin à Rome, où il se mit sous la direction de son frère Mathieu, qu'il ne tarda pas à surpasser. Le pape Grégoire XIII l'employa beaucoup, et, après la mort de Mathieu, il le chargea seul des travaux qui leur étaient destinés à tous deux. Son principal ouvrage est un paysage de 68 pieds de long, exécuté à fresque dans le salon du pape. Il peignait bien la figure, et ses paysages, quoique souvent trop verts, ont beaucoup de vigueur.

67. *Paysage.* — *La chasse aux canards.*

H. 1, 04. — L. 1, 47. — T. — Fig. de 0, 15.

A droite, derrière un gros arbre, deux chasseurs à l'affût, épiant des canards au bord d'un étang situé au milieu d'une épaisse forêt. De l'autre côté de l'étang, des bœufs et des vaches.

Gravé par Duparc dans le Musée royal.

Ancienne collection. — Les figures semblent être d'Annibal Carrache.

68. *Paysage.* — *Diane et ses nymphes.*

H. 1, 04. — L. 1, 47. — T. — Fig. de 0, 15.

Au premier plan, une rivière ombragée par de grands arbres et traversée à gauche par un pont de bois. Diane, le carquois sur l'épaule, l'arc à la main, passe le pont suivie de deux de ses nymphes. Plus loin, d'autres nymphes conduisent des chiens.

Gravé par Duparc dans le Musée royal.

Ancienne collection. — Pendant du tableau précédent.

69. *Paysage. — Les pêcheurs.*

H. 0, 46. — L. 0, 71. — T. — Fig. de 0, 07.

A droite, sur le bord d'une rivière qui serpente entre deux coteaux élevés et boisés, un pêcheur debout tient son filet sur son épaule ; un autre homme est assis par terre. Plus loin, deux hommes poussent un bateau à travers des plantes aquatiques. A gauche, des rochers, un massif d'arbres, un chien, des lapins. Dans le fond, une cascade qui se précipite de hautes montagnes dans une rivière traversée par un pont de bois. — Signé : **PA. BRILLI, 1624.**

Gravé par Duthenofer dans le Musée français. — Filhol, t. 5, pl. 328.

Collection de Louis XIV.

70. *Paysage. — Pan et Syrinx.*

H. 0, 38. — L. 0, 60. — C. — Fig. de 0, 06.

A gauche, la nymphe Syrinx, poursuivie par le dieu Pan, se précipite dans les eaux du fleuve Ladon en Arcadie, où elle est changée en roseau. Plus loin, à droite, une nymphe se baignant au pied d'une masse de rochers, et des faunes à l'entrée de ces rochers qui forment des espèces de grottes.

Gravé par Desaulx dans le Musée français. — Filhol, t. 5, pl. 340.

Collection de Louis XIV. — Les figures sont attribuées à Annibal Carrache, ou à Giuseppe Cesari, dit *le Josépin.*

71. *Paysage.*

H. 0, 70. — L. 1, 01. — T. — Fig. de 0, 12.

Au premier plan, à gauche, près d'une habitation rustique, une femme qui trait une vache. A droite, un berger, des chèvres et des canards. Au second plan, une rivière encaissée par un massif de rochers, d'où s'échappe une chute d'eau. Des bestiaux descendent vers la rivière. — Ce tableau est signé : PAOL BRILLI 1620.

Musée Napoléon. — Porté à tort sur les inventaires à Rubens.

72. *Paysage.*

H. 0, 46. — L. 0, 75. — B. — Fig. de 0, 07.

Des vaches sortent d'une étable et se dirigent vers un petit pont de bois qui conduit à un chemin situé à gauche. Au bout de ce chemin, une maison et une porte donnant sur la campagne. Au premier plan et au milieu du tableau, un homme, un bâton à la main, guide les animaux à leur sortie. A droite, deux femmes lavent du linge dans un baquet, une autre tire de l'eau d'un puits. A gauche, trois canards.

Ancienne collection.

73. *Paysage.*

H. 0, 97. — L. 1, 44. — T. — Fig. de 0, 10.

Sur un chemin passant devant une villa située sur une hauteur, des bergers conduisent des troupeaux de chèvres et de moutons; des canards barbottent dans une mare. A gauche, au-delà du chemin, sur une éminence, des ruines entourées d'arbres, et une vallée bordée de montagnes. — Signé : P. BRIL P. 1617.

Ancienne collection.

74. *Paysage.* — *Saint Jérôme en prières.*

H. 0, 87. — L. 1, 15. —T. — Fig. de 0, 12.

A gauche, au milieu d'une gorge formée par d'immenses rochers, saint Jérôme est agenouillé dans sa hutte devant un crucifix; son lion est près de lui. Plus loin, deux hommes, dont un monté sur un âne, descendent des rochers. A droite, deux pâtres, des chèvres et des moutons. — Signé : p. bril 1609.

Ancienne collection.

BROUWER *ou* **BROWER.** — *Voir* Brauwer.

CEULEN *ou* **KEULEN** (Cornelis-Janson van). *On ignore l'année de sa naissance, et Nagler fixe celle de sa mort en 1656. On connaît de lui un tableau daté de 1647.* (Ecole hollandaise.)

Le lieu de la naissance de ce peintre et le nom de son maître sont inconnus. On sait seulement qu'il a passé une partie de sa vie en Angleterre, à la cour de Charles Ier, et que, pendant les troubles de son règne, il vint s'établir à La Haye, où il mourut. Il peignait surtout des portraits.

75. *Portrait d'homme.*

H. 1, 10. — L. 0, 90. — T. — Fig. à mi-corps gr. nat.

Il a des moustaches, une touffe de barbe au menton, et ses cheveux sont séparés au milieu de la tête. Il porte un vêtement et un manteau noirs, des manchettes et un petit col blanc rabattu.

Collection de Louis XVIII. — Acquis, en 1819, de Mme de Plette pour 500 fr.

CHAMPAIGNE (Philippe de), *né à Bruxelles en 1602, mort à Paris le 12 août 1674, et enterré à Saint-Gervais.* (Ecole flamande.)

Il fut élève de **Bouillon**, de **Michel Bourdeaux**, de **Fouquière**, vint à Paris en 1621, étudia peu de temps sous **l'Allemand**, peintre lorrain, et commença par faire des portraits et des paysages qui eurent beaucoup de succès. Logé avec le Poussin qui revenait d'Italie, il fut employé, ainsi que lui, par **Du Chesne**, alors premier peintre de la reine, à des travaux au palais du Luxembourg. Champaigne ayant excité par ses succès la jalousie de Du Chesne, quitta Paris, se rendit à Bruxelles en 1627, avec l'intention d'aller en Italie ; mais, à peine arrivé dans cette ville, la reine le fit rappeler et lui donna la place de Du Chesne, qui venait de mourir. Champaigne retourna à Paris en 1628. Extrêmement assidu au travail, il exécuta un nombre considérable de peintures pour les églises, les maisons royales, et à Vincennes, pour le cardinal de Richelieu, dont il décora les palais. Reçu dans la première assemblée de l'académie de peinture, tenue en 1648, il fut, lors de son établissement, nommé professeur et enfin recteur. Il eut pour élève son neveu, **Jean-Baptiste Champaigne**, né à Bruxelles en 1645, qui suivit sa manière, et mourut professeur de l'académie en 1693.

76. *Le repas chez Simon le pharisien.*

H. 2, 92. — L. 3, 99. — T. — Fig. gr. nat.

La table du festin est dressée au fond d'une vaste salle terminée par un portique composé de deux colonnes placées entre deux pilastres d'ordre ionique. Les convives de Simon sont couchés sur des lits disposés en fer-à-cheval autour de cette table. A gauche, la Madeleine prosternée essuie avec ses cheveux les pieds du Christ, dont les sandales sont à terre, et qui montre la pécheresse repentante à Simon couché en face de lui. Au milieu et sur le devant du tableau, un grand vase en cuivre, où brûlent des parfums, posé sur un tabouret également de métal et supporté par des pieds en forme de griffes.

Filhol, t. 8, pl. 547. — Landon, t. 1, pl. 46 et 17.

Ancienne collection. — Ce tableau, placé autrefois dans l'église supprimée de la Madeleine-en-Cité, est inscrit à tort dans l'inventaire Lenoir (n° 146) et dans d'Argenville sous le titre des Noces de Cana.

77. *Jésus-Christ célébrant la pâque avec ses disciples.*

H. 1, 58. — L. 2, 33. — T. — Fig. pet. nat.

Au centre de la composition, le Christ, assis devant une table, entouré de ses douze disciples, dont trois sont debout, lève les yeux vers le ciel et tient le pain qu'il va consacrer. On ne voit sur la table qu'un petit vase à deux anses ; un autre beaucoup plus grand, en forme d'aiguière, est placé par terre sur le devant du tableau.

Gravé par Abraham Girardet dans le Musée français. — Gravé par un anonyme. — Filhol, t. 8, pl. 295. — Landon, t. 2, pl. 13.

Ancienne collection. — Ce tableau, exécuté en 1648 pour le monastère de Port-Royal, représentait, dit-on, sous les traits des apôtres, les principaux solitaires de cette maison célèbre : Antoine Le Maître, Le Maître de Sacy, Arnaud d'Andilly, le Nain de Tillemont, Blaise Pascal, Antoine Arnault. Si l'on trouve quelque ressemblance entre les traits de Pascal et ceux du disciple vu de profil, à droite près de la bordure, il est certain qu'il n'en existe aucune entre les portraits bien connus d'Antoine Arnault et la figure de Judas, ainsi que quelques personnes l'ont avancé. Cette tradition, qui n'est justifiée par aucune preuve, et dont on ne trouve aucune trace dans les ouvrages de Félibien, de Descamps, de d'Argenville, n'a pas peu contribué à la célébrité de ce tableau de Philippe de Champaigne. L'artiste a répété deux autres fois le même sujet, mais avec quelques changements. L'une de ces répétitions est placée au Luxembourg, dans l'ancienne chapelle de la Chambre des pairs ; l'autre a été remise au ministre de l'intérieur en 1849, et se trouve maintenant au Musée de Lyon. L'inventaire Lenoir (page 326) cite cette Cène comme provenant du chœur des religieuses de Port-Royal.

78. *Le Christ en croix.*

H. 1, 46. — L. 0, 80. — T. — Fig. demi-nat.

On aperçoit dans le fond les remparts et la ville de Jérusalem.

Gravé par Etienne Pautrel. — Gravé en trois feuilles par F. de Poilly.

Ancienne collection. — Cette peinture est une répétition en petit, et avec quelques changements, du tableau donné en 1674 par Philippe de Champaigne au couvent des Chartreux à Paris, et qui se trouve maintenant dans les appartements du palais du Luxembourg.

79. *Le Christ mort couché sur son linceul.*

H. 0, 68. — L. 1, 97. — T. — Fig. gr. nat.

Au-dessous de la tête du Christ, à gauche, la couronne d'épines. On lit sur le bord de la pierre qui supporte le corps, presque entièrement nu : *Quicumque baptizati sumus in Christo Jesu, in morte ipsius baptizati sumus. Consepulti enim sumus cum illo per baptismum in mortem. Romanor. 6. v. 3 et 4.*

Gravé par Nicolas Platemontagne. — Landon, t. 1, pl. 20.

Musée Napoléon. — Suivant l'inventaire, ce tableau provient d'une église de Paris. On trouve dans l'inventaire Lenoir, p. 324 : *Jésus mort, sur bois, Port-Royal.* D'autres renseignements pourraient faire croire qu'il a été commandé par Louis XIII pour l'église de Notre-Dame.

80. *Apparition de saint Gervais et de saint Protais à saint Ambroise, archevêque de Milan.*

H. 3, 60. — L. 6, 81. — T. — Fig. plus gr. que nat.

Saint Ambroise, à genoux devant un prie-Dieu, contemple l'apparition lumineuse des deux martyrs que lui présente saint Paul. Sous les nuages qui les portent on aperçoit un faisceau de licteurs, un arc, un carquois rempli de flèches, une trompette, un aviron, des couronnes de verdure, un vase plein de pièces d'or. A droite, derrière saint Ambroise, deux candélabres et le siège épiscopal sous un dais de velours rouge. Au fond, derrière une balustrade, le peuple milanais en foule assistant à ce miracle dans la basilique de **Saint-Félix-et-Saint-Nabor**. Il fait nuit, quelques lampes éclairent faiblement l'église, et la lune, qu'on aperçoit à travers les fenêtres, brille d'un vif éclat.

Filhol, t. 10, pl. 698. — Landon, t. 1, pl. 23.

Ancienne collection. — Ce tableau, peint vers 1655, est un des six exécutés par Champaigne, Lesueur et Bourdon, pour le chœur de l'église Saint-Gervais, à Paris. L'Invention des reliques des deux martyrs, peinte par Champaigne; le Martyre des deux saints, composé par lui, mais peint par son beau-frère, sont au Musée de Lyon. — Ces tableaux, suivant Thierry, servirent de modèles à des tapisseries que l'on exposait les jours de grande fête dans l'église.

81. *Translation des corps de saint Gervais et de saint Protais.*

H. 3, 60. — L. 6, 81. — T. — Fig. plus gr. que nat.

Après avoir été exhumés sur l'indication de saint Ambroise, évêque de Milan, les corps des deux saints, couchés sur un lit, sont transportés processionnellement par des prélats dans la basilique Fausta. Au premier plan, à gauche, un possédé renversé et soutenu par deux hommes, dont un lui montre les martyrs; près d'eux, un homme à genoux, les mains jointes et les bras étendus vers les deux saints. A droite, un personnage prosterné.

Landon, t. 1, pl. 24 et 25.

Ancienne collection. — Ce tableau, ainsi que le précédent, proviennent de l'église Saint-Gervais, à Paris.

82. *L'apôtre saint Philippe.*

H. 1, 17. — L. 0, 89. — T. — Fig. à mi-corps gr. nat.

Le saint porte sur son bras gauche la croix, instrument de son martyre, et lève les mains vers le ciel, qu'il semble implorer.

Landon, t. 1, pl. 21.

Ce tableau fut donné en 1649 à l'académie de peinture par Champaigne, qui avait été reçu dans la première des assemblées de l'académie, tenue le 1er février 1648.

83. *Portraits de la mère Catherine-Agnès Arnauld et de sœur Catherine de sainte Suzanne, fille de Philippe de Champaigne.*

H. 1, 65. — L. 2, 29. — T. — Fig. gr. nat.

La sœur sainte Suzanne est assise dans un fauteuil de paille, les mains jointes, une boîte à reliquaire ouverte sur ses genoux, et les jambes étendues sur un tabouret couvert d'un coussin. A droite, près d'elle, un livre d'heures sur une chaise de paille; derrière le tabouret, la mère Agnès à genoux, priant les mains jointes, et éclairée par des rayons célestes; derrière la tête de la sœur sainte Suzanne, une croix de bois suspendue à la muraille de la cellule. On lit sur le tableau l'inscription suivante :

>CHRISTO VNI MEDICO
>ANIMARVM ET CORPORVM.
>SOROR CATHARINA SVSANNA DE
>CHAMPAIGNE POST FEBREM. 14. MENSI
>VM CONTVMACIA ET MAGNITVDINE
>SYMPTOMATVM MEDICIS FORMIDATAM.
>INTERCEPTO MOTV DIMIDII FERE' COR
>PORIS, NATVRA IAM FATISCENTE MEDICIS
>CEDENTIBVS, IVNCTIS CVM MATRE
>CATHARINA AGNETE PRECIBVS PVNC^{TO}.
>TEMPORIS PERFECTAM SANITATEM
>CONSECVTA SE ITERVM OFFERT.
>PHILIPPVS DE CHAMPAIGNE HANC
>IMAGINEM TANTI MIRACVLI, ET
>LÆTITIÆ SVÆ TESTEM
>APPOSVIT.
>A° 1662

Gravé par J.-J.-F. Tassaert en 1805; par G.-R. Levillain dans le Musée français; par Jean Boulanger. — Filhol, t. 1, pl. 26. — Landon, t. 1, pl. 15.

Ancienne collection. — Ce tableau provient du couvent de Port-Royal. — La fille de P. de Champaigne, religieuse à Port-Royal, sous le nom de Catherine de sainte Suzanne, était attaquée depuis quatorze mois d'une fièvre continue et d'une espèce de paralysie. Elle était abandonnée des médecins, et l'on avait fait en vain dans la maison plusieurs neuvaines pour obtenir sa guérison. On pria la mère Catherine-Agnès de faire une nouvelle neuvaine, et le 6 janvier 1662 la malade fut débarrassée tout à coup de la fièvre et de la paralysie. C'est en mémoire de cette guérison miraculeuse que l'artiste exécuta ce tableau, qui est son chef-d'œuvre.

84. *Paysage.*

H. 2, 20. — L. 3, 36. — T. — Fig. de 0, 40.

A droite, une masse de rochers d'où se précipite en cascade un torrent qui vient se perdre dans un étang. Entre l'étang et les rochers, un religieux à genoux et en adoration devant un autel rustique. A gauche, et de l'autre côté d'un pont de bois qui passe sur le torrent, Marie, nièce de saint Abraham, ermite, recevant dans sa cellule la visite d'un solitaire.

Filhol, t. 7, pl. 484.

Ancienne collection. — Ce tableau vient de l'abbaye de Port-Royal. Il faisait partie, ainsi que le suivant, d'une suite de quatre paysages peints par Champaigne pour une salle de réunion de ce monastère, où il s'était retiré.

CHAMPAIGNE (DE).

85. *Paysage*.

H. 2, 20. — L. 3, 36. — T. — Fig. de 0, 40.

Au premier plan, à gauche, un torrent sur lequel on a jeté deux planches fixées par des pieux. Près de ce pont, deux hommes portant une femme couchée sur un brancard. Plus à gauche, une grotte entourée de grands arbres, au milieu de laquelle Marie pénitente, à genoux, les mains jointes, adresse au ciel des prières pour un malade agenouillé devant elle et soutenu par un homme. Dans le fond, un sentier conduit à des fabriques situées au bord d'un lac borné à l'horizon par de hautes montagnes.

Gravé par Gaudefroid père dans le Musée royal. — Filhol, t. 8, pl. 190.

Ancienne collection. — (Voir la note du numéro précédent.)

86. *Louis XIII couronné par la Victoire*.

H. 2, 26. — L. 1, 76. — T. — Fig. gr. nat.

Louis XIII debout, portant une cuirasse, des cuissards, des brassards et une écharpe blanche par-dessus le cordon de l'ordre du Saint-Esprit, a la main droite posée sur la hanche, et s'appuie de la gauche sur une canne. Son casque et ses gantelets sont sur une table couverte d'un tapis rouge et placée en avant d'un rideau de même couleur. La Victoire, qui vole et tient une palme de la main gauche, lui pose sur la tête une couronne de lauriers. Dans le fond, la ville et la digue de La Rochelle. — On lit à gauche, par terre, l'inscription suivante :

.... AVXILIO SOCIOS, QVI FORTIBVS ARMIS
.... DFNDIT, LÆSAQVE IVRA DEI.

Ancienne collection. — Autrefois à l'hôtel de Toulouse.

87. *Portrait en pied d'Armand-Jean du Plessis, duc de Richelieu, cardinal et ministre d'État, né en 1585, mort en 1642.*

H. 2, 22. — L. 1, 55. — T. — Fig. gr. nat.

Il est debout, en costume de cardinal, la tête couverte d'une calotte rouge et porte le cordon de l'ordre du Saint-Esprit; il tient sa barrette de la main droite. Dans le fond, un rideau à grands dessins.

Ancienne collection. — Il provient de l'hôtel de Toulouse. L'inventaire Lenoir (n° 166) cite un autre portrait du cardinal, également par Champaigne.

88. *Portrait de Robert Arnaud d'Andilly.*

H. 0, 91. — L. 0, 72. — T. — Fig. en buste gr. nat.

Il est vu presque de face, tête nue, enveloppé d'un manteau, la main droite posée sur l'appui d'une fenêtre; sous cet appui on lit : PHI^E . CHAMPAIGNE. F. A° 1650,

Filhol, t. 5, pl. 347.

Musée Napoléon. — Acquis sous le Consulat.

89. *Portrait de Philippe de Champaigne.*

H. 1, 19. — L. 0, 91. — T. — Fig. en buste gr. nat.

Il est debout, vu de trois quarts, la tête nue, enveloppé d'un manteau noir, le coude gauche appuyé sur un tertre, la main droite posée sur la poitrine. Il tient de la main gauche un papier roulé sur lequel on lit la date de 1668. Derrière lui, un groupe d'arbres; dans le fond, à gauche, un paysage et la ville de Bruxelles : on distingue Sainte-Gudule et la face de l'hôtel-de-ville.

Gravé par Gérard Edelinck en 1676 (Calc. imp.). — *Filhol, t. 2, pl. 137.* — *Landon, t. 1, pl. 14.*

Ancienne collection. — Ce tableau fut donné à l'ancienne académie de peinture par Rousselet, graveur, le 27 juin 1682, huit ans après la mort de Ph. de Champaigne.

90. *Portrait d'homme.*

H. 0, 88. — L. 0, 68. — T. — Fig. en buste gr. nat.

Il est vu de trois quarts, tourné à gauche et la tête nue. Il porte un habit noir, des manchettes plissées et un petit col blanc. Il feuillette un volume de Sénèque posé sur quatre autres volumes fermés qui lui servent de pupitre ; ces livres sont placés sur une espèce d'appui en pierre décoré d'oves où on lit la date A° 1648.

Collection de Louis XVIII. — Acquis de M. de Claparède en 1818.

91. *Portrait d'une petite fille.*

H. 1, 23. — L. 0, 89. — T. — Fig. gr. nat.

Elle porte un bonnet garni de guipure, un tablier blanc garni de même, des manchettes, un col, une robe grise, des manches fendues suivant la mode adoptée sous Louis XIII ; elle tient sur son doigt un faucon. Dans le fond, des rideaux et une table couverte d'un tapis de velours rouge. — On lit à droite, au bas du tableau : AGE 5 ANS 3 MOIS.

Ancienne collection.

92. *Portrait d'une jeune fille de cinq à six ans.*

H. 0, 69. — L. 0, 56. — Forme ovale. — T. — Fig. à mi-corps gr. nat.

Elle est vue de face, et les mains jointes ; elle porte un voile sur la tête, une robe blanche et un manteau bleu.

Ancienne collection.

93. *Portrait de femme.*

H. 0, 61. — L. 0, 51. — T. — Buste gr. nat.

Elle est représentée de trois quarts, tournée à gauche, et porte une robe brune, un voile noir sur la tête et une ganse de même couleur autour du cou.

Collection de Charles X. — On croit que ce portrait représente Mme L.-M. Arnauld, sœur de N. Arnauld et mère de la mère Angélique. — Acquis le 18 mars 1830 pour la somme de 400 fr.

94. *Portraits de François Mansard et de Claude Perrault, architectes.*

H. 0, 85. — L. 1, 12. — T. — Fig. en buste gr. nat.

Mansard à gauche, tête nue, avec un manteau noir, et Perrault à droite, tête nue, avec un col blanc, un habit et un manteau gris, sont tous deux appuyés sur une plinthe de pierre. Perrault montre du doigt un monument au-devant duquel se trouve une statue de femme tenant une couronne. On lit sur la plinthe les noms des deux personnages : à gauche, **Mansard;** à droite, A° 1656, **Perrault.**

Gravé par Henriquel Dupont.

Collection de Louis-Philippe. — Acheté à Lille, au mois d'octobre 1835, de M. Tencé, par M. de Tallencourt, bibliothécaire du roi, pour la somme de 2,000 fr.

95. *L'éducation d'Achille. — Tir de l'arc.*

H. 1, 00. — L. 3, 57. — T. — Fig. de 0, 60.

A gauche, Achille enfant, accompagné du centaure Chiron, s'apprête à lancer une flèche contre une cible placée sur une muraille à l'autre extrémité du tableau. Près d'Achille, des jeunes gens tenant des javelots, et près du but, derrière une barrière, plusieurs spectateurs.

Ancienne collection. — Ce tableau, ainsi que le suivant, peints sur fond doré, étaient placés aux Tuileries dans l'appartement du granddauphin, situé au rez-de-chaussée, du côté du jardin; appartement décoré en 1666 par Philippe de Champaigne et son neveu Jean-Baptiste, qui y peignirent les différents exercices et les amusements de la jeunesse. Suivant les documents de l'époque, le tableau de l'Education d'Achille serait seul entièrement de la main de Philippe, tandis que les autres auraient été terminés par son neveu.

96. *L'Éducation d'Achille.* — *Course de chars.*

H. 1, 00. — L. 3, 57. — T. — Fig. de 0, 60.

Le jeune Achille dirige dans la carrière un char attelé de quatre chevaux blancs. Devant lui, à droite, le centaure Chiron, un carquois sur l'épaule, une couronne d'une main, une palme de l'autre. Dans le fond, une barrière et des spectateurs.

Ancienne collection. — (Voir la note du tableau précédent.)

CRAESBEKE ou **GRAESBEEK** (JOOST VAN), *né à Bruxelles en 1608, mort à Anvers en 1641.* (Ecole hollandaise.)

Il commença par être boulanger à Bruxelles. Étant venu ensuite s'établir à Anvers, il fit connaissance de Brauwer, et la conformité de leurs goûts pour la débauche les lia bientôt intimement. Craesbeke, après avoir vu travailler son ami pendant quelque temps, voulut aussi essayer à peindre. Brauwer lui donna des leçons, et bientôt l'élève égala le maître. Craesbeke a peint des tabagies, des corps-de-garde et des querelles d'ivrognes.

97. *Craesbeke peignant un portrait.*

H. 0, 85. — L. 1, 02. — B. — Fig. de 0, 45

Un homme, un chapeau à large bord sur la tête, est assis à côté d'une table couverte d'un tapis, sur laquelle il pose le bras droit. Il tient de la main droite un pinceau et de la gauche un petit chien. Un jeune homme debout, le chapeau sous le bras, s'appuie sur le dossier de la chaise du modèle et regarde le portrait. Plus à droite, un petit page, tête nue, porte une épée trop grande pour sa taille et probablement celle que le modèle a ôtée. Craesbeke, assis devant son chevalet, tourne la tête et regarde de côté un verre de vin que lui offre un serviteur placé derrière la table. Tout-à-fait à gauche, un homme debout chante en s'accompagnant de la guitare. Dans le fond un domestique qui entre apporte une tasse sur une assiette. Un tableau représentant des têtes grotesques, un lit à grand rideau; sur le devant et au milieu, un petit escabeau avec une pipe et du tabac, composent tout le mobilier de la chambre.

Gravé par Thomas, dans le Musée français, sous le titre de l'Atelier de Craesbeke. — Filhol, t. 3, pl. 147. — Landon, t. 1, pl. 32.

Collection de Louis XVI. — Ce tableau fut acheté par M. d'Angiviller comme une œuvre de Brauwer et on l'inscrivit au n° 445 du livret de la première exposition des tableaux du Musée en 1793, sous le titre de : *Atelier de Brauwer peignant un portrait*. Tout en reconnaissant qu'il est plus convenable de restituer cette peinture à Craesbeke, nous ne savons d'après quelle autorité on a prétendu qu'elle représentait *Craesbeke peignant Brauwer son maître et son ami*. Est-ce parce que le personnage qui pose tient un pinceau? Mais si l'on réfléchit que lui seul a le chapeau sur la tête, qu'il est habillé avec élégance, que le petit page qui porte une épée ainsi que les autres personnages sont dans une attitude respectueuse, ne serait-il pas plus raisonnable de voir dans cette composition un seigneur, accompagné de gens de sa suite et se faisant peindre, qu'un artiste retraçant les traits d'un autre artiste son compagnon de débauche et d'indigence? Le rédacteur des notices du Musée Filhol avait déjà émis un pareil doute avant nous, et nous avons cru devoir l'exprimer ici de nouveau.

CRAEYER. — *Voir* CRAYER.

CRANACH ou KRANACH LE VIEUX (LUCAS SUNDER, *dit*), *peintre, graveur, né à Cranach, dans le diocèse de Bamberg (en Franconie), en 1472; mort à Weimar, en 1553, à l'âge de 81 ans. (Ecole allemande.)*

Son nom de famille était Sunder ; mais, suivant l'usage de son temps, il prit celui de sa ville natale. Ses contemporains l'appelaient ordinairement *maître Lucas* ou *Lucas peintre*, en allemand *maler*, mot que quelques biographes ont ensuite changé en Müller et dont ils ont fait un nom propre. On croit que son père lui donna les premières leçons de dessin. Ses progrès furent rapides, et avant sa 23e année il fut attaché comme peintre de la cour à la maison électorale de Saxe. En 1493 il suivit Frédéric-le-Sage en Palestine, où il fit de nombreuses études. De retour dans son pays, il reçut des lettres de noblesse en 1508, fut un des premiers adeptes de la doctrine de Luther, son ami, et partagea volontairement pendant cinq ans la prison de Jean-Frédéric-le-Magnanime, son protecteur. Après avoir habité quarante-six ans la ville de

Wittemberg, où il exerça pendant quarante-quatre ans les fonctions de bourgmestre, il vint enfin s'établir à Weimar, et fut enterré à l'église de Saint-Jacob. — **Lucas Cranack le jeune,** né à Wittemberg en 1515, mort en 1586, fut élève de son père, Cranach le vieux, l'aida dans ses travaux, et peignit l'histoire et le portrait.

98. *Vénus dans un paysage.*

H. 0, 38. — L. 0, 26. — B. — Fig. de 0, 31.

Vénus est nue, debout, coiffée d'une large toque plate rouge, et tient une légère écharpe de gaze. Elle porte au cou un collier d'or enrichi de pierreries et de perles. Derrière elle, à gauche, des arbres ; à droite, dans le fond, une haute montagne surmontée d'une ville ; en bas, une autre ville avec des fortifications, une église et de hauts clochers qui se reflètent dans un lac. On voit sur le terrain, à droite, une espèce de dragon ailé tenant une bague, marque de l'artiste, et la date de **1529**.

Musée Napoléon.

99. *Portrait de Jean-Frédéric III*, duc et électeur de Saxe, surnommé le Magnanime, *né en 1503, mort en 1554.*

H. 0, 13. — L. 0, 14. — B. — Fig. en buste.

Il a la tête couverte d'une toque noire, la barbe et les moustaches presque blanches, et porte une robe garnie de fourrure. A gauche, le dragon ailé, marque de l'artiste, et la date de **1532**. A droite, on lit dans le haut du tableau, écrit en caractères allemands : *Friderich der Drit churfürst und herzog zu Sachessen.*

Musée Napoléon.

100. *Portrait d'homme.*

H. 0, 51. — L. 0, 37. — B. — Fig. en buste pet. nat.

Il a les mains jointes, porte barbe et moustaches, une toque noire ornée de plumes de la même couleur et de bijoux. Une chaîne d'or, faisant quatre fois le tour de son cou, est fermée par une espèce de dauphin tenant dans sa gueule une boule ciselée. La pièce de toile qui couvre le haut de sa poitrine est traversée par trois bandes horizontales de soie rouge, sur lesquelles sont brodées en perles des ?, initiale sans doute de son nom. Son pourpoint, formé de bandes de satin et de velours noirs alternées, est recouvert d'une robe semblable garnie de fourrures. A gauche, au-dessus de l'épaule, le dragon ailé, marque de l'artiste, et la date 1531.

Musée Napoléon. — Acquis sous l'Empire. — La notice de 1841 suppose que ce portrait est celui de Jean-Frédéric de Saxe le Magnanime. Il suffit de comparer cette peinture à celle du numéro précédent, exécutée seulement un an après, pour constater l'erreur d'une pareille attribution.

CRAYER, KRAYER ou **CRAEYER** (GASPAR DE), *né à Anvers en 1582 ou 1585, mort à Gand le 27 janvier 1669.* (Ecole flamande.)

Il eut pour maître, à Bruxelles, **Raphaël Coxcie**, fils de **Michel Coxcie**, qu'il surpassait déjà en habileté avant de quitter son école. Crayer habita d'abord Bruxelles, où il fut reçu franc-maître de la confrérie de Saint-Luc ; puis Gand, et fit dans ces deux villes un nombre considérable de tableaux d'histoire et de portraits. Il fut l'ami de Rubens et de van Dyck, qui avaient la plus grande estime pour son talent.

101. *La Vierge, et l'Enfant-Jésus adoré par plusieurs saints.*

H. 3, 89. — L. 2, 73. — T. — Fig. gr. nat.

La Vierge, assise sur un trône élevé en avant d'une niche, tient sur ses genoux l'Enfant-Jésus, qui reçoit une corbeille de roses de sainte Dorothée. Derrière elle, sainte Barbe avec sa tour. Au pied du trône, à droite, sainte Madeleine de Ruzzi, carmélite ; sur les marches, saint Augustin à genoux, offrant un cœur enflammé. Au milieu, un petit ange portant sa crosse. A gauche, saint Antoine, tenant un chapelet et une espèce de croix; enfin saint Etienne, une palme à la main.

Ancienne collection. — Une composition à peu près semblable à celle-ci a été exécutée par Crayer pour l'église des Augustins de Gand.

102. *Saint Augustin en extase.*

H. 2, 90. — L. 1, 95. — T. — Fig. gr. nat.

Saint Augustin dans son costume d'évêque, à genoux et soutenu par deux anges, reçoit les rayons divins passant à travers des nuages qui supportent trois petits anges. A droite, un jeune diacre tient la mitre de l'évêque et un ange sa crosse. A gauche, la Religion, debout, vêtue d'une chape, avec les clefs, la croix, la tiare, et le Saint-Esprit volant au-dessus de sa tête, montre le saint. Devant la Religion, un enfant nu, portant un livre et une branche d'olivier, s'appuie sur un écusson de marbre, où sont peints des volumes sur les plats desquels on lit : OPERA SANCTI AVGVSTINI.

Collection de Louis XVI. — Acquis en 1785.

103. *Portrait équestre de Ferdinand, infant d'Espagne, archiduc d'Autriche, gouverneur des Pays-Bas, surnommé* le Cardinal-Infant, *né en 1609, mort en 1641.*

H. 3, 02. — L. 2, 43. — T. — Fig. gr. nat.

Il est nu-tête, couvert d'une armure sur laquelle une écharpe rouge est posée en sautoir, et s'appuie sur un bâton de commandement. Il monte un cheval bai à très petite tête; la selle est rouge. Fond de paysage.

Collection de Louis-Philippe. — Acquis de M. d'Eprémenil en 1835.

CUYP.

CUYP ou KUYP (AALBERT), *peintre, graveur, né à Dordrecht en 1605. La date de sa mort est inconnue, mais on sait par son inscription sur un registre de bourgeoisie qu'il vivait encore en 1672.* (Ecole hollandaise.)

Il fut élève de **Jakob-Gerritz Cuyp**, son père, peintre habile de paysages, qu'il ne tarda pas à surpasser. Il a peint des animaux, des paysages, des marines, des portraits, des fleurs, d'une exécution large, spirituelle et surtout d'une admirable couleur. Malgré ces rares qualités, ce grand artiste fut peu apprécié de son vivant. Ses compositions paraissaient trop simples, et l'on ne trouvait pas ses tableaux assez finis. Ils eurent le sort de ceux d'Hobbema, qui pendant longtemps ne se vendirent pas, à beaucoup près (voir le catalogue des ventes publié par Gerard Hoet), la moitié des ouvrages de Breughel et de beaucoup de peintres secondaires. Jusqu'en 1750, les meilleurs tableaux d'Aalbert Cuyp se payaient au plus 30 florins; mais à partir de cette époque les amateurs français et anglais les recherchèrent et les firent monter considérablement, en sorte qu'en 1785, à la vente de M. Linden van Slingelandt, amateur célèbre de Dordrecht, qui en possédait un nombre considérable et des plus beaux, le maître fut estimé comme il le méritait. Depuis, ses peintures ont encore au moins quadruplé de valeur. — **Jakob-Gerritz Cuyp**, père d'Aalbert, né à Dordrecht vers 1581, élève d'Abraham Bloemaert, fut bon peintre de paysages et d'animaux, et l'un des fondateurs de la confrérie de Saint-Luc à Dordrecht, en 1642. — **Benjamin Cuyp**, frère du précédent, ou, suivant d'autres auteurs, son neveu, suivit d'abord la manière d'Aalbert, puis celle de Rembrandt, surtout dans les sujets historiques, et enfin celle de **David Teniers le vieux**. — Parmi les imitateurs les plus heureux de Cuyp, on remarque surtout **Jakob van Stry**, né à Dordrecht en 1756, mort en 1815.

104. *Paysage.*

H. 1, 71. — L. 2, 29. — T. — Fig. de 0, 60.

A gauche, un pâtre assis souffle dans un chalumeau en gardant un troupeau de six vaches, dont trois sont couchées. Deux enfants, debout près de lui, l'écoutent et caressent son chien. Dans le fond, du même côté, au-delà d'une rivière, une ville, un clocher, deux moulins. A droite, sur une hauteur, des moutons conduits par un berger et deux enfants. — Signé : *A. Cuyp.*

Filhol, t. 7, pl. 436.

Collection de Louis XVI.

105. *Le départ pour la promenade.*

H. 1, 19. — L. 1, 52. — T. — Fig. de 0, 55.

Un cavalier, vêtu de rouge, est monté sur un cheval gris pommelé ; un serviteur, un sabre recourbé au côté, dans une attitude respectueuse, tient d'une main la bride de son cheval, et de l'autre l'étrier que le cavalier lui indique avec sa cravache. A gauche, derrière le personnage principal, un autre cavalier vêtu de noir, monté sur un cheval bai, vient de sortir d'une porte basse et cintrée. A droite, au premier plan, deux chiens, dont un couché. Dans le fond, des collines, deux bergers près d'une maison et gardant un troupeau de moutons.

Gravé par Lavalé dans le Musée français. — *Filhol, t. 11, pl. 45.*

Collection de Louis XVI. — Vendu en 1785, à la vente de M. Linden van Slingelandt, 602 florins.

106. *La promenade.*

H. 1, 17. — L. 1, 82. — T. — Fig. de 0, 55.

Un cavalier vêtu de velours bleu, coiffé d'une espèce de turban blanc, monté sur un cheval gris pommelé, passe devant la lisière d'un bois, accompagné de deux personnages d'un rang inférieur également à cheval. Celui des deux qui est en avant se retourne pour lui adresser la parole ; l'autre qui est par derrière reçoit une perdrix d'un garde-chasse accompagné de deux chiens. A droite, la campagne, trois vaches couchées, une debout ; au fond, de hautes collines, des tours en ruine et des bâtiments, devant lesquels sont quelques chevaux et des figures.

Gravé par Lavalé dans le Musée français. — *Filhol, t. 11, pl. 45.*

Collection de Louis XVI. — Vendu en 1785, à la vente de M. Linden van Slingelandt, 602 florins ; en 1790, à la vente de M. Clermont.

d'Amboise, 5,000 livres. Les inventaires de l'Empire et de la Restauration portent en note que le cavalier vêtu de bleu est un prince de la maison d'Orange, dont la tête a été peinte par Metzu.

107. *Portraits d'enfants.*

H. 1, 24. — L. 1, 00. — T. — Fig. gr. nat.

Une petite fille, tête nue, vêtue de jaune, assise et tenant une houlette, donne une branche à manger à une chèvre que tient un petit garçon agenouillé, et dont la tête est couverte d'un large chapeau.

Ancienne collection. — Ce tableau a été aussi attribué à **Jakob-Gerritz Cuyp**, père d'Aalbert.

108. *Portrait d'homme.*

H. 0, 78. — L. 0, 65. — B. — Fig. en buste gr. nat.

Il porte une toque noire à plume blanche, une cravate blanche et un habit de velours violâtre; il tient une perdrix et un fusil.

Collection de Louis XVIII. — Acquis de M. l'abbé de Sambucy en 1816.

109. *Marine.*

H. 1, 08. — L. 1, 48. — T. — Fig. de 0, 10.

Trois barques à voiles sont battues par une mer orageuse. A gauche, une petite embarcation montée par trois rameurs; plus loin, à droite, une maison bâtie sur pilotis, et près de laquelle on aperçoit les mâts d'autres bâtiments. La foudre sillonne le ciel.

Ancienne collection.

DAEL (JEAN-FRANÇOIS VAN), *né à Anvers le 27 mai 1764, chevalier de la Légion-d'Honneur en 1825, mort à Paris le 20 mars 1840.* (Ecole flamande.)

Admis aux cours de l'académie d'Anvers à l'âge de 12 ans, il remporta en 1784 et 1785 les deux premiers prix d'architecture, art auquel ses parents le destinaient. Peu de temps après, il vint à Paris, fut engagé comme ouvrier peintre en bâtiments, se distingua par son habileté, et peignit avec soin des décors dans les résidences de Chantilly, de Saint-Cloud et de Bellevue. Il abandonna bientôt les travaux de ce genre pour se livrer entièrement à la peinture des fleurs et des fruits. La duchesse d'Orsel acheta son premier tableau pour 12 louis. Ses succès lui valurent la jouissance d'un logement au Louvre en 1793, faveur qui n'était accordée qu'à des artistes distingués. Napoléon, les impératrices Joséphine et Marie-Louise, Louis XVIII, lui commandèrent tour à tour des ouvrages importants, qui lui furent payés un grand prix. Van Dael est enterré au cimetière du Père La Chaise, à côté de Gerard van Spaendonck, artiste qui eut également, vers la même époque, une grande réputation comme peintre de fleurs et de fruits.

110. *Fleurs dans un vase d'agate posé sur une console de marbre.*

H. 0, 82. — L. 0, 63. — T.

Des roses trémières, des roses jaunes, des tulipes, des pivoines, des œillets, etc., composent ce bouquet. Des roses et des primevères sont placées au pied du vase. — Signé : VAN DAEL 1816.

Collection de Louis XVIII. — Exposé au salon de 1817 et acquis pour la somme de 4,000 fr.

111. *Fruits posés sur une table de marbre.*

H. 0, 82. — L. 0, 62. — B.

Raisin noir et blanc, pêches, prunes, abricots et deux ananas. — Signé : VAN DAEL 1819.

Collection de Louis XVIII. — Exposé au salon de 1819 et acquis pour 6,000 fr.

112. *Fleurs dans un vase d'agate placé sur une console de marbre.*

H. 1, 16. — L. 0, 88. — T.

Des roses, des pivoines, des tulipes, des roses trémières, des roses jaunes, etc. Un ananas est posé au pied du vase. — Signé : VAN DAEL 1823.

Collection de Charles X. — Exposé en 1824 et acquis à la suite du salon pour 6,000 fr.

DEKKER ou **DECKER** (CONRAD ou COENRAET), *peintre, graveur, vivait dans le milieu du XVII*e *siècle.* (Ecole hollandaise.)

On a souvent confondu ce peintre avec d'autres artistes portant le même nom, et on l'a appelé Jan, Cornelis, Adriaan, Frans, Carl, bien qu'une de ses gravures soit signée en toutes lettres. Du reste, on n'a aucun détail sur la vie de cet artiste, qui fut un imitateur de J. Ruïsdael. A. van Ostade et van den Velde ont fait quelquefois des figures dans ses tableaux. On ne sait pas si un Dekker, qui a peint des intérieurs de chaumières et d'ateliers de tisserand dans le goût d'Ostade, est parent du paysagiste.

113. *Paysage.*

H. 0, 67. — L. 0, 82. — T. — Fig. de 0, 05.

A gauche, devant une chaumière ombragée de grands arbres et placée au bord d'une rivière, une femme lave du linge; près d'elle, une petite fille debout tient un panier. A droite, sur un plan plus éloigné, un paysan, une femme donnant la main à un enfant, et deux pêcheurs au bord de l'eau.

Ancienne collection. — On attribue les figures à Adriaan van Ostade.

114. *Paysage.*

H. 0, 52. — L. 0, 67. — B. — Fig. de 0, 05.

Deux chaumières au bord d'une rivière, sur laquelle passe un bateau chargé d'un homme, d'une femme et de deux petites filles. A gauche, à l'ombre d'un grand arbre, une jeune fille et un homme assis; près d'eux, un chien. — Les figures sont d'Honoré Fragonard.

Ancienne collection. — Autrefois on a apposé sur ce tableau un monogramme composé des lettres **JR**, afin de le faire passer pour un ouvrage de J. Ruïsdael.

DELEN ou **DEELEN** (DIRCK VAN), *né à Alkmaar en 1607 suivant quelques biographes, et à Heusden selon d'autres qui ont porté à tort sa naissance en 1625, et même en 1635. L'année de sa mort est inconnue; on sait seulement, par les dates de quelques uns de ses tableaux, qu'il vivait après 1651.* (Ecole flamande.)

Il fut élève de Frans Hals et vécut longtemps en Zélande, où il avait été élu bourgmestre d'Arnemuiden. Ses compositions représentent habituellement des églises, des palais et des monuments que **Boeyermans**, **van Herp**, **Palamedes**, **Stevens**, Wouwerman ont souvent enrichis de figures. On a écrit aussi son nom *Dalens*, *Daelens*, *Delins*, et cette variété d'orthographe l'a fait confondre par plusieurs biographes avec **Dirk van Dalens** le paysagiste; de là aussi, sans doute, les différentes dates de naissance rapportées par les écrivains.

115. *Les joueurs de ballon.*

H. 0, 32. — L. 0, 54. — B. — Fig. de 0, 09.

Au deuxième plan, dans une cour entourée d'édifices d'ordre dorique et communiquant par deux arcades à une avant-cour qui conduit à un jardin, des hommes s'exercent au jeu du ballon. Au premier plan, sur un péristyle plus élevé que la cour, un garde debout, tenant une hallebarde, et trois personnes, dont deux assises, regardant les joueurs. Au milieu du tableau, et sur le devant, un seigneur, une dame et deux chiens. De chaque côté du péristyle, un portique du palais; sous celui de droite, une femme debout. — Signé sur le piédestal d'une colonne à gauche : *Dirck van Delen, 1628.*

Filhol, t. 2, pl. 117.

Ancienne collection.

DENIS (SIMON-JOSEPH-ALEXANDRE-CLÉMENT), *né à Anvers le 13 avril 1755, mort à Naples le 1er janvier 1813.* (Ecole flamande.)

Il fut élève de **H.-J. Antonissen**. En 1786, il partit pour l'Italie et s'établit à Naples, où il habita jusqu'à la fin de ses jours.

116. *Paysage.* — *Vue d'Arpino.*

H. 2, 12. — L. 1, 61. — T. — Fig. de 0, 13.

Sur le devant du tableau, deux taureaux se menaçant de leurs cornes. Plus loin, un pâtre debout, appuyé contre un arbre, joue du chalumeau en gardant ses bestiaux.

Ancienne collection.

DENNER (BALTHASAR), *né à Hambourg le 15 novembre 1685, mort dans la même ville le 14 avril 1747.* (Ecole allemande.)

Il apprit à dessiner chez un professeur d'Altona et à peindre à Dantzig. Malgré ses progrès, ses parents lui firent quitter l'atelier de son maître pour le placer chez son oncle, négociant de Hambourg. Envoyé en 1707 à Berlin, où le roi Frédéric II avait rassemblé une belle collection de tableaux, Denner se mit à les copier assidûment et à dessiner d'après nature. Enfin il abandonna définitivement le commerce en 1709, et à partir de cette époque jusqu'à sa mort il ne cessa d'aller successivement dans toutes les cours d'Allemagne pour y peindre les portraits des souverains et des grands seigneurs, qui payaient ses ouvrages des prix très élevés. Il fit aussi plusieurs voyages en Hollande et à Londres, et vit partout rechercher ses ouvrages avec un extrême empressement. Denner, dessinateur peu correct et compositeur médiocre, a peint quelques tableaux de genre; mais ce sont surtout ses portraits et ses têtes qui l'ont rendu célèbre : personne n'a poussé aussi loin que lui l'imitation de la nature. Cette imitation produit une illusion plus complète encore lorsqu'on examine à la loupe ses tableaux, dont le fini, exempt de sécheresse et de manière, effraie l'artiste le plus patient. Malgré cette qualité extraordinaire et qu'aucun peintre n'a possédée à beaucoup près à ce degré, Denner est bien loin de charmer comme van Dyck, Titien, Rubens ou Rembrandt. On l'admire, on reste confondu devant ses prodiges, qui doivent, au surplus, lui avoir moins coûté qu'on pourrait le croire d'abord, puisqu'il a beaucoup produit; mais l'on n'est point ému, preuve bien convaincante que l'imitation aussi réelle que possible de la nature n'est pas le vrai but de l'art.

117. *Portrait de femme.*

H. 0, 38. — L. 0, 31. — C. — Gr. nat.

Elle paraît âgée d'environ soixante ans; elle porte sur la tête un voile blanc recouvert d'une draperie de soie bleue. — Signé : *Denner. fec. 1724. London.*

Acquis le 24 mai 1852, à la vente de M. le comte de Morny, pour 18,900 fr.

DIEPENBEEK (ABRAHAM VAN), *né à Bois-le-Duc en* 1620 *suivant d'Argenville, en* 1607 *suivant Füessly, mort à Anvers en* 1675. (Ecole flamande.)

Le nom de son premier maître n'est pas connu. Il s'adonna d'abord à la peinture sur verre; mais, dégoûté de la fragilité de ce genre, il entra dans l'atelier de Rubens afin d'apprendre l'emploi des couleurs à l'huile. Ses progrès furent assez rapides pour que son maître ne tardât pas à se servir de son aide dans l'exécution de grands travaux. Diepenbeek voyagea en Italie, demeura quelque temps à Rome, puis revint à Anvers, où il fut nommé directeur de l'académie de Saint-Luc, en 1641. Plusieurs biographes prétendent qu'il a aussi travaillé en Angleterre sous le règne de Charles Ier. Diepenbeek a fait plus de dessins que de tableaux, et a fourni aux libraires et aux éditeurs une quantité considérable de compositions qui ont été reproduites par la gravure.

118. *Clélie passant le Tibre, et emmenant avec elle ses compagnes.*

H. 1, 15. — L. 1, 45. — T. — Fig. de 0, 50.

Clélie, montée sur un cheval blanc et avec une de ses compagnes en croupe, traverse déjà le fleuve. D'autres jeunes filles, dépouillées de leurs vêtements, descendent dans l'eau ou cherchent à monter sur un cheval. A gauche, le Tibre, sous la forme d'un vieillard, assis, tenant une urne et appuyé sur une pierre où l'on voit sculpté en bas-relief Romulus et Remus allaités par la louve. Dans le fond, à droite, sur des rochers, les soldats de Porsenna poursuivant les Romaines et s'apprêtant à leur lancer des javelots.

119. *Portraits d'homme et de femme.*

H. 1, 70. — L. 2, 36. — T. — Fig. gr. nat.

Une femme, vêtue de satin, est assise au pied d'un arbre et joue de la guitare; l'Amour, une flèche à la main, appuyé sur un genou, attire vers elle, par ses vêtements, un jeune homme habillé en berger et tenant une toque. Derrière lui, un bélier, deux moutons et une chèvre. Fond de paysage.

Ancienne collection. — Dans la notice de 1841, ce tableau est attribué à tort à Rubens.

DIETERICH, DIETRICH ou **DIETRICY** (Christian-Wilhelm-Ernst), *peintre, graveur, né à Weimar le* 30 *octobre* 1712, *mort à Dresde en* 1774. (Ecole allemande.)

Son père, peintre en miniature, après lui avoir enseigné les premiers éléments de l'art, le mit à l'atelier d'**Alexandre Thiele**, paysagiste habile, chez qui il resta trois années. Il copia ensuite avec assiduité les tableaux de Berchem, d'Ostade, de Poelenburg, de K. du Jardin, réunis dans la galerie du comte de Brühl, son protecteur. Après quatre années d'études, il fit un voyage en Hollande afin d'examiner les œuvres de Rembrandt, son maître de prédilection, et revint à Dresde en 1734. Il entra au service du roi de Pologne en 1743, fit un court voyage en Italie, visita Rome, Venise, et revint à Dresde. Il fut premier peintre d'Auguste II et d'Auguste III, roi de Pologne, électeur de Saxe, et directeur de la fabrique de porcelaine de Neyssens. Dietrich, qui a joui de son temps d'une immense réputation que la postérité n'a pas consacrée, ne pouvait suffire aux commandes qui lui étaient faites par tous les princes et tous les amateurs de l'Europe. Il eut la bizarrerie de vouloir donner à son nom une terminaison italienne et se fit appeler Dietrici ou Dietricy.

120. *La femme adultère.*

H. 1, 09. — L. 0, 87. — T. — Fig. de 0, 35.

Jésus-Christ parle aux Pharisiens qui l'entourent. Debout devant lui, la femme adultère. Fond d'architecture; des tribunes entre les colonnes du temple. — Signé : *Dietrich Pinx.* 1753.

Collection de Louis-Philippe. — Acquis en 1835 de Mme Meyer au prix de 3,000 fr.

DOV ou **DOU** (Gerard), *né à Leyde en* 1598, *mort en* 1674, *ou en* 1680 *suivant d'autres auteurs.* (Ecole hollandaise.)

La plupart des biographes ont écrit *Dow* ou *Douw*, mais c'est à tort ; car cet artiste signait presque toujours *G. Dov*, comme on peut le voir sur les tableaux du Louvre, et quelquefois *G. Dou*. Les écrivains ont tous également commis une erreur en fixant la naissance de G. Dov au 7 avril 1613, car la signature authentique apposée sur le tableau de *la Femme hydropique* (n° 121), son chef-d'œuvre, et ainsi conçue : 1663 *G. Dov out* 65 *Jaer* (1663 G. Dov âgé de 65 ans), fait remonter forcément sa naissance à 1598. Son père, qui était vitrier, le plaça d'abord chez Bartholomé Dolendo, graveur, pour apprendre le dessin, et ensuite chez Peter Kouwhoorn, peintre sur verre. Gerard surpassa bientôt son maître, et son père, lui faisant abandonner la peinture sur verre, l'envoya à l'atelier de Rembrandt, où il resta trois ans. G. Dov n'a fait que des tableaux de très petites dimensions, et peu de personnes ont poussé aussi loin que lui le précieux de l'exécution, tout en conservant l'unité de l'effet. Malgré le temps considérable qu'il employait à rendre les moindres objets avec un soin excessif, il a produit un grand nombre de tableaux qui étaient très recherchés de son temps et qu'on lui payait fort cher. Parmi ses élèves, on distingue surtout Schalken, F. Mieris et G. Metsu.

121. *La femme hydropique.*

H. 0, 83. — L. 0, 67. — B. — Fig. de 0, 32.

Dans une vaste salle cintrée que laisse apercevoir un grand rideau de tapisserie soulevé, une femme âgée, les yeux levés vers le ciel, est assise dans un fauteuil devant une large fenêtre. Sa fille, en larmes, est à ses genoux et lui tient la main, tandis qu'une servante offre à la malade une cuillerée de potion. Le médecin, debout, considère avec attention le contenu d'une fiole qu'il expose au jour. A gauche, un grand livre est placé sur un pupitre près de la fenêtre, et de l'autre côté un riche flacon rafraîchit dans un bassin de marbre. — Signé, sur la tranche du livre : 1663 G. DOV. OVT 65 JAER.

Gravé par Claessins; par Fosseyeux dans le Musée royal. — Filhol, t. 6, pl. 267.

Musée Napoléon. — L'électeur palatin acheta ce tableau 30,000 florins et en fit don au prince Eugène. A la mort du prince, il passa par héritage dans la maison de Savoie, et fut placé dans la galerie royale de Turin. Une lettre écrite de cette ville, le 21 frimaire an VIII, au Directoire exécutif, par le citoyen Clausel, adjudant-général à l'armée d'Italie (depuis maréchal de France), annonce qu'il fait hommage à la nation de ce célèbre tableau, que lui a donné Charles-Emmanuel IV, au moment de son abdication, comme témoignage de la délicatesse et de la loyauté qu'il avait apportées dans l'accomplissement de la mission difficile dont il était chargé.

122. *Aiguière d'argent.*

H. 0, 98. — L. 0, 81. — B.

L'aiguière et le plat d'argent, richement ornés, sont posés dans une niche pratiquée dans un mur. — Signé : G. DOV, en rouge sur le bord de la serviette.

Cette peinture est exécutée sur le volet d'une boîte d'ébène qui renfermait le tableau de *la Femme hydropique.*

123. *L'épicière de village.*

H. 0, 38.—L. 0, 28.—Cintré par le haut.—B.—Fig. à mi-corps.

A droite, l'épicière debout, une table devant elle, et tenant des balances. De l'autre côté de la table, une vieille femme assise compte de l'argent; derrière elle, une jeune servante, le bras gauche passé dans l'anse d'un seau de bois posé sur la table, parle à l'épicière. Au fond, un jeune garçon porte un vase avec précaution. Cette composition est encadrée par une fenêtre. Sur son appui, des légumes, une bouteille en terre. Plus haut, un panier d'osier, contenant des œufs, suspendu au mur. Parmi les objets placés derrière l'épicière, on distingue un pot portant les lettres RFVS, un petit mortier avec la date de 1647 et une ardoise encadrée avec la signature G. DOV.

Filhol, t. 5, pl. 356.

Musée Napoléon. — Vendu à Amsterdam, en 1716, à la vente de M. Beunengen, 1.200 florins; à Leyde, en 1766, à la vente de Mme C. Backer, 7,150 florins; en 1777, à la vente de M. Randon de Boisset, 15.500 livres; en 1784, à la vente du comte de Vaudreuil, 16,901 livres; en 1793, à la vente du duc de Praslin, 34,850 livres.

124. *Le trompette.*

H. 0, 38. — L. 0, 29. — B. — Fig. à mi-corps.

Un jeune homme, vu à mi-corps, richement vêtu, la tête couverte d'une toque à plumes, sonne de la trompette devant une fenêtre cintrée par le haut et fermée à moitié par un rideau bleu à dessins d'argent, relevé de manière à laisser voir l'intérieur de l'appartement. Sur l'appui de la fenêtre, une aiguière dans son bassin et un riche tapis qui, en retombant extérieurement, cache une partie d'un bas-relief, représentant des enfants jouant avec une chèvre, sculpté sur la muraille. Dans le fond de la pièce, deux hommes avec deux femmes à table et une servante derrière eux. — Signé : G. DOV.

Filhol, t. 8, pl. 513.

Collection de Louis XVI. — Vendu en 1757, à la vente de M. Loot van Sanvoort, 1,925 florins; en 1771, à la vente de M. Braamcamp, 3,120 florins; en 1783, à la vente de P. Locquet, 7,000 florins.

125. *La cuisinière hollandaise.*

H. 0,35. — L. 0,27. — B. — Fig. à mi-corps.

Sur l'appui d'une fenêtre, une lanterne, une écumoire, des carottes. De l'autre côté de la fenêtre, une cuisinière vue à mi-corps, versant l'eau d'une cruche dans un plat creux posé sur une table où sont placés un chou, un chandelier, un chaudron, un panier. Une cage est suspendue au plancher; à gauche, une fenêtre vitrée.

Gravé par P.-E. Moitte; à la manière noire par Sarabat; par Lips dans le Musée royal.

Collection de Louis XVI. — Ce tableau, cité par Descamps dans sa Vie des peintres, a été vendu en 1750, à la vente de M. Vassenaard Obdam, 1,710 florins; en 1754, à la vente de M. Lormier.....; en 1777, à la vente de M. Randon de Boisset, 9,000 livres; en 1780, à la vente Poulain, 10,700 livres.

126. *Un femme accrochant un coq à une fenêtre.*

H. 0,27. — L. 0,20. — B. — Fig. à mi-corps.

Une femme, vue à mi-corps, la main gauche appuyée sur un grand vase de cuivre à anse et à bords ornés de dessins, va suspendre un coq à un clou placé dans l'embrasure d'une fenêtre cintrée. A droite, sur l'appui, une grande bouilloire renversée, un chandelier, et au-dessus une cage accrochée. Dans le fond, deux rideaux relevés. — Signé sur l'appui : G. DOV 1650.

Gravé par Géraut dans le Musée royal. — Filhol, t. 7, pl. 453.

Collection de Louis XVI. — Ce tableau a été acquis peu de temps avant la Révolution.

127. *Le peseur d'or.*
<small>H. 0, 27. — L. 0, 22. — B. — Fig. à mi-corps.</small>

Un vieillard, assis devant une table où se trouve une cassette, pèse des pièces d'or dans une petite balance. Des sacs d'argent sont posés sur un parchemin d'où pend un large sceau de cire rouge représentant un cavalier. — Signé sur le parchemin déployé : G. DOV 1664.

Ancienne collection.

128. *L'arracheur de dents.*
<small>H. 0, 32. — L. 0, 25. — B. — Fig. de 0, 18.</small>

Un médecin est occupé à arracher une dent à un paysan assis dans un fauteuil. Sur le devant, à terre, un panier avec des œufs, un chapeau de paille et un bâton.

Gravé par Kesler dans le Musée français.

Collection de Louis XIV.

129. *La lecture de la Bible.*
<small>H. 0, 50. — L. 0, 40. — B. — Fig. de 0, 25.</small>

Une vieille femme avec des lunettes, assise sur une chaise devant une fenêtre ouverte, fait la lecture de la Bible à un vieillard assis en face d'elle et tenant de la main droite un bâton. Le pied du vieillard est appuyé sur la barre d'un tabouret recouvert d'une serviette sur laquelle est posé un plat de poisson. A droite, par terre, un vase de cuivre, un rouet, des oignons ; plus loin, en haut d'une armoire, un crucifix. Dans le fond, une échelle, un tonneau. Au plafond, une cage suspendue et une draperie jetée sur une poutre.

Gravé par Defrey dans le Musée français. — Filhol, t. 7. pl. 434.

Collection de Louis XIV. — Les figures passent pour être les portraits du père et de la mère de Gerard Dov. C'est à tort que la notice du musée Filhol indique ce tableau comme ayant été acheté par M. d'Angiviller. Il figure sur l'inventaire Bailly (1709-1710), et se trouvait placé alors à Marly, dans l'appartement du haut.

130. *Portrait de Gerard Dov.*

H. 0, 29. — L. 0, 21. — Cintré par le haut. — B. — Fig. à mi-corps.

Il est placé dans l'embrasure d'une fenêtre, vu presque de face, coiffé d'une toque, vêtu d'une robe fourrée; il tient de la main gauche sa palette et ses pinceaux; son bras droit repose sur le bord de la fenêtre et sa main droite retombe en dehors. Dans le fond de l'appartement, qui est voûté, un chevalet. — Signé sur l'appui : G. DOV.

Gravé par Oortman. — *Filhol, t. 7, pl.* 443.
Ancienne collection.

131. *Portrait de femme âgée.*

H. 0, 12. — L. 0, 09. — Forme ovale. — B. — Fig. à mi-corps.

Elle est vue de trois quarts, tournée à gauche, coiffée d'un bonnet bordé d'une bande de mousseline, et vêtue d'une robe de velours violet garnie de fourrure. Assise devant une table couverte d'un tapis vert, elle tient un livre qu'elle lit avec attention; ses mains, tout en retenant le livre, sont jointes, et son attitude indique qu'elle s'occupe d'une lecture pieuse. — Signé sur le fond : G. DOV.

Filhol, t. 3, pl. 293.
Collection de Louis XVI. — Acheté en 1784, à la vente du comte de Vaudreuil, avec la peinture de Schalken (n° 481), 2,500 livres. — La ressemblance sensible qui existe entre cette femme et celle plus âgée du tableau n° 129, qui représente la mère de G. Dov, a fait penser que l'artiste a également voulu faire ici le portrait de sa mère.

DROOGSLOOT ou DROECH-SLOOT (JOOST-CORNELISZ).
On ignore la date et le lieu de sa naissance. Quelques auteurs lui donnent pour patrie Gorcum, d'autres Dordrecht. Il vivait encore en 1668. (Ecole hollandaise.)

On a très peu de renseignements sur cet artiste. On sait seulement qu'il fut reçu maître peintre à Utrecht en 1616, qu'en 1623 et 1624 il

DUCHATEL. 67

était président de la société de Saint-Luc, et que le 25 avril 1638 il devint administrateur de l'hôpital de Saint-Job; on le trouve encore sur la liste des membres de ce collège en 1665 et 1666. Il peignit l'histoire et le paysage, et l'on voit son monogramme sur des tableaux représentant des paysages, des vues de Hollande, des fêtes, des kermesses.

132. *Passage de troupes dans un village.*

H. 0, 39. — L. 0, 48. — B. — Fig. de 0, 08.

Au second plan, une paysanne agenouillée et un paysan, debout à côté d'elle, le chapeau à la main, implorent la clémence de deux cavaliers. A droite, sur le devant du tableau, un cavalier isolé au galop. — Signé : *J C. D S.* 1645.

Ancienne collection. — Descamps (*Vie des peintres flamands*, t. III, p. 263) dit que M. Brochant, auditeur de la Chambre des comptes à Rouen, possédait deux tableaux de cet artiste, représentant, l'un une fête de village, l'autre un village pillé par des soldats. Ce dernier pourrait être celui placé maintenant au Louvre, et donné à tort par les inventaires à Breemberg.

DUC (JAN LE). — *Voir* DUCQ.

DUCHATEL (FRANÇOIS), *né à Bruxelles en* 1625. *On ignore l'époque de sa mort.* (Ecole flamande.)

Il fut élève et imitateur de David Teniers le jeune.

133. *Portrait d'un cavalier et de deux autres personnages.*

H. 0, 71. — L. 0, 54. — T. — Fig. de 0, 40.

Un cavalier richement vêtu, la tête couverte d'un chapeau à plume, une canne à la main, se retourne en regardant à gauche et paraît attendre l'arrivée de quelqu'un. A droite, à la tête du cheval, un seigneur, les deux mains posées sur les hanches. A gauche, derrière le cheval, un autre personnage et un jeune homme qu sonne de la trompette. Dans le fond, un carrosse sous une arcade, au-delà de laquelle on aperçoit le ciel et des arbres. Les trois figures principales doivent être des portraits.

Ancienne collection.

DUCQ *ou* **DUC** (Jan Le), *peintre, graveur, né à La Haye en 1636, mort dans la même ville on ne sait en quelle année suivant Descamps, en 1695 selon d'autres auteurs.* (École hollandaise.)

Élève de Paulus Potter, il imita son maître, et peignit des paysages avec des animaux; il fit aussi des portraits, des batailles, des haltes d'armées, des scènes de corps-de-garde, et exécuta souvent des figures dans les tableaux de van Delen. Il fut directeur de l'académie de peinture de La Haye en 1671, et abandonna la peinture pour la carrière militaire. Il eut une place d'enseigne et devint capitaine.

134. *L'intérieur d'un corps-de-garde.*

H. 0, 55. — L. 0, 84. — B. — Fig. de 0, 24.

A gauche, au premier plan, deux soldats jouent aux cartes sur un tambour; une femme et un enfant les regardent. Plus loin, trois autres soldats assis, dont l'un fume. Du côté opposé, un officier paraît courtiser une femme mise élégamment; elle est assise et tient dans sa main un collier de perles; on voit à ses pieds une grande quantité de bijoux de toute espèce.

Landon, t. 2, pl. 32.

Collection Louis XVIII. — Acquis pour 6,000 fr., en 1816, de M. Grégoire, avec un tableau de Teniers (nº 514) et un autre de Maes (nº 276).

135. *Les maraudeurs.*

H. 0, 37. — L. 0, 50. — B. — Fig. de 0, 20.

Une femme à genoux implore le chef d'une troupe de maraudeurs. A droite, un homme assis sur un tambour; au deuxième plan, trois soldats allument leurs pipes, et dans le fond de la pièce, à gauche, un homme fouillant dans une malle.

Ancienne collection. — Ce tableau était placé autrefois dans l'abbaye de Saint-Martin, à Tournay.

DUJARDIN (Karel). — *Voir* Jardin.

DYCK (Anton van), *peintre, graveur, né à Anvers le 22 mars 1599, mort à Blackfriars, près de Londres, le 9 décembre 1641.* (Ecole flamande.)

Son père, **Frans van Dyck**, peintre sur verre, le plaça en 1610 chez van Balen, où il resta deux ans. Il entra ensuite à l'école de Rubens et fit des progrès si rapides que bientôt il put l'aider dans ses grands travaux. Il fut reçu franc-maître de la confrérie de Saint-Luc le 11 février 1618. Après avoir exécuté un grand nombre de tableaux importants, van Dyck partit pour l'Italie le 3 octobre 1621, et arriva dans le mois de novembre à Gênes, où il peignit une quantité de portraits qui mirent au jour son rare talent. En 1622 il se rendit à Rome, copia les chefs-d'œuvre des maîtres, passa à Florence, puis à Bologne, à Venise, où il étudia avec ardeur les peintures des grands coloristes, et revint à Mantoue et à Rome au commencement de 1623. Après huit mois de séjour dans cette dernière ville, van Dyck repartit pour Gênes. Quelque temps après son retour, Emmanuel-Philibert de Savoie, vice-roi de Sicile, l'appela à sa cour; il s'y rendit, et, surchargé de commandes, il aurait fait un long séjour à Palerme si la peste ne se fût déclarée et ne l'eût contraint à revenir à Gênes. Après être resté plus de trois ans et demi en Italie, où il laissa une quantité considérable de tableaux remarquables et surtout des portraits de la plus admirable exécution, van Dyck s'embarqua pour la France, arriva à Marseille le 4 juillet 1625, passa à Aix, vint à Paris, y séjourna peu, et se trouvait à Anvers à la fin de septembre. Quoiqu'il ne manquât pas d'occupation dans son pays, il crut en trouver davantage à la cour de Charles Ier. Il arriva en Angleterre à la fin de 1627; mais son premier séjour dans ce pays fut de peu de durée, n'ayant pu trouver l'occasion de mettre son talent en évidence et de se faire présenter au roi. Rebuté par ce voyage infructueux, il retourna à Anvers, et pendant six années il fit un grand nombre de tableaux dans les Pays-Bas. L'immense réputation qu'il s'acquit par ses travaux engagea enfin Charles Ier à le rappeler en Angleterre. Van Dyck arriva à Londres en 1632 et ne tarda pas à être comblé cette fois de richesses et d'honneurs. Il reçut du roi une pension considérable, fut créé chevalier le 5 juillet 1632, et nommé premier peintre l'année suivante. A l'exception d'une courte apparition à Anvers en 1634, époque où il fut élu par ses confrères doyen de l'académie de Saint-Luc, et d'un voyage à Paris qu'il fit en 1641 dans l'espoir d'obtenir les peintures de la galerie du Louvre, données déjà, sans qu'il le sût, à Poussin, van Dyck passa le reste de sa vie en Angleterre, où il mourut, n'ayant pas tout-à-fait 42 ans, d'une maladie de langueur causée par les excès de travail et de plaisirs. Van Dyck a rendu son nom célèbre plus encore par ses magnifiques portraits que par ses beaux tableaux d'histoire. Il a gravé à l'eau-forte, de la manière la plus pittoresque, une suite de portraits extrêmement recherchés.

136. *La Vierge et l'Enfant-Jésus.*

H. 1, 15. — L. 1, 57. — T. — Fig. à mi-corps gr. nat.

La Vierge assise, tenant l'Enfant-Jésus sur ses genoux, l'offre à l'adoration de la Madeleine; derrière elle, le roi David et saint Jean-Baptiste couvert de la peau de chèvre et appuyé sur un bâton. Fond de ciel.

Gravé par Krahlow. — Filhol, t. 11, pl. 62.

Collection de Louis XIV. — Ce tableau, suivant l'inventaire Bailly, se trouvait en 1709-1710 à Versailles, dans les grands appartements du roi; en 1747, il fut placé dans le salon d'Apollon. On a prétendu que l'artiste avait représenté son père et sa mère sous les traits de David et de la Vierge, sa maîtresse sous ceux de sainte Catherine, et lui-même sous ceux de saint Jean-Baptiste. Il existe des répétitions ou des copies de cette composition dans les collections de l'écuyer Alexandre Baring et du roi de Prusse, à Berlin.

137. *La Vierge aux donateurs.*

H. 2, 50. — L. 1, 85. — T. — Fig. gr. nat.

La Vierge, assise sur un rocher, tient son fils sur ses genoux. L'Enfant-Jésus, de la main gauche, touche la moustache d'un homme vêtu de noir, agenouillé devant lui et dont les mains jointes sont appuyées sur les genoux de la Vierge. A côté de ce personnage, sa femme également vêtue de noir et agenouillée. Deux petits anges, tenant des fleurs, planent au-dessus de leurs têtes.

Collection de Louis XIV. — Ce tableau a été agrandi anciennement. Suivant l'inventaire Bailly, il était placé en 1709-1710 à Paris, dans le cabinet des tableaux.

138. *Le Christ pleuré par la Vierge et par les anges.*

H. 0, 33. — L. 0, 45. — T. — Fig. de 0, 25.

Le corps du Christ, descendu de la croix, soutenu par la Vierge qui lève les yeux au ciel, est adoré par trois anges dans l'attitude de la douleur. Au milieu des nuages, quatre chérubins.

Gravé par Lucas Vorsterman de la même dimension que le tableau. — Filhol, t. 11, pl. 50. — Landon, t. 1, pl. 53.

Collection de Louis XIV.—Cette peinture, qui est la première pensée du tableau d'autel exécuté par van Dyck pour l'église des Récollets à Anvers, était placée en 1709-1710 dans le cabinet proche la petite galerie du roi, à Versailles.

139. *Saint Sébastien secouru par les anges.*

H. 1, 97. — L. 1, 45. — T. — Fig. gr. nat.

Le saint, appuyé sur son bras gauche, est étendu contre un arbre auquel son bras droit est encore attaché. Deux anges sont auprès de lui : l'un d'eux retire la dernière flèche dont il a été percé, l'autre s'apitoie sur ses souffrances.

Gravé par Pierre van Schuppen.

Collection de Louis XIV. — Ce tableau, en 1709-1710, se trouvait à Versailles, dans le cabinet des tableaux.

140. *Vénus demande à Vulcain des armes pour Énée.*

H. 2, 20. — L. 1, 45. — T. — Fig. pet. nat.

Vénus, précédée de Cupidon qui porte un glaive dans son fourreau, et soutenue par un amour, s'avance vers Vulcain. Le dieu, un genou appuyé sur une pierre, a la main posée sur une cuirasse. Un bouclier et d'autres parties d'armures sont par terre. A gauche, au-dessus de la tête de Vénus, un autre amour qui vient de lancer une flèche à Vulcain. Dans le fond, deux cyclopes armés de marteaux.

Gravé par Langlois. — Filhol, t. 3, pl. 170. — Landon, t. 1, pl. 60.

Collection de Louis XIV. — Ce tableau était placé en 1709-1710 à Paris, dans la petite galerie du Luxembourg.

141. *Renaud et Armide.*

H. 1, 33. — L. 1, 09. — T. — Fig. de 0, 65.

Renaud désarmé, couché par terre, a la tête sur les genoux d'Armide, qui lui présente un miroir tenu par un amour. A gauche, des amours jouant avec le sabre du guerrier. A droite, un amour tendant les mains pour recevoir un fruit que tient un autre amour dans les branches d'un arbre. Sur le devant, deux amours près d'un coffre ouvert renfermant des bijoux : l'un tient un éventail de plumes ; l'autre a mis une mule de velours rouge et noué une écharpe autour de sa jambe. A gauche, derrière un buisson, on aperçoit les têtes d'Ubalde et de son compagnon.

Gravé par Pierre de Jode en 1644.

Musée Napoléon. — Ce tableau est enregistré sur les inventaires de l'Empire et de la Restauration comme une *imitation de van Dyck* et sous le titre de *Mars et Vénus.* Une composition représentant Renaud et Armide (h. 5 pi. 8 po., l. 5 pi. 4 po.), gravée par Baillu, fut vendue à la vente du prince de Carignan 3,302 livres ; à la vente de M. le duc de Tallard, 6,999 liv. 19 s., et achetée pour le roi de Prusse. Mariette, qui vit cette peinture, dit, dans une de ses notes manuscrites, qu'elle était une copie.

142. *Portrait de Charles Ier, roi d'Angleterre.*

H. 2, 72. — L. 2, 12. — T. — Fig. gr. nat.

A gauche, le roi debout, portant un chapeau à larges bords et orné d'une plume, une veste de satin blanc, des hauts-de-chausses de velours rouge, des bottes de buffle avec des éperons, et une épée suspendue à un riche baudrier, s'appuie de la main droite sur une canne ; la gauche est posée sur sa hanche et tient un gant. A droite, un cheval dont on ne voit que la moitié du corps. Un écuyer, qu'on dit être le marquis d'Hamilton, a une main sur le cou du cheval et retient la bride. Par derrière et vu de profil, un page portant le manteau du roi. Fond de paysage. — On lit sur le terrain, à droite :

CAROLVS I. REX MAGNÆ BRITANNIÆ, etc., et au-dessous, un peu à gauche : A. VAN DIICK. F.

Gravé par Strange; par Bonnefoy; par Duparc. — *Filhol, t. 1, pl. 5.*

Collection de Louis XV. — Ce tableau, qui a été exécuté vers 1635, ne fut payé à van Dyck que 100 livres sterling. En 1754, il faisait partie, suivant Descamps, du cabinet du marquis de Lassay. On trouve cette note dans les mémoires secrets de Bachaumont (t. v, p. 235) : « 25 mars 1771. — L'impératrice de Russie a fait enlever tout le cabinet de tableaux de M. le comte de Thiers, amateur distingué, qui avait une belle collection en ce genre. M. de Marigny a eu la douleur de voir passer ces richesses chez l'étranger, faute de fonds pour les acquérir pour le compte du roi. On distinguait, parmi ces tableaux, un portrait en pied de Charles Ier, roi d'Angleterre, original de van Dick. C'est le seul qui soit resté en France. Madame la comtesse Dubarri, qui déploie de plus en plus son goût pour les arts, a ordonné de l'acheter. Elle l'a payé 24,000 livres, et sur l'observation qu'on lui faisait de choisir un pareil morceau entre tant d'autres qui auraient dû mieux lui convenir, elle a répondu que c'était un portrait de famille qu'elle retirait. En effet, les Dubarri se prétendent parents de la maison des Stuarts. »

143. *Portraits des enfants de Charles Ier.*

H. 0, 48. — L. 0, 55. — B. — Fig. de 0, 25.

Charles, prince de Galles (depuis Charles II), vêtu de satin jaune, le bras droit appuyé sur la base d'une colonne, donne la main gauche à son frère Jacques, duc d'York (depuis Jacques II), habillé encore avec une robe et un bonnet; la princesse Marie, leur sœur, mariée plus tard à Guillaume de Nassau, prince d'Orange, est debout près d'eux. A gauche, un chien près du prince de Galles. A droite, une porte ouverte donnant sur un jardin.

Gravé par Robert Strange.

Musée Napoléon. — Cette peinture est l'esquisse du grand tableau qui se trouve au palais royal de Kensington. La notice de 1811 la désignait comme représentant simplement : Trois Enfants et un Chien.

144. *Portraits de Charles-Louis (ou Lodowick), 1er du nom, duc de Bavière, né en 1617, mort en 1680, et de Robert (ou Rupert), son*

frère, créé plus tard duc de Cumberland par Charles Ier, né en 1619, mort en 1682.

H. 1, 32. — L. 1, 51. — T. — Fig. presque à mi-corps gr. nat.

Le prince Rupert est vu de face, la tête nue, couvert d'une armure, mais sans gantelets. Un col de guipure retombe sur sa cuirasse ; sa main gauche est appuyée sur la garde de son épée, et la droite tient un bâton de commandement. Le prince Charles est représenté de trois quarts, la main gauche sur le côté, la droite sur sa cuirasse. Dans le fond, à droite, un mur ; à gauche, un rideau rouge à dessins noirs ; au milieu, un paysage.

Les portraits de ces princes ont été gravés séparément par Meyssens et un anonyme.

Collection de Louis XIV. — Cette peinture est probablement celle portée au n° 20 de l'inventaire de la collection de Charles Ier. En 1709-1710, elle était placée à Versailles, dans les grands appartements du roi, et en 1741 dans le salon d'Apollon, au-dessus d'une porte.

145. *Portrait d'Isabelle-Claire-Eugénie d'Autriche, infante d'Espagne, souveraine des Pays-Bas, née en 1566, morte en 1633.*

H. 1, 17. — L. 0, 90. — T. — Fig. à mi-corps gr. nat.

Elle est debout, vêtue en religieuse de Sainte-Claire, ayant pris le voile après avoir perdu son mari, Albert III, archiduc d'Autriche, mort en 1621 ; elle porte une robe grise foncée, une guimpe blanche, une mante noire et une corde à nœuds pour ceinture. Elle relève de ses deux mains, qui sont jointes, le côté droit de sa mante.

Gravé par Lucas Vosterman ; par Boutrois ; par Guillaume Honduis et par Gaywood. — La tête seule gravée par van Sompel sur le dessin de N. Soutman.

Collection de Louis XIV. — Placé en 1709-1710 à Versailles, dans la galerie des tableaux.

146. *Portrait équestre de François de Moncade, marquis d'Aytona, généralissime des troupes espagnoles dans les Pays-Bas, né en 1586, mort en 1635.*

H. 3, 07. — L. 2, 42. — T. — Fig. gr. nat.

Il est représenté à cheval, presque de face, la tête nue, couvert d'une armure, une écharpe de soie rouge attachée au bras gauche et tenant un bâton de commandant. Fond de paysage.

Gravé par Raphaël Morghen; par Vorsterman. — *Filhol, t. 4, pl. 275.*

Musée Napoléon. — Cette peinture, qui passe pour le plus beau portrait équestre de van Dyck, a été exécutée par l'artiste avant son départ pour l'Angleterre, et par conséquent vers 1632.

147. *Portrait en buste de François de Moncade.*

H. 0, 68. — L. 0, 58. — Forme ovale. — T. — Fig. en buste gr. nat.

Étude pour le portrait équestre n° 146.

Gravé par Suyderhoef sur le dessin de P. Soutman.

Collection de Louis XIV. — Placé en 1709-1710 à Versailles, dans le petit appartement du roi; en 1741, dans sa chambre à coucher.

148. *Portraits d'un homme et d'un enfant.*

H. 2, 04. — L. 1, 35. — T. — Fig. gr. nat.

Il est debout, tête nue, vêtu de noir et près d'une porte par laquelle il va sortir. Il relève son manteau de la main droite et porte une bague à l'annulaire de la main gauche. A droite, une petite fille debout, nu-tête, vêtue d'une robe noire et d'un jupon jaune, lui parle, et s'apprête également à sortir. En dehors, une colonne engagée dans le mur. — Pendant du tableau suivant.

Collection de Louis XIV. — L'inventaire de Bailly (1709-1710) désigne faussement ce portrait, placé alors à Versailles dans le cabinet des tableaux, comme étant celui de Rubens. — On lit sur l'inventaire de l'Empire : Ce portrait passe pour être celui *du frère de Rubens.*

149. *Portraits d'une dame et de sa fille.*

H. 2, 04. — L. 1, 35. — T. — Fig. gr. nat.

La dame, assise dans un fauteuil rouge, est tête nue et vêtue d'une robe de satin noir. Sa tête, tournée à droite et vue de trois quarts, se détache sur un rideau rouge derrière lequel on aperçoit la base de plusieurs colonnes. Elle porte au cou un collier de perles, et sur la poitrine une croix d'or enrichie de pierreries et une chaîne d'or formant trois rangs. A droite, près du fauteuil, une petite fille, debout, ayant une robe blanche retroussée et laissant apercevoir un jupon bleu bordé de quatre galons d'or.

Gravé par Henriquel Dupont dans le Musée royal. — *Filhol, t. 11, pl. 41.*

Collection de Louis XIV. — Suivant l'inventaire Bailly (1709-1710), ce tableau, représentant *le portrait de la femme de Rubens*, se trouvait à Versailles, dans le cabinet des tableaux. L'inventaire de l'Empire porte cette note : *On croit que c'est la femme du frère de Rubens.*

150. *Portraits de Jean Richardot, président du conseil des Pays-Bas, mort en 1689, et de son fils.*

H. 1, 10. — L. 0, 75. — B. — Fig. à mi-corps gr. nat.

Il est représenté debout, tête nue, vu de face, portant barbe et moustaches, vêtu de noir, à moitié enveloppé d'un manteau garni de fourrure, tenant un livre de la main gauche et posant la droite sur l'épaule de son fils. Celui-ci, également vu de face, est habillé de satin blanc et a la main droite appuyée sur la hanche. Dans le fond, à gauche, un rideau et un mur ; à droite, une colonne ; au milieu, la campagne. — On lit dans la partie supérieure du tableau : M. LE PRÉSIDENT RICHARDOT. (Cette inscription, recouverte maintenant par un repeint, est peu visible.)

Gravé par Massard père dans le Musée français.

Collection de Louis XVI. — Ce tableau, attribué par les inventaires et les dernières notices à Rubens, est cité par Descamps et d'Argenville comme une œuvre de van Dyck. Il a été vendu, sous le nom de cet artiste, en 1768, à la vente Gaignat, 9,200 livres ; en 1777, à la vente Randon de Boisset, 10,400 livres au duc de Cossé. Plus tard, il appartint à M. le comte de Vaudreuil, et M. d'Angiviller l'acheta pour le roi, en 1784, à la vente de cet amateur, 16,001 livres.

151. *Portrait du duc de Richemond.*

H. 1, 06. — L. 0, 83. — T. — Fig. à mi-corps gr. nat.

Il est représenté debout, de trois quarts, tourné à gauche, sans veste et avec une culotte de satin cramoisi. Ses cheveux blonds retombent en boucles sur ses épaules et le petit col rabattu de sa chemise a pour bouton un gros diamant. Il tient une orange ou plutôt une espèce de poire de la main gauche ; la droite est appuyée sur la hanche. Fond de paysage.

Collection de Louis XIV. — Ce portrait, dans les notices précédentes, était indiqué comme représentant François II, comte de Luc de Vintimille, de Marseille, né en 1606, mort en 1667.

152. *Portrait de van Dyck.*

H. 0, 68. — L. 0, 58. — Forme ovale. — T. — Fig. en buste gr. nat.

Il s'est représenté tête nue et de trois quarts, tourné à gauche ; il porte un pourpoint de velours vert déboutonné, qui laisse voir la chemise.

Filhol, t. 11, pl. 113.

Collection de Louis XIV. — Cette peinture, fort ancienne dans la collection, était placée en 1709-1710 à Versailles, dans le petit appartement du roi, puis en 1741 dans sa chambre à coucher.

153. *Portrait d'homme.*

H. 1, 12. — L. 0, 92. — T. — Fig. à mi-corps gr. nat.

Il est représenté debout, de trois quarts, tourné à droite et la tête nue. Il a les cheveux châtains, les moustaches et la mouche blondes. Il porte un manteau noir et un habit de même couleur à manches fendues. Sa main droite est posée sur la hanche, et la gauche sur le pommeau de son épée. Derrière lui, une colonne et un rideau rouge. Fond de ciel, effet de soleil couchant.

Ancienne collection. — Cette peinture a été évidemment exécutée en Italie et à l'imitation des maîtres vénitiens.

154. *Portrait d'homme.*

H. 1, 16. — L. 0, 94. — T. — Fig. à mi-corps gr. nat.

Il est debout, vu de trois quarts, tourné à gauche, tête nue, avec de longs cheveux bouclés retombant sur l'épaule, des moustaches et une petite mouche. Il porte un pourpoint noir déboutonné par le bas, et des manches fendues laissant apercevoir sa chemise. Sa main gauche repose sur la hanche et son bras droit est appuyé sur la base d'un pilastre carré à bossages. Un manteau noir est rejeté sur son épaule gauche. Fond de ciel.

Ancienne collection.

155. *Portrait d'homme.*

H. 1, 26. — L. 1, 02. — T. — Fig. à mi-corps gr. nat.

Il a la tête nue, les cheveux longs, un manteau brun, un pourpoint de satin feuille-morte, et la main gauche posée sur le côté. Dans le fond, à droite, un pilastre.

Ancienne collection.

DYCK (PHILIP VAN), *dit* LE PETIT VAN DYCK, *né à Amsterdam en* 1680; *mort à La Haye en* 1753; *ou, suivant van Eynden et van der Wiligen, en* 1752, *à l'âge de* 73 *ans, ce qui mettrait sa naissance à la date de* 1679. (Ecole hollandaise.)

Quoique élève d'**Arnold Boonen**, il peignit des portraits et des tableaux de genre, surtout dans le goût de Mieris et de Gérard Dov. Il fut peintre du landgrave de Hesse, travailla à La Haye, Middelbourg, Cassel, et, tout en exerçant son art, faisait le commerce des tableaux.

156. Sara présentant Agar à Abraham.

H. 0, 50. — L. 0, 40. — C. — Fig. de 0, 30.

Agar, entièrement nue, un genou appuyé sur un tabouret, est placée devant le lit sur lequel Abraham repose. Celui-ci, le corps à moitié soulevé, la contemple avec admiration et met une main sur son épaule. Derrière le lit, Sara debout et enveloppée d'un grand manteau. Dans le fond, une servante qui relève un rideau pour voir ce qui se passe dans la chambre.

Gravé par Jean Massard. — Filhol, t. 11, pl. 56.

Collection de Louis XVI. — Ce tableau et le suivant avaient été commandés par les états-généraux de Hollande, en 1715, pour être offerts au comte de Monville, ambassadeur de France. Ils passèrent ensuite dans la collection Gaignat, furent payés à la vente de ce cabinet, en 1768, par le maréchal de Noailles, 2,402 liv., et acquis de ce dernier par M. d'Angiviller pour la collection du roi.

157. Abraham renvoyant Agar et son fils Ismaël.

H. 0, 50. — L. 0, 40. — C. — Fig. de 0, 30.

Abraham renvoie Agar de sa tente. Placé derrière elle, il a la main gauche posée sur son épaule, et de la droite il semble lui indiquer le chemin qu'elle doit suivre. Agar tient par la main son fils Ismaël tourné vers le jeune Isaac, qui se réfugie auprès de Sara, sa mère, dont la partie inférieure du corps est cachée par un piédestal. Fond de paysage. — Signé : P. V. DYK.

Gravé par Charles Porporati. — Filhol, t. 11, pl. 38.

Collection de Louis XVI. — (Voir la note du numéro précédent.)

EECKHOUT ou HECKOUT (GERBRANDT VAN DEN), *peintre, graveur*, né à Amsterdam le 19 août 1621, mort le 22 juillet 1674. (Ecole hollandaise.)

Son père, qui était orfèvre, le mit à l'école de Rembrandt, dont il fut bientôt un imitateur habile. Il peignit un grand nombre de portraits et de tableaux d'histoire.

158. *Anne consacrant son fils au Seigneur.*

H. 1, 17. — L. 1, 43. — T. — Fig. de 0, 80.

Anne, agenouillée et accompagnée de son mari Elcana, qui est debout à sa droite, présente son fils au grand-prêtre Héli, assis sur un trône. Au premier plan, plusieurs vases, et dans le fond, à droite, des serviteurs et des bestiaux.

Filhol, t. 9, pl. 584.

Musée Napoléon. — Acquis par le Musée, sous l'Empire, dans une vente publique.

ELZHEIMER ou **ELSHEINER** (ADAM), *peintre, graveur, né à Francfort-sur-le-Mein en 1574, mort à Rome en 1620.* (École allemande.)

Son père, qui était tailleur, le mit sous la direction de **Philipp Offembach**, qu'il surpassa bientôt. Elzheimer se rendit en Italie pour se perfectionner dans son art, étudia avec fruit les tableaux des grands maîtres, et peignit avec beaucoup de soin des compositions historiques généralement de petites dimensions. Il aimait surtout à représenter des effets de nuit et des clairs de lune. Le prix peu élevé qu'il retirait de ses tableaux, auxquels il consacrait beaucoup de temps, ne suffisant pas à élever sa nombreuse famille, il fit des dettes, fut mis en prison et mourut peu de temps après sa mise en liberté, qu'il dut au comte Goudt, son protecteur et son élève, qui a gravé plusieurs de ses compositions. On compte aussi parmi les élèves d'Elzheimer, outre ses fils, **David Teniers le vieux**, Pierre de Laar et **Thomas Hagelsteen**, qui imita la manière d'Adam au point de tromper souvent d'habiles connaisseurs.

159. *La fuite en Égypte.*

H. 0, 30. — L. 0. 43. — B. — Fig. de 0.08.

La Vierge, montée sur un âne chargé de bagages, porte l'Enfant-Jésus dans ses bras. Joseph, qui l'accompagne, tient une torche allumée de la main gauche et tend de l'autre un brin de paille à l'Enfant-Jésus. A droite, un lac; à gauche, devant un massif, de grands arbres, des bergers et leurs troupeaux auprès d'un feu. Effet de clair de lune.

Gravé par Aldenvang dans le Musée français, t. 2.

Ancienne collection.

160. *Le bon Samaritain.*

H. 0, 21. — L. 0, 26. — C. — Fig. de 0, 15.

Le bon Samaritain tire d'un coffre une fiole, et, aidé de son serviteur, s'apprête à panser les plaies du voyageur blessé, étendu à terre et presque nu. On aperçoit la tête d'un cheval en partie cachée par un arbre, et, dans le fond, le prêtre et le lévite qui ont passé devant le blessé sans lui porter secours.

Ancienne collection.

EVERDINGEN (ALDERT VAN), *peintre, graveur, né à Alkmaart en 1621, mort dans la même ville au mois de novembre 1675.* (Ecole hollandaise.)

Roland Savery et **Peter Molyn**, dit *Tempesta*, furent ses premiers maîtres. Everdingen peignit avec talent le paysage, les animaux, les marines, et excella surtout à représenter des orages, des forêts de sapins et des chutes d'eau. Un voyage qu'il fit sur la mer Baltique et une tempête qui le jeta sur les côtes de Norwège, lui donnèrent l'occasion de faire de nombreuses études qui lui furent de la plus grande utilité pour le genre dont il a été le créateur. Everdingen eut deux frères qui ont été des peintres assez habiles : **Cezar**, peintre, dessinateur, architecte, né à Alkmaart en 1606, mort en 1679, élève de **Jan van Bronkorst**, peignit le portrait et des sujets historiques. — **Jan**, frère cadet de César, dont il fut l'élève, mort en 1656, peignit des sujets de nature morte. Il était avocat et ses œuvres sont rares.

161. *Paysage.*

H. 1, 72. — L. 2, 20. — T. — Fig. de 0, 05.

Site montueux et sauvage, coupé par une rivière qui tombe en cascade à droite et fait tourner un moulin. A gauche, des maisons devant lesquelles passent plusieurs voyageurs à cheval. Du même côté s'élève, au-dessus d'un roc, une église gothique. — Signé : *A. V. Everdingen.*

Musée Napoléon. — Acquis sous l'Empire.

EYCK (JAN VAN), *né vers 1390 à Eyck, depuis Ouden ou Alden-Eyck, petit village voisin de Maeseyck, ville du Limbourg (au duché de Gueldre); mort à Bruges en juillet 1441.* (Ecole flamande.)

Pendant longtemps on a adopté les dates de 1370 et de 1445, données par Sandrard et par Descamps, pour celles de la naissance et de la mort de cet artiste célèbre. Cependant, si l'on considère que, suivant van Mander, Jan était beaucoup plus jeune que son frère Hubert, né en 1366, différence d'âge exprimée en effet d'une manière très sensible dans les portraits connus des deux frères ; si l'on réfléchit que le portrait fait, en 1439, par Jan de sa femme, lorsqu'elle avait 33 ans, donnerait au peintre l'âge tout-à-fait disproportionné de 69 ans, et qu'enfin on ne connaît pas de tableau de lui d'une date antérieure à 1420, d'où il résulterait que nous ne possédons que des peintures faites depuis sa 50e année, ce qui est peu probable ; on conviendra que, jusqu'à ce qu'un document authentique vienne trancher la question, la date de la naissance que nous donnons ne doit pas être loin de la vérité. Quant à l'année de sa mort, elle résulte de trois documents faisant partie du livre des comptes de la cathédrale de Bruges, découverts par M. Stoop. Jan fut élève de son frère Hubert, et vint avec lui et sa sœur Marghareta s'établir à Bruges, on ne sait précisément à quelle époque. En 1420, les deux frères allèrent à Gand pour y peindre, dans la chapelle de la famille de Vydt, à l'église Saint-Jean, le célèbre tableau de l'Agneau mystique, qui n'existe plus maintenant dans son intégrité. En 1425, Jan, qui était peintre et valet de chambre du duc Jehan de Bavière, entra, après la mort de ce prince, au service du duc de Bourgogne, aux mêmes titres et aux gages de 100 livres de Flandre par an. Il vécut dans l'intimité de Philippe-le-Bon, qui le chargea à plusieurs reprises de voyages lointains et de missions secrètes. Depuis la mort de Hubert, arrivée en 1426, il travaillait seul au célèbre tableau qu'ils avaient commencé ensemble, lorsqu'en 1428 il dut interrompre son travail et accompagner en Portugal l'ambassadeur que Philippe envoyait pour demander la main d'Elisabeth, fille du roi Jean Ier. Il avait l'ordre de faire le portrait de l'infante, et reçut 160 livres pour ce voyage. Le 12 février 1429, le portrait, perdu maintenant, fut terminé et partait pour Bruges; mais la princesse, l'ambassadeur et le peintre, embarqués seulement vers la fin de septembre, battus par la tempête, forcés de relâcher à plusieurs reprises, n'arrivèrent dans les bassins de l'Ecluse que le 25 décembre à midi. Jan se remit aussitôt au tableau de l'Agneau, et ce chef-d'œuvre, qui ne compte pas moins de trois cent trente figures, fut enfin placé dans la chapelle de Vydt le 6 mai 1432. Après cette inauguration, l'artiste revint à Bruges, où il avait acquis une maison en 1430. Il mourut dans cette ville et fut enterré dans la cathédrale. Jan van Eyck fut un peintre universel : la perspective, les intérieurs, les animaux, le paysage, les fleurs, les scènes de genre, les sujets pieux, l'allégorie, le portrait, la peinture sur verre, l'occupèrent tour à tour, et il excella dans chacun de ces genres. On lui attribue la découverte de la peinture à l'huile. Cette question a soulevé une polémique longue et animée, d'où il résulte que, si le mélange des couleurs avec l'huile était connu bien avant lui, ce qu'on ne peut nier, c'est lui qui a rendu ce mélange usuel et applicable à la peinture des tableaux en inventant un moyen de faire sécher l'huile promptement et sans exposer les peintures au soleil. Quelques auteurs veulent lui enlever la gloire de cette découverte et la revendiquent pour son frère Hubert. Quoi qu'il en soit, cette nouvelle méthode changea la face de l'art, et van Eyck l'enseigna à quelques élèves de prédilection. En effet, on connaît un tableau de **Pieter Christophsen** exécuté à l'huile et daté de 1417. Des actes passés en 1419 et 1434 prouvent que l'on dédaigna promptement l'ancien procédé et qu'on imposa aux artistes l'obligation d'employer le nouveau. **Antonello** (de Messine) vint l'apprendre en Flandre et l'importa en Italie. — **Hubert,** frère de Jan, naquit, ainsi que lui, à Eyck en 1366, suivant van Mander, et mourut à Gand le 18 septembre 1426, n'ayant terminé qu'une portion de la partie supérieure du tableau de l'Agneau. On ignore le nom de son maître. Il a pu recevoir des leçons de son père, qui, suivant quelques auteurs, était peintre. Il est plus probable cependant qu'il s'est surtout formé en étudiant les œuvres des anciens maîtres flamands et surtout colonais, tels que **Wilhem** ou **Guillaume,** qui, en 1370, jouissait d'une réputation méritée, et de son élève, **Stephan** ou **Etienne.** Hubert fut enterré dans le caveau même de la famille de Vydt. A l'exception de cette partie supérieure du tableau de l'Agneau, on ne connaît aucune peinture authentique de lui. — **Margaretha van Eyck,** que l'on croit avoir été l'aînée de Jan, vécut constamment avec ses frères et peignit la miniature; elle mourut à Gand on ne sait précisément en quelle année, mais ce fut certainement avant 1432. On l'enterra à côté d'Hubert dans la chapelle de Vydt. — Enfin, les actes capitulaires de la cathédrale de Bruges nous font connaître un troisième frère van Eyck, nommé **Lambrecht,** probablement peintre aussi, qui, le 20 mars 1442, fit transporter le corps de Jan du pourtour extérieur de l'église, où il était enterré, dans l'église même, près des fonts baptismaux.

162. *La Vierge au donateur.*

H. 0, 66. — L. 0, 62. — B. — Fig. de 0, 60.

Sous un riche portique terminé dans le fond par trois arcades ouvertes, et pavé de carreaux à compartiments de marbres de diverses couleurs, la Vierge est assise à droite, la tête nue, les cheveux dénoués et retenus seulement sur le front par un mince ruban noir. Elle est enveloppée d'un ample manteau rouge bordé d'un galon d'or enrichi de perles et de pierreries. Au-dessus de ce galon, une deuxième bordure renferme des passages de l'Ecriture brodés en or et interrompus par les plis; sur la partie du manteau qui touche les dales, on peut lire cependant ces mots : EXULTATA SUM IN LIBANO.... Un petit ange, vêtu d'une longue robe bleue, les ailes semées d'yeux, vole derrière la Vierge, et va poser sur sa tête une riche couronne d'or couverte de perles et de pierreries. La Vierge tient assis sur ses genoux l'Enfant-Jésus, qui porte de la main gauche le globe du monde en cristal surmonté d'une croix en or et en pierres précieuses, et lève la main droite pour bénir un donateur agenouillé en face de lui. Ce donateur, vêtu d'une robe de brocart brun et or, garnie de fourrure, a les mains jointes et s'appuie sur un prie-Dieu où sont posés un coussin et un livre d'heures ouvert. Les chapiteaux des pilastres du fond de la salle représentent des sujets de l'Histoire-Sainte sculptés en bas-reliefs. A travers les trois arcades, on aperçoit un jardin avec des touffes de lis, de roses, de glaïeuls, et terminé par une terrasse garnie de créneaux. Des paons, des oiseaux, se promènent dans le jardin, et un homme, appuyé sur sa canne, se tient debout près d'un autre personnage qui se penche pour regarder par un des créneaux. Au-delà du jardin, une rivière avec un pont défendu par une tour, et des îles. A droite, une ville avec des églises; à gauche, des faubourgs, et, dans le fond, une chaîne de montagnes.

Filhol, t. 9, pl. 578.

Musée Napoléon. — On a cru reconnaître Lyon dans la ville représentée dans le fond du tableau, et le chevet de la cathédrale de Saint-Etienne placée sur les bords de la Saône. Le prodigieux fini de toutes les parties de cette superbe peinture, où l'artiste a prodigué les détails et les figures, même sur les plans les plus éloignés, enfin sa belle conservation, donnent à cet ouvrage, exécuté depuis plus de quatre cents ans, une haute valeur.

FAES (Peter van der), *dit* le Chevalier Lely, *né à Soest (en Westphalie) en* 1618, *mort à Londres en* 1680. (Ecole flamande.)

Son père, Jean van der Faës, capitaine d'infanterie, surnommé le capitaine du Lys ou Lely parce qu'il était né à La Haye dans une maison dont la façade était décorée d'une fleur de lis, mit de bonne heure le jeune Pierre à l'école de **Pieter Grebber**, peintre habile de Harlem, où il resta deux ans. Lely peignit d'abord le paysage, des sujets historiques, puis des portraits, et acquit une grande habileté dans ce dernier genre. La mort de van Dyck, qui y excellait, le décida à s'y consacrer entièrement et à passer en Angleterre. Il peignit successivement toute la famille de Charles Ier, Cromwell et Charles II, qui le nomma son premier peintre et l'admit parmi les gentilshommes de sa chambre. Lely, comblé d'honneurs et de richesses, fit un nombre considérable de portraits, et les ouvrages de ses dernières années, supérieurs comme exécution à ceux produits dans la force de l'âge, sont particulièrement recherchés.

163. *Méléagre présentant à Atalante la hure du sanglier de Calydon.*

H. 1, 38. — L. 0, 95. — T. — Fig. demi-nat.

Méléagre, accompagné de son chien et ayant derrière lui trois hommes, dont un coiffé d'un turban et tenant une lance, remet à Atalante la hure du sanglier. Fond de paysage.

Musée Napoléon. — Ce tableau, qui provient du château du duc de Penthièvre à Châteauneuf, a été longtemps attribué à tort à Pietre de Cortone.

164. *Portrait d'homme.*

H. 0, 10. — L. 0, 08. — Forme ovale. — C. — Fig. en buste.

Il est tête nue, a des cheveux longs, des moustaches et une mouche au menton. Il porte un grand col blanc rabattu et garni de guipure.

Ancienne collection.

FAES, dit LELY (*Attribué à*).

165. *Portrait de femme.*

H. 1, 05. — L. 0, 85. — T. — Fig. à mi-corps gr. nat.

Elle est coiffée en cheveux, a un collier de perles au cou, porte des manches courtes et un manteau de soie rouge.

Ancienne collection. — Cette peinture était portée aux inconnus dans la notice de 1841.

FALENS (Carl van), *né à Anvers en 1684, mort à Paris le 29 mai 1733, à l'âge de 49 ans.* (Ecole flamande.)

Il fut élève de F. Francken et étudia particulièrement les ouvrages de Ph. Wouwerman. Il vint à Paris en 1703 et fut reçu à l'Académie, le 29 novembre 1726, comme peintre de paysages et de chevaux.

166. *Rendez-vous de chasse.*

H. 0, 45. — L. 0, 58. — T. — Fig. de 0, 09.

Au deuxième plan, à droite, une femme à cheval, vue de dos, parlant à un écuyer qui a mis pied à terre et tient son cheval par la bride. Près d'eux, un chasseur, un faucon sur le poing, et un autre cavalier prenant un verre de vin que lui offre une paysanne. A la porte d'une auberge de village, dont les murs sont garnis de pampres, un homme appuyé contre un tonneau et jouant du violon. Au premier plan, à droite, une femme assise sur un sac et deux enfants qui lui demandent des œufs contenus dans un panier placé devant elle. Un valet, appuyé sur un bâton et tenant un chien en laisse, les regarde. A gauche, trois laveuses ; plus loin, trois hommes se baignant dans une rivière, et deux autres hommes, dont l'un porte des faucons sur un bâton. Dans le fond, un village, des montagnes. — On lit sur la cuisse du cheval tenu par l'écuyer ce monogramme de l'artiste : CVF.

Ancienne collection — Ce tableau et le suivant, exécutés par van Falens pour sa réception à l'Académie royale de peinture en 1726, ont été gravés par J. Moyreau, admis à la même Académie en 1736 (Calc. imp.).

167. *Halte de chasseurs.*

H. 0, 45. — L. 0, 58. — T. — Fig. de 0, 09.

Au premier plan, à gauche, une dame, assise et tenant un petit chien sur ses genoux, prend des fruits qu'un page nègre lui apporte dans une corbeille. Près de la dame, un chasseur debout, appuyé sur son fusil et tenant son cheval par la bride. Derrière elle, un autre personnage qui lui adresse la parole. Vers le milieu de la composition, un cavalier vu de dos, donnant de l'argent à un enfant qui tend son chapeau, et une femme à cheval. A droite, un berger assis, appuyé sur sa houlette, caressant un chien et gardant des chèvres et des moutons. Dans le fond, à gauche, une terrasse à l'extrémité d'un parc et une statue de faune accroupi. A droite, une rivière; des fabriques sur les deux rives, et des montagnes.

Ancienne collection. — (Voir la note du numéro précédent.)

FICTOOR ou **VICTOOR** (JAN), *travaillait en* 1640. (Ecole hollandaise.)

On n'a pas de renseignements positifs sur cet artiste, dont presqu'aucun biographe ne parle. Pilkington croit qu'il vivait de 1600 à 1670. Michel le fait naître à Anvers et le dit élève de Rubens. Immerzeel pense au contraire qu'il est Hollandais et disciple de Rembrandt. Fictoor a peint l'histoire, le portrait, le genre, et ses tableaux sont assez rares.

168. *Isaac bénissant Jacob.*

H. 1, 65. — L. 2, 03. — T. — Fig. gr. nat.

Isaac couché tient les mains de Jacob agenouillé au pied du lit. Rebecca est debout à droite, derrière un fauteuil sur lequel est posé un plat de venaison.

Gravé par D. Frey sous le nom de S. Conning (Calc. imp.); par Claessens, dans le Musée français, sous le nom de Salomon Conning.

Musée Napoléon. — Ce tableau a été acheté en l'an IV dans une vente faite chez Lebrun. Il était attribué à Salomon Conning.

169. *Portrait de jeune fille.*

H. 0, 93. — L. 0, 78. — T. — Fig. à mi-corps gr. nat.

Une jeune fille, richement vêtue, regarde attentivement par une fenêtre dont elle va refermer le volet, qu'elle attire au moyen d'un anneau où elle a passé deux doigts de sa main gauche. Sa main droite est gantée et tient l'autre gant. — Signé : *Jan Fictoor f*. 1640.

Filhol, t. 5, pl. 305.

Musée Napoléon. — Ce tableau fut acheté à M. Coclers, négociant hollandais, qui l'avait apporté à Paris vers 1802.

FLAMAEL, FLEMAEL ou FLEMALLE (Bartholomé), *dit* Berthollet, *peintre, architecte, né à Liége en* 1612, *mort dans la même ville le* 18 *juillet* 1675. (Ecole flamande.)

Il eut pour maître **Trippez**, puis **Gerard Douffest**. En 1638, il fut en Italie, étudia les maîtres, travailla dans le palais du grand-duc à Florence, et vint à Paris. Pendant son séjour, il peignit la coupole de l'église des Carmes-Déchaussés de la rue de Vaugirard et fit plusieurs ouvrages dans l'église des Grands-Augustins. Flemael, de retour dans sa patrie vers la fin de 1647, passa ensuite à Bruxelles, où il travailla pour le roi de Suède; puis en 1670 il revint à Paris, fut reçu à l'Académie le 16 octobre de la même année, et nommé professeur quelque temps après. Malgré les distinctions dont Louis XIV l'honora, il ne voulut point se fixer en France, ne resta que le temps nécessaire pour placer aux Tuileries, dans la grande chambre du roi (depuis salle du Trône), le plafond qu'il avait fait, et retourna à Liége, où il avait obtenu une prébende dans l'église collégiale de Saint-Paul. Il eut deux élèves : **Carlier**, mort jeune, et **Englebert Fiseré**.

170. *Les mystères de l'Ancien et du Nouveau-Testament.*

H. 2, 66. — L. 1, 77. — T. — Fig. de 0, 22.

Ancienne collection. — Les inventaires de l'Empire et la notice de 1841 disent que ce tableau vient des Carmes-Déchaussés de la rue de Vaugirard et qu'il est l'esquisse d'un grand plafond de cette église; tandis que Lenoir, dans son Catalogue des peintures recueillies au musée des Petits-Augustins à l'époque de la Révolution, le cite comme provenant des Grands-Augustins. Flemael a peint, en effet, dans le dôme de l'ancienne église des Carmes, le prophète Elie enlevé au ciel sur un char de feu; mais ce sujet, qui occupe toute la coupole du dôme, n'a qu'une très petite importance dans la composition du tableau du Louvre, composition si compliquée qu'il nous a fallu renoncer à la décrire, et l'on doit croire qu'il y a erreur dans les renseignements fournis par les inventaires de l'Empire.

FLINCK (Govaert), *né à Clèves en décembre* 1616, *mort à Amsterdam le* 2 *décembre* 1660. (Ecole hollandaise,)

Il fut d'abord élève de **Lambert Jacobs**, anabaptiste et peintre de mérite, puis de Rembrandt. Il imita parfaitement la manière de ce grand artiste et exécuta aussi des peintures dans le style de Murillo. Flinck travailla beaucoup pour Frédéric-Guillaume, électeur de Brandebourg, et le prince Jean-Maurice de Nassau. Il fit surtout des portraits estimés. On dit qu'après avoir vu ceux de van Dyck et les tableaux de Rubens, désespérant d'atteindre à une pareille perfection, il cessa de peindre pour ne plus s'occuper que des collections de marbres antiques, de tableaux, de dessins et d'estampes précieuses qu'il avait rassemblés.

171. *Un ange annonce aux bergers la naissance de Jésus-Christ.*

H. 1, 55. — L. 1, 96. — T. — Fig. de 0, 50.

A gauche, les troupeaux. A droite, les bergers, dont plusieurs ne sont point encore réveillés. Sur un nuage, l'ange debout, vêtu de blanc, et entouré d'autres anges plus petits et nus.

Gravé par Longhi dans le Musée français.

Musée Napoléon. — Acquis sous l'Empire.

172. *Portrait de petite fille.*

H. 0, 66. — L. 0, 54. — T. — Buste gr. nat.

Elle est vue de trois quarts, tournée à gauche, richement vêtue, et a sur la tête une couronne de fleurs avec un rang de perles. Elle tient une houlette et s'appuie sur le bord d'une fenêtre. Fond de ciel. — Signé : *G. Flinck. f.* **1641**.

Filhol, t. 6, pl. 383.

Ancienne collection.

FRANCK, FRANCKEN ou **VRANCK** (FRANZ), *dit* LE VIEUX, *né à Herentals (en Campine) ou à Anvers vers* **1544**, *mort dans cette dernière ville le 6 octobre* **1616**. (Ecole flamande.)

Son père, **Nicolas Franck**, mort à Herenthals en 1591, et peintre médiocre, le mit à l'atelier de **Frans Floris**. Il fut membre de la confrérie de Saint-Luc en 1566, et doyen en 1588 et 1589. — Les Frank forment une nombreuse famille d'artistes dont on confond souvent les ouvrages, exécutés à peu près dans le même goût et répandus dans tous les cabinets de l'Europe. Leur généalogie, faute de documents suffisants, n'est point établie d'une manière certaine, et les différents biographes ne sont d'accord ni sur leur degré de parenté ni sur les dates de leurs naissances et de leurs morts. Voici quelques renseignements sur les Frank qui semblent appartenir à la même famille. — **Hieronymus**, frère de Franz le vieux, né à Herenthals ou à Anvers vers 1534, mort vers 1620, élève de **Frans Floris**. En 1565, il travaillait au château de Fontainebleau avec d'autres artistes flamands. Il voyagea ensuite en Italie et séjourna à Venise. De retour à Paris, Henri III le nomma son premier peintre de portraits. En 1590, il se trouvait à Anvers; il y resta cinq ans, puis il revint à Paris, où il mourut dans un âge avancé. — **Ambros**, frère puîné des précédents. La date de sa naissance n'est pas bien connue. Il mourut à Anvers en 1619, fut reçu franc-maître en 1573 et nommé doyen de Saint-Luc en 1581 et 1582. Il était élève de Frans Floris, ou, suivant d'autres écrivains, de Martin de Vos. — **Franz le jeune**, né à Anvers en 1580, mort dans la même ville en 1642. Élève de son père, Franz le vieux. Il voyagea en Italie, fut reçu franc-maître en 1605, et nommé doyen en 1614 et 1615. Il peignit l'histoire, le genre et surtout les sujets allégoriques. Il paraît qu'il laissa un fils peintre, portant comme lui le prénom de **Franz**. — **Hieronymus le jeune**, fils de Franz le vieux, travaillait en 1605 à l'atelier de son oncle Ambros. — **Sebastiaan**, probablement frère de Franz le jeune, né vers 1573. On ignore la date de sa mort. Élève de **van Noort**, il peignit des batailles et des paysages avec des figures et des animaux. — **Gabriel**, fils de Sebastiaan, à ce qu'on croit. On sait seulement qu'il fut doyen de l'académie de Saint-Luc d'Anvers en 1634. — **Johann-Baptist**, fils de Sebastiaan, élève de son père. Il étudia les ouvrages de Rubens et de van Dyck, et peignit des sujets d'histoire et des intérieurs. — **Constantin** fut doyen de l'académie de Saint-Luc d'Anvers en 1694, et peintre de batailles et de chevaux. — On n'a pas jusqu'à présent d'autres détails sur ces artistes. Il existe encore un grand nombre de peintres du nom de Franck, mais ils ne paraissent pas appartenir à la famille dont nous venons de parler.

173. *Histoire d'Esther.*

H. 0, 47. — L. 0, 62. — B. — Fig. de 0, 23.

Ce tableau renferme plusieurs épisodes de la vie d'Esther. Au premier plan, à droite, sur une espèce de terrasse, le repas où la reine accuse Aman devant Assuerus. Au-dessus de ce sujet, mais au deuxième plan et sous un portique, Esther, agenouillée, s'évanouissant devant Assuerus assis sur son trône. Au-dessous, à gauche et également au deuxième plan, le triomphe de Mardochée; enfin, dans le fond, Aman pendu.

Collection de Louis XVIII. — Acquis en 1819 de M de Soulard pour 500 fr.

FRANCK LE JEUNE (*Attribué à* FRANZ).

174. *La parabole de l'Enfant prodigue.*

H. 0, 62. — L. 0, 86. — B. — Fig. du sujet du milieu, 0, 18; des grisailles, de 0, 08 à 0, 10.

Ce tableau est composé d'un grand sujet central colorié, et de huit sujets plus petits en grisaille. Les deux grisailles du haut et du bas ont la largeur du sujet principal ; celles qui sont latérales occupent sa hauteur ; enfin celles placées aux angles sont plus petites. Le sujet central représente le départ de l'Enfant prodigue. Derrière son père, qui l'embrasse, est un groupe de femmes en pleurs. A droite, son cheval richement caparaçonné l'attend, et son serviteur, le pied à l'étrier, dit adieu à une servante. A gauche, sur un piédestal, la date de 1633, et à côté, sur la terre : *D° ffranck fet. in.* Les petits sujets en grisaille, à partir de l'angle supérieur à gauche, représentent : 1° l'Enfant prodigue demandant à son père la part qui doit lui revenir ; 2° à table avec les courtisanes ; 3° demandant l'aumône ; 4° agenouillé et priant près d'une auge où boivent les pourceaux ; 5° en route pour revenir à la maison paternelle ; 6° reçu par son père, qui le relève et le prend dans ses bras ; 7° le père faisant tuer le veau gras pour fêter le retour de son fils ; 8° le festin de réjouissance.

Musée Napoléon. — Ce tableau, ainsi que les deux suivants, sont de la même main, quoiqu'ils portent des signatures différentes : *D° FFranck — FFranck — D° Franck*. Les lettres *D°* que l'on remarque dans la signature des n°s 174 et 176 sembleraient indiquer le prénom de Domenico, mais on ne connaît aucun Franck qui l'ait porté uniquement ; peut-être Franz le jeune s'appelait-il aussi Dominique ? Ce qui est positif, c'est que le même artiste a peint les trois tableaux, c'est qu'il s'appelait Franz, puisque dans deux signatures le nom de *Franck* est précédé d'une *f*, et que l'écriture des signatures *D° FFranck* et *D° Franck* est identique. Ces deux tableaux, en outre, sont datés de la même année.

175. *La Passion.*

H. 0, 64. — L. 0, 48. — B. — Fig. du sujet principal, 0, 14 ; des grisailles, de 0, 08 à 0, 12.

Le centre du tableau est occupé par un grand sujet en hauteur et colorié; huit grisailles l'entourent. La composition principale représente le Christ en croix entre les deux larrons. Les saintes femmes et saint Jean sont debout près de la croix; la Madeleine, agenouillée, la tient embrassée. A gauche, les soldats jouant aux dés les vêtements du Christ. A droite, d'autres soldats en armure et debout. En commençant par le haut, à gauche, les grisailles représentent : le Christ au jardin des Oliviers; le Christ emmené par les soldats; Jésus devant Caïphe; Jésus devant Pilate; le Christ couronné d'épines; le Christ flagellé; le Christ montré au peuple; le Christ portant sa croix. Aux quatre angles sont placés les quatre évangélistes, peints de la même manière. — Signé, tout-à-fait à gauche : *ffranck. in.*

Landon, t. 2, pl. 7.

Musée Napoléon. — (Voir la note du numéro précédent.)

176. *Visite d'un prince dans le trésor d'une église.*

H. 0, 74. — L. 1, 05. — B. — Fig. de 0. 28.

Un prince polonais, coiffé d'un turban à aigrette, accompagné d'une suite nombreuse d'hommes, de femmes et de serviteurs portant des présents, arrive dans le trésor d'une église. Un des serviteurs, tenant une croix enrichie de pierreries, semble demander au prince où il doit la déposer; celui-ci lui indique une table chargée de vases d'or ciselés. Derrière la table, des prêtres en surplis montrent une armoire ouverte et remplie de pièces d'orfèvrerie; sur les murs sont suspendues des peintures représentant le repos de la Sainte-Famille, le portement de croix, sainte Véronique. Vers le milieu du tableau, au fond de l'église, un autel devant lequel des pèlerins et différents personnages sont agenouillés. A droite, une autre armoire remplie d'objets précieux qu'on montre également à des seigneurs. — Signé : *A° 1633. D°. Franck in. et f.*

Collection de Louis-Philippe. — Acquis en 1844 de M. Dommartin de Lyon pour la somme de 4,800 fr. — (Voir la note du n° 174.)

FYT (JOHANNES), *peintre, graveur, né à Anvers en 1625. La date de sa mort est inconnue.* (Ecole flamande.)

On ignore le nom de son maître. Il peignit avec un grand talent les animaux, les fleurs, les fruits et la nature morte. Il travailla souvent dans les tableaux de Rubens et de Jordaens.

177. *Gibier et fruits.*

H. 0, 99. — L. 1, 41. — T.

On distingue une corbeille de raisin, un panier de jonc tressé, un lièvre, des perdrix, des bouvreuils, des bécasses, et d'autres pièces de gibier placées sur une table couverte d'un tapis vert et sur une serviette blanche. Dans le fond, à droite, un chat.

Musée Napoléon.

178. *Gibier dans un garde-manger.*

H. 1, 38. — L. 1, 76. — T.

Une table de cuisine est couverte, ainsi que le sol, de gibier de toute sorte, tel que lièvre, perdrix, canards sauvages, etc. Un chat, caché en partie par un lièvre suspendu par les pattes, retourne la tête et regarde deux petits singes grimpés sur l'appui d'une fenêtre.

Ancienne collection.

179. *Un chien dévorant du gibier.*

H. 0, 86. — L. 1, 20. — T.

Un lièvre, des perdrix, des bécasses, etc., sont posés à terre près d'un bas-relief; un chien dévore une pièce de gibier. — Signé : *Johannes Fyt 1651.*

GLAUBER (Johannes), *dit* Polidor, *peintre, graveur, né à Utrecht en 1646, mort à Amsterdam en 1726.* (Ecole hollandaise.)

Son premier maître fut N. Berghem. Ayant vu ensuite, chez un marchand de tableaux nommé G. Vylenburg, des tableaux italiens, il quitta l'école de son maître pour s'établir chez ce marchand et copier les paysages italiens, qu'il préférait à ceux des artistes de son pays. Glauber, ayant résolu de quitter la Hollande pour se rendre en Italie, partit en 1671 avec son jeune frère, resta un an à Paris chez Picart, peintre de fleurs, et passa ensuite deux ans à Lyon à l'atelier d'**Ary van der Kabel**. Arrivé à Rome, il fut admis, sous le nom de *Polidor*, dans la bande académique formée par les Allemands et les Flamands. Après deux ans de séjour à Rome, il visita Padoue, Venise et s'embarqua pour Hambourg. Bientôt après son arrivée dans cette ville, il fut appelé par le vice-roi *Gulden-Leeuve* en Danemark. Il se rendit à Copenhague, mais n'y resta que six mois, et retourna à Hambourg, où il séjourna jusqu'en 1684. A cette époque, Glauber quitta cette ville, vint se fixer à Amsterdam et se lia intimement avec de Lairesse, qui peignit presque toutes les figures de ses paysages. — **Jan Gottlieb Glauber** s'établit à Breslau, et peignit des paysages que l'on confond souvent avec ceux de son frère aîné. Il mourut en 1703, âgé de 47 ans. Les Italiens l'ont surnommé *Mirtillus*, à cause de son goût pour les scènes pastorales et champêtres. — **Diana**, sœur des précédents, née à Utrecht en 1650, élève de son frère aîné, peignit l'histoire et le portrait, s'établit à Hambourg et y jouissait d'une grande réputation.

180. *Paysage.*

H. 1, 92. — L. 2, 46. — T. — Fig. de 0, 30.

A droite, dans un vallon entrecoupé de masses d'arbres et de rochers, une bergère est couchée au pied d'un jeune homme qui joue du chalumeau. Sur le devant du tableau, une femme portant un paquet sur sa tête s'est arrêtée et l'écoute. A gauche, de l'autre côté d'un cours d'eau qui traverse le premier plan, un pâtre assis à l'ombre de grands arbres garde son troupeau. On aperçoit dans le fond une ronde formée par des bergers. — Signé : *J. Glauber 1686.*

Gravé par Haldenvang dans le Musée royal. — Filhol, t. 2, pl. 220.

Acquis sous l'Empire. — Les figures de ce tableau sont de Gerard de Lairesse.

GOSSAERT. — *Voir* Mabuse.

GOYEN (Jan van), *peintre, graveur, né à Leyde en 1596, mort à La Haye en 1656.* (Ecole hollandaise.)

Il fut successivement élève de **Jan Nicolaï**, de **Schilderpoort**, de **van Mann**, de **Henri Klok**, de **Willem Gerritz**. Il voyagea dans toute la France, et, de retour dans sa patrie, il se fixa à Leyde, où il se mit sous la direction d'**Ezaïas van den Velde**. Il a peint des marchés, et surtout des paysages avec des rivières et des bateaux de pêcheurs. Cet artiste avait une touche facile et expéditive ; les tons gris et roussâtres qui dominent dans ses tableaux les font facilement reconnaître.

181. *Bords d'une rivière en Hollande.*

H. 1, 13. — L. 1, 54. — T. — Fig. de 0, 12.

Sur une rivière qui passe devant un village dont on aperçoit l'église, un bateau à voiles, conduit par plusieurs matelots, remonte le courant. Auprès, à gauche, une barque montée par trois pêcheurs. Sur le devant du tableau, deux pêcheurs retirant leur filet, une femme agenouillée près d'un panier et un enfant debout. De l'autre côté de la rivière, un pâtre faisant embarquer des bestiaux sur un bateau conduit par des mariniers. — Signé, sur ce bateau : VG. 1653.

Collection de Louis XVI.

182. *Un canal en Hollande.*

H. 0, 40. — L. 0, 60. — B. — Fig. de 0, 02.

Deux grandes barques à voiles, conduites par plusieurs matelots, et deux canots remontent le courant. A gauche, des bœufs pâturent sur une langue de terre qui avance dans l'eau. A droite, de l'autre côté du canal, une maison bâtie sur pilotis, et, dans le fond, une grande quantité de barques. — Signé, sur le plus gros bateau : VG. 1647.

Ancienne collection.

183. *Une rivière.*

H. 0, 98. — L. 1, 34. — T. — Fig. de 0, 10.

A gauche, au premier plan, trois pêcheurs dans un canot retirant leurs filets. A droite, plusieurs maisons au bord d'un chemin exhaussé au-dessus d'une rivière. Un homme, tenant un panier, descend quelques marches pour rejoindre deux autres hommes qui sont déjà dans un canot. Du côté de la route opposé à la rivière, un château et une tour élevée, en ruine. Au deuxième plan, au pied d'un moulin à vent, des barques chargées de farine et un homme montant un escalier avec un sac sur ses épaules. Dans le fond, des bateaux à voiles, et, au bord de la rivière, des arbres et une église. — Signé, sur le canot à gauche : VG. 1644.

Gravé par Beaujan et P. Laurent dans le Musée français. — Filhol, t. 3, pl. 185.

Collection de Louis XVI.

184. *Marine.*

H. 0, 74. — L. 1, 08. — B. — Fig. de 0, 06.

La mer est couverte de barques à voiles et de canots. A droite, sur le rivage, au deuxième plan, trois moulins à vent, une ville, et une église avec une grande tour carrée. — Signé, sur le canot du premier plan, qui contient huit personnes : *V Goyen 1647.*

Ancienne collection.

GRAESBEEK. — *Voir* CRAESBEKE.

GRIFFIER.

GRIEF, GRIF, GRYEF ou **GRIFIR** (ANTON), *vivait dans le milieu du XVIIe siècle.* (Ecole flamande.)

On n'a aucun renseignement sur cet artiste, qui a peint le paysage, les animaux et surtout la nature morte avec beaucoup de finesse. Sa manière, qui se rapproche de celle de Snyders, a fait penser qu'il était son élève.

185. *Paysage avec des pièces de gibier.*

H. 0, 21. — L. 0, 29. — B. — Fig. de 0, 10.

A gauche, des lièvres, des perdrix et d'autres pièces de gibier accrochés à une branche d'arbre et reposant sur une pierre carrée. Au deuxième plan, à droite, un chasseur assis par terre, donnant du cor et entouré de ses chiens. — Signé sur la pierre : *A. Gryeff.*

Ancienne collection.

GRIFFIER (JAN), *peintre, graveur, né à Amsterdam en 1645 suivant Immerzeel, ou en 1656 selon Descamps et C. Weyerman, mort à Londres en 1718 ou en 1724.* (Ecole hollandaise.)

Après avoir quitté successivement la boutique d'un charpentier où ses parents l'avaient mis en apprentissage, celle d'un fabricant de carreaux de faïence, et l'atelier d'un mauvais peintre de fleurs, il entra chez **Roeland Rogman**, et se distingua bientôt assez par son habileté pour devenir l'ami de Rembrandt, de Ruïsdael, de A. van den Velde et de Lingelbach. Il alla à Londres, peignit des paysages avec des ruines d'Italie, comme s'il eût habité ce pays, et ne pouvait suffire aux demandes des amateurs. En 1695, il acheta un navire, s'embarqua avec sa famille, des tableaux de prix et tout ce qu'il possédait; mais, assailli par une tempête, il fit naufrage, se sauva à grand'peine et perdit sa fortune. Arrivé à Rotterdam, il se remit à travailler, racheta un nouveau navire, dans lequel il arrangea un atelier, et vécut longtemps, campant tantôt à Amsterdam, tantôt à Enkhuisen, à Hoorn ou à Doort. A cette époque, il peignit un grand nombre de vues de villes, de marines, de paysages avec des rivières et beaucoup de figures. Il imita successivement Rembrandt, Poelenburg, Ruïsdael et Teniers. Enfin il retourna s'établir à Londres; ses tableaux y furent très recherchés, et le duc de Beaufort, qui s'était déclaré son protecteur, souffrait à peine que d'autres personnes le fissent travailler. — **Robbert Griffier**, né en Angleterre en 1688, mort en Hollande en 1750, imitateur de son père et d'Herman Zaft Leven, peignit souvent des vues du Rhin, animées par une foule de figures,

186. Vue des bords du Rhin.

H. 0, 37. — L. 0, 47. — B. — Fig. de 0, 05.

A gauche, au deuxième plan, un vieux château construit sur une hauteur et entouré d'arbres. Un escalier taillé dans le roc y conduit. Au pied de l'escalier, des tonneaux, des coffres, des roues et différents personnages. Au premier plan, des tonneaux et d'autres figures. Au milieu du tableau, le fleuve passant près d'une ville où l'on remarque de nombreux clochers d'églises. Sur le fleuve, des barques chargées et un navire avec des sculptures dorées. Dans le fond, de hautes montagnes qui s'abaissent en collines vers le rivage.

Ancienne collection.

187. Vue des bords du Rhin.

H. 0, 37. — L. 0, 47. — B. — Fig. de 0, 04.

A gauche, au premier plan, une maison de paysans. Plus loin, la moisson; une charrette chargée de gerbes et un paysan monté dessus tenant un petit drapeau. Au deuxième plan, un château construit sur un rocher, entouré d'arbres. En face du château et de l'autre côté du fleuve, une ville avec des églises et un château-fort bâti sur une éminence qui la domine. Derrière cette ville, de très hautes montagnes avec d'autres fabriques.

Ancienne collection.

GRYEF. — *Voir* GRIEF.

HAGEN (JAN VAN), *né à La Haye, florissait vers* 1650. (Ecole hollandaise.)

On ignore la date de sa naissance, celle de sa mort, et le nom de son maître. Contemporain de Berghem et de A. van den Velde, cet artiste peignit souvent des figures et des animaux dans les paysages, qui ont généralement noirci, parce qu'il employait, dit-on, de la cendre bleue, qui change de ton. Hagen a dessiné un grand nombre de vues des environs de Clèves et de Nimègue; ses dessins, exécutés en grande partie de 1650 à 1662, étaient fort estimés, et furent payés très cher dans une vente qu'on en fit en 1715 à Amsterdam.

188. *Vue de Hollande.*

H. 0, 60. — L. 0, 76. — T. — Fig. de 0, 02.

Au premier plan, des moutons et une vache paissant dans une prairie; à droite, sur un chemin bordé d'arbres, un homme à cheval et trois autres personnages. Le tableau est séparé au milieu et dans sa largeur par une rivière; de l'autre côté de la rivière, une plaine et des collines.

Ancienne collection.

189. *Paysage.*

H. 0, 24. — L. 0, 32. — B. — Fig. de 0, 05.

Près d'une rivière qui coule au pied d'une colline boisée, un homme debout, vu de dos et appuyé sur un bâton, parle à un autre homme assis à terre. Au deuxième plan, vers la gauche, des paysans et des ânes chargés de paquets passent la rivière à gué. A droite, une femme lave du linge près d'une métairie située au bord de l'eau.

Collection de Louis XV.

HALS (FRANS), *né à Malines en 1584, mort à Harlem le 20 août 1666.* (Ecole flamande.)

Il fut élève de **Carl van Mander**. On n'a presque aucun détail sur sa vie, qui paraît du reste s'être passée en grande partie au cabaret. Malgré ses habitudes de débauche, ce peintre, dont van Dyck estimait beaucoup le talent, fit une quantité de portraits fort remarquables comme expression et comme exécution. — Son frère **Dirck** (ou Thierry), né à Malines en 1589, ou suivant d'autres biographes en 1580, mort à Harlem en 1656, peignit des scènes familières et des animaux. Dans le registre du corps des peintres de Saint-Luc, à Harlem, sont inscrits plusieurs fils et petits-fils de Frans Hals, dont voici les noms: **Frans Hals Franszoon, Herman Hals Franszoon, Jan Hals Franszoon, Klaas** et **Jan Hals Franszonen**. Ils furent tous peintres, et plusieurs ont été aussi musiciens. Les principaux élèves de Frans Hals sont Adriaan Brauwer et Dirck van Balen.

190. *Portrait en buste de René Descartes.*

<small>H. 0, 76. — L. 0, 68. — T. — Buste gr. nat.</small>

La tête est découverte, vue de trois quarts et tournée vers la droite. Il porte un col rabattu, un manteau noir, et tient un chapeau à la main.

<small>*Filhol, t. 10, pl. 653. — Landon, t. 2, pl. 10.*</small>

<small>Ancienne collection.</small>

HEDA (WILLEM-KLAASZ), *né à Harlem en 1594. On ignore la date de sa mort; de Bray a fait son portrait à l'âge de 84 ans, en 1678.* (Ecole hollandaise.)

<small>Son maître est inconnu. Il a peint quelques tableaux d'histoire, mais le plus souvent des sujets de nature morte, des insectes, des fleurs, des fruits, qu'on attribue quelquefois à David de Heem, dont Heda a souvent imité heureusement la manière.</small>

191. *Un dessert.*

<small>H. 0, 44. — L. 0, 56. — B.</small>

Sur une table qu'une nappe recouvre à moitié, deux plats d'argent avec des débris de pâtisserie et une cuiller d'argent; deux vases en argent, un grand verre à pied avec du vin, un autre verre à pied plus petit renversé, un couteau, des noix, des noisettes. — Signé, sur le plus grand vase d'argent : HEDA 1637.

<small>Musée Napoléon.</small>

HECKOUT. — *Voir* EECKHOUT.

HEEM (JAN-DAVIDZ DE), *né à Utrecht en 1600, ou en 1604 suivant quelques biographes, mort à Anvers en 1674.* (Ecole hollandaise.)

<small>Il fut élève de son père **David de Heem**, dont il suivit la manière, mais qu'il surpassa. Il peignit les fleurs, les fruits, la nature morte, la vaisselle d'or et d'argent, les cristaux, avec une rare perfection. En 1670, pour fuir</small>

les désastres de la guerre, il quitta son pays et vint s'établir à Anvers avec sa famille. Il eut deux fils, **Kornelis** et **Jan**, qui peignirent le même genre que lui, mais avec moins d'habileté. On connaît plusieurs tableaux signés par Kornelis, mais on en voit très rarement d'authentiques de Jan, parce que le plus souvent son père les retouchait si adroitement qu'ils passaient ensuite pour des ouvrages entièrement exécutés par lui. Jan Davidz eut aussi pour élève Abraham Minjon ou Mignon, et **Henri Schook**.

192. *Fruits et vaisselle sur une table.*

H. 0, 59. — L. 0, 43. — B.

Sur une table couverte d'un tapis vert orné d'une frange d'or, une grappe de raisin, des fraises dans une jatte de porcelaine bleue et blanche, une huître ouverte, un citron à moitié pelé sur un plat d'argent, une crevette, etc. — Ce tableau est signé : *J. de Heem f.*

Musée Napoléon.

193. *Fruits et vaisselle sur une table.*

H. 1, 49. — L. 2, 03. — T.

Sur une table couverte d'un tapis, on voit pêle-mêle des coupes, de riches aiguières et des plats remplis de fruits, des couteaux, une nappe et une montre. A gauche, une guitare posée contre la table ; à droite, sur le devant, deux flacons rafraîchissent dans un grand vase de métal.

Collection de Louis XIV.

HEEMSEN. — *Voir* HEMSEN.

HEEMSKERK (EGBERT), *dit* LE PAYSAN *ou* LE VIEUX, *né à Harlem en 1610 ; vivait encore en 1680.* (Ecole hollandaise.)

Il peignit dans la manière de Teniers et de Brauwer. — **Egbert van Heemskerk** jeune, fils du précédent, né à Harlem en 1645, mort à Londres en 1704, fut élève de son père, de **Pieter Grebber** et de Brauwer. Il imita surtout Teniers. On prétend que cet artiste s'est représenté dans tous les tableaux de genre qu'il a peints.

194. *Intérieur de tabagie.*

H. 0, 58. — L. 0, 83. — B. — Fig. de 0, 22.

Près d'une table, des buveurs, un homme assis tenant un papier à la main et chantant ; à côté de lui, un joueur de violon. — Signé à droite : HK.

Ancienne collection.

195. *Intérieur de tabagie.*

H. 0, 58. — L. 0, 83. — B. — Fig. de 0, 22.

Un militaire et deux paysans sont assis autour d'une table, sur laquelle est servie une pièce de viande. Au premier plan, à gauche, un homme qui tire d'un tonneau de la bière dans un pot. — Signé sur le tonneau : HK.

Ancienne collection.

HEINSIUS (JOHANN-ERNST). *On ignore la date de la naissance de cet artiste, qui vivait encore en* **1787.** *(Ecole allemande.)*

Il eut surtout de la réputation comme peintre de portraits, fit des demi-figures et quelques tableaux de genre. Il exécuta la plus grande partie de ses ouvrages à Weimar et à Rudolstadt.

196. *Portrait de Marie-Louise-Thérèse-Victoire de France (Madame Victoire), cinquième fille de Louis XV, née à Versailles le 11 mai 1733, morte à Trieste en 1799.*

H. 1, 38. — L. 1, 04. — T. — Gr. nat.

La princesse, vêtue d'une robe de soie bleue, est assise sur un fauteuil fleurdelisé. Elle tient un éventail de la main droite et appuie le bras gauche sur un coussin également fleurdelisé. La tête, vue de trois quarts, est tournée vers la gauche. — Signé HEINSIUS PINXIT, **1786.**

Collection de Louis XVI.

HELST (BARTHOLOMEUS VAN DER), *né à Harlem en 1601, en 1613 ou en 1618, suivant les différents auteurs ; mort à Amsterdam, selon quelques biographes, en 1670.* (École hollandaise.)

On ignore le nom de son maître, et les historiens ne donnent aucun détail sur sa vie. On sait seulement qu'il habita constamment Amsterdam, où il jouissait d'une grande réputation comme peintre de portraits. Son fils, qui cultiva le même genre que lui, fut à peine un artiste d'un médiocre talent.

197. *Le jugement du prix de l'arc.*

H. 0, 80. — L. 0, 67. — Toile collée sur bois. — Fig. de 0, 50.

Quatre chefs de la compagnie des arbalétriers d'Amsterdam sont assis autour d'une table couverte d'un tapis à raies de différentes couleurs. Le personnage qui est à gauche tient un gobelet de vermeil richement ciselé ; celui du milieu a à la main une espèce de sceptre d'ébène terminé par un oiseau en vermeil ; plus loin, un troisième personnage, le coude appuyé sur la table, s'adresse à ses collègues ; enfin, derrière la table, un quatrième juge tient un collier avec une pendeloque représentant un oiseau. A gauche, au second plan, une femme portant une corne à boire garnie d'argent. A droite, dans le fond, trois jeunes gens avec des arcs et des flèches. Sur un tableau en ardoise placé à terre, appuyé contre la table, on lit le nom des trois vainqueurs, et plus bas : *Bartholomeus van der Helst fecit* 1653. Dans l'angle à gauche, et sur le devant, un chien épagneul accroupi.

Gravé par Hulmer dans le Musée royal. — Filhol, t. 9, pl. 609.

Collection de Louis XVI. — On lit dans l'ouvrage de Lebrun (Galerie des peintres flamands, t. II, p. 38) la note suivante : « J'ai vendu 10,000 livres, dans une vente publique, celui (le tableau de van der Helst) qui orne actuellement le Muséum, portant 20 pouces sur 26, et représentant la Distribution des prix du jeu de l'arc. Il avait été acheté à la vente Loquet, à Amsterdam. Houbraken en fait la description. » Il existe au Musée d'Amsterdam un tableau représentant la même composition, mais avec quelques changements et daté de 1657 ; les figures sont de grandeur naturelle.

198. *Portrait d'homme.*

H. 1, 00. — L. 0, 79. — T. — Fig. à mi-corps gr. nat.

Il est nu-tête et vu de face. Il porte un col rabattu en guipure, noué avec des cordons terminés par deux glands, un vêtement noir, et des manches ouvertes qui laissent voir la chemise. Il a la main gauche sur la poitrine et la droite appuyée sur le côté.

Collection de Louis XVIII. — Acquis de Mme Roche en 1817 pour 500 fr.

199. *Portrait de femme.*

H. 1, 00. — L. 0, 79. — T. — Fig. à mi-corps gr. nat.

. La tête est de trois quarts et tournée vers la gauche. Elle a une robe de dessus noire, une collerette et des manchettes blanches. La robe de dessous est jaune. Elle tient des deux mains son éventail. Dans le fond, une fenêtre ouverte qui laisse apercevoir un fond de paysage. — On lit sur l'appui : *Van der Helst*, 1655.

Collection de Louis XVIII. — Pendant du tableau précédent, acquis de Mme Roche en 1817 pour 500 fr.

HEMLING. — *Voir* MEMLING.

HEMSSEN (JAN VAN), *né à Anvers vers* 1500. (Ecole hollandaise.)

Il s'était établi à Harlem, et l'on connaît des tableaux de lui datés de 1537, 1544, 1548, 1555. On n'a, du reste, aucun détail biographique sur cet artiste.

200. *Le jeune Tobie rend la vue à son père.*

H. 1, 40. — L. 1, 72. — B. — Fig. gr. nat.

Tobie le père, assis les bras croisés sur sa poitrine, a la tête soutenue par Anne sa femme, et par Sara. Le jeune Tobie, tenant un plat de la main gauche, touche de la droite l'œil de son père. Derrière lui, l'ange Raphaël appuyé sur un long bâton de voyage. Fond de paysage. On lit sur la terre, vers la gauche : JOANES DE HEM MESSEN 1555 INVEN TOR ET PICTOR.

Landon, t. 2, pl. 2.
Musée Napoléon.

HEUSCH ou **HEUSCHE** (WILLELM ou GUILIAM DE), *peintre, graveur, né à Utrecht en* 1638, *mort dans cette ville dans un âge très avancé, ou suivant quelques auteurs en* 1712. (Ecole hollandaise.)

C'est par erreur que l'on a écrit quelquefois son nom *Heus, Hees* ou *Hus.* Jeune encore, il se rendit en Italie, où il fut élève de Jan Both dont il suivit la manière. — Willelm eut pour élève son neveu, nommé **Jakob**, né à Utrecht en 1657, mort à Amsterdam en 1701, qui imitait si fidèlement son genre qu'il reçut le surnom d'*Affdruck* (contre-épreuve). Jakob habita successivement Rome, Venise, plusieurs villes d'Italie, et revint dans sa patrie. Néanmoins il continua à travailler plus pour les Italiens que pour ses compatriotes. — **Abraham de Heusch**, également né à Utrecht, et vraisemblablement frère de Jakob, n'est connu que par des tableaux représentant des plantes et des insectes d'un grand fini d'exécution ; ils sont fort rares.

201. *Paysage.*

H. 0, 35. — L. 0, 45. — C. — Fig. de 0, 05.

A gauche, dans un sentier bordé d'arbres et longeant une petite rivière, deux pâtres passent avec un âne, une vache, une chèvre et une brebis. Plus loin, un homme s'éloigne monté sur un âne. Dans le fond, des bergers faisant rentrer leurs troupeaux, et au milieu, de hautes montagnes. — Ce tableau est signé : *G. D. Heusch, f.*

Gravé dans le Musée français. — Filhol, t. 2, pl. 142. — Landon, t. 2, pl. 15.

Musée Napoléon. — Ce tableau fut acheté en 1801, à la vente de Claude Tolozan, pour la somme de 1,221 fr.

HEYDEN (JAN VAN DER), *né à Gorcum en* 1637, *mort à Amsterdam le* 28 *septembre* 1712. (Ecole hollandaise.)

Il eut pour premier maître un peintre sur verre dont le nom est inconnu. Cet habile artiste exécuta des vues d'églises, de palais, de places publiques, avec les détails les plus minutieux, sans tomber dans la sécheresse et sans détruire l'harmonie des ombres et des lumières. On prétend qu'il fit un grand usage de la chambre obscure, et l'extrême fidélité de ses représentations donne à cette opinion, généralement accréditée, toute l'apparence de la vérité. A. van den Velde et Lingelbach ont souvent fait les figures de ses tableaux. Van der Heyden fut encore un excellent mécanicien et perfectionna considérablement la construction des pompes à incendie.

202. *Vue de la maison de ville d'Amsterdam.*

H. 0, 72. — L. 0, 86. — T. — Fig. de 0, 07.

La construction de ce vaste monument, élevé sur la place appelée le *Dam*, fut commencée le 28 octobre 1648. Le sol sur lequel on voulut le bâtir étant un marais, on fut obligé d'enfoncer 13,659 pilotis. L'édifice total a coûté 30 millions de florins. L'artiste s'est placé, pour peindre cet édifice, du côté d'une maison ancienne dite la maison du *Poids*, parce que c'est là qu'on pèse les marchandises. — On lit, à gauche, sur ce tableau : *J. V. D. Heyden A° 1668.* — Les figures sont d'Adriaan van den Velde.

Filhol, t. 6, pl. 365.

Collection de Louis XVI. — On trouve dans l'ouvrage de Filhol un renseignement curieux sur la manière dont ce tableau est entré dans la collection du roi. Ce chef-d'œuvre était resté dans la famille de van der Heyden. Un de ses héritiers, à qui il était échu en partage, quoique fort riche, se plaignait cependant de l'avoir payé 1,000 florins sur estimation d'inventaire. Néanmoins flatté de posséder un des plus beaux ouvrages de son aïeul, il s'était obstinément refusé à s'en défaire et avait repoussé les offres de M. Randon de Boisset. M. d'Angiviller ayant chargé M. Paillet d'aller acheter en Hollande des tableaux pour le compte du roi, ce connaisseur vit le chef-d'œuvre de van der Heyden et ne put décider son possesseur à le lui céder. M. Paillet eut alors recours à la ruse : à l'heure de la bourse, il chargea un courtier d'aller trouver le propriétaire du tableau, de lui dire qu'un étranger se présentait pour en faire l'acquisition, et que le seul moyen de se délivrer de ses importunités était de le mettre à un prix tellement élevé qu'il fût forcé d'y renoncer. Le propriétaire suivit ce conseil et demanda 6,000 florins de son tableau. Alors le courtier lui mit une pièce d'or de 14 florins dans la main, en ajoutant : « Le tableau est à moi, la somme va vous être soldée. » Ces sortes d'engagements pris à la Bourse sont irrévocables, et le possesseur du tableau, furieux de s'être laissé prendre à un pareil piége, fut obligé de tenir sa parole.

203. *Église et place d'une ville de Hollande.*

H. 0, 45. — L. 0, 56. — B. — Fig. de 0, 06.

Au premier plan, à gauche, une grande maison avec une enseigne et un hangar couvert en planches, dont on ne peut voir qu'une partie. Plus loin, quelques habitations ombragées d'arbres et une église surmontée de deux tours. — Signé : *V Heyden*. — Les figures sont d'Adriaan van den Velde.

<small>Gravé par *Dequevauvilliers* dans le *Musée français*. — *Filhol*, t. 6, pl. 389. — *Landon*, t. 4, pl. 26.</small>

Ancienne collection.

204. *Vue d'un village au bord d'un canal.*

H. 0, 45. — L. 0, 52. — B. — Fig. de 0, 03.

A droite, sur une route qui borde un canal, un château, et plus loin une église. Au premier plan, un seigneur et une dame se promenant ; des paysans, assis sur le parapet qui longe le canal, regardent une barque chargée de marchandises qui s'approche du bord. Au milieu du canal, deux petits bâtiments à l'ancre. — Les barques sont de Willem van den Velde, et les figures de son frère Adriaan.

<small>Gravé par *Daudet* dans le *Musée français*. — *Filhol*, t. 8, pl. 524. — *Landon*, t. 4, pl. 25.</small>

Collection de Louis XVI.

HOBBEMA (**MEINDERT** ou **MINDER-HOUT**), *florissait en* **1663**; *la dernière date connue de ses ouvrages est celle de* **1669**. (Ecole hollandaise.)

<small>La date certaine de naissance de cet artiste célèbre, celle de sa mort et le nom de sa patrie, sont inconnus. Un biographe le fait naitre en **1611** à Anvers, un autre à Harlem en **1629**. Van der Willegen et van Eynden, auteurs d'un dictionnaire des peintres publié en **1816**, le disent né au village de Coeverden (dans la Gueldre); enfin le village de Middelharnis a été aussi indiqué comme sa patrie. Quand bien même Hobbema serait d'origine allemande, ainsi qu'on l'a aussi avancé, on ne peut nier qu'il n'appartienne entièrement par son style et son exécution à l'école hollandaise, et si **Salomon Ruïsdael** fut son premier maître, comme on l'a dit, il y a tout lieu de croire que Jacob Ruysdaël, son ami, lui a aussi donné des conseils, car sa manière a beaucoup d'analogie avec celle de ce maître. On a prétendu que, possesseur d'une honnête fortune, cet artiste n'avait peint que par amusement et donnait ses tableaux ; cependant aucun renseignement authentique ne vient justifier ce récit et jeter quelque lumière sur l'obscurité de sa vie. Adriaan van den Velde, Philips et Peter Wouwerman, Berghem, Lingelbach, **Stork**, **Helstockade**, **B. Gaël**, **Helmbreker**, ont souvent peint des figures dans les paysages d'Hobbema. Ceci prouverait qu'il vivait à Harlem ou dans les environs, et que ses œuvres jouis-</small>

saient déjà d'assez de considération pour que les premiers artistes de son époque ne dédaignassent pas d'y travailler. Son nom ne se trouve cependant pas sur les registres de la compagnie des peintres de Harlem, et, chose digne de remarque, c'est qu'aucun historien, pendant plus de cent ans après sa mort, n'a parlé de lui. Dans les 220 catalogues des principales ventes faites en Hollande, de 1684 à 1738, publiés par Hoet, on ne trouve pas un seul de ses ouvrages; le premier apparait en 1739, et quoique annoncé comme magnifique, il ne fut vendu que 71 florins. Pendant tout le XVIII° siècle, les œuvres d'Hobbema se vendaient à si bas prix, qu'afin d'en tirer une somme plus élevée, on effaçait souvent sa signature pour y substituer celle de Ruisdael ou de Decker. Par suite de ces inexplicables vicissitudes, trop fréquentes dans l'histoire des beaux-arts, les tableaux d'Hobbema sont poussés maintenant à un prix excessif dans les ventes, et une toile importante de lui s'y paye de 60 à 100,000 fr.

205. *Paysage.*

H. 0, 60. — L. 0, 80. — B. — Fig. de 0, 04.

Intérieur de forêt. A gauche, un groupe de grands arbres, un chêne creux, étêté, n'ayant plus qu'une branche garnie de feuilles et dépouillé à moitié de son écorce. Au premier plan, une mare. A droite, une clairière, et sur un chemin sinueux qui traverse la forêt, une femme assise qui s'entretient avec un paysan et un enfant debout.

Acquis en 1850 de M. Nieuwenhuys pour la somme de 18,000 fr.

HOLBEIN (Hans) LE JEUNE, *peintre, sculpteur, graveur, architecte, né à Augsbourg en* 1498, *mort à Londres en* 1554. (Ecole allemande.)

Les biographes ne sont pas d'accord sur le nom de la patrie de cet homme célèbre. Les uns veulent qu'il soit né à Anvers, les autres à Grunstadt (dans le Palatinat), d'autres à Augsbourg, et enfin le plus grand nombre à Bâle (en Suisse). Son père, qui portait comme lui le prénom de **Hans** ou de **Johann**, était d'Augsbourg, et, en 1499, c'est-à-dire dans l'année qui suivit celle de la naissance de son fils, il y finissait une peinture pour le monastère de Sainte-Catherine. Enfin, des recherches récentes prouvent d'une manière presque certaine qu'Holbein naquit aussi à Augsbourg. Il fit bien, en 1513 et en 1516, deux séjours de peu de durée à Bâle, mais il ne s'y établit réellement pas et ne fut admis dans la corporation des peintres de cette ville qu'en 1519; c'est en 1520 qu'il reçut le titre de citoyen de Bâle, titre qu'il a souvent joint à son nom, comme le prouve l'inscription : IOANNES HOLPENIVS BASILEENSIS SVI IPSIVS EFFIGIATOR Æ XLV, placée sur son portrait de la galerie de Florence, inscription qui sans doute a pu contribuer à faire croire que Bâle était sa patrie. Holbein montra de bonne heure de grandes dispositions, qui furent développées par son père et d'autres membres de sa famille, tous artistes. Il apprit la peinture à l'huile et en miniature, les procédés de la fonte des métaux, la sculpture, la gravure, l'architecture, et excella dans chacun de ces arts. Protégé à Bâle par l'imprimeur Amerbach, dont il enrichit les éditions de compositions remarquables, et par Érasme, dont il fit un excellent portrait, il acquit promptement une grande réputation. Le comte d'Arundel, à son retour d'Italie, ayant eu occasion de voir des peintures d'Holbein, en fut ravi, l'engagea à passer en Angleterre, et Érasme, qui l'encouragea vivement à suivre ce conseil, le chargea de porter au grand-chancelier sir Thomas More, son ami, le portrait qu'il avait fait de lui et y joignit de pressantes lettres de recommandation. Désireux de voir les ouvrages de Quinten Matsys, Holbein passa par Anvers, remit à R. Ægidius, ami commun de sir Thomas More et d'Érasme, des lettres de ce dernier, et arriva enfin en Angleterre en 1526. Le grand-chancelier reçut l'artiste avec distinction, le logea dans son palais, l'occupa pendant trois ans et le présenta à Henri VIII, qui le nomma son peintre et le combla d'honneurs. Holbein fit un voyage à Bâle en 1529, puis un autre en 1538 pour mettre ordre à ses affaires. Enfin, il paraît qu'il vint aussi sur le continent en 1539, chargé d'une mission par le roi Henri VIII; mais il n'alla pas jusqu'à Bâle, et retourna à Londres, où il mourut, quelques années après, de la peste. — La famille d'Holbein compte plusieurs artistes : **Hans Holbein**, dit *le vieux*, père du précédent, né à Augsbourg en 1450, vivait encore dans cette ville en 1505. — **Sigismund Holbein**, frère d'Holbein le vieux, né à Augsbourg vers 1456, mort à Bâle en 1540. Il habita cette dernière ville, fit des portraits et grava sur bois. — **Ambros Holbein**, autre fils d'Holbein le vieux, né à Augsbourg vers 1484, peintre de portraits. On n'a pas de détails sur sa vie. On voit dans la galerie de Vienne des peintures de ces quatre artistes. — Les principaux élèves d'Holbein le jeune furent **Christophe Amberger** et **Hans Asper**.

206. *Portrait de Nicolas Kratzer, astronome du roi d'Angleterre Henri VIII, né à Munich vers 1488.*

H. 0,83. — L. 0, 67. — B. — Buste gr. nat.

La tête est presque de profil et tournée à droite. Il porte une toque noire, une robe de dessous noire, et par-dessus, un vêtement brun. Il est assis devant une table où l'on voit des ciseaux, une règle, des équerres, un marteau, un compas, etc.; tient un compas de la main droite, et de la gauche un polyèdre en buis sur les différentes faces duquel sont tracés des cercles divisés par des rayons. A droite, pendus à la muraille, à gauche, dans une niche, différents instruments de mathématiques. Sur la table est un papier où on lit : *Imago ad vivam effigiem expressa Nicolai Kratzeri monacenssis q.* (qui) *bauarg* (bavarus) *erat quadragessimū....... annū tp̄re* (tempore), *illo gplebat* (complebat). **1528.**

<small>*Gravé dans le Musée royal par Dequevauvilliers. — Filhol, t. 10, pl. 659.*</small>

Collection de Louis XIV.

207. *Portrait de Guillaume Warham, né en 1458, évêque de Londres en 1502, archevêque de Cantorbéry en 1504, mort en 1532.*

<small>H. 0, 82. — L. 0, 66. — B. — Fig. à mi-corps gr. nat.</small>

Il est représenté la tête vue de trois quarts, tourné à gauche. Il porte un bonnet noir à oreilles, un surplis froncé près du cou et laissant apercevoir le bord rouge d'un vêtement de dessous. La robe de dessus est blanche, bordée de noir et de fourrure. Les mains sont appuyées sur un coussin en brocart d'or. Près de lui, un livre d'heures ouvert. Par derrière, à droite, une mitre garnie de perles et deux livres à fermoir et à tranches dorées, posés sur un meuble couvert d'un tapis. A gauche, une croix enrichie de pierreries portant un écusson émaillé aux armes de l'archevêque, et sur la pomme de laquelle on lit : AVXILIVM. MEVM A DNO. Dans le haut du tableau, l'inscription suivante : *Anno : Dm̄. MDXXVIJ Etatis sue LXX.*

Collection de Louis XIV.

208. *Portrait de Didier Érasme, né à Rotterdam en 1467, mort à Bâle (en Suisse) en 1536.*

<small>H. 0, 42. — L. 0, 32. — B. — Buste demi-nat.</small>

Érasme est vu de profil, tourné à gauche. Il porte une toque et un vêtement noirs. Assis devant une table, il écrit avec un roseau.

<small>*Gravé dans le Musée royal par Dequevauvilliers. — Filhol, t. 10, pl. 671.*</small>

<small>Collection de Louis XIV. — Le panneau en sapin est flâtré deux fois par derrière du chiffre de Charles Ier (C P surmontés d'une couronne) et</small>

porte sur un morceau de papier l'inscription suivante : *Of Holbein. his... of Erasmus Rotterdamus was given to... Prince by... Adam Newton.* C'est-à-dire : *d'Holbein. Ce* (portrait) *d'Erasme de Rotterdam a été donné à... Prince par... Adam Newton.* Un cachet de cire rouge aux armes de la famille de Newton, avec cette devise : *Vivit post funera virtus,* est apposé près du chiffre de Charles 1er. Ce portrait d'Erasme est donc celui que le roi d'Angleterre donna, avec une Sainte-Famille de Titien, en échange du saint Jean-Baptiste de Léonard de Vinci que lui envoya Louis XIII par le duc de Liancourt, ambassadeur de France à la cour de Londres. Depuis, le saint Jean-Baptiste, acheté après la mort de Charles 1er par Jabach et cédé par le célèbre banquier à Louis XIV, figure de nouveau dans la collection du Louvre sous le n° 480 de la Notice des tableaux des écoles d'Italie.

209. *Portrait d'homme âgé.*

H. 0, 36. — L. 0, 28. — B. — Buste pet. nat.

La tête est vue de trois quarts et tournée à gauche. Il porte une large toque noire et une robe brune par-dessus un vêtement noir. Ses deux mains sont posées l'une sur l'autre et il tient un petit livre couvert de velours rouge.

Collection de Louis XIV. — Par derrière, sur le panneau, sont peintes les armes du personnage : de sable fascé d'or, accompagné en tête de trois étoiles d'or à six pointes, et en pointe de deux trèfles du même métal, timbré d'une couronne de comte. La devise suivante occupe les deux côtés et le dessous de l'écu : *Ic virzet* (?) *z. vort des oz deels.*

210. *Portrait de Thomas More, grand-chancelier d'Angleterre, né en 1480, décapité en 1538 par ordre de Henri VIII.*

H. 0, 39. — L. 0, 31. — B. — Buste demi-nat.

Il est représenté de trois quarts, la tête tournée vers la droite. Il porte une toque noire à oreilles, une robe de dessus noire garnie de fourrure, à manches ouvertes qui laissent apercevoir les manches vertes, également garnies de fourrure, de la robe de dessous. Il tient de la main droite une croix d'or qui pend à une chaîne passée autour du cou, et de la gauche un papier plié.

Collection de Louis XIV.

211. *Portrait d'Anne de Clèves, reine d'Angleterre, quatrième femme de Henri VIII, morte en 1557.*

H. 0, 65. — L. 0, 48. — Peint sur vélin collé sur toile. — Fig. à mi-corps pet. nat.

Elle est debout, vue de face, les mains jointes. Elle porte un bonnet d'étoffe d'or enrichi de perles et de pierreries, une robe de velours rouge garnie de galons d'or ornés de perles, un riche collier, et des bagues aux doigts et au pouce.

Collection de Louis XIV. — La notice de 1841 ne donnait pas le nom de ce portrait.

212. *Portrait de sir Richard Southwel.*

H. 0, 47. — L. 0, 38. — B. — Buste pet. nat.

Il est vu presque de profil et la tête tournée à droite. Il porte une toque noire ornée d'un camée monté en or, et une robe de velours violet par-dessus un vêtement dont les manches sont en satin noir. Il a une chaîne d'or, et ses deux mains sont posées l'une sur l'autre. — On lit sur le fond à gauche, en lettres d'or : .X°. IVLII. ANNO. .H. VIII. XXVIII°. et à droite : ÆTATIS SVÆ. ANNO XXXIII.

Musée Napoléon. — Ce tableau fut rapporté d'Allemagne en 1806. Le panneau de chêne porte par derrière le cachet aux armes de la famille Newton. Un autre portrait de Southwel se trouve dans la galerie de Florence, et celui du Louvre pourrait n'en être qu'une répétition ou même une habile copie. — Le chevalier Southwel fut chargé de réunir les papiers et les livres de Thomas More, enfermé dans la tour de Londres, et devint, après la mort de Henri VIII, maître de l'artillerie de la reine Elisabeth. — La notice de 1841 ne donnait pas le nom de ce portrait.

213. *Portrait d'homme.*

H. 0, 42. — L. 0, 33. — B. — Buste demi-nat.

Sa tête, vue presque de profil et tournée à gauche, est couverte d'une toque noire; il porte un vêtement doublé de fourrure, et de la main gauche il tient un œillet et un chapelet auquel est attachée une petite tête de mort.

Filhol, t. 9, pl. 695.

Collection de Louis XIV. — Ce portrait, dans les notices précédentes, était donné à tort à Garofolo.

HONDEKOETER (MELCHIOR), *né à Utrecht en 1636, mort dans la même ville le 3 avril 1695.* (Ecole hollandaise.)

Il fut d'abord élève de **Gisbert Hondekoeter**, son père, peintre d'oiseaux (né en 1613, mort en 1653); puis, à 17 ans, il se mit sous la direction de son oncle, J.-B. Weenix. Dès sa jeunesse, il s'appliqua à imiter avec une grande fidélité les différentes espèces d'oiseaux, et surtout les poules, les coqs et les canards, qu'il a représentés d'une manière très habile. — **Gillis** ou **Egidius Hondekoeter**, son grand-père, né à Utrecht en 1583, peignit des portraits et des paysages, et a imité **Roland Savry** et **David Vinckebooms**.

214. *Des oiseaux dans un parc.*

H. 1, 32. — L. 1, 63. — T.

Près d'un socle de pierre sur lequel est perché un perroquet, deux paons et un faisan. A gauche, et sur le devant du tableau, un singe tenant une grappe de raisin. Dans le fond, un bassin et des cygnes.

Collection de Louis XVIII. — Acquis en 1816 pour 625 fr.

HONTHORST (GERARD), *peintre, graveur, né à Utrecht en 1592. Il travaillait encore à La Haye en 1662; quelques auteurs prétendent qu'il mourut en 1666, d'autres en 1680.* (Ecole hollandaise.)

Il fut élève d'Abraham Bloemaert. Désireux d'étudier les chefs-d'œuvre des grands maîtres, il vint s'établir à Rome, où il fut très occupé par plusieurs cardinaux. L'habileté avec laquelle il sut représenter les effets de lumière lui fit donner en Italie le surnom de *Gherardo della notte* (Gérard de la nuit), surnom sous lequel il est surtout connu dans ce pays. Après un séjour de plusieurs années à Rome, il passa en Angleterre, fit à Londres pour Charles Ier, pour le roi de Danemark et d'autres princes un grand nombre de tableaux d'histoire et de portraits. Enfin, de retour dans sa patrie, il se fixa à La Haye, et devint le peintre du prince d'Orange, pour qui il travailla beaucoup, surtout au château du Bois. — Gérard eut un frère nommé **Willem**, né à Utrecht, élève d'A. Bloemaert, qui peignit des portraits, des tableaux d'histoire. Appelé à Berlin par la princesse Henriette-Louise d'Orange, femme de Frédéric-le-Grand, électeur de Brandebourg, il y séjourna longtemps et y travaillait encore en 1680. Certains documents portent à croire qu'il est mort en 1683, à l'âge de 68 ans.

215. *Pilate se lavant les mains devant le peuple.*

H. 1, 53. — L. 2, 03. — T. — Fig. à mi-corps gr. nat.

Pilate, assis et les mains placées au-dessus d'un bassin, reçoit l'eau que lui verse un serviteur qui est à gauche. A droite, un soldat, dont on ne voit qu'une partie de la figure, soulève une draperie et paraît examiner attentivement ce qui se passe. Dans le fond, à gauche, le Christ portant sa croix est emmené par des soldats. — Effet de lumière.

Landon, t. 2, pl. 19.

Musée Napoléon. — Acquis sous l'Empire.

216. *Concert.*

H. 1, 68. — L. 1, 78. — T. — Fig. à mi-corps gr. nat.

A droite, une femme vêtue de jaune, la poitrine et les bras nus, des plumes dans les cheveux, est assise sur un appui de bois et chante en s'accompagnant du luth. A gauche, derrière cet appui, une femme debout, portant une robe à raies bleues et jaunes, chante et s'accompagne du même instrument. Derrière elle, une autre femme chante en regardant un papier de musique. Enfin, dans le fond, au milieu, deux femmes chantent également; l'une d'elles tient un livre. De chaque côté du tableau, un rideau rouge, et dans la partie supérieure deux amours qui volent en tenant, l'un une couronne, l'autre une palme. — Ce tableau est signé : *G. Honthorst fe.* 1624.

Ancienne collection.

217. Le triomphe de Silène.

H. 2, 08. — L. 2, 76. — T. — Fig. gr. nat.

Le vieux Silène, monté sur un âne, est soutenu par une bacchante et un satyre qui l'aide à porter à sa bouche un vase rempli de vin. Un autre satyre le précède et lui montre un autre vase. A droite, un enfant sur une chèvre.

Collection de Charles X. — Donné en 1827 par M. le marquis de Caraman.

218. Portrait de Charles-Louis, comte palatin du Rhin, électeur, depuis duc de Bavière, mort en 1680.

H. 0, 73. — L. 0, 60. — Forme ovale. — B. — Buste gr. nat.

Il a la tête nue et tournée vers la droite. Il porte une écharpe autour du cou, et un manteau rouge qui, relevé sur l'épaule droite, laisse voir une cuirasse. — Signé : G. Honthorst, 1640.

Ancienne collection.

219. Portrait de Robert ou Rupert de Bavière, duc de Cumberland, palatin du Rhin, frère du précédent, mort en 1682.

H. 0, 73. — L. 0, 60. — Forme ovale. — B. — Buste gr. nat.

Il est vu de trois quarts, tourné à droite, et la tête nue. Il porte un col de guipure, une écharpe verte et une cuirasse.

Ancienne collection. — Honthorst fut le maître de dessin de ces deux princes.

220. *Femme jouant du luth.*

H. 0, 82. — L. 0, 68. — T. — Fig. en buste gr. nat.

Elle tourne la tête vers la droite en souriant, et tient un luth qu'elle semble accorder. Elle porte dans les cheveux une plume bleue, et sur les épaules une draperie de même couleur. — Signé en haut, à droite : *G. Honthorst f.* 1614.

Ancienne collection.

221. *Jeune berger.*

H. 0, 65. — L. 0, 53. — T. — Fig. en buste gr. nat.

Il a un chapeau gris sur la tête et porte une peau de mouton par dessus un vêtement dont on ne voit que les manches. Il se retourne vers la gauche et tient un chalumeau. Fond de paysage.

Ancienne collection.

HONTHORST (*Attribué à*).

222. *Saint Pierre renie Jésus-Christ.*

H. 1, 50. — L. 1, 97. — T. — Fig. à mi-corps gr. nat.

Quatre soldats jouent aux cartes autour d'une table éclairée par un flambeau. L'un d'eux, placé au premier plan et vu de dos, se retourne vers la gauche pour saisir par son manteau saint Pierre, qui désigne du doigt la servante.

Landon, t. 2, pl. 18.

Musée Napoléon. — Ce tableau était placé autrefois dans la chapelle du collége de Cluny.

HOOCH, HOOGHE ou **HOOGE** (Pieter de), *florissait vers le milieu du XVIIe siècle.* (Ecole hollandaise.)

Descamps et les biographes qui l'on copié donnent la date de 1643 pour celle de sa naissance, sans indiquer l'année de sa mort, que d'autres auteurs fixent en 1708. Cependant, comme on ignore le lieu de sa naissance, comme on n'a aucun détail sur sa vie et que plusieurs de ses meilleurs tableaux signés sont datés de 1658, l'exactitude du chiffre de 1643 est au moins douteuse. Quelques auteurs prétendent aussi, sans s'appuyer sur aucune autorité certaine, que Berghem fut son maître. Quoi qu'il en soit, Pieter de Hooch a peint des scènes familières et surtout des intérieurs de maisons et d'appartements avec une admirable entente du clair-obscur et une couleur aussi vigoureuse que vraie et transparente. On estime surtout ceux où il a représenté certaines parties éclairées par le soleil, de manière à produire une illusion extraordinaire.—**Samuel Hoogstraten, Joost van Geel, van der Meer de Delf** et **Nicolaas Koedick** ont souvent imité la manière de Pieter de Hooch.

223. *Intérieur d'une maison hollandaise.*

H. 0, 60. — L. 0, 47. — B. — Fig. de 0, 28.

Sur le premier plan, à droite, une femme, assise devant un baquet placé sur une petite table, hache des légumes; près d'elle, une petite fille tient un jouet. Dans le fond, une autre femme, vue par derrière, traverse une petite cour. — Signé : ***P. D. HOOCH.***

Filhol, t. 5, pl. 308.

Musée Napoléon. — M. Denon acquit ce tableau de M. La Fontaine, négociant, qui l'avait apporté de Hollande.

224. *Intérieur hollandais.*

H. 0, 67. — L. 0, 77. — T. — Fig. de 0, 35.

A gauche, devant une grande cheminée de marbre, une dame joue aux cartes avec un homme et montre son jeu à un cavalier, debout à sa gauche, tenant un verre à la main. Dans le fond, une jeune personne est arrêtée dans une embrasure de porte et cause avec un autre cavalier. A droite, un jeune domestique apporte une bouteille. — Signé : *P. D. Hooch.*

Musée Napoléon. — Ce tableau, qui a fait partie du cabinet de M. le comte Warsenaer d'Oopdam, dont on fit la vente à La Haye en 1750, passa dans la collection de M. Paillet, fut vendu en 1777 680 fr., et a été acquis à la vente de M. Claude Tolozan, en 1801, pour 1,350 fr.

HUCHTENBURGH ou **HUGTENBURCH** (JOHAN VAN), *peintre, graveur, né à Harlem en 1646, mort à Amsterdam en 1733.* (Ecole hollandaise.)

Il apprit de **Jan Wyk** les premiers éléments de l'art. Son frère **Jakob**, élève de Berghem, qui vivait à Rome, l'appela près de lui vers 1665 et lui donna des conseils. La mort de son frère, à l'âge de 30 ans, ayant dérangé les études de Johan, il se détermina à venir à Paris et resta quelque temps chez van der Meulen. En 1670, Huchtenburgh retourna en Hollande et devint le peintre du prince Eugène, qui estimait singulièrement son talent et lui envoyait les plans exacts de ses siéges et de ses batailles, afin qu'il pût le représenter fidèlement.

225. *Choc de cavalerie.*

H. 0, 63. — L. 0, 82. — T. — Fig. de 0, 20.

Un cavalier retient son chapeau de la main gauche, et de la droite dirige un pistolet sur un autre cavalier coiffé d'un bonnet de fourrure et armé d'un sabre. A gauche, plusieurs Turcs qui s'enfuient dans un chemin creux. Un de ces Turcs porte un étendard. Dans le fond, à droite, une bataille et une ville en flammes. — Signé : *J. V. Huchtenburgh.*

Ancienne collection.

226. *Vue d'une ville de guerre avec les apprêts d'un siége.*

H. 1, 16. — L. 1, 45. — T. — Fig. de 0, 10.

A partir du premier plan, plusieurs tranchées, occupées par des soldats, des canons, des mortiers. A gauche, des troupes se dirigeant vers la ville par un chemin couvert. Au fond, la ville qui répond au feu des assiégeants. A droite, une rivière qui sépare la ville d'un faubourg et se perd à l'horizon dans la mer en se divisant en plusieurs bras. — Signé : *Huytenb*.... (le reste de la signature n'existe plus).

Ancienne collection.

HUYSMANS (CORNELIS), *surnommé* HUYSMANS DE MALINES, *né à Anvers en* 1648, *mort à Malines le* 1er *juin* 1727. (Ecole flamande.)

Il fut élève de **G. de Wit** et de **Jacob van Artois**. Son talent resta d'abord ignoré et il vécut quelque temps dans la misère. Lorsque van der Meulen vint en Flandre, il admira les ouvrages de cet habile paysagiste et l'engagea à venir s'établir à Paris, lui promettant de lui faire avoir une pension considérable. Huysmans refusa les propositions de van der Meulen et resta à Malines, où il passa sa vie, travaillant avec une grande assiduité. Les tableaux d'Huysmans, remarquables par une grande vigueur de coloris et par une largeur d'exécution qui rappelle fréquemment celle des meilleurs maîtres italiens, n'ont pas été, pendant longtemps, appréciés à leur juste valeur, et peut-être même maintenant n'a-t-on pas pour cet artiste toute l'estime qu'il mérite. Huysmans dessinait bien la figure et les animaux; il en a souvent peint pour des paysagistes et a fait souvent aussi des fonds de paysage pour des peintres d'histoire.

227. *Intérieur d'une forêt.*

H. 1, 66. — L. 2, 37. — T. — Fig. de 0, 12.

A gauche, un terrain éboulé, couvert de broussailles et d'arbres ébranchés. A l'ombre de grands arbres, des pâtres gardant leurs troupeaux. Dans le fond, une chaumière.

Acquis de M. de Langeac en 1822.

228. *Entrée d'une forêt.*

H. 1, 67. — L. 2, 34. — T. — Fig. de 0, 12.

A gauche, de grands arbres. Sur le premier plan, deux chasseurs, dont l'un charge son fusil; l'autre, accompagné d'un chien, est agenouillé et à l'affût derrière un buisson. Dans le fond, à droite, une rivière et des montagnes.

Collection de Louis XVIII. — Acquis de M. de Langeac en 1822.

229. *Intérieur de forêt.*

H. 1, 61. — L. 2, 31. — T. — Fig. de 0, 15.

La forêt est traversée par un chemin creux qui passe devant une chaumière. A gauche, au premier plan, une femme fait boire à une mare trois vaches et un mouton. Près d'elle, une petite fille avec un panier au bras ; plus loin, deux femmes portent des paquets et de l'herbe sur leur tête, et un paysan qui marche en s'appuyant sur un bâton. A gauche, quatre bûcherons sciant et fendant des troncs d'arbres, une femme et un enfant assis.

Collection de Louis XVIII. — Acquis de M. de Langeac en 1822.

230. *Lisière de forêt.*

H. 1, 61. — L. 2, 31. — T. — Fig. de 0, 15.

A gauche, dans un chemin creux ombragé par de grands arbres, quatre paysannes portent des paquets et des paniers ; près d'elles, deux chasseurs sont accompagnés de leurs chiens. Plus loin, au milieu, un pâtre et un troupeau de vaches près d'une mare au-delà de laquelle on aperçoit une chaumière. A droite, un paysan, armé d'un fusil et suivi de son chien, ajuste un oiseau posé sur un arbre.

Collection de Louis XVIII. — Acquis de M. de Langeac en 1822.

HUYSUM (JAN VAN), *né à Amsterdam le 5 avril* **1682**, *mort dans la même ville le 8 février* **1749**. (Ecole hollandaise.)

Il fut élève de son père, **Justus van Huysum**, peintre médiocre, qui l'employa d'abord, ainsi que ses frères, à peindre des dessus de porte, des paravents, des vases, etc., et d'autres objets propres à décorer des appartements. Jan se décida bientôt à abandonner ce genre expéditif pour étudier sérieusement les œuvres de J. de Heem, d'Abraham Mignon, et surtout la nature. Il fit des paysages, et particulièrement des tableaux de fleurs et de fruits, qui, fort recherchés des connaisseurs, lui rapportèrent des sommes considérables et rendirent son nom justement célèbre. Aucun peintre n'a apporté plus de soins dans la pratique de l'art et n'a imité avec plus de fidélité les moindres détails des objets qu'il a représentés. Jaloux, suivant van Gool, des procédés qu'il employait pour rendre l'éclat des plus belles fleurs, lorsqu'il travaillait il n'admettait personne dans son atelier, pas même ses frères. Cet auteur prétend qu'il ne voulut jamais prendre pour élève qu'une demoiselle **Haverman**, qui égala assez son maître pour lui inspirer de la jalousie. Cette demoiselle vint à Paris ; ses ouvrages furent recherchés et lui méritèrent une place à l'Académie. Descamps nie cette dernière particularité et prétend qu'elle n'eut jamais l'honneur d'en faire partie. Voici ce qu'on lit dans les registres de l'Académie : « 31 janvier 1722. Marguerite Haverman, femme de Jacques de Monteguy, « née à Breda en Hollande, reçue le 31 janvier 1722, à 29 ans, sur un tableau « de fleurs dans le genre de van Huysum. Cette élection fut annulée faute « par elle de fournir le tableau qui lui avait été imposé, et on présume que « le tableau de fleurs qu'elle avait montré à l'Académie comme étant « d'elle avait été fait par un autre artiste. » — D'autres peintres ont porté le nom de van Huysum. **Justus le vieux**, né à Amsterdam en 1659, mort en 1716, élève de Berghem, père de Jan, peignit des tableaux d'histoire, de batailles, de marines et de fleurs. — **Justus le jeune**, fils du précédent, mort à 22 ans, fut peintre de batailles. — **Jakob**, son frère, vint en Angleterre en 1721, et mourut à Londres en 1740. Il copia si bien les ouvrages de Jan, qu'il réussit plusieurs fois à tromper d'habiles connaisseurs. Il a fait aussi de bonnes copies d'après Claude le Lorrain, Guaspre, Poussin, Caravage, et des tableaux de sa propre composition qui sont estimés. — **Nicolaas**, peintre de fleurs, imita son frère Jan. On n'a pas de détails sur sa vie.

231. *Paysage.*

H. 0, 34. — L. 0, 63. — T. — Fig. de 0, 07.

A gauche, un tombeau ombragé par des arbres élevés et des jeunes filles cueillant des fleurs. Plus loin, à droite, les ruines d'un portique, et dans le fond un palais situé au bord d'un lac, dominé à l'horizon par de hautes montagnes. — Signé : *Jan Van Huysum*, 1717.

Filhol, t. 5, pl. 346.

Collection de Louis XVI. — Acquis en 1785.

232. *Paysage.*

H. 0, 23. — L. 0, 29. — B. — Fig de 0, 03.

A droite, au bord d'une rivière, un monument en ruine, une voûte ombragée d'arbres, une femme assise par terre, un enfant et un homme debout. A gauche, un pont à une seule arche sur lequel passent un âne et deux hommes ; de l'autre côté de la rivière, différents édifices. Au fond, de hautes montagnes. — Signé : *Jan V. Hüysum fecit.*

Gravé par Desaulx dans le Musée français. — *Filhol, t. 1, pl. 22.* — *Landon, t. 4, pl. 39.*

Ancienne collection.

233. *Paysage.*

H. 0, 23. — L. 0, 29. — B. — Fig. de 0, 03.

Sur le devant, une rivière, des hommes et des femmes qui se baignent. Plus loin, des nageurs, une barque, et à gauche deux bergers qui gardent leurs troupeaux. Au-delà de la rivière, des monuments élevés, situés au pied d'une montagne. Dans le fond, à droite, un pont et des fabriques. — Signé : *Jan V. Hüysum fe.*

Gravé par Godefroy dans le Musée français. — *Filhol, t. 1, pl. 4.* — *Landon, t. 4, pl. 38.*

Ancienne collection. — Pendant du tableau précédent.

234. *Paysage.*

H. 0, 08. — L. 0, 11. — B. — Fig. de 0,02.

Sur le devant, une femme, qui tient un enfant par la main et porte un paquet sur sa tête, parle à une autre femme ; un homme porte un fardeau sur ses épaules ; un autre fait rentrer son troupeau. A droite, un massif de grands arbres.

Ancienne collection.

235. *Corbeille de fleurs posée sur une table de marbre.*

H. 0, 53. — L. 0, 41. — B.

Elle contient des roses de différentes espèces, des pieds-d'alouette, des anémones, des oreilles-d'ours.

Des papillons et des insectes sont posés sur les fleurs. — Signé : *Jan Van Hüysum fecit.*

Filhol, t. 2, pl. 143.
Collection de Louis XVI.

236. *Corbeille de fleurs posée sur une table de marbre.*

H. 0, 63. — L. 0, 53. — B.

La corbeille, en jonc tressé, est remplie de tulipes, de narcisses, de jacinthes et d'oreilles-d'ours. — Signé : *Jan Van Hüysum fecit.*

Collection de Louis XVI.

237. *Fruits et fleurs.*

H. 0, 63. — L. 0, 53. — B.

Des pêches, du raisin blanc et violet, des prunes, du melon et des framboises sont groupés avec quelques fleurs sur une table de marbre. — Signé : *Jan Van Hüysum fecit.*

Collection de Louis XVI. — Pendant du tableau précédent.

238. *Fleurs et fruits.*

H. 0, 80. — L. 0, 61. — B.

Sur une corniche de marbre sont posés des raisins blancs et noirs, des pêches, des prunes, des framboises, un melon ouvert, un pavot, des belles-de-jour, une branche de jacinthe blanche, des papillons, des insectes de différentes espèces, un colimaçon. Dans le fond, un parc, et à droite des vases et des statues. — Signé : *Jan Van Hüysum fecit.*

Collection de Louis XVI.

239. *Vase de fleurs.*

H. 0, 80. — L. 0, 61. — B.

Dans un vase orné d'un bas-relief représentant des jeux d'enfants, et posé sur une table de marbre, sont des roses de différentes espèces, des pavots, des tulipes, des anémones, etc. Dans le fond, un homme qui descend les marches d'un escalier et montre un groupe de marbre représentant un homme qui enlève une femme. De nombreux insectes rampent ou voltigent sur les fleurs. — Ce tableau est signé : *Jan Van Hüÿsum fecit.*

Collection de Louis XVI. — Pendant du tableau précédent.

240. *Grand vase orné de bas-reliefs et rempli de fleurs de différentes espèces.*

H. 1, 38. — L. 1, 08. — T.

Il est posé sur un piédestal de marbre ; au pied du vase est un nid d'oiseau avec les œufs. — Signé : *J. V. Hüÿsum fecit.*

Collection de Louis XVI.

JANSSENS (VICTOR-HONORÉ), *né à Bruxelles en* **1664**, *mort dans la même ville en* **1739**. (École flamande.)

Il étudia pendant sept années sous la direction de **Volders**, et devint pensionnaire du duc d'Holstein, qui estimait beaucoup son talent. Après un séjour de quatre ans à la cour de ce prince, il partit pour l'Italie, étudia à Rome les peintures de Raphaël, les statues antiques, et dessina des vues des environs de la ville. Il travailla longtemps en société avec Tempesta et prit pour guide les ouvrages de l'Albane. La vogue de ses petits tableaux fut telle qu'il ne pouvait suffire aux nombreuses demandes des amateurs. Il passa onze années en Italie, revint à Bruxelles, abandonna la peinture des petits tableaux pour exécuter de grandes compositions dans les églises et les palais. Vers 1718 il fut nommé peintre de l'empereur et se rendit à Vienne ; trois ans après il passa à Londres, et retourna à Bruxelles, où il mourut. Les petits tableaux d'histoire de cet artiste sont plus estimés que ses grands ouvrages.

241. *La main-chaude.*

H. 0, 58. — L. 0, 83. — T. — Fig. de 0, 20.

A gauche, près d'un piédestal, un homme s'entretient avec une femme debout. A droite, contre une colonnade, au-dessous d'une niche où l'on voit une statue de Vénus avec l'Amour, un cavalier assis auprès d'une dame jouant de la guitare et plusieurs personnes qui jouent à la main-chaude. Fond de jardin. — Signé : *H. Janssens fecit.*

Ancienne collection.

JARDIN ou **JARDYN** (KAREL DU), *peintre, graveur, né à Amsterdam vers* 1635, *mort à Venise le* 20 *novembre* 1678. (Ecole hollandaise.)

Les auteurs ne sont pas d'accord sur la date de naissance de cet artiste. Ploos van Amstel dit que, suivant les informations prises par lui, il est né à Harlem en 1625. Descamps, contrairement au plus grand nombre d'auteurs qui placent sa naissance en 1634 ou 1635, donne la date de 1640. Mais cette date est évidemment fausse, car, outre que l'on connaît de lui des pièces gravées en 1648 et 1652, le portrait de Karel, peint par lui-même, daté de 1657, prouve qu'il avait alors au moins vingt-cinq ans. Du Jardin fut élève de N. Berghem, ou de P. Potter suivant Houbraken. Jeune encore il alla en Italie, vint à Rome, étudia les maîtres et fit partie de *la bande joyeuse académique*, qui lui donna le surnom de *Bokkbaart* (Barbe-de-Bouc). Bien que ses tableaux fussent très estimés et payés fort cher par les Italiens, du Jardin se décida à quitter Rome, passa par Lyon, où il se maria, et revint à Amsterdam. Ses tableaux ne furent pas moins recherchés en Hollande qu'en Italie, et il ne pouvait suffire aux commandes qu'il recevait de toutes parts. Cependant, un de ses amis, M. Jan Reinst, partant pour Livourne et l'ayant engagé à l'accompagner jusqu'au port du Texel, du Jardin s'embarqua avec lui, revint à Rome, reprit ses anciennes habitudes et ne voulut plus retourner en Hollande lorsque son ami lui proposa de le ramener. Ce célèbre artiste a peint des paysages, des animaux, des scènes familières, des portraits et quelques sujets de sainteté. Ses principaux élèves ou imitateurs sont : **Willem Schellincks,** Jan Lingelbach, Wilhelm Romeyn.

242. *Le Calvaire.*

H. 0, 97. — L. 0, 84. — B. — Fig. de 0, 25.

A gauche, Jésus-Christ crucifié entre les deux larrons; la Madeleine et saint Jean de chaque côté de la croix du

Christ. En avant, la Vierge assise par terre et trois saintes femmes. Dans l'angle, un cavalier couvert d'une armure, parlant à un homme à moitié nu qui tient l'éponge au bout d'un bâton. A droite, d'autres cavaliers avec des étendards, et, au pied de la croix du mauvais larron, des soldats qui jouent aux dés la robe du Christ. — Signé au milieu : K. DU IARDIN fec 1661.

Landon, t. 1, pl. 40 et 41.

Collection de Louis XVI. — Ce tableau, qui a joui en Hollande d'une grande célébrité, fut vendu 1,330 florins à la vente de Mme Henrietta Popta, à Amsterdam, en 1697; 1,900 florins à la vente de Jacob Cromhout et de Jasper Loskart, en 1709.

243. *Les charlatans italiens.*

H. 0, 42. — L. 0, 52. — T. — Fig. de 0, 13.

A droite, devant des toiles dressées contre une maison et à travers lesquelles Polichinelle passe sa tête, un Scaramouche fait la parade sur des planches portées par des tonneaux. Il a près de lui une boîte ouverte remplie de drogues. Au pied de l'estrade, un Arlequin assis sur un escabeau et jouant de la guitare. A gauche, un groupe de spectateurs, parmi lesquels on remarque une femme qui porte un enfant sur son dos, un homme enveloppé d'un grand manteau, un âne et un jeune garçon monté sur un mulet dont la riche muselière porte les lettres B-A. Fond de collines avec des ruines et des peupliers. — Signé : K. Dv.IARDIN fec. 1657.

Gravé par Boissieu; par Villery et Dupré; par Garreau dans le Musée français. — Filhol, t. 2, pl. 75.

Collection de Louis XVI. — On croit que le personnage enveloppé d'un manteau est le portrait de K. du Jardin. Descamps cite ce tableau comme le plus capital du maître. Il fut vendu 17,202 livres, sous le titre du *Marchand d'orviétan*, à la vente de M. Blondel de Gagny en 1776, et 18,300 livres, en 1783, à la vente de M. Blondel d'Agincourt.

JARDIN.

244. *Le gué (site d'Italie).*

H. 0, 23. — L. 0, 30. — B. — Fig. de 0, 025.

Un paysan, accompagné d'un enfant, d'un âne et d'un chien, traverse un cours d'eau peu profond qui coule au pied d'une colline sur laquelle est bâtie une chapelle. Plus loin, à droite, un villageois, quatre vaches et un bouc traversent le ruisseau. Dans le fond, des montagnes élevées et arides. — Signé : K. DV. IARDIN.

Gravé par Niquet dans le Musée royal. — Landon, t. 1, pl. 44.

Collection de Louis XVI. — Vendu 2,400 livres, en 1784, à la vente du comte de Vaudreuil.

245. *Le pâturage.*

H. 0, 51. — L. 0, 46. — T. — Fig. de 0, 04.

Sur le devant, un mouton debout, une brebis et deux agneaux couchés, deux poules et une vache qui broute. A droite, un veau couché. Plus loin, deux chevaux, dont l'un pose sa tête sur le cou de l'autre. A gauche, au second plan, un bouquet d'arbres, au-dessous desquels on aperçoit l'horizon, un pâtre assis par terre et caressant son chien. — Signé: K. DV. IARDIN. *fec.*

Gravé par Daudet dans le Musée français. — Landon, t. 1, pl. 43.

Collection de Louis XVI. — Vendu 5,501 livres 1 sol à la vente de M. Randon de Boisset, en 1777. Acheté 8,901 livres par le roi à la vente de M. de Vaudreuil, en 1784.

246. *Le bocage.*

H. 0, 54. — L. 0, 44. — T.

Sur le premier plan, une vache debout; une autre vache, deux brebis, un agneau et un âne couchés. Au second plan, à droite, deux rochers, un arbre presque dépouillé, un cours d'eau formant cascade. Dans le fond, des arbres et des collines. — Signé : K : DU : IARDIN : fe. 1646.

<small>Gravé par Liénard dans le Musée français. — Filhol, t. 6, pl. 376. — Landon, t. 1, pl. 42.</small>

<small>Collection de Louis XVI. — Ce tableau fut vendu 1,500 florins, en 1766, à la vente de M. Sydervelt; 1,550 florins, en 1771, à la vente de M. Braamcamp; et 4,430 florins, en 1783, à la vente de M. Loquet.</small>

247. *Paysage et animaux.*

<small>H. 0, 65. — L. 0, 58. — T. — Fig. de 0, 12.</small>

A gauche, un homme à cheval, accompagné de deux chiens accouplés, laisse tomber quelques pièces de monnaie dans le chapeau d'un jeune mendiant. A côté de celui-ci, une jeune fille, assise à terre près d'une chaumière entourée de paillassons, tient une quenouille et caresse un chien. Sur le devant, une vache, un mouton et une chèvre accroupis. Fond de collines. — Signé : K. DV IAR. DIN.

<small>Gravé par Schrœder et Leroux dans le Musée royal. — Filhol, t. 5, pl. 304.</small>

<small>Ancienne collection. — Ce tableau est connu sous le nom du *Voyageur charitable* ou de *la Fileuse*. Il fut vendu 1,280 fr., en 1772, à la vente de M. de Choiseul, et 2,600 fr., en 1777, à la vente du prince de Conti.</small>

248. *Paysage et animaux.*

<small>H. 0, 32. — L. 0, 26. — B. — Fig. de 0, 10.</small>

Au premier plan, un cheval pie, très maigre et sans harnais, gardé par deux petits garçons en haillons ; l'un d'eux est assis. A gauche, une ânesse et un ânon couchés, un mouton debout. Au fond, un mur blanc et le sommet de quelques fabriques italiennes.

<small>Ancienne collection.</small>

249. Paysage et animaux.

H. 0, 91. — L. 1, 21. — T. — Fig. de 0, 11.

A gauche, au premier plan, une vache et un chien. Au milieu d'un ruisseau qui coule entre des bords escarpés et boisés, une charrette où l'on voit une femme assise sur des sacs et tenant un enfant; un jeune paysan pousse la charrette; un autre, âgé, conduit le cheval par la bride. Par derrière, un homme monté sur un mulet; en avant, un paysan les-jambes nues, portant une femme dans ses bras. Dans le ruisseau, un âne et trois chèvres; plus loin, à droite, un âne qui brait et un ânon. Dans le fond, un pont jeté sur une chute d'eau, et au dernier plan, des montagnes couvertes d'arbres et dominées par des murailles et des tours crénelées. — Signé : K. DV. IARDIN fe. 1660.

Gravé par Duparc dans le Musée français.

Collection de Louis XVIII. — Acquis en 1817 de M. Quatresols de La Hante.

250. Portrait d'homme.

H. 0, 22. — L. 0, 19. — C. — Buste.

Il a la tête nue et des moustaches. Il porte un pourpoint noir avec un rabat blanc, et un manteau noir qu'il retient de la main gauche. Fond de ciel. — Signé : K. DV. IARDIN fe. 1657.

Gravé par E. de Sotomayor dans le Musée français. — Filhol, t. 2, pl. 77.

Collection de Louis XVI. — Acquis en 1785 comme portrait de l'auteur.

JORDAENS ou JORDAANS (JAKOB), *peintre, graveur, né à Anvers le 20 mai 1593, mort dans la même ville le 18 octobre 1678, enterré dans l'église réformée du bourg de Putte, près d'Anvers.* (Ecole flamande.)

En 1607 il entra à l'atelier d'**Adam van Noort** et fut admis à la maîtrise dans la confrérie de Saint-Luc d'Anvers en 1615. Le 16 mai 1616, il épousa Catherine van Noort, la fille de son maître, et peu de temps après son mariage il adhéra, ainsi que son beau-père, au culte réformé. Rubens lui donna des conseils et lui voua une amitié qui ne se démentit jamais. La biographie de Jordaens n'offre du reste aucun événement remarquable. Il ne voyagea pas ; toute sa vie se passa dans sa ville natale, où il jouissait d'une grande réputation et d'une fortune considérable. Doué de beaucoup de facilité, assidu au travail, il produisit une quantité d'ouvrages remarquables qui le placent au rang des meilleurs peintres flamands.

251. *Jésus chassant les vendeurs du Temple.*

H. 2, 88. — L. 4, 36. — T. — Fig. gr. nat.

A gauche, un jeune nègre tenant un âne, une vieille femme qui met des volailles dans une cage. Au milieu, un groupe confus dans lequel on remarque un âne, un chien qui aboie, un mouton, un jeune garçon renversé, un homme qui tombe en criant avec le banc sur lequel il était assis, une femme avec son enfant qu'elle nourrit. A droite, le Christ armé d'un fouet. A la porte du Temple, une femme portant des légumes sur sa tête, deux vieillards dont on ne voit que la tête, un homme appuyé sur un bâton, et un enfant qui met des poulets dans un panier. Au fond, deux publicains assis devant un bureau placé entre deux colonnes, et un homme qui observe ce qui se passe du haut d'un piédestal.

Ancienne collection.

252. *Le jugement dernier.*

H. 3, 91. — L. 3, 00. — T. — Fig. de 0, 68.

Au bas, les morts qui ressuscitent. A droite, une foule de damnés précipités. A gauche, les élus emportés au ciel par les anges. Dans la partie supérieure, le Christ entouré des bienheureux ; au-dessus de sa tête, le Saint-Esprit dans une gloire. — Signé I. IOR. FEC. 1653.

Ancienne collection. — On lit dans Descamps (Voyage pittoresque, page 311) : « On voit dans la salle d'audience (d'Albert-la-Ville) le Jugement dernier, composition considérable, pleine de génie et très-variée, mais d'un dessin incorrect, négligé pour la couleur et le fini. Ce n'est qu'une esquisse ; les figures ont à peu près un pied de haut. » La peinture inscrite sous ce numéro serait-elle celle dont Descamps veut parler ?

253. *Les quatre évangélistes.*

H. 1, 34. — L. 1, 18. — T. — Demi-fig. gr. nat.

Saint Jean, vêtu de blanc et les mains croisées sur sa poitrine, saint Mathieu, tenant un livre et une plume, saint Marc et saint Luc, sont debout et en méditation devant une table placée à gauche, sur laquelle on voit un livre ouvert appuyé contre d'autres volumes.

Gravé par Guttemberg dans le Musée français; en manière noire par John Dean en 1776. — Landon, t. 2, pl. 22.

Collection de Louis XVI. — D'Argenville cite un tableau des quatre Pères de l'Eglise placé aux Augustins de Liège.

254. *L'enfance de Jupiter.*

H. 1, 50. — L. 2, 03. — T. — Fig. gr. nat.

A gauche, Jupiter enfant est assis à terre et pleure en montrant un pot à une femme qui trait la chèvre Amalthée. A droite, un satyre.

Gravé par A. Bolswert. — Filhol, t. 11, pl. 14.

Collection de Louis XVIII. — Compris dans les tableaux acquis, en 1817, de M. Quatresols de La Hante, moyennant 100,000 fr.

255. *Le roi boit.*

H. 1, 52. — L. 2, 04. — T. — Demi-fig. gr. nat.

Autour d'une table abondamment servie, une famille flamande célèbre la fête des Rois. A gauche, le père, assis dans un fauteuil, ayant sur la tête une couronne, porte son verre à ses lèvres; derrière lui, un jeune homme debout verse à boire à un homme assis qui tend son verre. Plus loin, un homme présente une riche coupe à une jeune femme coiffée d'une toque, près de laquelle est une petite fille. A droite, un jeune homme tenant un pot d'étain, et une vieille femme; derrière eux, une servante apportant un plat. Sur le devant, une jeune femme, assise sur une chaise, se détourne en tendant son verre.

Gravé par Kruger dans le Musée français. — Landon, t. 2, pl. 24.

Collection de Louis XVI. — Ce tableau a appartenu longtemps à la famille de MM. Fizeau, négociants à Amsterdam. Il fit partie, ainsi que le *Concert de famille* (voir le numéro suivant), de la collection de Lebrun. Les deux peintures sont indiquées dans son ouvrage de la Galerie des peintres flamands ; mais, comme *le Roi boit* n'est pas inscrit sur l'inventaire manuscrit des tableaux du roi, dressé par Durameau vers 1786, et qu'il apparaît dès le premier catalogue du Musée, imprimé en 1793; comme, d'une autre part, il n'est pas mentionné dans le catalogue de la vente de Lebrun, faite en 1791, il y a tout lieu de croire qu'il fut acquis pour le roi avant cette dernière date.

256. *Le concert après le repas.*

H. 1, 54. — L. 2, 08. — T. — Demi-fig. gr. nat.

Assis devant une table couverte de mets et de fruits, un vieillard tient un pot d'argent et chante en battant la mesure avec le couvercle. A gauche, une vieille femme, assise dans un grand fauteuil d'osier sur lequel est perchée une chouette, chante en regardant un papier de musique ; devant elle, un enfant souffle dans un petit flageolet. A droite, une jeune femme, ayant un enfant sur ses genoux, tient un verre de la main droite. Dans le fond, une femme debout chante avec un enfant dans ses bras ; près d'elle un homme joue de la cornemuse. — On lit sur le tableau l'inscription suivante : *Vt genus est genius concors consentus ab ortu.*

Landon, t. 2, pl. 25.

Collection de Louis XVI.—Ce tableau figure sur le catalogue de la vente faite par Lebrun en 1791 sous le nom de *Concert de famille*, et fut acquis par le roi.

257. *Portrait de Michel-Adrien Ruyter, amiral hollandais.*

H. 0, 94. — L. 0, 73. — T. — Buste gr. nat.

Il a la tête nue et la main gauche posée sur un baudrier doré ; la droite, tenant un gant, est appuyée sur le côté.

Collection de Louis XVIII. — Compris dans les 20,000 fr. de tableaux acquis, en 1824, de M. Mauco (Musée européen).

JUSTE D'ALLEMAGNE, *vivait en* 1451. (Ecole allemande.)

Soprani est peut-être le seul auteur qui ait parlé de cet artiste, qu'il nomme Giusto di Allemagna. On sait qu'il exécuta à fresque, en 1451, une Annonciation sur le mur du cloître supérieur de Santa-Maria-di-Castillo, et c'est le seul renseignement biographique que l'on possède jusqu'à présent sur lui.

258. *Retable divisé en trois compartiments :*

1° *L'Annonciation.*

H. 1, 56. — L. 1, 07. — B. — Fig. demi-nat.

La Vierge, à genoux devant un prie-dieu, reçoit avec trouble l'envoyé du Seigneur ; de la galerie ouverte où elle se trouve, on aperçoit la campagne et la ville de Nazareth.

2° *Saint Benoît et saint Augustin.*

H. 0, 98. — L. 0, 48. — B. — Fig. demi-nat.

3° *Saint Étienne, diacre, et saint Ange, religieux carme.*

H. 0, 98. — L. 0, 48. — B. — Fig. demi-nat.

Landon, *École flamande*, t. 2, *pl.* 26.

Collection de Louis XVIII. — Acquis en 1814, ces trois ouvrages, dont quelques parties sont sur fond d'or, et qui ont été réunis dans le même cadre, quoiqu'ils n'aient rien de commun sous le rapport de la composition, avaient été exécutés pour la décoration d'un oratoire de Gênes.

KALF (WILLEM), *peintre, graveur, né à Amsterdam en 1630, mort dans la même ville le 30 juin 1693.* (Ecole hollandaise.)

Il fut élève de Henri Pot, et peignit avec une grande habileté des fleurs, des fruits, des vases d'or et d'argent, des porcelaines et des intérieurs de cuisine.

259. *Intérieur d'une chaumière.*

H. 0, 40. — L. 0, 53. — B. — Fig. de 0, 13.

Au pied d'une table grossière garnie de viandes, des ustensiles de ménage, deux choux et d'autres légumes sont jetés sur le sol ; un balai est posé contre une cloison de planches sur laquelle perche une poule ; à côté, une servante est debout sur le pas d'une porte à laquelle on monte par une petite échelle. Au premier plan, à gauche, une hotte pleine de légumes est appuyée contre la margelle d'un puits, et dans le fond, on aperçoit un homme et une femme près d'une cheminée.

Collection de Louis XVI. — Ce tableau, qui faisait partie du cabinet de François Boucher, fut acquis à sa vente, en 1771, par le comte d'Angiviller, pour 600 fr.

KAREL DU JARDIN. — *Voir* JARDIN (DU).

KESSEL (JOHANN VAN), *né à Anvers en 1626, mort dans la même ville on ne sait précisément en quelle année. Plusieurs auteurs prétendent qu'il mourut en 1678 ou 1679, et Palomino Velasco fixe sa mort à Madrid en 1708.* (Ecole flamande.)

On sait, par les registres de l'académie de Saint-Luc d'Anvers, qu'en 1634 et 1635 il était élève de **Simon de Vos**, et que, dix ans plus tard, en 1644-1645, il fut reçu franc-maître. Il prit Breughel de Velours pour modèle, et représenta avec beaucoup de délicatesse des oiseaux, des insectes, des fleurs ; il peignit aussi des paysages, des animaux et quelques intérieurs. Van Kessel fut appelé à Madrid par Philippe IV, reçut le titre de peintre de la reine, et essaya, dit-on, de peindre des portraits dans le goût de van Dyck, mais sans grand succès. — La famille des Kessel compte plusieurs artistes que les biographes confondent souvent. — **Ferdinand** van Kessel, né à Anvers en 1660, mort à Breda en 1696, fut élève de son père, imita sa manière, et vécut longtemps à la cour du célèbre Jean Sobieski, roi de Pologne. Il peignait des plantes, des paysages et des animaux. **Eyckens**, Maes, **van Opstal** et **Biset** ont souvent exécuté les figures de ses tableaux. — **Nicolas van Kessel**, né à Anvers en 1684, mort dans la même ville en 1741, fut neveu de Ferdinand. Il habita Paris, imita la manière de Teniers, peignit à la fin de ses jours des portraits peu estimés. — Il y eut aussi un **Johan van Kessel**, né à Amsterdam en 1648, mort en 1698, peintre hollandais qui a exécuté des paysages d'une manière large, empâtée, qui rappelle celle de Beerstraeten, de Dekker et de Ruisdael, de qui Feitama le dit élève. Il a peint des vues d'Amsterdam, et surtout des effets de neige et d'hiver avec talent.

260. *La Sainte-Famille au milieu d'une guirlande de fleurs.*

H. 0, 72. — L. 0, 53. — B. — Dimension du médaillon : h. 0, 29 ; l. 0, 22 ; fig. de 0, 23.

La guirlande de fleurs entoure un médaillon hexagone où l'on voit la Vierge assise, l'Enfant-Jésus debout, un pied appuyé sur le serpent, et tenant de la main gauche la boule du monde. A droite, saint Joseph accoudé sur une table. A gauche, un ange tenant une harpe. Aux quatre angles du tableau, les évangélistes ; en haut, le Père éternel ; en bas, Satan et la Mort vaincus. Ces dernières compositions sont en camaïeu gris.

Landon, t. 2, pl. 6 ; gravé sous le nom de Franck et sans les fleurs.

Musée Napoléon. — La notice de 1841 donne le médaillon à Franck le jeune. Les fleurs ont aussi été attribuées à **Daniel Seghers**, dit *le Jésuite d'Anvers.*

KEULEN. — *Voir* Ceulen.

KRANACH. — *Voir* Cranach.

KRAYER. — *Voir* Crayer.

KUYP. — *Voir* Cuyp.

LAAR ou **LAER** (Pieter van), *surnommé* Bamboccio, Bamboche *ou* le Snuffelaer, *peintre, graveur, né à Laaren, près de Naarden (en Hollande), mort à Harlem en 1673, en 1674 ou en 1675, suivant les différents biographes.* (Ecole hollandaise.)

Son maître fut **Johann del Campo**. Jeune encore, il quitta la Hollande, passa par la France, vint en Italie avec son frère, et se fixa à Rome, où il demeura seize ans. Rome et ses environs furent pour lui l'objet de nombreuses études. Il peignit beaucoup de tableaux qui furent très recherchés, et ses belles qualités lui méritèrent l'estime du Poussin, de Claude le Lorrain et de **Sandrard**, qui devinrent ses amis. Rappelé par ses parents dans sa patrie, il abandonna Rome avec regret, arriva à Amsterdam en 1639, et s'établit ensuite chez son frère à Harlem. Il peignit des chasses, des attaques de voleurs, des foires, des fêtes publiques, des paysages, et enrichit ses tableaux de figures, d'animaux et de restes d'architecture qu'il avait dessinés en Italie. — **Roeland van Laar**, son frère, naquit en 1610 à Laaren, voyagea avec Pieter en Italie, et peignit dans sa manière. Il mourut jeune à Venise, ou, suivant d'autres auteurs, à Gênes. — **J.-O. van Laar** était, à ce qu'on croit, le plus jeune des frères de Pieter. Fuessli dit qu'en 1646 il peignait des portraits à Nimègue. Il périt malheureusement près de Rome, en passant, sur un pont de bois, d'une montagne à une autre.

261. *Le départ de l'hôtellerie.*

H. 0, 33. — L. 0, 43. — Forme ovale. — B. — Fig. de 0, 12.

Deux voyageurs se préparent à se remettre en route ; l'un d'eux est déjà à cheval, et l'autre, monté sur une pierre, va se mettre en selle. Derrière eux, à droite, l'hôtesse, un pot à la main, assiste à leur départ.

Ancienne collection.

262. *Les pâtres.*

H. 0, 33. — L. 0, 43. — Forme ovale. — B. — Fig. de 0, 12.

Sur le bord d'une rivière bornée par des montagnes, une femme courbée trait une chèvre ; près d'elle un pâtre, assis à terre, joue du chalumeau ; une vache, une chèvre et un chien sont auprès de lui.

Ancienne collection. — Pendant du tableau précédent.

LAIRESSE (Gerard de), *peintre, graveur, écrivain, né à Liége en 1640, enterré à Amsterdam le 28 juillet 1711. (Ecole hollandaise.)*

Il fut élève de son père, **Renier de Lairesse**, peintre de Ferdinand de Bavière, évêque de Liége, et de Bertholet Flemaël, qui était aussi au service de ce prince. Gerard, fort jeune, partit pour la Hollande, se rendit à Utrecht et ensuite à Amsterdam, où il exécuta un nombre prodigieux de tableaux, de dessins, et grava à l'eau-forte une œuvre considérable. Il travaillait avec une extrême facilité, traita tous les genres, et affectionna particulièrement les sujets mythologiques et historiques. Il avait fait une étude particulière de l'architecture, et se plaisait à introduire des palais et des monuments dans la plupart de ses compositions. En 1690, ayant perdu la vue, le plaisir de parler d'un art qu'il ne pouvait plus pratiquer, lui donna l'idée d'établir chez lui, un jour par semaine, des conférences où l'on dissertait sur toutes les parties de la peinture. Ces leçons furent recueillies par son fils et publiées après sa mort. On a donné à Lairesse le titre de *Poussin hollandais*. La manière souvent poétique dont il a traité l'allégorie, l'érudition qu'il a montrée dans ses compositions historiques, enfin surtout le petit nombre de peintres hollandais qui se sont livrés aux œuvres de grande dimension, lui ont valu probablement chez ses compatriotes ce titre, plus flatteur que mérité, car il n'y a aucune comparaison réelle à établir entre la manière ingénieuse de l'artiste hollandais et le sublime génie du peintre français. — Gerard eut trois frères : **Ernst**, son aîné, peignait à la gouache des animaux ; il passa quelques années en Italie et mourut à 40 ans, au service du prince de Liége. — **Jakob** et **Jan** peignirent des fleurs, des fruits et des animaux, des imitations de bas-reliefs, et quittèrent Liége pour s'établir à Amsterdam. — Lairesse eut aussi trois fils : Andries fut commerçant ; **Abraham** et **Jan**, ses élèves, cultivèrent la peinture et imitèrent la manière de leur père.

263. *L'institution de l'Eucharistie.*

H. 1, 39. — L. 1, 63. — T. — Fig. de 0, 70.

Jésus est à table avec ses disciples. A gauche, un nègre verse le vin que contient une aiguière dans un autre vase placé à rafraîchir dans un bassin de cuivre. A droite, une riche aiguière et son plateau, un chien qui ronge un os et un grand cierge posé à terre. Au fond, des colonnes entre lesquelles on aperçoit plusieurs femmes. Sur le bassin de cuivre à gauche on lit le monogramme de l'artiste, formé des lettres G L.

Collection de Louis XVI.

264. *Débarquement de Cléopâtre au port de Tarse.*

H. 0, 60. — L. 0, 67. — T. — Fig. de 0, 27.

A gauche, sur le bord du quai, la proue richement sculptée d'une galère, et Cléopâtre, conduite par Antoine, au pied des marches d'une porte d'honneur. A droite, devant cette porte, une femme du peuple assise avec un enfant, une vieille femme, un jeune garçon et un soldat. Au fond, à gauche, des vases, des statues et des édifices; sous la porte, trois soldats, et plus loin, au haut des degrés, le roi attendant Cléopâtre. — Sur la voile de la galère on lit le monogramme de l'artiste : G. L.

Collection de Louis XVI.

265. *Danse d'enfants.*

H. 0, 57. — L. 0, 76. — T. — Fig. de 0, 40.

Une bacchante, assise à terre au pied d'un monument, tient un triangle, au son duquel six enfants nus dansent en rond. Près d'elle sont un vase, des raisins sur un plateau et un pot de faïence à dessins bleus, portant le monogramme de l'artiste. — Ce tableau est en outre signé : *G. Lairesse in. et f.*

Gravé par Testa.

Collection de Charles X. — Cette peinture provient de la galerie de Lucien Bonaparte, et fut acquise, en 1829, de M. Sapey pour 1,800 fr.

266. *Hercule entre le Vice et la Vertu.*

H. 1, 13. — L. 1, 84. — T. — Demi-fig. gr. nat.

Au milieu de la composition, Hercule, jeune, sans barbe, tenant de la main droite sa massue qui repose sur son épaule. A gauche, la Vertu debout près d'un piédestal où est placé un frein ; entre ces deux figures, une jeune femme. A droite, le Vice sous les traits d'une femme élégamment parée, assise et cherchant à retenir

Hercule par le bras ; derrière elle, une femme âgée. Dans le fond, des arbres, et à gauche une partie d'un temple circulaire.

Gravé par Fontana dans le Musée royal. — Landon, t. 2, pl. 31.

Ancienne collection.

LEDUC. — *Voir* Ducq.

LELY. — *Voir* Faës.

LIEVENS, LIVENS ou **LYVIUS** (Jan), *peintre, graveur, né à Leyde le 24 octobre 1607. Le plus grand nombre des biographes disent que la date de sa mort est inconnue; quelques uns la fixent en 1663; Sandrard croit qu'il vivait encore à l'époque où il publia son ouvrage, c'est-à-dire en 1683.* (Ecole hollandaise.)

Son père, habile brodeur, le mit à l'âge de 8 ans à l'atelier de **G. van Schooten**, puis deux ans après il le fit entrer chez **Pieter Lastman**. Fort jeune encore Lievens peignit des portraits et des tableaux remarquables qui furent envoyés par le prince d'Orange au roi d'Angleterre. Le succès de ses ouvrages l'engagea à se rendre à Londres. Il y arriva en 1630 et fut bien reçu à la cour. Il fit les portraits du roi, de la reine, des princes, et après un séjour de trois ans en Angleterre, il vint s'établir à Anvers. Très lié avec van Dyck et Rembrandt, Lievens s'est souvent rapproché de la manière du premier dans ses portraits, et de celle du second dans ses eaux-fortes.

267. *La Vierge visitant sainte Élisabeth.*

H. 2, 80. — L. 1, 98. — T. — Fig. gr. nat.

La Vierge presse dans ses bras Élisabeth, vêtue d'une longue robe de velours violet garnie de fourrure, et suivie d'un petit chien blanc. A gauche, Joseph s'entretenant avec le grand prêtre Zacharie qui se tient debout à droite, sur le seuil de la porte de sa maison ; un jeune garçon est derrière lui. Fond de ciel à gauche. — Signé : I. L.

Collection de Louis XVI.

LIMBORCH ou **LIMBORGH** (Hendrik van), *né à La Haye en* 1680, *mort en* 1758. (Ecole hollandaise.)

Il fut élève de **J. Hendrik Brandon**, de **Robert du Val** et du chevalier Adriaan van der Werff, qu'il imita particulièrement. Il peignit des portraits, des sujets historiques et des paysages.

268. *Le repos de la Sainte-Famille.*

H. 0, 72. — L. 0, 55. — T. — Fig. de 0, 48.

A droite, la Vierge assise sur un tertre, tenant un rouleau de parchemin ; derrière elle saint Joseph couché, la tête appuyée sur sa main gauche. Devant la Vierge, l'Enfant-Jésus, sur la tête duquel le petit saint Jean pose une couronne de fleurs, tandis que sainte Anne relève un voile blanc qui la couvrait. A gauche, un vieillard à longue barbe, richement vêtu, la main droite appuyée sur un piédestal placé devant sa maison, adresse avec respect la parole à la Vierge. Cette dernière figure paraît être un portrait. — Signé, sur le piédestal : H. V. LIM-BORCH. F.

Landon, t. 2, pl. 35.

Ancienne collection.

269. *Les plaisirs de l'âge d'or.*

H. 0, 63. — L. 0, 85. — Fig. de 0, 35.

Au milieu, un jeune homme assis sur un tertre pose de la main droite une fleur sur la tête d'une jeune femme accroupie à terre, et sur les genoux de laquelle s'appuie un enfant endormi. A droite, une femme nue, debout, vue de dos, tenant une guirlande de fleurs, et deux enfants cherchant à saisir une poire qu'une femme leur présente. Tout-à-fait sur le premier plan, et à moitié dans l'eau, un enfant ayant un poisson à la main, un autre portant un canard auquel un troisième enfant donne un ver à manger. A gauche, des hommes, des femmes, des enfants qui mangent, boivent et dansent. — Signé : H. V. LIMBORCH. F.

Collection de Louis XVI.

LINGELBACH (JOHANNES), *peintre, graveur, né en 1625 à Francfort-sur-le-Mein, mort à Amsterdam en 1687.* (Ecole hollandaise.)

Le nom de son maître est inconnu. Jeune encore, il vint à Amsterdam, et se trouvait à Paris en 1642. Après deux ans de séjour dans cette ville, il partit pour Rome et y resta huit ans, dessinant les monuments et faisant de nombreuses études d'après nature. Il peignit des paysages, des ports de mer, des canaux chargés de barques et de gondoles, des chasses, des foires, des marchés, où il introduisit un grand nombre de figures et d'animaux. Lingelbach a souvent peint des figures dans les tableaux de plusieurs paysagistes hollandais.

270. *Le marché aux herbes, à Rome.*

H. 0, 69. — L. 0, 87. — T. — Fig. de 0, 20.

A gauche, un homme sur un mulet et trois hommes jouant à la mourre. Au milieu, une femme marchant en tenant un petit garçon par la main ; une jeune fille arrangeant des légumes posés à terre. A droite, une marchande assise, et près d'elle un paysan également assis avec un panier couvert d'un linge. Derrière ce groupe, trois hommes auxquels une femme placée à une fenêtre fait signe de monter près d'elle. Au fond, à droite, l'escalier de Monte-Cavallo avec ses chevaux de marbre vus de profil. A gauche, une colonne et un carrosse attelé. — Signé : I. LINGELBACH, 1670.

Ancienne collection.

271. *Vue d'un port de mer en Italie.*

H. 0, 69. — L. 0, 83. — T. — Fig. de 0, 20.

A gauche, sous une espèce de portique en ruine, deux hommes lisant une affiche collée sur une de ses colonnes.

Au pied de cette colonne, deux galériens, l'un assis à terre, l'autre sur un ballot, et un portefaix portant un tonneau sur ses épaules ; près de lui, un seigneur causant avec une dame qu'un nègre garantit du soleil en tenant au-dessus de sa tête un grand parasol ; un mendiant, assis à terre, lui demande l'aumône. A droite, quatre matelots, dont trois assis, et un Levantin debout près d'un ballot. Dans le fond, un grand pont à plusieurs arches terminé par une grosse tour ronde. — Signé : I. LINGELBACH *fecit*.

Musée Napoléon.

272. *Paysans buvant à la porte d'une hôtellerie.*

H. 0, 36. — L. 0, 47. — T. — Fig. de 0, 18.

Au milieu, une paysanne italienne, un panier au bras et assise à terre, tend la main pour recevoir un verre que lui présente un paysan, couvert d'une peau de mouton et assis sur un banc. A droite, devant l'auberge, l'hôte tenant une bouteille, un jeune garçon emportant un plat, un paysan assis sur une marche et appuyé sur son panier. Derrière, un homme tenant un verre, et un autre personnage accoudé sur un tonneau. Au second plan, une charrette, un paysan faisant boire son cheval à une fontaine dont la vasque est surmontée d'un triton. Dans le fond, des maisons et un dôme.

Collection de Louis XVIII. — Compris dans les 20,000 fr. de tableaux acquis de M. Mauco (Musée européen) en 1824.

273. *Paysage.*

H. 0, 69. — L. 0, 61. — T. — Fig. de 0, 14.

Au milieu du premier plan, un paysan à cheval tient un panier renfermant des volailles et cause avec un homme debout. A gauche, un autre paysan à cheval, ayant sa femme en croupe, parle à un homme portant une hotte. A droite, sont assis un homme et une femme, le bras passé dans l'anse de son panier, sur lequel un enfant pose la main. Au fond, à droite, un laboureur ; à gauche, deux pêcheurs à la ligne, des moissonneurs, une rivière et des collines. Le paysage est de Wynants. — Ce tableau porte la signature des deux artistes : *J. Wynants, en Lingelbach.*

Ancienne collection.

LIVENS. — *Voir* LIEVENS.

LOO (JAKOB VAN) *ou* **VANLOO**, *né à l'Écluse (dans la Flandre des Etats) en 1614, mort à Paris le 26 novembre 1670.* (Ecole hollandaise.)

Il était fils et élève de **Jan van Loo**, peintre, né à l'Ecluse en 1585, et l'aïeul des van Loo qui ont brillé plus tard dans l'école française. Jakob passait à Amsterdam pour un des meilleurs coloristes de son temps. Il vint à Paris, fut naturalisé Français et reçu à l'Académie de peinture, le 6 janvier 1663, comme peintre de portraits et d'histoire. Il a fait aussi des tableaux de genre et a peint quelquefois des figures dans les paysages d'Hobbema et de Wynants.

274. *Portrait de Michel Corneille le père, peintre et recteur de l'Académie royale, mort en 1664, âgé de 61 ans.*

H. 1, 18. — L. 0, 88. — T. — Fig. à mi-corps gr. nat.

Il est représenté la tête nue et tournée à droite. Il porte un grand col rabattu, un vêtement et un manteau noirs. Sa main droite est appuyée sur la hanche.

Ancienne collection. — Ce tableau fut peint par van Loo pour sa réception à l'Académie de peinture en 1663.

275. *Etude de femme.*

H. 1, 03. — L. 0, 80. — T. — Fig. à mi-corps gr. nat.

Elle est représentée presque nue, tournée vers la gauche et la main droite sur la poitrine.

Ancienne collection.

LYVIUS. — *Voir* LIEVENS.

MAAS *ou* **MAES** (AAERT *ou* ARNOLD VAN), *peintre, graveur, né à Gouda en* 1620, *mort dans la même ville en* 1664. (Ecole flamande.)

Il fut élève de David Teniers, et peignit des réunions de paysans, des noces de village, des intérieurs de corps-de-garde. Il voyagea en France, en Italie, et mourut peu de temps après son retour dans sa patrie. — Plusieurs autres artistes, qui ne furent pas parents du précédent, ont porté aussi le nom de Maas. — **Adriaan**, **Pieter** et **Gerard Maas** furent trois peintres de paysages et de genre qui habitèrent Amsterdam. — **E. van der Maas** peignait le portrait et l'histoire à La Haye au xviie siècle. — **Nicolaas Maas**, né à Dordrecht en 1632, mort à Amsterdam en 1693, fut un élève distingué de Rembrandt, et abandonna le genre historique pour le portrait. — **Dirck Maas**, né à Harlem en 1656, mort dans la même ville en 1715, élève de **H. Mommers**, de N. Berghem et de Huchtenburgh, peignit avec succès des chevaux et des chasses.

276. *Intérieur d'un corps-de-garde.*

H. 0, 51. — L. 0, 77. — T. — Fig. de 0, 40.

A gauche, trois soldats jouent aux dés sur un grand tambour ; derrière eux, une femme debout. A droite, au fond, trois figures.

Collection de Louis XVIII. — Acquis en 1816 de M. Grégoire, avec un tableau de Teniers (n° 514) et un autre de Le Duc (n° 134), pour 6,000 fr.

MABUSE (JAN VAN), *ou* **GOSSAERT** *suivant Fiorillo, né à Maubeuge (dans le Hainaut) vers* 1470, *mort à Anvers en* 1532. (Ecole flamande.)

On appelle aussi ce peintre *Malbodius, Mabusius, Mobugius, Maboggio, Malbogi, Melbodie*. On ignore le nom de son maître et la date exacte de sa naissance. L'œuvre la plus ancienne que l'on connaisse de lui représente les portraits des enfants d'Henri VII, roi d'Angleterre ; elle est datée de 1495 et se voit dans le palais d'Hampton-Court. En 1503, Mabuse suivit en Italie le prélat Philippe de Bourgogne, ambassadeur de Maximilien près de Jules II. Il y séjourna une dizaine d'années, copia les restes de l'art antique, les œuvres des peintres modernes, et, de retour dans les Pays-Bas, il acheva la révolution commencée par Quinten Matsys. Il habita longtemps Middelbourg et Utrecht, peignant des portraits et des sujets d'histoire, où il aimait à introduire des figures nues, afin de faire preuve de ses connaissances anatomiques. Enfin, après la mort du prélat, arrivée le 8 avril 1524, il entra au service du marquis de Veere, qui fut pour lui un nouveau protecteur.

277. *Portrait de Jean Carondelet, chancelier perpétuel de Flandre, né à Dôle en 1469, mort à Malines le 8 février 1544.*

H. 0, 43. — L. 0, 27. — B. — Buste pet. nat.

Il est tête nue et sans barbe; il a les mains jointes et porte un manteau bordé de fourrure. — On lit sur le tour du cadre : REPRESENTACION · DE · MESSIRE · JEHAN ·CARONDELET· ·HAVLT ·DOYEN· DE ·BESANÇON · EN ·SON ·EAGE ·DE ·48 ·A ·; et au bas: FAIT L'AN 1517. — Derrière le panneau est figurée une niche où l'on voit suspendues les armes de Carondelet, et les lettres I C enlacées dans des cordons; au bas de la niche se trouve sa devise : MATVRA.

(Voir la note du numéro suivant.)

278. *La Vierge avec l'Enfant-Jésus.*

H. 0, 43. — L. 0, 27. — B. — Fig. pet. nat.

La vierge est en buste, tête nue, les cheveux flottants, avec une ferronnière de perles ; elle tient dans ses bras l'Enfant-Jésus presque nu. — On lit sur le tour du cadre: MEDIATRIX · NOSTRA · QVE · ES · POST · DEVM · SPES · SOLA · TVO · FILIO · ME · REPRESENTA ·; et au bas : JOHANNES · MELBODIE · PINGEBAT.— Derrière ce panneau est peinte, dans une niche figurée, une tête de mort dont la mâchoire inférieure est détachée; au-dessus, sur un rouleau, on lit cette légende, écrite en lettres gothiques : FACILE CONTEMNIT OMNIA QVI SE SEMPER COGITAT MORITVRVM · HIERONIMVS · 1517. ; au bas, la devise : MATVRA.

Collection de Louis-Philippe. — Ce panneau et le précédent, qui forment diptyque, ont été acquis en 1847, de M. J. Bernard, architecte à Valenciennes, pour la somme de 1,000 fr.

MALBODIUS ou MALBOGI. — *Voir* MABUSE.

MASSYS. — *Voir* MATSYS.

MATSYS (QUINTEN ou QUENTIN), *né à Anvers vers 1460. Il ressort de deux documents authentiques qu'il vivait encore le 8 juillet 1530, mais qu'il était déjà mort le 12 octobre 1531.* (Ecole flamande.)

Le nom de cet artiste a été écrit différemment par les biographes : on l'a appelé *Massys*, *Messys*, *Metsys* ou *Quintijn de Smit*. Les registres de la confrérie de Saint-Luc d'Anvers le nomment plus habituellement Massys. La date précise de sa naissance est encore inconnue, mais on a la certitude qu'il fut admis en 1491-92 comme franc-maître dans la confrérie de Saint-Luc d'Anvers. Or, comme avant d'être peintre il avait exercé le métier de forgeron ou de serrurier, en supposant qu'il eût eu au moment de son admission 30 ou 35 ans, la date de sa naissance donnée plus haut ne doit pas s'éloigner beaucoup de la vérité. Les auteurs ont attribué le changement de profession de Quinten, les uns à une aventure romanesque qui n'est appuyée sur aucune preuve authentique, les autres aux suites d'une maladie qui ne lui auraient pas permis de reprendre le marteau. Quoi qu'il en soit, Matsys prouva qu'il était né peintre ; il étudia la nature, et sans négliger les détails accessoires, il donna plus d'importance à la figure humaine et plus d'unité à l'effet et à l'ensemble de la composition. Son style sert de transition entre celui des van Eyck et celui de Rubens. Il fut intimement lié avec Erasme, Thomas More, Petrus Ægidius, et très honoré de ses contemporains. Albrecht Durer et Holbein estimaient singulièrement ses peintures.—Les élèves de Quinten furent, en 1495, **Ariaen**; en 1501, **Willem Muelembroec**; en 1504, **Edwaert Portugalois**; en 1510, **Henne Boeckmakere**.— Il y eut encore un **Jan Matsys**, probablement frère de Quinten, reçu franc-maître en 1501.

279. *Le banquier et sa femme.*

H. 0, 71. — L. 0, 68. — B. — Fig. à mi-corps pet. nat.

A gauche, un homme coiffé d'une toque, vêtu d'une robe bleue garnie de fourrure au col et aux manches, est assis devant une table couverte d'un drap vert, et fait trébucher des pièces d'or sur une petite balance. A droite, à côté de lui, sa femme, en robe rouge, et assise comme lui sur un banc à dossier, tient les feuilles d'un missel à miniatures ouvert devant elle et regarde peser les pièces d'or. Sur la table, un verre, des perles sur de la soie noire, des bagues enfilées sur un morceau de papier roulé, un poids et un miroir qui réfléchit le buste d'un homme vêtu de rouge et lisant auprès d'une fenêtre qui laisse apercevoir des arbres et un clocher. Au fond, deux tablettes contre le mur ; au bord de la plus basse sont suspendus un étui à plumes, une balance et une bague à laquelle est attaché une espèce de chapelet. La planche du haut supporte une bouteille de verre, une orange, des papiers, des registres et une liasse de lettres, sur les enveloppes de laquelle on lit, en caractères gothiques : *Quinten Matsys schilder* 1518 (ou 1519 ?).

Musée Napoléon. — Ce tableau a été acquis, le 29 juillet 1806, du sieur Marivaux, pour la somme de 1,800 fr. Matsys a sans doute voulu faire allusion dans cette peinture à ce passage du Lévitique : *Que la balance soit juste et les poids égaux.*

MATSYS (Quinten) (*Attribué à*).

280. *Le Christ descendu de la croix.*

H. 2, 20. — L. 2, 14. — Forme échancrée aux angles du haut. — B. — Fig. pet. nat.

Au milieu de la composition, Nicodème, encore monté sur l'échelle, descend le corps du Christ qu'il tient dans ses bras. Au-dessus de lui, un serviteur, ayant un marteau passé dans sa ceinture, supporte le bras gauche du Sauveur. Une sainte femme, agenouillée et en pleurs, presse avec douleur le bras droit, tandis que les jambes sont soutenues par Joseph d'Arimathie debout, et par Marie-Madeleine qui est à genoux ; derrière celle-ci, une autre sainte femme présente la couronne d'épines à Joseph d'Arimathie. A gauche, saint Jean, vêtu de rouge, reçoit dans ses bras la Vierge évanouie. Sur le devant, on voit à terre un crâne, un tibia auprès de la croix, et devant la Madeleine, un vase de parfums sur lequel est posé son gant.

Musée Napoléon. — Ce tableau, peint sur fond d'or, est le milieu d'un triptyque dont les volets sont perdus. Il est entouré d'une bordure dans laquelle, au milieu de feuillages gothiques, se trouve répétée une clochette suspendue à une espèce de T, indiquant qu'il était destiné à une chapelle sous l'invocation de saint Antoine, ou que le donateur du tableau avait ce saint pour patron. Placé autrefois dans une salle de la maison professe des Jésuites, rue Saint-Antoine, il fut transporté en 1763 dans l'église du

Val-de-Grâce, au-dessus de la porte d'entrée. L'inventaire et les notices précédentes donnaient cette peinture à **Lucas van Leyden**, attribution évidemment fausse. Des critiques ont pensé qu'on devait la restituer à un artiste allemand qui subissait tantôt l'influence de Matsys, tantôt celle de Lucas van Leyden, et dont on a trouvé plusieurs tableaux à Cologne. Quant à nous, après avoir étudié très soigneusement et à un intervalle fort rapproché le grand tableau de l'ensevelissement du Christ, de Quinten Matsys, qui est au Musée d'Anvers, et la peinture du Louvre, le style, le caractère des têtes, dont plusieurs paraissent imitées d'après les mêmes modèles, l'analogie des accessoires, tout enfin nous porte à croire que les tableaux de Paris et d'Anvers sont sortis du même pinceau.

MATSYS (Jan), *florissait de 1531 à 1565.* (Ecole flamande.)

Il était fils de Quinten Matsys, et l'on ignore la date de sa naissance et celle de sa mort. Élève de **Jaket Oskens** en 1516, il fut reçu franc-maître en 1531, en même temps que **Cornelis Matsys**, qui pourrait bien être fils de **Jan Matsys**, frère de Quinten, et dont on connaît des gravures portant la date de 1550. Jan, qui travaillait encore en 1565, ne fut pas probablement le seul fils de Quinten qui s'adonna à la peinture; il paraît même qu'il eut deux frères : **Peerken Quintens** et **Jocksen**, ses aînés, qui en 1510 étaient élèves d'**Ariaen**, l'ancien disciple de leur père.

281. *David et Bethsabée.*

H. 1, 62. — L. 1, 97. — B. — Fig. gr. nat.

Bethsabée, presque nue, un collier de perles au cou, des bracelets attachés en haut des bras, est assise sur la terrasse de son jardin. Auprès d'elle, à droite, deux femmes agenouillées; l'une tient une éponge dans un bassin et l'autre porte un vase. A gauche, l'envoyé du roi, et derrière lui un jeune nègre tenant en laisse un lévrier sur qui s'élance un petit chien. Plus loin, toujours à gauche, sur une galerie de son palais, David, accompagné de plusieurs personnages. Dans le fond, des jardins et une ville. — On lit sur la corniche du palais : .1562. .IOANES MASSIIS PINGEBAT.

Ce tableau, qui faisait partie de la collection de M. le comte de Morny, fut donné par lui au Musée en mai 1852.

MEEL ou **MIEL** (Jan), *peintre, graveur, né à Anvers en* 1599, *mort à Turin en* 1664, *ou suivant Passeri en* 1656. (Ecole flamande.)

Ce peintre a été aussi nommé par les Hollandais *Bicker* et par les Italiens *Giovanni delle vite* ou *Jamieli*. Il fut élève de G. Seghers en Flandre et d'Andrea Sacchi à Rome. Quoique les paysages, les chasses et les sujets comiques fussent le genre le plus favorable à la nature de son talent, il exécuta cependant, tant à fresque qu'à l'huile, plusieurs grandes peintures dans les églises de Rome. En 1648, il fut nommé membre de l'académie de Saint-Luc de cette ville, et bientôt après Charles-Emmanuel II, duc de Savoie, l'engagea à passer à sa cour, le nomma son premier peintre et le combla de faveurs.

282. *Le mendiant.*

H. 0, 15. — L. 0, 25. — Ferblanc. — Fig. de 0, 08.

Un pauvre demande l'aumône à des paysans qui prennent leur repas à la porte d'une chaumière. Dans le fond, à gauche, des vaches et des chèvres.

Ancienne collection.

283. *Le barbier napolitain.*

H. 0, 15. — L. 0, 25. — Ferblanc. — Fig. de 0, 08.

A droite, au pied d'une espèce de tour, un barbier debout rase un homme assis sur une pierre. A gauche, des lazzaroni, debout ou couchés, jouant. On aperçoit dans le fond un port de mer.

Ancienne collection. — Pendant du tableau précédent.

284. *Paysage.*

Diam. 0, 54. — Forme ronde. — T. — Fig. de 0, 14.

Une femme assise garde son troupeau; près d'elle un jeune pâtre joue avec son chien. Dans le fond, une cabane en chaume adossée à des rochers.

Ancienne collection.

285. *Halte militaire.*

H. 0, 39. — L. 0, 51. — Forme ovale. — C. — Fig. de 0, 08.

A l'entrée d'une grotte dans laquelle des soldats jouent aux cartes, un officier donne des ordres à un hallebardier. On aperçoit dans la grotte, à droite, un cavalier qui fait manger son cheval dans une auge, et en dehors, des tentes et un chariot.

Ancienne collection.

286. *La dînée des voyageurs.*

H. 0, 39. — L. 0, 51. — Forme ovale. — C. — Fig. de 0, 09.

A gauche, des voyageurs assis à terre mangent auprès d'une charrette attelée de deux bœufs. A droite, des paysans, assis à une table dressée en dehors d'une auberge, chantent et boivent au son de la cornemuse; un cavalier, conduisant un cheval chargé de ballots et de petits tonneaux, se fait verser à boire par un valet d'écurie; plus loin, une servante accompagnée d'un enfant jette du grain à des volailles. Dans le fond, des collines et deux cavaliers.

Gravé par Dupréel dans le Musée français. — Filhol, t. 3, pl. 159. — Landon, t. 2, pl. 39.

Ancienne collection. — Pendant du tableau précédent.

MEER (JAN VAN DER), *né en 1628 à Schoonhven, près d'Utrecht, selon Houbraken; à Harlem, suivant d'Argenville, qui fixe sa mort en 1691, tandis que d'autres auteurs donnent la date de 1711.* (Ecole hollandaise.)

Plusieurs peintres ont porté le nom de van der Meer, et il règne la plus grande confusion dans leurs biographies. D'Argenville, qui en 1761 a fait prendre en Hollande des informations sur ces artistes, n'a pu réussir à établir leur filiation, et, après beaucoup de recherches, voici le résumé des renseignements qu'il a recueillis. Quoique le père de Jan van der Meer fût un habile paysagiste, on croit qu'il eut **Broers** pour maître. Il peignit d'abord des marines; puis, après la mort de son père, il reçut, dit-on, des conseils de Berghem et fit des paysages avec des animaux. Il se rendit à Rome avec **Lieve Verschuur**, séjourna longtemps en Italie, étudia les maîtres, et quelques auteurs prétendent qu'il peignit des portraits et des tableaux d'histoire. Il revint dans sa patrie, et l'on croit qu'il faut lui attribuer des marines d'une jolie exécution, mais d'un ton un peu trop bleuâtre. — **Jan van der Meer de Jonghe**, ou le jeune, naquit à Harlem en 1650. On ignore s'il fut le fils, le frère ou le neveu du précédent. Quoi qu'il en soit, il ne suivit pas la manière de ce dernier et peignit surtout des moutons dans le style de Berghem, dont quelques biographes le font élève. D'Argenville dit qu'il n'a pu obtenir des détails sur sa vie ni trouver la date de sa mort. On connaît un dessin de lui daté de 1686. Balkema fait naître cet artiste à Utrecht en 1665, et mourir à Harlem en 1722. — **Jakob van der Meer** naquit à Utrecht on ne sait précisément en quelle année, et a peu travaillé. Le présent qu'il fit au prince d'Orange d'un tableau de David de Heem, qu'il avait acheté 2,000 florins avant qu'il fût ruiné par les troubles qui éclatèrent dans son pays en 1672, lui valut une place de conseiller en 1674, et en 1682 il fut nommé receveur des convois et des licences. Ces détails, donnés par d'Argenville sur Jakob van der Meer, s'appliquent, suivant Houbraken, à Jan van der Meer. — Il existe aussi un artiste que l'on appelle ordinairement **Jan van der Meer de Delft**, mais dont le véritable nom est **Jan Vermeer**; il n'a aucune parenté avec les précédents.

287. *Entrée d'auberge.*

H. 0, 70. — L. 0, 66. — T. — Fig. de 0, 32.

Un homme vêtu de rouge, assis devant la porte d'une auberge, une pipe à la main, parle à une servante qui est debout devant lui, tenant un pot d'étain et un verre. Près d'eux, un chien. Dans le fond, la campagne. — Signé : *J. van der Meer*, 1652 (ou 1653).

Ancienne collection. — Ce tableau est donné à tort par les inventaires et les notices précédentes à Jan Meel.

MELBODIE. — *Voir* MABUSE.

MEMLING (HANS), *florissait de 1470 à 1484.* (Ecole flamande.)

La vie de cet artiste célèbre est encore un mystère, et malgré les recherches les plus assidues des biographes, on en est réduit à de simples conjectures, car les dates inscrites sur ses tableaux authentiques sont les seuls renseignements positifs qu'on ait pu se procurer jusqu'à présent. Son nom même a été l'objet de longues dissertations : s'appelle-t-il Hemling ou Memling ? Cette question, à laquelle on a donné peut-être plus d'importance qu'elle n'en mérite réellement, nous semble tranchée en faveur de la dernière appellation par les raisons suivantes : van Mander, qui vécut cent ans après le peintre flamand et séjourna longtemps à Bruges, adoptant le dialecte parlé, le nomme Memling ; Sanderus, dans la *Flandria illustrata*, le désigne de même, et les auteurs italiens écrivent *Memelino*. La lettre |┬|, initiale de la signature du peintre, dont la forme équivoque est la cause de ce débat, se trouve employée comme M majuscule dans plusieurs documents anciens et jamais comme un H. Ainsi, l'M a cette forme sur les médailles frappées à Bruges du temps de Memling, sous le règne de Marie de Bourgogne et de Maximilien son époux. Enfin, dans les archives de l'hôpital de Saint-Jean, se trouve un registre indicatif des biens que l'hôpital possédait en 1400 à Maldeghem, et l'M initiale de ce mot offre une configuration entièrement identique à la première lettre des signatures de Memling. L'inscription de ce manuscrit a paru tellement décisive, que la leçon de Memling a été définitivement adoptée par la ville de Bruges, qui se vante d'être la patrie du grand peintre que plusieurs écrivains disent être de Damme. Cependant, l'admission de Memling à l'hôpital de Saint-Jean rend cette dernière hypothèse très peu probable, car on ne recevait dans cet établissement que les personnes nées à Bruges ou à Maldeghem. On ignore la date de naissance de Memling et celle de sa mort. Les uns le font naître en 1425, d'autres en 1440. Les années 1470 et 1484 sont celles où il a le plus produit. Il se forma à l'école des van Eyck, eut peut-être **Rogier van der Weyden** pour maître, et étudia aussi les productions de l'ancienne école colonaise. Il y a tout lieu de croire qu'il visita l'Italie, l'Allemagne, la France, et parcourut une partie de l'Espagne; mais, nous le répétons, aucun document positif ne vient prêter son appui à ces simples inductions. Memling et Jan van Eyck, ces deux admirables peintres de l'école flamande ancienne, tout en possédant des qualités communes, telles qu'une finesse de touche extraordinaire qui leur permet de rendre les moindres détails avec une perfection merveilleuse, diffèrent cependant essentiellement par la manière dont ils ont envisagé l'art et par l'exécution : van Eyck, réaliste prodigieux, n'a cherché qu'à rendre la nature telle qu'il la voyait, et le plus minutieusement possible ; Memling, au contraire, sans sacrifier aucun détail, idéalise toujours son modèle, même lorsqu'il fait un portrait. Si la touche de Memling n'est pas aussi ferme que celle de van Eyck, elle est plus moelleuse, plus spirituelle; si son dessin est moins fier, son contour est plus souple; enfin, si son coloris est moins chaud et moins vigoureux, il brille par un doux éclat argentin qui répand sur tous ses ouvrages un charme qui n'appartient qu'à lui. C'est surtout à Bruges qu'il faut étudier ce maître, et ce n'est qu'après avoir examiné la châsse de Sainte-Ursule, conservée religieusement à l'hôpital Saint-Jean avec plusieurs autres chefs-d'œuvre du même artiste, que l'on peut apprécier l'étendue de son génie.

288. *Saint Jean-Baptiste.*

H. 0, 48. — L. 0, 12. — B. — Fig. de 0, 32.

Il est debout au milieu d'un paysage, tourné à droite, porte un cilice en poils de chameau serré à la ceinture, et a les jambes nues. Dans le lointain, le peintre a représenté quelques sujets tirés de la vie du saint : on le voit, au bord d'une rivière, baptisant Jésus-Christ; plus loin, il harangue le peuple; sur une montagne, devant un château crénelé, on lui tranche la tête, qui est portée ensuite par Salomé à Hérode.

Ce tableau, ou plutôt ce volet de triptyque, a fait partie de la galerie de Lucien Bonaparte, et a été gravé à cette époque sous le nom de van Eyck. Il a ensuite appartenu, ainsi que le suivant, au roi de Hollande, Guillaume II, et tous deux ont été acquis en 1851 de M. le baron de Fagel, ministre plénipotentiaire du roi des Pays-Bas, pour la somme de 11,728 fr.

289. Sainte Marie-Madeleine.

H. 0, 48. — L. 0, 12. — B. — Fig. de 0, 32.

Elle est debout au milieu d'un paysage, tournée à gauche, vêtue d'une robe en velours écarlate à dessins d'or et d'un manteau violet sombre; elle porte un vase de parfums d'une main, et de l'autre elle tient son manteau. Dans le fond, à gauche, la résurrection du Lazare et la Madeleine agenouillée aux pieds de Jésus-Christ chez Simon le lépreux. A droite, le Christ apparaissant à la Madeleine sous la figure d'un jardinier. Plus loin, une grotte dans un rocher où s'était retirée la sainte, que deux anges enlèvent au ciel.

Ce volet et le précédent portent par derrière le cachet du roi des Pays-Bas. Les deux panneaux sont très minces et paraissent avoir été sciés dans leur épaisseur. Il y a tout lieu de croire que les autres faces portaient des grisailles que l'on a voulu détacher par cette opération.

MENGS (Anton-Rafael), *peintre, écrivain, né à Aussig (en Bohême) le 12 mars 1728, mort le 29 juin 1779 à Rome.* (Ecole allemande.)

Il était le second fils d'**Ismaël Mengs**, peintre en pastel et en émail du roi de Pologne, né à Copenhague en 1690, et mort en 1764 directeur de l'académie royale de peinture de Dresde. Rafael fit des progrès rapides, et son père le conduisit en 1740 à Rome, où il étudia pendant cinq ans les statues antiques et les chefs-d'œuvre des artistes modernes. De retour à Dresde, en 1746, il obtint la place de premier peintre du roi, qui était vacante. Il fit un deuxième voyage à Rome en 1747, embrassa la religion catholique en épousant une Romaine, et revint à Dresde, où il fut chargé de travaux pour une église nouvellement construite. En 1752, il repassa en Italie, fut nommé en 1754 professeur de l'académie fondée au Capitole par Benoît XIV, et se fixa à Rome. Il exécuta alors pour le comte de Northumberland une copie de l'école d'Athènes de Raphaël, de la grandeur de l'original, peignit des ouvrages pour Dresde et pour Naples. Ces derniers travaux l'attirèrent dans cette ville, où il fit les portraits de toute la famille royale. Revenu à Rome, il se livra à la peinture à fresque, décora l'église arménienne de Saint-Eusèbe et le plafond de la villa Albani. Charles III l'ayant appelé en Espagne, Mengs arriva à Madrid en 1761, et fut nommé premier peintre du roi avec un traitement considérable. Il peignit pour ce souverain un grand nombre d'ouvrages, tant à fresque qu'à l'huile. Sa santé s'étant altérée, il fit un voyage en Italie en 1769, passa par Florence, et reçut, quoique absent, le titre de prince de l'académie de Saint-Luc, qui n'avait été donné qu'à Le Brun, sous Louis XIV. Arrivé à Rome, il se remit aux travaux qui lui avaient été commandés par Clément XIV. Ils furent terminés en 1773, et le pape, en récompense, le nomma chevalier de l'Éperon-d'Or. Mengs se rendit alors à Madrid ; mais sa santé s'étant altérée de nouveau, il obtint de quitter l'Espagne pour se fixer définitivement à Rome en 1777, en conservant son traitement de premier peintre du roi. L'amélioration qu'il éprouva d'abord ne fut pas de longue durée. Ayant perdu sa femme en 1778, il tomba dans une maladie de langueur et mourut l'année suivante, comblé d'honneurs et de richesses. Mengs fit une quantité considérable de peintures à l'huile, au pastel, à fresque, en miniature. Épris de la perfection, il s'était proposé pour modèle l'expression de Raphaël, la couleur de Titien, le clair-obscur du Corrège, le dessin de l'antique. Loin de réunir les qualités qu'il croyait les plus saillantes chez chacun de ces grands artistes, il n'en posséda aucune à ce degré éminent, unique apanage du génie, qui a l'admirable vertu de jeter un voile sur des défauts qu'on ne saurait pardonner à la médiocrité. De son vivant, on osa presque comparer Mengs à Raphaël et à Corrège. Maintenant, déchu de sa gloire, il n'est plus pour nous qu'un artiste habile, ingénieux et froid. Il écrivit aussi sur les arts ; ses *Pensées* et ses *Réflexions* sur les maîtres ont les défauts et les qualités de ses peintures : trop de subtilité et de recherche rendent ses préceptes souvent obscurs, et la perfection *objective* qu'il poursuit avec ardeur l'écarte à chaque instant de la vérité et du but de l'art.

290. *Portrait de Marie-Amélie-Christine de Saxe, reine d'Espagne, femme de Charles III, née en 1724, morte en 1760.*

H. 1, 29. — L. 0, 97. — T. — Fig. à mi-corps gr. nat.

La princesse a les cheveux relevés et poudrés ; elle porte aux oreilles des pendants à poires, et au cou un collier de diamants placé sur un velours noir. Une décoration est attachée à sa robe de soie grise à grands ramages et ornée de plumes. Elle tient de la main droite deux œillets blancs, et de la gauche un éventail. Derrière, la balustrade d'une terrasse et un vase de pierre avec des fleurs. Fond de paysage.

Ancienne collection.

MESSYS. — *Voir* MATSYS.

METSYS. — *Voir* MATSYS.

METSU (GABRIEL), *né à Leyde en 1615, mort à Amsterdam en 1658.* (Ecole hollandaise.)

Sur tous les tableaux signés que nous avons vus de ce peintre, son nom est écrit *Metsu* par un *s* et non pas *Metzu* par un *z*, orthographe adoptée cependant par la plupart des écrivains. Le nom de son maître est inconnu, et les biographes ne donnent aucun détail sur la vie de ce célèbre artiste, mort à 43 ans. On sait seulement qu'il vint de bonne heure à Amsterdam, et qu'il se forma en étudiant les ouvrages de Gerard Dov, de Terburg, et de Jan Steen, son ami. Metsu a peint quelques portraits; mais c'est surtout dans les scènes d'intérieur et dans les sujets de petites dimensions qu'il montre toutes les ressources de son admirable talent. La légèreté de son exécution, la finesse de son dessin, l'harmonie de sa couleur et de son clair-obscur le placent au premier rang des maîtres hollandais. — Ses principaux élèves ou imitateurs sont : **Joost van Geel, Ochtervelt, Michel van Musscher.**

291. *La femme adultère.*

H. 1, 35. — L. 1, 64. — T. — Fig. de 0, 60.

A droite, un soldat appuyé contre une colonne. Au milieu, le Christ écrivant par terre ces mots : *Qui sine peccato est vestrum, primus in illam lapidem mittat (et ait) Mulier ubi sunt qui te accusabant? Nemo te condemnarit? Nemo DNE. Nec ego te condemnabo vade in pace, etiam amplius noli peccare.* Un vieillard avec des lunettes lit ce que le Christ vient d'écrire. Devant lui, la femme adultère en pleurs à qui le grand-prêtre montre le texte de la loi. Près d'elle, un soldat tenant sa robe. Au premier plan, à gauche, un scribe vêtu de rouge, vu de dos et à mi-corps, monte les degrés du temple avec un livre sous le bras. — Signé : *G. Metsu* a° 1653.

Ancienne collection.

292. *Le marché aux herbes d'Amsterdam.*

H. 0, 95. — L. 0, 82. — T. — Fig. de 0, 28.

Au premier plan, à gauche, une vieille cuisinière, les poings sur les hanches, se dispute avec une marchande assise sur le bras d'une brouette remplie de légumes. Derrière celle-ci, un paysan portant une cage en osier sur ses épaules. Au milieu, une bourgeoise avec un tablier, le bras passé dans l'anse d'un vase en ferblanc, sourit aux galanteries d'un jeune homme vêtu de rouge. A droite, une poule par terre, un panier de légumes, un chien épagneul arrêté devant un coq perché sur une cage d'osier. Au second plan, à gauche, une cuisinière marchandant un lièvre à une femme qui est dans une échoppe. Au milieu, un homme en perruque, en rabat et avec un manteau noir; à droite, une vieille femme assise devant une table et vendant de la liqueur à une espèce de Turc qui cherche de l'argent dans sa bourse. Un grand arbre à gauche occupe presque toute la partie supérieure du tableau. Dans le fond, un canal, une barque, et de l'autre côté, des maisons. — Signé, sur un papier à terre : *Metsu*.

Gravé par David. — Filhol, t. 8, pl. 576.

Collection de Louis XVI. — Ce tableau fut acheté en 1776, à la vente de M. Blondel de Gagny, 25,800 fr. ; en 1777, à la vente de Mme Geoffrin, 28,000 fr. ; en 1783, dans une vente anonyme, 18,051 fr. Le Brun, dans le texte de sa *Galerie* (t. II, p. 46), dit : « La nation possède de Metsù un tableau représentant le marché aux herbes d'Amsterdam, acheté à la vente de M. Dazincourt, héritier du C. de Gagny. » Cette vente anonyme de 1783 serait-elle celle faite par M. Dazincourt dont parle Le Brun ?

293. *Un militaire recevant une jeune dame.*

H. 0, 63. — L. 0, 47. — B. — Fig. de 0, 33.

A droite, contre une table couverte d'un tapis, un militaire debout, dans une attitude respectueuse et le chapeau à la main, fait servir des rafraîchissements à une dame assise qui tient un verre. Derrière celle-ci, à gauche, un page portant un plateau d'argent sur lequel est un citron. En avant, un petit chien avec un collier, un gant par terre, une chaise contre laquelle est appuyée une canne. Dans le fond, un grand rideau entr'ouvert ; à droite, une haute cheminée à colonnes de marbre.

Gravé par Audouin dans le Musée français. — Filhol, t. 5, pl. 345.

Ancienne collection.

294. *La leçon de musique.*

H. 0, 31. — L. 0, 25. — B. — Fig. de 0, 22.

Une femme, vêtue d'une robe de satin blanc et d'un corsage rouge, est assise à son clavecin et pose la main droite sur le clavier. Un jeune homme avec un manteau, debout derrière sa chaise, tient son chapeau de la main gauche et montre de la droite la musique placée sur le pupitre du clavecin. A gauche, une fenêtre avec un rideau rouge soulevé. Dans le fond, une haute cheminée à colonnes de marbre. — Signé, sur un papier placé sur le clavecin : *G. Metsu.*

Filhol, t. 11, pl. 24.

Collection de Louis XVIII. — Vendu en 1777, à la vente de M. Randon de Boisset, 5,000 fr. ; en 1787, à la vente de M. Beaujon, 3,301 fr. ; en 1791, à la vente de M. Lebrun, 3,930 fr. ; en 1801, à la vente de Greffier Fagel, 150 guinées ; en 1802, à la vente de M. Helsleuter, 4,220 fr.; en 1810, à la vente de Walsh Porter, esq., 250 guinées. Il figura aussi dans la collection de William Smith, esq., et fut enfin compris dans les tableaux acquis en 1817 de M. Quatresols de La Hante, pour 100,000 fr.

295. *Le chimiste.*

H. 0, 27. — L. 0, 24. — B. — Fig. à mi-corps.

Il est vu presque de profil tourné à gauche. Assis derrière une fenêtre, il tient sur ses genoux un livre ouvert. Sur l'appui de la fenêtre sont posés une écritoire, un mortier de bronze et un pot de faïence. Une affiche encadrée, où l'on voit un homme montrant une fiole, est suspendue à gauche en dehors de la fenêtre, dont la partie supérieure est garnie de lierre. Dans le fond de l'appartement, des livres sur des rayons et une sphère. — Signé, sur le dos de l'un des livres : *Metsu.*

Filhol, t. 4, pl. 267.

Collection de Louis XVI. — Vendu en 1772, à la vente du duc de Choiseul, 3,200 fr.; en 1779, à la vente du prince de Conti, 2,501 fr.; en 1784, à la vente du comte de Vaudreuil, 3,001 fr.

296. *Une femme hollandaise.*

H. 0,28. — L. 0,26. — B. — Fig. à mi-corps.

Elle est assise à côté d'une table couverte d'un tapis; elle tient de la main gauche, appuyée sur la table, un verre à patte, et de la droite un pot de bière. Sur la table, un flacon de liqueur et une pipe. Dans le fond, une cheminée dont la partie supérieure est supportée par une figure nue faisant cariatide.

Gravé par J. Daullé sous le nom de la Riboteuse; par Oortman dans le Musée royal. — Filhol, t. 6, pl. 375.

Ancienne collection.

297. *Une cuisinière hollandaise.*

H. 0,28. — L. 0,26. — B. — Fig. à mi-corps.

Elle est assise et occupée à peler des pommes. Devant elle, à gauche, sur une table couverte d'un vieux tapis, se trouvent un lièvre et un petit seau. — Signé, dans le haut du tableau, à gauche : *G. Metsu.*

Gravé par J. Daullé sous le nom de la Peleuse de pommes; par Massard dans le Musée royal. — Filhol, t. 6, pl. 369.

Ancienne collection. — Vendu en 1763, à la vente de M. Pielhon, 1301 fr.

298. *Portrait de Corneille Tromp, amiral hollandais, né en 1629, mort en 1691.*

H. 0,93. — L. 0,76. — T. — Fig. à mi-corps gr. nat.

Il porte un chapeau noir, un habit rouge, un large baudrier, de grands gants noirs bordés d'une frange d'or et d'argent. Il a la main gauche posée sur son côté et s'appuie de la droite sur une canne.

Musée Napoléon. — Acquis à la vente du prince de Monaco.

MEULEN (ANTON-FRANZ VAN DER), *né à Bruxelles en 1634, mort à Paris le 15 octobre 1690.* (Ecole flamande.)

Il fut élève de **Peter Snayers**, et avant même de sortir de l'école ses tableaux de paysages et de batailles égalaient ceux de son maître. Le Brun ayant vu des peintures de van der Meulen apportées en France, conseilla à Colbert non-seulement de les acquérir pour sa collection, mais même de faire venir l'artiste pour l'attacher au service du roi. Van der Meulen, appelé par le ministre, quitta Bruxelles, vint à Paris, fut logé aux Gobelins et reçut une pension de 6,000 livres, indépendamment du prix de ses ouvrages. Il suivait le roi dans toutes ses campagnes, dessinait sur les lieux même les villes fortifiées, leurs environs, les marches d'armées, les campements, les siéges et les prises des villes; en sorte que ses tableaux représentent avec la plus grande fidélité l'histoire militaire du roi et ses conquêtes. Les nombreux portraits de personnages célèbres que van der Meulen a introduits dans ses compositions, la représentation exacte des costumes de l'époque; enfin, sa grande manière de traiter le paysage, la beauté de sa couleur, la vigueur et la légèreté de son exécution, donnent aux œuvres de ce maître une haute valeur. Le roi le combla de richesses et de faveurs, et Le Brun, qui se montra son constant ami, lui fit épouser sa nièce. Il fut reçu de l'académie de peinture le 15 mai 1673, et, contrairement aux usages, ne présenta pas de morceau de réception. L'académie le nomma ensuite conseiller le 29 novembre 1681, et premier des conseillers le 26 octobre 1686. Mort à 56 ans, il fut enterré dans l'église de Saint-Hippolyte, sa paroisse.—Ses élèves sont **Martin** *l'aîné*, **Jean-Baptiste Le Comte**, **Martin** dit *le jeune*, cousin de l'aîné, **Duru**, Boudewyns et **Bonnart**. —Van der Meulen eut un frère, nommé *Peter*, qui eut de la réputation comme sculpteur, et passa en 1670 en Angleterre, où Peter van Bloemen et Largillière le suivirent.

299. *L'armée du roi campée devant Tournay (juin 1667).*

H. 2, 65. — L. 3, 85. — T. — Fig. de 0, 33.

Au premier plan, à gauche, au milieu d'un groupe de chevaux, de chariots et de bagages, un homme arrange des effets dans une malle. A droite, près d'une tente, des soldats couchés par terre jouent aux cartes. Au fond, des cavaliers dans la plaine, et la ville à l'horizon.

Gravé par R. Bonnart et Baudouins (Calc. imp.).

Collection de Louis XIV. — Le tableau porte pour inscription TOURNAY, et la gravure : *Vue de l'armée du roi campée devant* DOUAY, *du côté de la porte de Notre-Dame, en* 1667. La ville représentée dans le tableau est bien Tournay; mais dans la gravure qui en a été faite, ainsi que dans celle du n° 302, on a, nous ne savons par quel motif, changé les fonds et remplacé une ville par une autre.

300. *Arrivée de Louis XIV devant Douai, qu'il fait investir par sa cavalerie, en 1667.*

H. 2, 20. — L. 3, 28. — T. — Fig. de 0, 33.

Au premier plan, des mulets chargés de bagages; l'un d'eux succombe sous sa charge et des hommes essaient de le relever. Plus loin, à gauche, la route encombrée de cavaliers, de carrosses et de chariots. Des escadrons de cavalerie prennent position dans la plaine. A l'horizon, la ville.

Gravé par R. Bonnart (Calc. imp.).

Collection de Louis XIV.

301. *Entrée de Louis XIV et de la reine Marie-Thérèse à Douai (août 1667).*

H. 0, 63. — L. 0, 78. — T. — Fig. de 0, 30.

La reine, dans son carrosse, reçoit l'hommage des magistrats à genoux devant elle; l'un d'eux lit une harangue. A gauche, près du carrosse, Louis XIV à cheval, entouré de ses gardes.

Collection de Louis XIV. — Mlle de Montpensier, dans ses mémoires, en parlant de son château de Choisy (le Roy), t. VI, p. 317, Londres, 1746, dit : « Il y a un cabinet où toutes les conquêtes du roi sont en petit, par van der Meulen, un des plus habiles peintres de ces manières. » Ce tableau, celui représentant le combat près du canal de Bruges (n° 306) et celui du passage du Rhin (n° 308), peintures de petite dimension, proviennent peut-être de ce cabinet.

302. *Vue de la marche de l'armée du roi sur Courtray, qui fut pris le 18 juillet 1667.*

H. 2, 30. — L. 3, 26. — T. — Fig. de 0, 33.

Le roi, retenant son chapeau pour l'empêcher d'être emporté par le vent, et suivi de ses officiers, se dirige vers la ville. La route qui y conduit est encombrée de troupes et de bagages. Au premier plan, deux soldats couchés par terre.

> *Gravé par Bonnart et Baudouins (Calc. imp.) sous le titre de* Vue de la ville et du port de Calais du côté de la terre. — On remarquera que, dans cette gravure, la ville représentée à la ligne d'horizon n'est plus Courtray, mais bien Calais, ainsi que l'indique la légende.

Ce tableau, après avoir fait partie de la collection de Louis XIV, appartint à la ville de Lyon, qui en fit présent au roi Louis-Philippe en 1837.

303. *Vue de la ville et du siége d'Oudenarde, où le roi commandait en personne, en 1667.*

H. 2, 13. — L. 3, 33. — T. — Fig. de 0, 33.

Au milieu de la composition, Louis XIV et sa suite. Un officier, dont le cheval se cabre, parle au roi le chapeau à la main. A gauche, un groupe de quatre cavaliers, dont un, vu de dos, tient son chapeau.

Gravé par R. Bonnart (Calc. imp.).

Collection de Louis XIV.

304. *Entrée de Louis XIV et de la reine Marie-Thérèse à Arras (août 1667).*

H. 2, 32. — L. 3, 31. — T. — Fig. de 0, 28.

A droite, la reine, dans un carrosse attelé de six chevaux blancs, accompagnée des dames de sa suite et entourée de ses pages. Derrière le carrosse, Louis XIV et **Monsieur**, à cheval, suivis d'un brillant cortége. A gauche, une foule nombreuse. Au fond, la ville.

Gravé par R. Bonnart (Calc. imp.).

Collection de Louis XIV.

305. *Vue de la ville de Lille du côté du prieuré de Fives, et l'armée du roi devant la place (août 1667).*

H. 2, 30. — L. 3, 28. — T. — Fig. de 0, 30.

A gauche, Louis XIV à cheval, suivi de ses gardes, et trois officiers, le chapeau à la main, qui paraissent prendre ses ordres. Plus loin, une petite rivière qui baigne les jardins du prieuré, bordé à droite par un chemin auquel conduit un petit pont. Dans le fond, une vaste plaine et la ville de Lille.

Gravé par Huchtenburgh et Baudouins (Calc. imp.); *par Lorieu, dans le Musée français, sous le titre de* Prise de Courtray.

Ce tableau, après avoir fait partie de la collection de Louis XIV, appartint à la ville de Lyon, qui en fit présent au roi Louis-Philippe en 1837.

306. *Combat près du canal de Bruges (août 1667).*

H. 0, 50. — L. 0, 80. — T. — Fig. de 0, 25.

Au premier plan, à droite, Louis XIV, suivi de plusieurs cavaliers, donne des ordres à un général qui galope à côté de lui le chapeau à la main. Plus loin, des troupes traversent le canal. Dans le fond, une charge de cavalerie et la ville assiégée livrée aux flammes.

Filhol, t. 11, pl. 51.

Collection de Louis XIV. — Esquisse du grand tableau qui est à Versailles et qui a été gravé dans le Recueil des tapisseries du roi sous le nom de Le Brun. (Voir la note du n° 301.)

307. *Vue de la ville de Dôle, rendue à Louis XIV le 14 février 1668.*

H. 2, 16. — L. 2, 94. — T. — Fig. de 0, 33.

A gauche, sur un monticule, le roi à cheval et suivi de ses officiers semble parler à un garde à pied; un cavalier au galop ôte son chapeau en passant près de lui. A droite, quelques soldats assis autour d'un feu allumé près d'une chaumière. Dans le fond, la ville.

Gravé par Huchtenburgh et Baudouins en deux feuilles (Calc. imp.).

Collection de Louis XIV. — Ce tableau figura à l'exposition qui eut lieu en 1673 au Palais-Royal.

308. *Passage du Rhin* (12 juin 1672).

H. 0, 50. — L. 1, 11. — T. — Fig. de 0, 28.

Louis XIV, monté sur un cheval pie et entouré des princes et de ses généraux, donne des ordres à un officier à pied. Plus loin, des pièces d'artillerie protègent la cavalerie qui traverse le fleuve.

Gravé par C. Simonneau (Calc. imp.); par P. Laurent dans le Musée français.

Collection de Louis XIV. — (Voir la note du n° 301.)

309. *Arrivée du roi au camp devant Maëstricht (en 1673).*

H. 2, 31. — L. 3, 32. — T. — Fig. de 0, 33.

Le roi est à cheval, entouré de ses gardes. Un cavalier, vu de face, lui adresse la parole. A gauche, deux autres cavaliers se dirigeant au galop vers le roi; l'un d'eux porte la main à son chapeau. Dans le fond, la ville.

Gravé par R. Bonnart en deux planches (Calc. imp.).
Collection de Louis XIV.

310. *Vue de la ville et du château de Dinan, sur la Meuse, assiégés et pris par Louis XIV (mai 1675).*

H. 2, 33. — L. 3, 31. — T. — Fig. de 0, 30.

A gauche, le roi, entouré de ses officiers, se dirige vers la ville, située au bord de la Meuse; à droite, des rochers, des fragments de constructions, une croix, et dans le fond, le château bâti sur le roc.

Gravé par N. Bonnart (Calc. imp.); par Daudet dans le Musée français.

Collection de Louis XIV. — On croit que le paysage est peint par Huysmans de Malines.

311. *Valenciennes prise d'assaut par Louis XIV (16 mars 1677).*

H. 2, 26. — L. 3, 35. — T. — Fig. de 0, 33.

Louis XIV, suivi d'une escorte de cavaliers portant des manteaux, donne des ordres à un officier qui arrive au galop; il semble lui indiquer avec sa canne l'endroit où il doit se rendre. Dans la plaine, la cavalerie se dirigeant vers la ville assiégée.

Gravé par R. Bonnart (Calc. imp.).

Collection de Louis XIV.

312. *Vue de la ville de Luxembourg du côté des bains de Mansfeld, prise le 3 juin 1684.*

H. 2, 22. — L. 4, 00. — T. — Fig. de 0, 30.

Au milieu et au premier plan, des chevaux tenus en mains par des palefreniers. Un personnage portant un manteau parle à un valet vêtu de rouge; un mendiant, à genoux, lui demande l'aumône. A gauche, un aveugle que conduit un enfant est interrogé par des officiers.

Gravé par R. Bonnart (Calc. imp.).

Collection de Louis XIV. — On croit que le paysage est de Huysmans de Malines.

313. *Siége de la ville et des châteaux de Namur (juin 1692).*

H. 2, 06. — L. 3, 25. — T. — Fig. de 0, 30.

Au premier plan, un groupe de cavaliers, dont un, couvert d'un manteau rouge, semble parler au roi, qui est vêtu d'un habit bleu et monté sur un cheval alezan. Plus loin, un convoi de bagages qui se dirige vers une route bordée par un ruisseau. Dans la plaine, les troupes prenant position. Au fond, la ville dominée par un rocher où s'élève la citadelle, dont les canons font feu sur l'ennemi.

Collection de Louis XIV. — Ce tableau a été placé autrefois aux Invalides.

314. *Vue du château de Fontainebleau du côté des jardins.*

H. 1, 90. — L. 3, 35. — T. — Fig. de 0, 33.

Au premier plan, la chasse passant au milieu des roches d'Avon. Louis XIV, à la tête de ses officiers, poursuit le cerf qui est serré de près par les chiens. Plus loin, les gardes et les carrosses du roi. Dans le fond, le parterre, le château et ses dépendances. A l'horizon, la forêt.

Gravé par Baudouins en deux planches (Calc. imp.).

Collection de Louis XIV.

315. *Vue du château de Vincennes du côté du parc.*

H. 0, 96. — L. 1, 26. — T. — Fig. de 0, 18.

Vers la droite, à l'entrée du bois de Vincennes, le roi, sur un cheval gris, tenant un fusil, est accompagné de ses pages à pied et précédé de sept chiens. A gauche, un groupe de seigneurs à cheval. Dans le fond, des troupes, et plus loin le château et le parc de Vincennes.

Gravé par A.-F. Baudouins (Calc. imp.).

Collection de Louis XIV.

316. *Bataille à l'entrée d'une forêt.*

H. 1, 36. — L. 2, 18. — T. — Fig. de 0, 20.

A gauche, un engagement de cavalerie à la sortie d'un bois; des cavaliers démontés et des chevaux blessés sont renversés par terre. Plus loin, dans une des gorges de la forêt, un deuxième combat. Au premier plan, un soldat menace de percer de son épée un autre soldat terrassé qu'il saisit à la gorge. Un homme mort est étendu près d'eux. A l'horizon, des montagnes.

Ancienne collection.

317. *Bataille au passage d'un pont.*

H. 0, 23. — L. 0, 33. — B. — Fig. de 0, 03.

A gauche, un combat de cavalerie s'engage sur un pont d'une seule arche; des hommes et des chevaux tombent dans la rivière. Au premier plan, un porte-étendard au milieu d'un groupe de cavaliers. — Signé au bas, à droite : A. F. V. MEVLEN. A. BRVIL.

Collection de Louis XIV. — Esquisse.

318. *Bataille près d'un pont.*

H. 0, 23. — L. 0, 33. — B. — Fig. de 0, 03.

Un engagement de cavalerie a lieu près d'un ruisseau traversé par un pont d'une seule arche qui est couvert de combattants. Dans le fond, au-dessus du pont, des charrettes dételées et attaquées. Leurs défenseurs les abandonnent et s'enfuient en désordre. — Signé, sur le pont : A. F. V. MEVLEN.

Collection de Louis XIV. — Pendant du tableau précédent.

319. *Convoi militaire.*

H. 0, 19. — L. 0, 27. — Forme ovale. — C. — Fig. de 0, 03.

Des cavaliers, dont un est vêtu de rouge et porte un chapeau à plumes, cheminent avec des soldats à pied dans un chemin creux. Vers la droite, trois soldats assis par terre et un autre couché et endormi. Au fond, un chariot escorté et une ferme sur une hauteur. — Signé, sur le mur de la ferme : AF. V. MEVLEN.

Gravé par Hulk dans le Musée français. — Filhol, t. 3, pl. 189.

Collection de Louis XVI.

320. *Halte de cavaliers.*

H. 0, 19. — L. 0, 27. — Forme ovale. — C. — Fig. de 0, 03.

Des cavaliers, après s'être arrêtés à la porte d'une auberge, se disposent à partir ; un villageois, le chapeau à la main, montre le chemin à deux d'entre eux, et à droite, un mendiant, assis sur le bord de la route, leur demande l'aumône. On aperçoit dans le fond d'autres cavaliers qui se dirigent vers un bâtiment situé sur une hauteur. — Signé, sur le haut de la maison : V. MEVLEN.

Gravé par Hulk dans le Musée français. — Landon, t. 4, pl. 27. — Filhol, t. 2, pl. 105.

Collection de Louis XVI. — Pendant du tableau précédent.

321. *Étude de chevaux.*

H. 0, 55. — L. 0, 66. — T.

Cinq chevaux sur une même toile, sans fond. A gauche, un cheval blanc, et derrière, un bai. Au milieu, un cheval blanc vu par la croupe, et à droite deux chevaux pie.

Ancienne collection.

MIEL. — *Voir* MEEL.

MIEREVELT. — *Voir* MIREVELD.

MIERIS LE VIEUX (FRANS VAN), *né à Delft en 1635, le 10 avril suivant Weyermann, ou le 16 selon Houbraken; mort à Leyde le 12 mars 1681. (Ecole hollandaise.)*

Le père de Mieris, lapidaire et riche orfèvre, cédant à la vocation de son fils pour le dessin, le plaça d'abord chez Abraham Toornvliet, peintre habile sur verre, puis chez Gerard Dov, où il fit des progrès si rapides que bientôt Gerard le surnomma le prince de ses élèves. Afin d'agrandir sa manière par l'étude de la peinture historique, Mieris entra ensuite à l'atelier d'Adriaan **van den Tempel**; mais il n'y resta pas longtemps, ne pouvant résister au penchant qui l'entraînait vers les sujets de genre de petites dimensions. Il revint de nouveau chez Gerard Dov, et ne sortit de son atelier que lorsqu'il eut appris de l'habile maître tout ce qui peut s'enseigner. L'archiduc Léopold-Guillaume voulut attacher Mieris à son service; mais il ne put le décider à quitter sa patrie, où ses tableaux, d'un extrême fini et souvent d'une dimension plus petite encore que ceux de Gerard Dov, étaient recherchés avec empressement par les connaisseurs et payés des prix très élevés. On prétend qu'à l'exemple de son maître il fit un grand usage du miroir concave pour copier et réduire ses modèles. Mieris laissa deux fils : Willem, dont il sera parlé dans l'article suivant, et **Jan**, né à Leyde le 17 juin 1660, mort à Rome le 17 mars 1690. Ce dernier fut son élève, étudia aussi sous Gerard de Lairesse, voyagea en Allemagne, en Italie, et ne fut pas sans quelque mérite.

322. *Portrait d'homme.*

H. 0, 24. — L. 0, 19. — B. — Fig. à mi-corps.

Il est vu de face, tête nue, enveloppé d'un manteau de velours rouge; le bras droit repose sur l'extrémité d'une balustrade où sont placés son chapeau et un vase en pierre avec un pavot; il tient une canne à pomme d'ivoire. A droite, la tête d'un lévrier, et par derrière, un petit nègre. Dans le fond, à gauche, un bâtiment, et dans une niche, une statue de Vénus.

A droite, des collines, des fabriques et des arbres. — Signé, sur la balustrade : *F. Van Mieris.*

Collection de Louis XVI.

323. *Femme à sa toilette.*

H. 0, 27. — L. 0, 22. — B. — Fig. à mi-corps.

Une femme, richement habillée et assise devant une table sur laquelle est posé un grand miroir, peigne ses cheveux. A droite, une négresse apporte une aiguière et un bassin. La porte ouverte laisse apercevoir de côté un portique avec des colonnes.

Collection de Louis XVI. — Ce tableau, qui provient de la collection Lormier, a été vendu à La Haye, en 1763, 830 florins.

324. *Le thé.*

H. 0, 40. — L. 0, 34. — B. — Fig. de 0, 22.

Sous un portique, deux femmes, richement vêtues, sont assises près d'une table : l'une d'elle, en robe de satin blanc, regarde le fond d'une tasse qu'elle tient de la main droite ; l'autre, qui porte deux plumes bleues sur la tête, verse du thé. Derrière elle, un homme debout, vu de dos, cause avec une femme. A gauche, une statue dans l'ombre, éclairée seulement sur le bord. Par terre, un petit métier, des soies dans une corbeille, une mule à talon et brodée. A droite, un petit chien et une chaise placée au-dessous d'un rideau rouge soulevé. Dans le fond, deux niches avec des statues.

Ancienne collection.

325. *Une famille flamande.*

H. 0, 41. — L. 0, 32. — B. — Fig. de 0, 23.

Une dame, assise et un pied posé sur une chaufferette, donne le sein à un enfant enveloppé dans ses langes. A droite, deux hommes : l'un, tête nue, est assis dans un fauteuil ; l'autre, debout derrière celui-ci, porte un grand chapeau et regarde l'enfant. A gauche, près de la femme, un berceau en osier. Sur le devant, un chat et un chien qui aboie. Au fond, une servante agenouillée près d'une cheminée.

Ancienne collection.

MIERIS (WILLEM VAN), *peintre, sculpteur, né à Leyde en* 1662, *mort dans la même ville le* 24 *janvier* 1747. (Ecole hollandaise.)

Fils et élève de Frans van Mieris le vieux, il peignit également avec un grand soin des tableaux d'histoire et de genre, des paysages, des portraits et des animaux. Il eut un fils nommé **Frans**, et surnommé *le jeune* pour le distinguer de son grand-père, qui naquit à Leyde en 1689 et mourut dans la même ville en 1762 ou 1763. Ce dernier imita la manière de son père, et surtout celle de Frans van Mieris le vieux, sans toutefois l'égaler. Il fut en outre un écrivain distingué, et a publié des chroniques, des chartes et l'histoire de plusieurs villes des Pays-Bas.

326. *Les bulles de savon.*

H. 0, 31. — L. 0, 26. — B. — Fig. à mi-corps.

Derrière une fenêtre cintrée, un jeune garçon tient d'une main une bulle de savon au bout d'un chalumeau, et de l'autre une bourse en cuir. Plus loin, à gauche, une jeune fille qui porte des raisins dans son tablier en montre une grappe de la main droite, et un enfant regarde l'oiseau renfermé dans une cage d'osier posée sur le bord de la fenêtre. Au-dessous de l'appui de la fenêtre, un bas-relief représentant des enfants jouant avec une chèvre, et caché à droite par un riche tapis qui tombe en dehors.

Ancienne collection. — L'inventaire donne ce tableau à Frans van Mieris le père.

327. Le marchand de gibier.

H. 0,50. — L. 0, 26. — B. — Fig. à mi-corps.

Derrière une fenêtre cintrée, un jeune homme tient par les pattes un coq et le montre à une femme placée à gauche, qui lui offre une pièce de monnaie. Du même côté, un lièvre accroché à la fenêtre, sur l'appui de laquelle se trouvent un couteau, une perdrix rouge, un canard et une serviette. A droite, une cage d'osier suspendue à l'extérieur de la fenêtre, dont le bas est orné d'un bas-relief représentant des enfants jouant avec un chien et une chèvre.

Filhol, t. 8, pl. 527.
Ancienne collection.

328. La cuisinière.

H. 0, 47. — L. 0, 58. — B. — Fig. à mi-corps.

Elle écarte le rideau de sa fenêtre pour accrocher un coq à un clou, auquel sont déjà suspendues deux perdrix, et parle à un jeune garçon qui tient un plat rempli de viande. A gauche, un tapis, des carottes et un chou posés sur le bord de la fenêtre; une cage d'osier est accrochée à l'extérieur. Sous l'appui de la fenêtre, orné d'un bas-relief représentant des jeux d'enfants, une pie becquette deux carottes. A droite, sur le devant, un grand vase de terre cuite dans lequel est planté un payot.

Musée Napoléon.

MIGNON ou MINJON (ABRAHAM), *né à Francfort en 1637, mort à Wedzlar en 1679.* (Ecole hollandaise.).

Il entra à l'âge de 7 ans chez **Jacob Moreels**, peintre de fleurs de Francfort, qui le garda chez lui pendant quatorze années suivant Houbraken, ou pendant dix-sept années selon d'autres biographes. Moreels faisait aussi le commerce des tableaux; dans un de ses voyages en Hollande, il emmena avec lui Mignon et le fit entrer à l'atelier de David de Heem. Mignon ne tarda pas à acquérir de la réputation et alla s'établir à Wedzlar, où il passa le reste de sa vie.

329. *Le nid de pinsons.*

H. 0,82. — L. 1,00. — T.

Un nid de pinsons repose sur un tonneau placé devant un fusil dont on ne voit que le bout du canon. La mère apporte en volant un ver à ses petits. A droite, un écureuil et des oiseaux morts pendus par le bec à des branches d'arbre. Des poissons, attachés avec des joncs par les ouïes, sont suspendus au tonneau ou entassés devant lui par terre. On voit, au milieu des fleurs, des couleuvres et des reptiles de différentes espèces. A gauche, des champignons, et dans le fond, une pièce d'eau avec des grenouilles. — Signé : *A. Mignon fec.*

Collection de Louis XIV.

330. *Fleurs des champs, oiseaux, insectes et reptiles.*

H. 0,48. — L. 0,42. — B.

Des marguerites, des bluets, des coquelicots, des graminées croissent au pied d'un arbuste dans lequel est un nid d'oiseaux; une couleuvre se glisse à travers les feuilles et fixe un lézard. A gauche, près de champignons, une souris. — Signé : *A. Mignon f.*

Ancienne collection.

331. *Fleurs dans une carafe de cristal.*

H. 0,48. — L. 0,42. — B.

Des roses, des tulipes, une iris, un œillet, une anémone, un pavot et d'autres fleurs sont posés dans une carafe de cristal placée sur un appui de pierre. Au bas, sur le devant, un épi, trois cerises, un colimaçon et deux touffes de boules de neige sur une même tige. — Signé : *A. Mignon.*

Ancienne collection. — Pendant du tableau précédent.

332. *Fleurs dans une carafe de cristal placée sur un piédestal en pierre.*

H. 0, 88. — L. 0, 68. — T.

On remarque parmi ces fleurs, des pavots, des roses, une orange, des tulipes, des hortensias, des pivoines, un œillet, etc. Au bas et au milieu, un épi de blé mûr sur lequel se pose un petit papillon. Tout-à-fait à droite, un papillon plus grand près d'une rose. On voit sur le vase la réflexion d'une fenêtre. — Signé : *A. Mignon fe.*

Collection de Louis XIV.

333. *Fleurs et fruits, oiseaux, insectes.*

H. 0, 99. — L. 0, 84. — T.

A droite, sur une pierre, au pied d'un tronc d'arbre, de gros raisins. Au milieu, par terre, une branche chargée d'abricots, des pêches, des prunes, un melon. A gauche, des courges. Dans le fond, du même côté, une construction voûtée supportée par des colonnes. On remarque, au milieu des fruits, une souris qui entre dans un nid d'oiseau renfermant quatre œufs.

Ancienne collection.

334. *Fleurs, fruits et insectes.*

H. 0, 75. — L. 0, 60. — T.

Une corbeille à anse, posée sur l'appui d'une niche, contient des raisins noirs et blancs, des pêches, des châtaignes, des cerises, des prunes, des mûres, etc. Sur l'appui, à droite, de gros raisins. Au milieu, un coing et des pêches. A gauche, un melon, un épi de maïs.

Des papillons de différentes espèces voltigent près des fruits et des fleurs. — Signé : *A. Mignon fe.*

Ancienne collection.

MINJON. — *Voir* MIGNON.

MIREVELD ou **MIEREVELT** (MICHIEL-JANSZ), *peintre, graveur, né à Delft en* 1568, *mort dans la même ville le* 27 *juillet* 1641. (Ecole hollandaise.)

Son père, habile orfèvre, le plaça d'abord chez **Hieronimus Wierx**, et le jeune Michiel fit des progrès si rapides qu'à l'âge de 11 à 12 ans il fut en état de publier plusieurs planches gravées d'après ses compositions. Bientôt cependant son inclination pour la peinture lui fit quitter le burin et son maître Wierx pour entrer à l'atelier de **Blockland**, dont il imita parfaitement la manière. Mireveld peignit une quantité immense de portraits très soignés d'exécution, et acquit une telle réputation dans ce genre que Charles Ier, roi d'Angleterre, voulut l'attirer à sa cour ; mais la peste qui désolait Londres alors l'empêcha d'accepter cet honneur. Le duc Albert lui fit une pension considérable, et afin de se l'attacher il lui laissa la liberté d'exercer sa religion, faveur toute particulière, car Mireveld était Mennonite, et les partisans de cette secte étaient alors très rigoureusement poursuivis. Mireveld eut pour élèves **Paul Morcelze**, **Pieter Gerritz Montfort**, **Nicolaas Cornelis**, **Pieter Dirck Kluyt**, et son fils aîné, **Pieter**, né à Delft le 5 octobre 1595, mort à l'âge de 36 ans, qui s'appropria beaucoup de sa manière.

335. *Portrait d'homme.*

H. 0, 63. — L. 0, 51. — B. — Buste gr. nat.

Il a la tête nue, vue de trois quarts, tournée à droite, la barbe et les moustaches presque blanches ; il porte une fraise tuyautée, un pourpoint de soie noire et un surtout de velours de la même couleur garni de fourrure. — On lit sur le fond : *Ætatis* 69 *A°.* 1617.

Ancienne collection.

336. *Portrait de femme.*

H. 1, 20. — L. 0, 89. — B. — Fig. à mi-corps gr. nat.

Elle est vue de trois quarts et tournée à gauche ; elle a un bonnet blanc garni de guipure sur la tête, une chaîne d'or autour du cou et une large fraise tuyautée. Son vêtement est noir et de petits boutons ornent son corsage; elle porte de hautes manchettes garnies de guipure, et tient de la main gauche des gants sur lesquels sont brodés des fraises, des oiseaux et des papillons. — On lit sur le fond : Ætatüs su · 34 · Anno 1634.

Musée Napoléon.

337. *Portrait d'homme.*

H. 1, 21. — L. 0, 91. — B. — Fig. à mi-corps gr. nat.

Il a la tête nue, vue de trois quarts et tournée à droite, de la barbe et des moustaches relevées; il porte une large fraise rabattue. Son vêtement est noir et sa main droite repose sur le côté; de la gauche il retient son manteau.

Musée Napoléon.

MOL (PIETER VAN), *né à Anvers en 1580, mort à Paris le 8 avril 1650.* (Ecole flamande.)

Il fut élève d'**Arthus Wolfort** et de Rubens. Il vint à Paris, fut reçu de l'académie le 1ᵉʳ février 1648, et peignit des tableaux d'histoire et des portraits. On n'a aucun détail sur sa vie. Il ne faut pas confondre ce peintre avec **Johann-Baptist van Mol**, contemporain et imitateur de Rembrandt.

338. *Descente de croix.*

H. 2, 06. — L. 1, 46. — T. — Fig. gr. nat.

Saint Jean soutient le corps du Christ, que la Vierge agenouillée touche avec douleur. A gauche, derrière elle, deux saintes femmes debout. A droite, Marie-Madeleine tient la main gauche du Christ et l'embrasse. Nicodème est placé derrière saint Jean. On voit sur le devant un panier plein d'outils, un bassin de cuivre et les instruments de la Passion.

Landon, t. 2, pl. 40.

Ancienne collection. — Ce tableau était placé autrefois dans le couvent des Augustins déchaussés, appelés *petits pères*.

MOLYN LE VIEUX (PIETER), *peintre, graveur, né à Harlem vers 1600, mort en 1654 suivant Balkema.* (Ecole hollandaise.)

Quoiqu'il eut de la réputation, surtout comme paysagiste et imitateur de van Goyen, il peignit bien les figures. On n'a, du reste, presque pas de renseignements sur sa vie. — **Pieter Molyn** le jeune, dit *Tempesta* ou *de mulieribus*, son fils et son élève, né à Harlem en 1637, montra beaucoup de talent dans tous les genres, et fit, dans le goût de Snyders, de grandes chasses fort estimées. Il voyagea en Italie, et accusé à Gênes d'avoir fait assassiner sa femme ou sa maîtresse, il fut condamné à une prison perpétuelle. Il n'en sortit que lors du bombardement de cette ville par Louis XIV, en 1684, et se retira à Plaisance, où il mourut en 1701.

339. *Choc de cavalerie.*

H. 0, 50. — L. 0, 64. — B. — Fig. de 0, 12.

A droite, sur un chemin qui passe au pied d'un coteau où est construite une chaumière entourée de palissades, des cavaliers se battent à l'épée et au pistolet. Au premier plan, un soldat renversé par terre, vu de dos, se traîne sur ses mains. A gauche, un homme, tenant une épée, fuit vers un bouquet d'arbres. Dans le fond, des montagnes et un cavalier au galop. — Signé à droite, sur une pierre, d'un monogramme formé des lettres PM et daté de 1643.

Ancienne collection. — Ce tableau, sur les inventaires, est porté aux inconnus de l'école flamande.

MONI (LUDWIG DE), *né à Breda en 1698, mort à Leyde le 15 septembre 1771.* (Ecole hollandaise.)

Il fut successivement élève de van Kessel, d'**Emmanuel Biset** et de Philipp van Dyck. Il peignit des tableaux de petites dimensions et chercha à imiter la manière de Gerard Dov.

340. Scène familière.

H. 0, 33. — L. 0, 27. — B. — Fig. à mi-corps.

A droite, une jeune fille, debout devant une fenêtre, tient un chat dans ses bras. A côté d'elle, un jeune garçon, dont la toque est placée sur le bord de la fenêtre, joue avec un oiseau et a la main gauche posée sur un pot en terre cuite. Derrière lui, un homme en manteau montre une bourse à la jeune fille. — Signé : *L. de Moni.*

Musée Napoléon.

MOOR (KAREL DE), *peintre, graveur, né à Leyde le 22 février 1656, mort à La Haye le 16 février 1738.* (Ecole hollandaise.)

Son père, qui était marchand de tableaux, le plaça d'abord chez Gerard Dov. Désireux d'acquérir une manière plus large, il alla étudier à Amsterdam sous **Abraham van den Tempel**, bon peintre de portraits. Après la mort de ce maître, il revint à Leyde, entra à l'atelier de Franz Mieris, qu'il quitta pour celui de Godefried Schalken, qui habitait Dordrecht. Il fit beaucoup de portraits, des compositions historiques et des tableaux de genre. Ses ouvrages étaient très recherchés, non seulement en Hollande, mais aussi à l'étranger. Le grand-duc de Toscane, l'empereur, le czar Pierre-le-Grand voulurent en posséder, et le récompensèrent magnifiquement. Il eut un fils, nommé aussi **Karel**, qui exerça la peinture et fit également des portraits.

341. Une famille hollandaise.

H. 0, 60. — L. 0, 76. — T. — Fig. de 0, 40.

Sous le péristyle d'un palais, une femme, richement vêtue et ayant à la main une branche d'olivier, est assise dans un fauteuil doré. A droite, un personnage, sous les traits de Mercure, assis près d'elle sur des ballots de marchandises, tient de la main, qu'il appuie sur son épaule, un caducée. A gauche, une corne d'abondance renversée et trois petits enfants, dont un a des plumes sur la tête, portent des fleurs et des fruits. Aux pieds de la femme, à terre, des bijoux, des pièces d'or et d'argent, un miroir, des porcelaines, un livre, une dent d'éléphant, etc. Dans le fond, un jardin. — Signé : *C. D. Moor.*

Ancienne collection.

MOR, MOOR, MORE ou MORO (ANTONIS DE), *né à Utrecht en 1525, mort à Anvers en 1581.* (Ecole hollandaise.)

Il fut élève de **Jan Schoreel**, et dans sa jeunesse il passa plusieurs années en Italie à étudier les ouvrages des grands maîtres. Ses premières peintures lui méritèrent la protection du cardinal Granvelle, qui le recommanda à Charles V. En 1552, il fut en Espagne et entra au service de ce monarque, qui l'envoya peu de temps après en Portugal faire le portrait du roi Jean III, de la reine Catherine et de leur fille Marie, qui fut la première femme de Philippe II. Mor reçut de magnifiques présents pour ces portraits, et à son retour l'empereur l'employa à différents ouvrages et lui commanda plusieurs tableaux d'histoire. Mor alla aussi, par ordre de Charles V, en Angleterre, et fit le portrait de la reine Marie, fille de Henri VIII, qui épousa le 25 juillet 1554 Philippe II. Il resta en Angleterre pendant tout le règne de Marie et peignit un grand nombre de portraits des personnes de la cour. Après la mort de la reine, arrivée le 17 septembre 1558, il revint en Espagne, reçut de nouvelles marques de générosité de Philippe II, et fut honoré, de la part de ce prince, d'une familiarité qui pensa lui être funeste. Averti à temps que les inquisiteurs méditaient de le faire arrêter, Mor obtint du roi un congé, se retira à Anvers, où il resta jusqu'à sa mort, malgré les instances de Philippe qui le rappelait en Espagne. Au surplus, il trouva dans le duc d'Albe un nouveau protecteur, et lui et sa famille furent comblés de charges honorables et lucratives par le terrible gouverneur des Pays-Bas. Quoique Mor excellât surtout dans la peinture des portraits, il a exécuté aussi plusieurs tableaux d'histoire assez remarquables. On connaît encore de lui de belles copies faites d'après le Titien pour le roi d'Espagne.

342. *Portrait d'homme.*

H. 1,00. — L. 0,80. — B. — Fig. à mi-corps gr. nat.

Il a la tête nue, des moustaches, très peu de barbe, une fraise à tuyaux, un pourpoint à manches ouvertes et tombantes en satin noir. Sa main gauche est posée sur le côté ; de la droite il indique une montre placée sur une table. — Signé : *Ant. Mor pingebat* 1565.

Musée Napoléon.

343. *Le nain de Charles-Quint.*

H. 1, 27. — L. 0, 93. — B. — Fig. gr. nat.

Il est représenté en pied, de grandeur naturelle, en costume de cour, une chaîne d'or au cou, l'épée au côté et une masse d'armes dans la main droite, portant la gauche sur un chien d'Espagne qui est debout à ses côtés et dont le collier est orné d'un blason.

Collection de Louis XIV. — Ce tableau était attribué dans les notices précédentes à **Torbido Moro**, peintre vénitien, élève de Giorgion et de Liberale. Il est probable que le surnom de *il Moro* donné à Torbido a fait commettre cette erreur d'attribution.

MOUCHERON (FREDERIK), *né à Embden en 1632 ou 1633, mort à Amsterdam en 1686.* (Ecole hollandaise.)

Il fut élève d'Asselyn, et vint à Paris, où ses tableaux étaient très recherchés. **Helmbrecker** peignit des figures et des animaux dans ses paysages. Après un séjour de plusieurs années en France, Moucheron retourna en Hollande et se fixa à Amsterdam. Adriaan van den Velde lui rendit alors le même service qu'Helmbrecker, et enrichit souvent ses peintures de figures et d'animaux. — **Isaac Moucheron**, peintre, graveur, né à Amsterdam en 1670, mort dans la même ville le 20 juillet 1744, n'avait que 16 ans lorsque Frederik, son père et son maître, mourut. A l'âge de 24 ans, il se rendit en Italie, et passa plusieurs années à dessiner constamment les environs de Rome et de Tivoli. Il fut admis dans la bande académique établie à Rome, et y reçut, à cause de la vérité de son dessin et de l'exactitude de sa perspective, le surnom d'*Ordonnance*. Isaac revint à Amsterdam, et fit beaucoup de paysages, d'une assez grande dimension, destinés à décorer les appartements. Il a bien peint aussi les figures et les animaux, quoique **de Wit**, Verkolie, etc., en aient souvent exécuté dans ses ouvrages.

344. *Le départ pour la chasse.*

H. 0, 78. — L. 0, 66. — T. — Fig. de 0, 07.

A droite, à l'extrémité d'un parc, un escalier terminé par deux piédestaux ornés de sculptures et supportant de grands vases. Un seigneur et une dame descendent les marches et vont monter sur des chevaux tenus par un piqueur sur une terrasse qui s'étend au pied de l'escalier. Au milieu, un cavalier. A gauche, deux chiens courant l'un après l'autre. Plus loin, un valet de chiens assis, auquel parle un chasseur debout, qui s'appuie sur son fusil. Dans le fond, une plaine entre des collines et des montagnes.

Collection de Louis XVI. — Acquis en 1785. Les figures et les animaux sont d'Adriaan van den Velde.

NEEFS, NEEFFS ou **NEEFTS LE VIEUX (PETER, PEETER** ou **PIETER),** *né à Anvers vers 1570, mort en 1651.* (Ecole flamande.)

Il fut élève de Hendrick van Steenwyck, et peignit avec une grande exactitude de perspective et de détails des intérieurs d'églises gothiques. Les Frank, Teniers, Breughel, van Thulden ont fait ordinairement les figures de ses tableaux. — Il eut un fils, nommé aussi **Peter le Jeune**, qui peignit dans sa manière, mais avec moins d'habileté. On connaît des tableaux de lui datés de 1650 à 1660. — D'autres peintures du même genre, datées de 1646 et 1648, et signées **F. Ludewig Neefs**, appartiennent probablement à un autre fils de Peter Neefs.

345. *Saint Pierre délivré de prison.*

H. 0, 48. — L. 0, 63. — B. — Fig. de 0, 06.

A gauche, près d'un réchaud contenant des charbons allumés, deux gardes endormis, et un homme, vu de dos, ayant des chaînes aux pieds. En face de celui-ci, l'ange prenant saint Pierre par la main et lui indiquant le chemin à suivre pour sortir de la prison. Vers le milieu, un gardien assis contre un pilier et assoupi; plus à droite, deux soldats endormis, les coudes appuyés sur une table. A droite, un escalier conduisant à un souterrain, des cuirasses et des lances appuyées contre la muraille. Effet de nuit. — Ce tableau est signé : **PEETER NEEffs.**

Ancienne collection. — L'inventaire dit à tort que les figures sont de Teniers.

346. *Vue intérieure d'une cathédrale.*

H. 0, 62. — L. 1, 02. — B. — Fig. de 0, 08.

Dans la nef, des mendiants demandent l'aumône à un cortège de femmes qui sortent de l'église, précédées de pages portant des flambeaux. Plus loin, des hommes assis assistent à un service funèbre. A gauche, dans une chapelle latérale, un prêtre célèbre la messe.

Musée Napoléon.

347. *Vue intérieure d'une cathédrale.*

H. 0, 50. — L. 0, 64. — T. — Fig. de 0, 04.

A droite, dans la nef, un cavalier en manteau rouge visite l'église ; plus loin à droite, dans l'allée du milieu, un homme est en conversation avec un moine. — Signé, en haut du tableau, à gauche : DEN AVDEN NEEffs (le vieux Neeffs).

Musée Napoléon.

348. *Vue intérieure d'une cathédrale.*

H. 0, 88. — L. 1, 10. — B. — Fig. de 0, 14.

Au premier plan et au milieu, un groupe de quatre personnages causant ensemble. A leur droite, un mendiant avec des béquilles ; à leur gauche, un lévrier. A gauche, assise par terre contre un pilier, une femme donne le sein à un enfant. Au milieu de l'église, un prêtre dit la messe à un autel adossé contre un pilier. Des hommes et des femmes sont agenouillés autour de lui. — Signé : P. NEEFTS.

Ancienne collection.

349. *Intérieur d'église.*

H. 0, 24. — L. 0, 34. — T. — Fig. de 0, 04.

A gauche, trois femmes prosternées devant une madone sculptée, et placée contre un pilier vivement éclairé par le soleil. Vers le milieu, deux femmes debout, causant avec un prêtre en surplis. A droite, deux enfants et un homme en manteau rouge, assis et dessinant. — Signé : PEETER NEEFS.

Ancienne collection.

350. *Intérieur d'église.*

H. 0, 06. — L. 0, 09. — Forme ovale. — C. — Fig. de 0, 01.

Deux cavaliers, accompagnés de trois pages, visitent une église que leur montre le sacristain.

Ancienne collection.

351. *Intérieur d'église.*

H. 0, 06. — L. 0, 09. — Forme ovale. — C. — Fig. de 0, 01.

A gauche, deux dames entrent, précédées d'un page portant une torche. A droite, deux cavaliers, suivis d'un chien, parlent à un ecclésiastique.

Ancienne collection. — Pendant du tableau précédent.

352. *Intérieur d'église.*

H. 0, 33. — L. 0, 25. — T. — Fig. de 0, 06.

Au premier plan, à gauche, un paysan avec son chapeau sur la tête, agenouillé et tenant un chapelet; il a près de lui un chien. Plus loin, une femme assise par terre contre un pilier, avec son enfant dans les bras. A droite, un prêtre en surplis s'entretenant avec un personnage en manteau rouge et suivi d'un page.

Gravé par Caquet dans le Musée français.

Ancienne collection. — Les figures sont attribuées par l'inventaire à D. Teniers.

353. Intérieur d'église.

H. 0, 24. — L. 0, 22. — B. — Fig. de 0, 03.

Au premier plan, à gauche, deux personnages causant ensemble, et près d'eux, un chien. A droite, une dame vue de dos, suivie d'un page, et plus loin, au milieu de l'église, un groupe de quatre hommes.

Ancienne collection.

NEER (AART, ARTHUS ou **ARNOULD VAN DER**), *né à Amsterdam en* 1613, *ou* 1619 *suivant d'autres auteurs. Les biographes fixent sa mort à l'année* 1683 *ou* 1684, *quoique G. van Spaan, dans son Histoire de Rotterdam, le cite avec les peintres qui vivaient encore dans cette ville en* 1691. (Ecole hollandaise.)

Le nom de son maître est inconnu. On sait que dans sa jeunesse il avait été major chez les seigneurs van Arkel, et l'on n'a guère d'autres détails sur sa vie. Il fut habile paysagiste, et peignit surtout avec un grand talent des effets de clair de lune, de soleil couchant et d'hiver.

354. Bords d'un canal en Hollande.

H. 0, 48. — L. 0, 80. — B. — Fig. de 0, 05.

A droite, trois vaches, dont deux couchées sur une langue de terre, près de laquelle est une barque sans voile. A gauche, l'autre rive du canal, bordée d'arbres et de maisons. Au premier plan, un homme appuyé sur une clôture en planches. Plus loin, un homme dans un bateau, qu'il dirige avec une perche. Dans le fond, au milieu des maisons, le clocher d'une église. Effet de soleil couchant. — A droite, sur une planche près de la vache debout, le monogramme de l'artiste, composé des lettres AV. DN.

Ancienne collection. — Les animaux sont attribués par l'inventaire à Albert Cuyp.

355. *Village traversé par une route.*

H. 0, 68. — L. 0, 61. — T. — Fig. de 0, 09.

A droite, des maisons au bord d'un canal, où l'on voit la réflexion de la lune et quatre canards qui nagent. Sur la route, au premier plan, des arbres coupés, une roue, un chien, deux personnages causant ensemble. Plus loin, un paysan avec un panier, puis un cavalier suivi d'un homme à pied. A gauche, des arbres et des maisons entourés de clôtures à claire voie. Au pied d'un arbre, à droite, le monogramme de l'artiste, composé des lettres AV et DNER (avec ces quatre dernières lettres on peut former les mots *der Neer*).

Acquis, le 24 mai 1852, à la vente de M. le comte de Morny, pour la somme de 6,800 fr.

NEER (EGLON VAN DER), *né à Amsterdam en 1643, mort à Dusseldorf le 3 mai 1703.* (Ecole hollandaise.)

Il étudia d'abord le paysage sous la direction de son père Aart van der Neer, puis la figure à l'atelier de Jacob van Loo. A l'âge de 20 ans, il partit pour Paris, où, malgré sa jeunesse, ses ouvrages furent très remarqués. Le comte de Dona, gouverneur d'Orange, l'engagea à son service : il y resta trois ou quatre années, puis retourna en Hollande. Il habita successivement Rotterdam, Bruxelles et Dusseldorf, reçut le titre de peintre du roi d'Espagne, quoiqu'il n'alla jamais dans ce pays, et continua à travailler à la cour de l'électeur palatin. Marié trois fois, chargé d'une nombreuse famille, il travaillait avec assiduité et produisit un grand nombre d'ouvrages dans des genres variés. Il a peint des portraits, des tableaux d'histoire, des paysages, dont il exécutait, d'après nature, les moindres détails avec un extrême fini, et des tableaux de genre, où il a imité souvent avec succès la manière de Terburg. Il eut pour élève Adrian van der Werff.

356. *Paysage.*

H. 0, 32. — L. 0, 40. — T. — Fig. de 0, 04.

A droite, un chariot attelé de deux chevaux, dans lequel sont assis un homme et une femme, vient de descendre une route escarpée et bordée de rochers. Un cavalier, accompagné d'un chien, est arrêté pendant que son domestique fait boire son cheval à un ruisseau. Plus loin, à gauche, des femmes, portant des pots et des paquets, se dirigent vers un château qu'on aperçoit dans le fond.

Collection de Louis XV.

357. *La marchande de poissons.*

H. 0,20. — L. 0,16. — B. — Fig. à mi-corps.

Elle est coiffée d'une espèce de chapeau noir, et tient, sur le bord d'une fenêtre cintrée, un baquet où sont des harengs; des oignons, des lys et des œillets se trouvent près du baquet, à droite. Sur l'appui de la fenêtre, un linge rayé. A gauche, dans le fond, deux marins assis, dont l'un fume, un mât de vaisseau, une voiture entrant dans la mer, et plusieurs figures. — Signé, sur l'appui de la fenêtre, à gauche : *Eglon Van der Neer.*

Musée Napoléon.

NETSCHER (GASPAR ou CASPAR), *né à Heidelberg en* **1639**, *mort à La Haye le* **15** *janvier* **1684**. (Ecole hollandaise.)

Il était fils de Jan Netscher, sculpteur et ingénieur, originaire de Stuttgart. Après la mort de Jan, sa femme, qui s'était réfugiée dans un château-fort assiégé, où elle avait vu périr de faim deux de ses fils, parvint à s'échapper de Heidelberg, désolé par les horreurs de la guerre civile, et arriva à Arhnem avec Gaspar, âgé seulement de deux ans, et ses sœurs. Un riche médecin, nommé Tullekens, adopta le jeune Gaspar, se chargea de son éducation, et le destina d'abord à suivre sa profession. Mais la vocation décidée de Netscher pour le dessin le força à changer bientôt de résolution. Il le plaça chez **Koster**, qui peignait des oiseaux et des tableaux de nature morte. L'élève fit des progrès rapides, et montra en peu de temps cette habileté à représenter les vases d'or et d'argent, les étoffes, les satins surtout, qui caractérisa depuis son talent. Il entra ensuite à l'atelier de Terburg et acheva de se perfectionner sous ce maître célèbre. A l'âge de 21 ans, Netscher résolut d'aller à Rome continuer ses études. Embarqué sur un navire qui devait d'abord le conduire à Bordeaux, il s'arrêta dans cette ville, s'y maria en 1659, s'y établit, et y serait probablement resté si les persécutions exercées contre les protestants ne l'eussent forcé à retourner en Hollande. Il se fixa à La Haye, refusa les offres de Charles II, qui le pressait de se rendre à Londres, et produisit une grande quantité de portraits et de tableaux de genre, analogues, par le style et l'exécution précieuse, à ceux de Gerard Dov, de Mieris et de Metsu.

358. *La leçon de chant.*

H. 0, 48. — L. 0, 38. — Cintré. — B. — Fig. de 0, 26.

Sur une terrasse, une jeune femme, en robe de satin blanc, assise près d'une table couverte d'un tapis, tient un papier de musique et chante. Derrière elle, à gauche, une femme, debout et appuyée sur le dossier du fauteuil, semble écouter. De l'autre côté de la table, à droite, le maître, assis, tient un luth d'une main et de l'autre indique la mesure avec un rouleau de papier. Au premier plan, à gauche, un seau de cuivre où rafraîchissent deux cruches en grès. Sur la table, un plat d'argent avec des pêches et une grappe de raisin. Au fond, une niche, avec le groupe d'Hercule et Antée. A gauche, des arbres derrière la balustrade. — Signé, au bas du papier de musique tenu par la femme qui chante : *G. Netscher.*

Gravé par Bittheuser dans le Musée royal. — *Filhol, t. 7, pl.* 444.

Ancienne collection. — Ce tableau et le suivant ont appartenu à Amédée de Savoie.

359. *La leçon de basse de viole.*

H. 0, 48. — L. 0, 38. — Cintré. — B. — Fig. de 0, 26.

Au milieu, une femme vêtue de satin blanc, assise devant une table couverte d'un tapis, joue de la basse. Son maître, tête nue, tient la musique que l'écolière regarde en tournant la tête. A droite, derrière une chaise, un jeune garçon debout, son chapeau dans la main gauche, son violon dans la droite, a les yeux fixés sur le maître de musique. Dans le fond, un miroir accroché à la muraille. — Signé, au bas du papier de musique : *CANetscher f.* (le *C*, l'*A* et l'*N* sont enlacés l'un dans l'autre).

Gravé par Heina dans le Musée royal. — *Filhol, t.* 6, *pl.* 444.

Ancienne collection. — (Voir la note du numéro précédent.)

NETSCHER (CONSTANTIN), *né à La Haye en 1670, mort dans la même ville en 1722.* (Ecole hollandaise.)

Il était fils de Gaspar Netscher et perdit son père n'ayant encore que 14 ans. Il copia les ouvrages de Gaspar, chercha à imiter sa manière et peignit comme lui beaucoup de portraits de petites dimensions. Le comte de Portland l'engagea en vain à passer avec lui en Angleterre. Il resta à La Haye, fut admis dans la société des peintres de cette ville le 8 août 1699, et devint ensuite directeur de l'école académique. — **Theodor Netscher**, son frère aîné, né à Bordeaux en 1661, mort à Hulst en 1732, fut également élève de son père. A l'âge de 18 ans, il quitta la Hollande et suivit à Paris le comte Davaux, envoyé de France. Il séjourna vingt années à Paris, faisant une grande quantité de portraits, gagnant des sommes considérables, et admis dans l'intimité des grands seigneurs. M. Oudyck, ambassadeur des Etats de Hollande, en France, le décida à retourner avec lui dans les Pays-Bas, en lui promettant de lui faire obtenir un poste honorable et lucratif. En effet, il eut la recette de la ville d'Hulst (en Flandre). La faveur dont Theodor Netscher jouissait en France le suivit à La Haye et même en Angleterre, lorsqu'après la paix de Ryswyck il alla, en 1715, à Londres, en qualité de trésorier du corps d'armée que les Etats généraux envoyaient au roi Georges. Revenu en Hollande en 1722, il se retira de la cour et vint finir ses jours à Hulst. Il a peint un nombre prodigieux de portraits et copié souvent ceux de van Dyck avec beaucoup de talent.

360. *Vénus pleurant Adonis métamorphosé en anémone.*

H. 0, 41. — L. 0, 32. — T. — Fig. de 0, 28.

Assise sur un tertre, Vénus, la tête tournée à gauche, la poitrine nue, et entourée d'une écharpe flottante, joint les mains et contemple avec douleur l'anémone qui a remplacé le corps d'Adonis. Dans le fond, à droite, un chien poursuivant le sanglier, cause de sa mort.

Filhol, t. 4, pl. 237.

Collection de Louis XVI. — Suivant une note qui se trouve dans le Musée français, publié par Filhol, on voyait primitivement le corps d'Adonis dans ce tableau. Mais cette figure ayant été dégradée par quelque accident, M. Le Brun, peintre, à qui cet ouvrage avait appartenu, la fit disparaître et y substitua la fleur consacrée par la mythologie.

NICASIUS (BERNAERT), *né à Anvers en 1608, reçu à l'Académie de Paris le 17 octobre 1663, mort le 16 septembre 1678, à l'âge de 70 ans.* (Ecole flamande.)

Il fut élève de Snyders, et peignit dans la manière de son maître, qu'il imita avec beaucoup de succès, des chasses, des fruits, des paysages. Il voyagea en Italie et vint se fixer à Paris. Son morceau de réception à l'Académie représentait la Chasteté de Joseph.

361. *Oiseaux.*

H. 1, 40. — L. 1, 17. — T.

Sur une branche d'un tronc d'arbre, un ara. Au pied de l'arbre, un faisan argenté et un oiseau aquatique avec un bec en spatule. Dans le fond, un étang et des arbres.

Ancienne collection. — Autrefois de forme ovale.

362. *Oiseaux et quadrupèdes.*

H. 1, 45. — L. 1, 13. — T.

A droite, un lièvre debout, au pied d'un tronc d'arbre sur lequel sont perchés une chouette, une pie et d'autres oiseaux. A gauche, un autre lièvre près d'un arbre dont les branches portent également des oiseaux de différentes espèces.

Ancienne collection.

NICKELLE (ISACK VAN), *peignait vers le milieu du XVIIe siècle.* (Ecole hollandaise.)

Il peignit des intérieurs et des perspectives dans la manière de van Vliet. — On croit que **Jan van Nickelle**, né à Harlem vers 1649, fut son élève et son fils, et qu'il commença par peindre des vues intérieures d'églises. Il quitta ensuite ce genre pour étudier le paysage, et chercha à imiter la manière de Karel du Jardin. Il travailla quelque temps à la cour de Dusseldorf, et fut créé chevalier. Après la mort de l'électeur, il vint à la cour de Hesse-Cassel, où il mourut en 1716. — Le petit nombre d'eaux-fortes connues de Jan, ainsi que les tableaux d'Isack, sont signés *Nickele* ou **Nickelle**, et non pas *Nikkelen*, nom que les biographes donnent à ces deux artistes. — **Jacoba-Maria van Nickelle**, fille de Jan, née vers 1690, épousa le peintre **Willem Froost**, et fut élève de son père et de **Herman van der Myn**; elle peignit d'après nature des tableaux de fleurs et de fruits qui furent très recherchés.

363. *Vestibule d'un palais.*

H. 0, 65. — L. 0, 60. — T. — Fig. de 0, 10.

De chaque côté du vestibule, un portique avec quatre colonnes de marbre soutenant une riche galerie fermée par une balustrade et enclavée entre quatre espèces de pavillons à arcades. Le portique le plus éloigné laisse apercevoir deux jardins séparés par un escalier à double rampe et un mur avec des niches renfermant des statues. On remarque au milieu du premier jardin un bassin avec un jet d'eau. A l'horizon, une rivière et des montagnes. Au premier plan, une dame, vue de dos, est saluée par trois hommes, dont un porte le costume ecclésiastique. A droite, sous le vestibule, quatre seigneurs causant entre eux. Sur la galerie supérieure du premier plan, trois figures; sur celle du second plan, on aperçoit un autel couvert de sa nappe et trois personnages. — Signé : *Isack : Van : Nickelle.*

Collection de Louis-Philippe. — Acquis en 1840, à la vente Dubois, pour la somme de 1,701 fr.

OMMEGANCK (BALTHAZAR-PAUL), *né à Anvers le 26 décembre 1755, mort dans la même ville le 18 janvier 1826.* (Ecole flamande.)

Il fut élève du paysagiste **Henri-Joseph Antonissen**. En 1799 il obtint le premier prix pour le paysage à l'exposition de Paris, et sans avoir même eu l'intention de prendre part au concours, puisque le tableau couronné n'était autre chose qu'une table de piano qu'un de ses amis, à son insu, avait envoyé en France. Il exposa en 1802 et obtint un prix d'encouragement. En 1809, un de ses tableaux, envoyé au salon, fut acquis par le gouvernement français, et l'Institut le nomma membre correspondant. En 1814, il fit partie, avec P. van Regemorter et Odevaere, de la commission chargée de réclamer à Paris les objets d'art provenant de la Belgique; mais il laissa à ses deux collègues le soin de cette recherche. Il était membre de l'Institut des Pays-Bas, conseiller de la ville d'Anvers, et mourut à 71 ans, comblé d'honneurs. — Une de ses filles exerça la peinture et suivit sa manière. — Ommeganck, paysagiste et peintre d'animaux, a surtout représenté les moutons avec talent. C'est dans les environs de Dinan, d'Huy et de Chaudfontaine, qu'il a fait les études d'après nature dont il s'est servi ensuite pour ses tableaux.

364. *Paysage et animaux.*

H. 1, 00. — L. 1, 24. — T. — Fig. de 0, 14.

A droite, des vaches dans une prairie. Au second plan, un berger debout, une femme agenouillée qui trait une chèvre, et un enfant buvant du lait dans une écuelle.

A gauche, à côté d'un grand arbre, une chèvre marchant dans un ruisseau; près d'elle, un mouton et un bouc. Au deuxième plan, une femme et un homme conduisant un troupeau de moutons. Plus loin, une rivière, des fabriques sur le bord; et à l'horizon, des montagnes. — Signé : *B. P. Ommeganck* 1781.

Musée Napoléon.

365. *Paysage et animaux.*

H. 0, 68. — L, 0, 92. — B. — Fig. de 0, 15.

A droite, un berger couché à terre; près de lui, trois brebis, un bélier, également couchés, et un mouton qui se frotte la tête contre un arbre. Dans le fond, quatre vaches et un homme traversant un ruisseau. Plus loin, de hautes montagnes boisées. A gauche, des chèvres et des moutons couchés; une femme assise et un homme montrant un morceau de pain à son chien. Derrière eux, sur une roche, deux chèvres. — Signé : *B. P. Ommeganck, f^t., l'an* 10.

Musée Napoléon. — Acquis pour la galerie.

OOST LE VIEUX (JAKOB VAN), *né à Bruges vers* 1600, *mort dans la même ville en* 1671. (Ecole flamande.)

On ignore le nom de son maître. Dans sa jeunesse, il copia avec beaucoup de talent les ouvrages de Rubens et de van Dyck, et en 1621 il avait déjà exécuté à Bruges un tableau qui lui fit une grande réputation. Malgré ce succès, van Oost sentit le besoin de se livrer encore à des études sérieuses. Il partit pour Rome, voyagea en Italie, copia les maîtres, et prit surtout Annibal Carrache pour modèle. De retour à Bruges, en 1630, il fut chargé de travaux considérables. Malgré son extrême application, on est surpris de la quantité de portraits et de tableaux d'histoire qu'il a produits; et, ce qui est digne de remarque, c'est que ses derniers ouvrages sont les meilleurs. — **Jakob van Oost le jeune,** fils du précédent, né en 1637, mort à Bruges le 29 décembre 1713, fut élève de son père, et acquit également de bonne heure de la réputation. Il obtint la permission de se rendre à Rome; mais auparavant il passa par Paris, où il s'arrêta pendant deux ans. En Italie, il copia les maîtres et les chefs-d'œuvre de l'antiquité. Après un séjour de plusieurs années dans ce pays, il revint à Bruges, et, malgré les offres avantageuses qu'on faisait pour le retenir dans cette ville, il voulut retourner à Paris. En passant par Lille, il eut occasion de peindre quelques portraits. Le succès qu'il obtint lui fit changer de résolution. Au lieu de continuer sa route, il resta à Lille, y vécut pendant quarante-un ans, et ne retourna à Bruges que peu de temps avant sa mort. Il a peint, comme son père, des portraits et des tableaux d'histoire.—Il y eut encore un autre van Oost, frère de van Oost le vieux, qui se fit jacobin et fut un peintre de quelque talent.

366. *Saint Charles Borromée communiant les pestiférés à Milan, en 1576.*

H. 3, 50. — L. 2, 57. — T. — Fig. gr. nat.

Sur le devant, une femme, un homme et un enfant morts sont étendus par terre. Un jeune homme se bouche les narines d'une main, et de l'autre écarte un enfant cherchant à prendre le sein de sa mère qui vient d'expirer. Au milieu, le saint, suivi de trois acolytes, tient un calice et donne la communion à quatre personnes agenouillées à gauche devant lui. Dans le ciel, des chérubins et des anges sur des nuages.

Landon, t. 2, pl. 42.

Musée Napoléon. — Au sujet de ce tableau, nous avons trouvé dans les archives du Louvre une note curieuse que nous reproduisons ici : — « Rapport, état et prisée des objets donnés en échange du tableau de Vanook (sic), appartenant au ci-devant prince de Conti, ledit échange fait en vertu de la lettre du ministre, en date du 4ᵉ jour complémentaire de l'an IV, sur la demande que lui en avoit faite le Conservatoire lors de la restitution. D'après l'avis des citoyens Le Brun et Vincent, ainsi que du Conservatoire, l'on a fixé la valeur actuelle de ce tableau à la somme de 4,800 fr. » Suit la description de quatorze vases de porcelaine de Sèvres, faisant un total de 4,800 fr. « Ledit état remis le 9 frimaire an V de la république française, signé : *Le Brun.—Vincent.—Fragonard—Foubert.*— (Nota.) Le citoyen Jean Cornu, fondé de pouvoir du ci-devant prince de Conti, demeurant rue de Touraine, n° 3, ayant fait observer que parmi les vases livrés, trois étaient défectueux de cassures et éclats, ce qui fut vérifié et trouvé juste, on ajouta quatre autres petits vases de porcelaine de Sèvres, estimés 600 fr. »

ORLEY (BERNARDIN VAN), ou BARENT VAN BRUSSEL.

La plupart des biographes disent qu'il a vécu 70 ans, mais ne s'accordent pas sur les dates de sa naissance et de sa mort : les uns le font naître à Bruxelles en 1470, d'autres en 1490. Enfin sa mort a été successivement placée aux années 1541, 1550, 1560, sans preuves appuyées sur des documents authentiques. (École flamande.)

On ignore le nom de son maître. Fort jeune il quitta la Flandre, alla en Italie, et devint, à Rome, vers 1508, élève de Raphaël. De retour dans le Brabant, il fut présenté à Marguerite d'Autriche, régente des Pays-Bas, par son neveu Charles V. Elle le nomma son peintre; et, par les comptes de ses dépenses des années 1521-1522, on voit qu'il touchait, en cette qualité, un sou par jour, ou dix-huit livres cinq sous par an, outre les sommes qu'il recevait pour chacun de ses tableaux. Il peignit souvent, dans de grandes dimensions, des chasses de Charles V, et fit les nombreux cartons des tapisseries exécutées pour le prince de la maison d'Autriche, pour la duchesse de Parme et pour les princes de Nassau. La sœur de Charles V, Marie d'Autriche, ayant succédé sur le trône des Pays-Bas à Marguerite, morte le 1er décembre 1530, van Orley remplit également à sa cour la charge de peintre officiel et peignit pour elle un grand nombre de tableaux d'histoire. Il eut pour élève **Michel Coxcie**.

367. *Le mariage de la Vierge.*

H. 0, 67. — L. 0, 86. — Fig. de 0, 35.

Au second plan, en avant d'une tente en velours vert, qui renferme l'arche d'alliance, le grand-prêtre unit saint Joseph et la Vierge, qui sont accompagnés d'une suite nombreuse. A droite de la tente, un ange volant et jouant de la harpe. A gauche, un autre ange, également en l'air et jouant du luth. Au premier plan, à gauche, contre une colonne, deux vieillards causant ensemble. Dans le fond, de chaque côté de la tente, une arcade laissant apercevoir le ciel et des arbres. — L'artiste a employé de l'or dans les vêtements de la Vierge, de saint Joseph et du grand prêtre, ainsi que dans les ornements de la tente.

Collection de Louis XVIII. — Compris dans les 20,000 fr. de tableaux acquis de M. de Langeac en 1822.

OS (Jan van), *né à Middelharnis (en Hollande) en* 1744, *mort en* 1808. (Ecole hollandaise.)

Il fut élève de A. Schouman à La Haye, peignit des marines, des paysages avec des animaux, mais surtout des tableaux de fleurs et de fruits, qui furent très recherchés. — **Pieter Gerard van Os**, son fils et son élève, né à La Haye en 1776, mort dans la même ville en 1839, prit pour modèle Paul Potter et Karel du Jardin.

368. *Fleurs et fruits.*

H. 0, 72. — L. 0, 55. — B.

Sur un socle de marbre, au centre du tableau, un melon ouvert, et au-dessus, du raisin noir et blanc. A droite, une pêche, une noix ouverte, des prunes, une feuille de chou. A gauche, une grenade ouverte, des groseilles blanches, un citron coupé et à moitié pelé, un épi de maïs dont une souris mange les grains. Plus haut, contre une espèce de vase en terre cuite, des noisettes, un ananas; de l'autre côté, à droite, des roses trémières blanches et rouges. — Signé : *J. Van Os fecit 1771.*

Musée Napoléon.

OSTADE (ADRIAAN VAN), *peintre, graveur, né à Lubeck en 1610, mort à Amsterdam en 1685.* (Ecole hollandaise.)

Il quitta fort jeune sa ville natale, se rendit à Harlem, étudia chez Franz Hals, et fut le condisciple et l'ami d'Adriaan Brauwer. L'approche des troupes françaises en 1662 effraya Ostade au point qu'il vendit tout ce qu'il possédait à Harlem pour retourner à Lubeck. Arrivé à Amsterdam, il allait s'embarquer, lorsqu'un amateur nommé Constantin Senneport l'engagea à rester quelque temps dans sa maison, et lui persuada ensuite de se fixer dans une ville où ses ouvrages étaient fort recherchés. Ostade suivit ce conseil, et les commandes qu'il recevait de toutes parts étaient si nombreuses que, malgré son assiduité au travail, il ne pouvait satisfaire les amateurs qui voulaient avoir de ses tableaux. Ostade n'a peint que des intérieurs, des scènes familières, des paysans; mais la finesse et la puissance de sa couleur, l'admirable harmonie de son clair-obscur, l'air de naïveté et de bonhomie qui fait pardonner à ses figures leur extrême laideur, le placent au rang des plus grands maîtres de la Hollande. Cornelius Bega et **Cornelius Dusart** furent avec Isack Ostade les meilleurs élèves et imitateurs d'Adriaan.

369. *La famille d'Adriaan van Ostade.*

H. 0, 70. — L. 0, 80. — B. — Fig. de 0, 30.

A gauche, Adriaan assis à côté de sa femme, dont il tient la main. Derrière lui, son fils aîné debout et tête nue. A droite, ses cinq filles : la plus jeune, qui s'appuie sur le genou de sa mère, prend des cerises qu'une de ses sœurs, assise par terre, lui présente. Au milieu, au second plan, un jeune homme et une femme debout, qu'on suppose être Isack van Ostade et sa femme. Dans le fond, à gauche, un lit à colonnes et à balustrade. De chaque côté de la porte, un tableau dans un cadre d'ébène. A droite, une cheminée en marbre, dont la frise, ornée d'un bas-relief, est supportée par des colonnes. Des œillets et des roses sont jetés sur le plancher.

Filhol, t. 9, pl. 596.

Collection de Louis XVI.

370. *Le maître d'école.*

H. 0, 40. — L. 0, 33. — B. — Fig. de 0, 12.

A droite, au pied d'un escalier, une petite fille assise sur un banc, une tablette à la main, et deux petits garçons : l'un d'eux prend un papier dans une boîte et l'autre lit. En haut de l'escalier, un petit garçon tenant un panier sur sa tête. Adossé à l'escalier, assis devant une table, le maître d'école menace de sa férule un enfant qui tient son chapeau et pleure ; près de lui sont deux autres enfants, et devant la table on voit une petite fille assise par terre. A gauche, un petit garçon, coiffé d'un grand chapeau, assis sur une chaise basse, les coudes appuyés sur un banc et lisant. Dans le fond, près d'une fenêtre, des enfants assis de chaque côté d'une table et étudiant. — Signé, sur le côté de la table : *A. V. Ostade* 1662.

Gravé par Bovinet dans le Musée français. — Landon, t. 4, pl. 40.

Collection de Louis XVI. — Vendu en 1767, à la vente de M. de Julienne, 6,425 livres ; en 1777, à la vente de M. de Boisset, 6,610 livres ; en 1784, à la vente de M. Pange, 6,000 livres ; en 1784, à la vente du comte de Vaudreuil, 6,601 livres.

371. *Le marché aux poissons.*

H. 0, 41. — L. 0, 35. — T.

A gauche, un marchand, vu à mi-corps, assis devant une table et tenant un poisson par la tête. Sur la table, un couteau, des limandes, un merlan. Dans le fond, une halle couverte, où se pressent des pêcheurs, des marchands, des acheteurs.

Gravé par Claessens dans le Musée royal. — Filhol, t. 6, pl. 384.

Musée Napoléon. — Ce tableau a été acquis pour 3,151 fr. à une vente faite, le 9 fructidor an IX, par MM. Paillet et Coclers.

372. *Intérieur d'une chaumière.*

H. 0, 34. — L. 0, 44. — B. — Fig. de 0, 07.

Dans le fond, assise près d'une cheminée, une femme soigne un enfant couché sur elle. De l'autre côté de la cheminée, un paysan assis dans un fauteuil. A gauche, près d'une fenêtre, un berceau, une table sur laquelle sont une serviette, un couteau, un pain, une cruche. Au pied de la table, un chien couché. Vers le milieu, au premier plan, une poule, et à droite un homme monté sur une échelle. Le sol est jonché d'instruments, de meubles rustiques et de provisions de différentes espèces. — Signé : *A. V. Ostade* 1642.

Collection de Louis XVI. — Vendu en 1773, à la vente Le Brun, 3,120 fr.; en 1784, à la vente du comte de Vaudreuil, 1,201 fr.

373. *Un homme d'affaires dans son cabinet.*

H. 0, 34. — L. 0, 28. — B. — Fig. à mi-corps.

Assis dans un large fauteuil, un homme âgé, vu de trois quarts, tourné vers la gauche, lit attentivement un papier ; devant lui, à gauche, est un pupitre posé sur une table couverte d'un tapis, où sont épars des papiers, des plumes, un sceau de cire rouge et un encrier. Quelques livres et des paquets de plumes sont placés sur une tablette au-dessus de la table.

Collection de Louis XV.

374. *Le fumeur.*

H. 0, 28. — L. 0, 23. — B. — Fig. à mi-corps.

Un paysan, assis devant un escabeau sur lequel est un pot de bière, tient de la main gauche un réchaud de terre et se dispose à allumer sa pipe. Dans le fond, près d'une croisée, deux autres paysans jouant aux cartes; une servante debout, un broc à la main, les regarde et s'apprête à sortir.

Gravé par Dupréel dans le Musée français. — Filhol, t. 5, pl. 351.

Collection de Louis XVI. — Vendu en 1787, à la vente de M. Proly, 1,206 fr.

375. *Un buveur.*

H. 0, 18. — L. 0, 14. — B. — Fig. à mi-corps.

Il est représenté la tête couverte d'un chapeau et presque de face. Il tient de la main droite un verre, et de la gauche un pot d'étain. — Signé: *A. V. Ostade 1668.*

Gravé par David, avec ce titre: le Vieillard joyeux. — Filhol, t. 2, pl. 95.

Collection de Louis XVI. — Ce tableau était dans la collection du duc de Cossé en 1774.

OSTADE (ISACK VAN), *né à Lubeck vers 1613, ou 1617 suivant d'autres biographes. On croit qu'il mourut vers 1654, mais cette date n'est pas certaine.* (Ecole hollandaise.)

Il était frère puîné d'Adriaan van Ostade et son élève. Il peignit des paysages avec des figures, des vues de villages, des effets d'hiver et des scènes familières. Quoique généralement inférieur à son frère, il l'a égalé quelquefois et fut un artiste d'un très grand talent. Ses meilleurs ouvrages ont été exécutés de 1644 à 1649. — Il eut pour imitateur et peut-être pour élève **C. de Mycer** ou **Heer**.

OSTADE (Isack van).

376. *Halte de voyageurs à la porte d'une hôtellerie.*

H. 0, 58. — L. 0, 83. — B. — Fig. de 0, 10.

A gauche, au bord d'une route qui traverse un village, une hôtellerie. Près d'une pompe, un homme fait boire un cheval. A la porte de l'auberge, l'hôtelier versant à boire à un cavalier vu de dos, monté sur un cheval blanc, et un jeune garçon retenant par la bride le cheval d'un autre cavalier. Plus au milieu de la composition, un chariot attelé d'un cheval qui mange dans une auge près de laquelle un enfant se baisse pour prendre un seau. A droite, un petit paysan et trois chiens. Dans le fond, une charrette attelée de deux chevaux et d'un bœuf, et un paysan, appuyé sur un bâton, parlant à une femme qui tient un petit tonneau. Près d'eux, un enfant. — Signé à gauche, sur l'auge, près de la pompe : *Isack van Ostade.*

Ancienne collection. — Faute d'une description suffisante, nous ne savons pas si ce tableau est celui désigné dans le catalogue de M. Smith (t. I, p. 181, n° 7) comme ayant été vendu en 1779, à la vente du prince de Conti, 1,220 fr., puis ayant fait partie du cabinet de M. Destouches en 1794.

377. *La halte.*

H. 0, 50. — L. 0, 46. — B. — Fig. de 0, 09.

Un homme monté sur une charrette s'est arrêté à la porte d'un cabaret et se fait servir à boire, tandis que son cheval flaire l'avoine placée dans une auge. Quelques villageois se reposent, à droite, près de la maison, et parlent à une servante. A gauche, dans le fond, un pâtre conduisant trois vaches au pâturage.

Filhol, t. 4, pl. 274.

Ancienne collection.

OSTADE (ISACK VAN).

378. *Un canal gelé, en Hollande.*

H. 1, 00. — L. 1, 50. — T. — Fig. de 0, 20.

A gauche, sur les rives élevées d'un canal glacé, se trouvent une chaumière et un grand arbre dépouillé de ses feuilles. Un cheval attelé à un traîneau gravit le revers du rivage. Sur le premier plan, quatre enfants jouent avec un traîneau arrêté sur le sol. Plus loin, à droite, un homme, une femme et un enfant arrivent en patinant. Dans le fond, du même côté, deux moulins sur le bord du canal. — Signé, à droite, sur un bateau au second plan : *Isack Ostade*.

Landon, t. 4, pl. 42. — Filhol, t. 2, pl. 136.

Collection de Louis XVI.

379. *Un canal gelé, en Hollande.*

H. 1, 10. — L. 1, 54. — T. — Fig. de 0, 20.

A droite, sur une route montante qui passe entre les bords d'un canal gelé et les chaumières d'un village, une femme et un enfant, des poules, un chariot chargé de paille, attelé de deux chevaux et conduit par un paysan. Sur le canal, un homme agenouillé rajuste son patin, deux enfants poussent un tonneau posé sur un traîneau rustique. Le canal et la route sont couverts de figures. Dans le fond, à gauche, une église ; plus loin, un moulin et d'autres fabriques sur les bords du canal. — Signé, sur le traîneau : *Isack van Ostade*.

Collection de Louis XVIII. — Compris dans les 100,000 fr. de tableaux acquis de M. de La Hante en 1817.

OTTO VENIUS. — *Voir* VEEN.

PENCZ, PENS, PEINS, PENEZ ou **PENZ** (Gregorius), *peintre, graveur, né à Nuremberg entre 1500 et 1510, mort à Breslau en 1550 suivant Doppelmayr.* (Ecole allemande.)

Une gravure signée *Gregorius Pencz* nous donne les véritables noms de cet artiste, que quelques auteurs appellent à tort *Grégoire Peins*, parce que ses noms sont ainsi exprimés au bas d'une planche qui représente son portrait. Cette planche, qui n'est pas gravée par Pencz lui-même, mais par un anonyme, a sans doute été cause de l'erreur. Pencz se forma d'abord à l'école d'**Albrecht Durer**, puis alla en Italie, où il étudia les ouvrages de Raphaël et grava plusieurs planches sous la direction de Marc-Antoine, dont il imita habilement la manière.

PENCZ (*Attribué à G.*).

380. *L'évangéliste saint Marc.*

H. 1, 32. — L. 1, 35. — T. — Fig. à mi-corps gr. nat.

Il est assis, la tête appuyée contre la main gauche, le coude posé sur un livre à fermoir placé sur une table où sont une carafe avec des fleurs et un sablier. Il montre de la main droite une feuille de papier à moitié déroulée qui est sur une autre table devant lui. A côté, une tête de mort, un encrier, une plume, une paire de lunettes, un étui. Derrière lui, à gauche, le lion, dont on ne voit que la tête. Au fond, une fenêtre ouverte qui laisse apercevoir la campagne. Dans la partie supérieure, un ange soulevant un rideau.

Collection de Louis XVIII. — Acquis en 1817 de M. Maillard pour 500 fr. Ce tableau, donné par l'inventaire et la notice de 1841 à G. Pencz, porte une signature, mais elle est maintenant tellement effacée qu'elle n'est presque plus lisible. Après l'avoir longuement examinée, il nous semble pourtant qu'on ne peut reconstruire, avec les fragments qui en subsistent, les mots *Pencz* ou *Peins*.

POEL (Egbert van der), *né à Rotterdam. On connaît un tableau de lui daté de 1654, et l'on pense qu'il mourut en 1690.* (Ecole hollandaise.)

On n'a aucun renseignement sur la biographie de cet artiste, qui cultiva presque tous les genres, mais qui réussit particulièrement dans la représentation d'incendies pendant la nuit. Quelques auteurs donnent aussi à van der Poel le prénom d'*Albert*; il est plus probable cependant que ce prénom appartient seulement à un autre van der Poel, graveur, qui était plus âgé qu'Egbert.

381. *La maison rustique.*

H. 0, 59. — L. 0, 83. — Forme ovale. — B. — Fig. de 0, 13.

A gauche, devant une espèce d'auberge dont les murs sont tapissés de vigne, trois hommes, dont un debout, va recevoir un pot de l'hôtesse qu'on voit à la fenêtre; le second a le verre à la main, et le troisième cause avec une femme assise à terre près de lui et qui allaite son enfant. A droite, sur un plan plus reculé, une étable ouverte dans laquelle un cheval est attaché, des poules, des harnais, des futailles, une charrette et divers attirails de ferme. Au fond, à droite, des arbres. — Signé: *E Van der Poel.*

Gravé par E. Plin dans la Galerie des peintres flamands de Lebrun. — Filhol, t. 3, pl. 172.

Collection de Louis XVI. — Lebrun, qui possédait ce tableau dans sa collection en 1791, dit qu'il fit partie du cabinet de M. Loridon de Ghellinck à Gand, et qu'il est inscrit au n° 563 de son catalogue.

POELENBURG (KORNELIS), *né à Utrecht en 1586. Quoique Houbraken et les biographes qui l'ont copié fixent la date de sa mort en 1660, il figure encore cependant sur les registres de l'académie de peinture d'Utrecht à l'année* **1665-1666.** (Ecole hollandaise.)

Son premier maître fut Abraham Bloemaert, qu'il quitta pour voyager en Italie. Arrivé à Rome, il s'attacha d'abord à la manière d'Elzheimer, puis il étudia d'après Raphaël. Ses tableaux eurent beaucoup de succès et il fut très employé par plusieurs cardinaux. C'est en Italie qu'il reçut le surnom de *Brusco* ou de *Satiro*, sous lequel il est encore connu, à cause de la brusquerie de son caractère. Poelenburg, avant de retourner dans les Pays-Bas, passa par Florence, et le grand-duc, qui faisait beaucoup de cas de son talent, essaya vainement de le retenir. Arrivé à Utrecht, ses ouvrages furent recherchés des connaisseurs, et Rubens lui-même voulut avoir plusieurs tableaux de sa main. Charles Ier l'appela à Londres en 1637 et tenta de l'attacher à son service; mais Poelenburg ne se laissa pas séduire par les offres brillantes du roi et retourna dans sa ville natale, où il peignit jusqu'au dernier jour de sa vie. Il a exécuté une quantité considérable de paysages, dans lesquels il a introduit souvent des ruines des environs de Rome et des sujets de l'Histoire-Sainte ou de la Fable. En général, ses petits tableaux sont beaucoup plus estimés que ceux d'une grande dimension.

382. *Sara engage Abraham à prendre son esclave Agar pour femme.*

H. 0, 10. — L. 0, 08. — B. — Fig. de 0, 07.

A gauche, Abraham et Sara debout; celle-ci lui montre Agar couchée dans une espèce de chaumière qui occupe le fond du tableau. — Signé, sous le lit où repose Agar : C P.

Ancienne collection.

383. *Les anges annoncent aux bergers la naissance du Messie.*

H. 0, 76. — L. 0, 66. — B. — Fig. de 0, 25.

Au premier plan, un berger couché par terre et endormi. A gauche, un bât. A droite, une vache, une chèvre, un chien. Au second plan, à droite, devant une cabane, un groupe de six figures, parmi lesquelles on remarque une femme debout, levant les bras vers le ciel et éclairée par la lumière divine. Dans le fond, à gauche, cinq vaches, deux ânes, un berger endormi devant une chaumière et un autre berger agenouillé. Dans le ciel, sur des nuages, de petits anges. A gauche, un ange plus grand montrant les rayons émanant de la divinité.

Musée Napoléon.

384. *Le pâturage.*

H. 0, 16. — L. 0, 21. — C. — Fig. de 0, 06.

A gauche, une femme debout, et près d'elle, sur un terrain moins élevé, un homme à moitié caché par une pierre. A droite, une vache couchée, et d'autres vaches éparses dans la campagne, au bas, à gauche. Dans le fond, des collines, et à l'horizon, de hautes montagnes.

Ancienne collection.

385. *Les baigneuses.*

H. 0, 16. — L. 0, 21. — B. — Fig. de 0, 06.

A gauche, trois femmes à demi nues sur les bords élevés d'une rivière traversée par un pont de bois, jeté sur des restes de constructions antiques. Au second plan, à droite, un berger conduisant une vache, une brebis et un mouton. A gauche, une montagne.

Filhol, *t. 4*, *pl.* 244.

Ancienne collection.

386. *Femmes sortant du bain.*

H. 0, 15. — L. 0, 23. — C. — Fig. de 0, 03.

En avant d'une rivière qui coule entre des rives escarpées et près d'un bouquet d'arbres, cinq femmes viennent de sortir de l'eau et remettent leurs vêtements. A droite, sur la rive opposée, des pâtres conduisant leurs troupeaux. — Signé: C. P.

Filhol, *t. 2*, *pl.* 88.

Collection de Louis XV.

387. *Ruines du palais des Empereurs et du temple de Minerva-Medica, à Rome.*

H. 0, 16. — L. 0, 26. — B. — Fig. de 0, 06.

A gauche, un pâtre, appuyé sur sa houlette et accompagné de son chien, indique à une femme qui tient un enfant par la main le chemin qu'elle doit suivre. Dans la plaine, des bœufs qui paissent et un paysan conduisant un cheval. A droite, des ruines, et dans le fond, à gauche, d'autres ruines. — Signé : C. P.

Filhol, t. 3, pl. 178.
Collection de Louis XV.

388. *Le bain de Diane.*

H. 0, 51. — L. 0, 78. — B. — Fig. de 0, 16.

Les nymphes, compagnes de Diane, nues comme elle, debout sur la rive, forment différents groupes. A gauche, deux chiens. Vers le centre de la composition, une femme debout, vue de dos, porte sous son bras un arc et une draperie rouge. A droite et sur la rive opposée, des rochers et une cascade qui forme un ruisseau. Dans le fond, Actéon métamorphosé et poursuivi par ses chiens. A l'horizon, de hautes montagnes. — Signé, sur une pierre : C. P. F.

Filhol, t. 6, pl. 364.

Collection de Louis XIV. — On trouve dans les registres de dépenses des bâtiments, à la date du 22 septembre 1668, que ce tableau a été acheté pour le roi, 1,400 liv., au sculpteur Gaspard Marsy. — L'inventaire de l'Empire attribue le paysage à Breemberg.

389. *Des nymphes et un satyre.*

H. 0, 27. — L. 0, 27. — Forme ronde. — B. — Fig. de 0, 10.

A droite, dans une espèce de gorge formée par des rochers, deux femmes assises en face l'une de l'autre. La plus rapprochée est nue et vue de dos; près d'elle, une autre femme, également assise, dont un enfant prend la main. Vers le milieu de la composition, un enfant nu, assis, tenant une chèvre blanche avec une corde. Au second plan, à droite, un satyre debout portant des fruits, et une femme. Dans le fond, trois vaches.

Collection de Louis XVIII. — Acquis en 1823.

POELENBURG (*Attribué à*).

390. *Saint Jean-Baptiste dans le désert.*

H. 0,32. — L. 0,40. — B. — Fig. de 0.09.

A gauche, saint Jean tenant une croix ; devant lui, un ange à genoux. Plus loin, un pâtre, monté sur un âne, conduit ses bestiaux à un ruisseau formé par une source qui tombe en cascade entre des rochers. Dans le fond, des ruines. L'entrée d'une grotte, cintrée dans la partie supérieure, encadre la composition.

Ancienne collection. — Cette peinture est trop faible pour que nous la puissions croire de Poelenburg, quoiqu'elle soit inscrite sous son nom sur les inventaires. Elle nous paraît être plutôt d'un imitateur de ce maître ou une copie.

PORBUS ou **POURBUS** (Pieter), *peintre, ingénieur, né à Gouda (en Hollande) en 1510, ou en 1513 suivant d'autres biographes, mort à Bruges en 1583. Quelques écrivains disent qu'il mourut le 30 janvier 1584.* (Ecole flamande.)

Cet artiste se distingua également comme peintre et comme dessinateur géographe. Il s'établit à Bruges, et fit un grand nombre de tableaux d'histoire et de portraits fort estimés.

391. *La résurrection du Christ.*

H. 0,79. — L. 0,68. — B. — Fig. de 0,36.

Au milieu de la composition, le tombeau où a été déposé le corps du Christ. Les scellés apposés sur le couvercle, et portant l'empreinte d'un croissant surmonté d'une étoile, sont encore intacts. A gauche, deux gardes, dont un a les bras et la tête appuyés sur le tombeau. A droite, deux autres gardes effrayés portent devant leurs yeux, l'un sa main, l'autre son bouclier, afin de n'être pas éblouis par la lumière divine. Au-dessus du tombeau, Jésus-Christ sur un nuage brillant, tenant une croix de jonc à laquelle est attachée une petite bannière sur laquelle on voit une croix rouge. Dans le fond, à gauche, deux soldats qui s'enfuient. A droite, des personnages arrivant avec des lanternes. Plus loin, une rivière, une ville et des montagnes. — Signé : P. POVRBVS FACIEBAT A° DNI 1566.

Collection de Louis-Philippe. — Offert au roi, en 1835, par M. Vatout.

PORBUS ou **POURBUS** LE JEUNE (FRANZ), *né à Anvers en 1570, mort à Paris en 1622.* (Ecole flamande.)

Il fut élève de son père, **Franz Porbus le vieux**, et la compagnie de Saint-Luc d'Anvers l'admit comme franc-maître en 1591. Après avoir voyagé longtemps, il se fixa à Paris, où il fut le contemporain de Fréminet. Il a peint un grand nombre de portraits et de tableaux d'histoire supérieurs à ceux de son père. Il fut enterré dans l'église des Petits-Augustins du faubourg Saint-Germain. — **Franz Porbus le vieux**, né à Bruges en 1540, reçu franc-maître de l'académie de Saint-Luc d'Anvers en 1569, mourut dans cette ville en 1580 ou 1584. Il fut élève de son père, Pieter Porbus, et ensuite de **Franz Floris**, dont il épousa la nièce. Il peignit les animaux, le paysage, le portrait et l'histoire.

392. *La Cène.*

H. 2, 87. — L. 3, 70. — T. — Fig. gr. nat.

Les apôtres sont assis deux par deux sur des banquettes de chaque côté de la table ; une place, restée vide au milieu, laisse apercevoir le Christ, qui a devant lui un plat, un verre et du pain. A gauche, Judas debout, vu de dos, la main droite appuyée sur la table, la gauche tenant la bourse derrière lui, et protestant de son innocence. Dans le fond, une draperie sombre tendue devant une porte accompagnée de pilastres. — Signé à gauche, sur le pavé : F. POVRVBS IV FAC. A° 1618.

Landon, t. 2, pl. 46.

Ancienne collection. — Ce tableau était autrefois placé sur le maître-autel de l'église Saint-Leu-et-Saint-Gilles à Paris.

393. *Saint François d'Assise recevant les stigmates.*

H. 2, 07. — L. 1, 63. — T. — Fig. gr. nat.

Saint François d'Assise, agenouillé, tourné vers la droite et les mains étendues, reçoit les stigmates du Christ qui lui apparaît avec des ailes au milieu d'une gloire. A droite, près du saint, une tête de mort; à gauche, ses sandales. Du même côté, mais plus loin, le frère Léon, assis à terre, caché en partie par une petite éminence et saisi d'étonnement. Dans le fond, des rochers et des arbres. — Signé sur une pierre : F. P. F. A° 1620.

Landon, t. 2, pl. 47.

Ce tableau était placé autrefois dans une des chapelles de l'église du couvent des Jacobins de la rue Saint-Honoré.

394. *Portrait d'Henri IV, roi de France, mort en 1610.*

H. 0, 40. — L. 0, 28. — T. — Fig. de 0, 29.

Il est debout, en pied, couvert d'une armure, et porte une écharpe blanche en sautoir par-dessus le cordon de l'ordre du Saint-Esprit; il appuie la main droite sur son casque, posé sur une table que recouvre un tapis de velours rouge, et a la gauche sur la garde de son épée. Au fond, des pilastres, et à gauche, un rideau rouge relevé.

Ancienne collection.

395. *Portrait d'Henri IV, roi de France.*

H. 0, 37. — L. 0, 25. — B. — Fig. de 0, 29.

Il est debout, en pied, vêtu de noir, et porte le cordon de l'ordre du Saint-Esprit : il pose la main droite sur une table couverte d'un tapis rouge orné de galons d'or, où se trouve son chapeau, et la gauche sur son

côté. Au fond, des pilastres, et à gauche, un rideau vert
relevé. — Signé : F. PORBVS : FE : A° 1610.

> Gravé en 1789, mais en contre-partie, par F. Hubert dans la
> Galerie des peintres flamands de Lebrun ; par Tardieu ;
> par Pierre Audoin. — Filhol, t. 11, pl. 5.

Ancienne collection.

396. *Portrait de Marie de Médicis, reine de France,
morte en 1642.*

H. 3,07. — L. 1,86. — T. — Fig. gr. nat.

Elle est debout sous un dais de velours rouge à bandes d'or ; les rideaux sont relevés, et l'on voit au fond, entre deux colonnes de marbre noir, une niche tendue en étoffe. La reine porte la couronne, une robe de velours bleu semée de fleurs de lis, bordée d'hermine, enrichie de perles et de pierreries, et un manteau de velours également semé de lis et doublé d'hermine. — Signé, sur la base de la colonne de droite : F. POVRBVS. FE.

Ancienne collection. — Cette peinture faisait autrefois partie de la collection de portraits des rois et des reines de France placée dans la petite galerie du Louvre, dite *Galerie des peintures*, décorée alors par **Dubreuil** et **Bunel**. Ces portraits, de la main de Porbus, de Bunel et de sa femme, occupaient les entre-deux de fenêtres, les rois à droite, les reines à gauche. On sait qu'après l'incendie de 1661 Lebrun fut chargé de la décoration de la galerie nouvelle, qui prit alors le nom de *Galerie d'Apollon*. Le portrait de Marie de Médicis est le seul qui nous reste de cette collection.

397. *Portrait de Guillaume du Vair, né à Paris
en 1556, garde-des-sceaux de France sous
Louis XIII, mort en 1621.*

H. 0,60. — L. 0,50. — T. — Fig. en buste gr. nat.

Il est vu presque de face, avec une petite calotte sur le sommet de la tête. Il porte les cheveux courts, la barbe entière, un col rabattu, un pourpoint noir, et un surtout de velours noir à grandes manches à parements et revers de soie rouge.

Ancienne collection.

POT (Henri), *né à Harlem en* 1600, *mort en* 1656. (Ecole hollandaise.)

Descamps ne dit pas le nom de son maître, mais quelques auteurs pensent qu'il reçut des conseils de Frans Hals. Roland van Eyden l'appelle Henri-Gerritz Pot, et rapporte qu'il fut à Harlem, entre les années 1633 et 1639, lieutenant de la bourgeoisie. Il peignit des tableaux d'histoire et des portraits estimés. Willem Kalf fut son élève.

398. *Portrait de Charles Ier, roi d'Angleterre, mort en* 1649.

H. 0, 34. — L. 0, 27. — B. — Fig. de 0, 22.

Il est représenté debout, en pied, tête nue, tourné vers la gauche, enveloppé d'un manteau, la main droite appuyée sur la hanche et la gauche sur la garde de son épée. Devant lui, une table couverte d'un tapis, sur laquelle sont posés le sceptre, la couronne et le globe royal. Signé : HP. FESIT. 1632.

Filhol, t. 3, *pl.* 149. — *Landon, t.* 1, *pl.* 31.

Musée Napoléon. — Nous ignorons pourquoi, malgré l'authenticité de la signature et l'interprétation facile du monogramme, on a, sur les inventaires et dans les notices précédentes, ainsi que dans les ouvrages de Filhol et de Landon, continuellement donné cette peinture à un N. Conning, artiste sur lequel on n'a point de détails biographiques et qui n'a peut-être jamais existé. Descamps dit que Henri Pot fit les portraits du roi et de la reine d'Angleterre.

POTTER (Paulus), *peintre, graveur, né à Enckhuyzen en* 1625, *mort à Amsterdam en janvier* 1654. (Ecole hollandaise.)

Il fut élève de **Pieter Potter**, son père, peintre médiocre, et fit des progrès si rapides que, dès l'âge de 14 à 15 ans, il était regardé comme un maître très habile. Il quitta Amsterdam pour s'établir à La Haye, où il épousa, en 1650, la fille d'un architecte nommé Balkenende. Son admirable talent fut apprécié par les princes et les amateurs de son temps, qui tous voulaient avoir de ses ouvrages. En 1652, P. Potter vint demeurer à Amsterdam, à la sollicitation du bourgmestre Tulp, qui lui commanda un assez grand nombre de tableaux. Sa constitution délicate ne put résister à une application soutenue ; il tomba en éthisie et mourut n'ayant pas encore 29 ans accomplis. Paul Potter a peint des paysages et des animaux avec une vérité et une perfection d'exécution inimitables. Ses ouvrages de petites et de moyennes dimensions, surtout ceux qu'il a produits depuis 1652 jusqu'à la fin de sa vie, sont des chefs-d'œuvre dont les rares beautés justifient la haute valeur qui leur est assignée dans les plus riches collections. Il eut pour élève Jan Le Ducq, et pour imitateurs Karel du Jardin, Herman Zachtleven, et **Albert Klomp**, qui a fait souvent de belles copies de ses tableaux.

399. *Chevaux attachés à la porte d'une chaumière.*

H. 0,23. — L. 0,25. — B. — Fig. de 0,06.

Deux chevaux de trait sont placés devant une auge, près d'une chaumière. Plus loin, à droite, un valet d'écurie portant un seau et accompagné d'un chien. Dans le fond, une vaste prairie où paissent des bestiaux, et à l'horizon, un village. — Signé, sur la cheminée : *Paulus Potter* 1647.

Gravé par Le Bas et Couché. — *Filhol, t. 5, pl.* 322. — *Landon, t. 2, pl.* 51.

Ancienne collection.

400. *La prairie.*

H. 0,83. — L. 1,21. — T.

Sur le devant d'une vaste prairie, à gauche, un bœuf debout près d'un arbre et d'une barrière en planches ; derrière lui, un bœuf couché, et à droite, un autre bœuf debout. Au milieu et plus loin, trois moutons paissant. Dans le fond, à droite, une chaumière entourée d'arbres, et à l'horizon, un village qui se détache sur un ciel orageux. — Signé : *Paulus Potter f.* 1652.

Filhol, t. 7, pl. 479.

Collection de Louis XVI. — Ce tableau était déjà célèbre dans les collections de Julienne et de Conti. Vendu en 1772, à la vente du duc de Choiseul, 8,001 livres ; en 1777, à la vente du prince de Conti, 9,530 livres ; en 1779, à la vente de M.***, faite par Boileau, 6,000 livres ; à la vente de Pange, 7,321 livres ; en 1784, à la vente de Vaudreuil, 15,000 r. ; enfin, M. d'Angiviller l'acheta pour le roi 22,000 livres.

PYNACKER (Adam), *né à Pynacker, entre Schiedam et Delft, en* 1621, *mort à Delft en* 1673. (Ecole hollandaise.)

Le nom de son maître est inconnu. On sait que, fort jeune, il alla à Rome et passa trois ans à copier les chefs-d'œuvre des maîtres italiens, les antiquités, et à faire des études d'après nature. De retour en Hollande, il peignit beaucoup de grands tableaux destinés, suivant la mode d'alors, à décorer les appartements. Ils sont détruits, pour la plupart, maintenant. Des paysages de moyennes dimensions, enrichis de figures et d'animaux, sont à peu près les seuls ouvrages de Pynacker parvenus jusqu'à nous.

401. *L'auberge.*

H. 0, 80. — L. 0, 77. — B. — Fig. de 0, 13.

A la porte d'une hôtellerie où l'on monte par un perron de quelques marches, une femme présente un verre à un voyageur. Plus bas, sur le devant, deux mulets et un muletier occupé à arranger les bagages. Au premier plan, à droite, une chèvre broutant près d'un buisson. Dans le fond, une charrette traînée par deux bœufs que conduit un valet de ferme. — Signé : *A. Pynacker.*

Filhol, t. 4, pl. 227. — Landon, t. 2, pl. 52.

Collection de Louis XVI.

402. *Paysage et marine.*

H. 0, 50. — L. 0, 56. — T. — Fig. de 0, 08.

A gauche, une vieille tour, élevée sur un endroit escarpé, domine un bras de mer encaissé par des rochers. Au pied de la tour, un petit bâtiment est à l'ancre, et en avant une barque longue, qui porte des voyageurs et des bagages, aborde au rivage. Des pâtres se reposent près d'un sentier conduisant à la tour. Effet de soleil couchant.

Gravé par Niquet dans le Musée français. — Filhol, t. 10, pl. 713. — Landon, t. 2, pl. 53.

Ancienne collection.

403. *Paysage.*

H. 1, 08. — L. 0, 83. — T. — Fig. de 0, 12.

Au premier plan, à droite, un tronc d'arbre mort, un grand arbre et des plantes de différentes espèces. Au milieu, une vache debout. Au second plan, un paysan et une paysanne assis par terre et entourés de leur troupeau. Plus loin, sur une colline boisée, une cabane, plusieurs bergers et des chèvres. — Signé, dans le coin à droite : *A. Pynaker.*

Musée Napoléon.

REMBRANDT VAN RYN, *peintre, graveur, né dans le moulin de son père, entre les villages de Leydendorp et de Koukerk, près de la ville de Leyde, le 15 juin 1606, mort à Amsterdam le 8 octobre 1669. (Ecole hollandaise.)*

Eberlin, Füessly, Claussin, Bartsch donnent à Rembrandt le prénom de Paul; nous ferons observer cependant qu'aucun écrivain hollandais contemporain de Rembrandt ne le désigne ainsi et qu'il n'existe aucune preuve certaine qu'il l'ait porté. Hermann Gerritz, son père, était meunier, et avait reçu le surnom de *van Ryn* parce que son moulin était situé sur les bords du Rhin. Il plaça d'abord son fils dans une école de Leyde; mais Rembrandt faisant très peu de progrès dans les études classiques et manifestant une vocation décidée pour le dessin, il le fit revenir de Leyde, et le mit chez **Jacob van Swanenbourg**, peintre médiocre. Il resta trois ans dans son atelier; puis il entra, à Amsterdam, dans celui de **Pieter Lastman**, qu'il quitta au bout de six mois pour fréquenter pendant à peu près autant de temps l'école de **Jakob Pinas**. Enfin Simon Leeven assure que **Schooten** doit être compté au nombre des maîtres de Rembrandt. Quoi qu'il en soit, Rembrandt, après avoir appris les éléments de l'art, se retira dans le moulin de son père, se livra exclusivement à l'étude de la nature, s'attacha surtout à approfondir les effets de l'ombre et de la lumière, et créa un genre qui ouvrit une ère nouvelle à la peinture. Un tableau qu'il porta à La Haye, et qui lui fut payé 100 florins, donna au jeune artiste la conscience de son talent et établit sa réputation, qui, à partir de ce moment, ne fit qu'augmenter de jour en jour. Vers 1630 il s'établit à Amsterdam, eut de nombreux élèves, fut plus occupé que tous les autres peintres de la ville ensemble, et produisit un nombre considérable de paysages, de portraits, de tableaux d'histoire et de genre. Ses gravures merveilleuses, dont le nombre s'élève à plus de 360, sont estimées et recherchées par les connaisseurs à l'égal de ses tableaux. Rembrandt est du nombre de ces rares génies qui découvrent dans l'art une face nouvelle, inventent des procédés à leur propre usage, et qui, parce qu'ils n'imitent personne, trouvent de nombreux imitateurs. L'expression profonde et pénétrante de ses têtes, la vérité de ses gestes, l'énergie et la finesse de son dessin, la chaleur puissante de sa couleur, l'harmonie mystérieuse de son clair-obscur, font de Rembrandt, malgré ses incorrections.

ses bizarreries nombreuses et l'imitation de formes trop souvent laides, un des plus grands magiciens de la peinture. Les contes absurdes, les accusations calomnieuses que les biographes sans critique s'empressent trop souvent d'accueillir et de répéter, n'ont pas fait défaut à sa mémoire; des écrivains qui se copient tour à tour l'ont cité comme un modèle d'avarice et de cupidité. Des documents authentiques font justice de cette odieuse accusation. La vérité est que Rembrandt, qui a gagné des sommes considérables, termina ses jours dans la plus grande misère. Sa passion pour les gravures, les tableaux et les objets d'art, causa sa ruine. Il vit sa maison inventoriée les 15 et 16 juillet 1656, et ses estampes de Marc-Antoine, ses bronzes, ses marbres antiques, ses curiosités orientales, ses armes, ses objets d'histoire naturelle, magnifiques collections dont le catalogue est parvenu jusqu'à nous, furent vendus à deux reprises différentes par Haring le jeune, priseur-juré, dont il avait fait le portrait. Enfin, dénué de toutes ressources, il se retira dans le Roosgracht (Canal aux Roses), un des plus pauvres quartiers d'Amsterdam, y passa le reste de sa vie dans une profonde obscurité, quoique travaillant encore, ainsi que le prouve un portrait daté de l'année même de sa mort, et finit par devoir l'aumône d'un cercueil à la charité publique. L'enterrement du grand homme auquel on élève maintenant des statues ne coûta que 15 florins. Ces détails intéressants et inconnus, nous les devons à l'obligeante communication de M. Scheltema, archiviste d'Amsterdam, qui a bien voulu nous envoyer l'extrait du registre des morts enterrés dans le Wesherkerk (église de l'ouest). Voici la traduction du précieux document découvert par le savant archiviste : «8 octobre 1669, Rembrandt (Van Ryn), sur le Roosgracht, 15 florins.» — Rembrandt laissa un fils, nommé **Titus**, qui fut son élève, mais qui mourut sans avoir produit des œuvres remarquables. Ses autres disciples furent nombreux, et plusieurs d'entre eux, tels que Gerard Dov, Govaert Flinck, Ferdinand Bol, Gerbrandt van den Eeckhout, **Nicolaas Maas**, **Salomon** et **Philips Koning**, **Samuel van Hoogstraaten**, etc., occupent un rang distingué dans l'histoire.

404. *L'ange Raphaël quittant Tobie.*

H. 0, 68. — L. 0, 52. — B. — Fig. de 0, 25.

A gauche, sur le seuil de la maison, exhaussée de quelques marches, Sara, femme du jeune Tobie, les mains jointes, dans l'attitude de l'étonnement; près d'elle Anne, sa mère, qui, confuse d'avoir douté de la protection céleste, détourne la tête et laisse tomber sa béquille. Au pied des marches, Tobie le père prosterné, et son fils agenouillé. Dans la partie supérieure, à droite, l'ange Raphaël, vu de dos, s'élevant au ciel à travers les nuages. — Signé : *Rembrandt, f.*, 1637.

Gravé par le baron Denon; par J. de Frey; par Malbête. dans le Musée français. — Filhol, t. 2, pl. 144. — Landon. t. 2, pl. 55.

Ancienne collection. — Ce tableau est cité par Descamps, en 1754, comme faisant partie du cabinet du roi.

405. *Le Samaritain faisant transporter dans une hôtellerie le voyageur blessé.*

H. 1, 14. — L. 1, 35. — T. — Fig. de 0, 45.

Deux personnes viennent de descendre de cheval le voyageur dont le bon Samaritain a pansé les plaies, et le transportent dans une hôtellerie pendant qu'un valet d'écurie, à gauche, tient le cheval par la bride. A droite, sur les marches du perron, le Samaritain, une bourse à la main, se retourne vers le blessé et le recommande à l'hôtesse que l'on voit sur la porte. Plus loin, contre une muraille, deux chevaux vus par la croupe ; et, au-dessus, une fenêtre dont les volets sont ouverts et d'où trois personnes regardent ce qui se passe. A gauche, dans le fond, la campagne, un pont à deux arches, une ville avec une porte flanquée de deux tours. — Daté de 1648.

Gravé par le baron Denon; par J. de Frey; par Longhi dans le Musée français. — Filhol, t. 5, pl. 314.

Collection de Louis XVI.

406. *Saint Mathieu, évangéliste.*

H. 0, 96. — L. 0, 81. — T. — Fig. en buste gr. nat.

Il est vu de trois quarts, tourné vers la droite, et semble réfléchir. Il a sur la tête une espèce de toque et porte la main gauche à sa barbe ; la droite, qui tient une plume, est posée sur un livre ouvert devant lui. Par derrière, à gauche, l'ange, une main appuyée sur l'épaule du saint, l'inspire et lui parle à l'oreille.—Signé : *Rembrandt f.*, 1661.

Gravé par Claessens dans le Musée français. — Filhol, t. 8, pl. 509. — Landon, t. 2, pl. 57.

Ancienne collection.

407. *Les pèlerins d'Emmaüs.*

H. 0,68. — L. 0,65. — B. — Fig. de 0,34.

Jésus-Christ, assis au milieu de la table, rompt le pain qu'il vient de bénir, et est reconnu par ses disciples, qui sont saisis d'étonnement et de respect. A gauche, l'un d'eux, vu de dos, les mains jointes. A droite, le second disciple, vu de profil, une main appuyée sur la table, l'autre sur le bras de son fauteuil. Derrière lui, un serviteur apportant un plat. Dans le fond, une niche élevée entre deux pilastres. — Signé : **Rembrandt f., 1648.**

Gravé par le baron Denon; par de Frey dans le Musée français. — *Filhol, t. 8, pl. 507.*

Collection de Louis XVI. — Cette admirable peinture fit d'abord partie du cabinet du bourgmestre W. Six, et fut vendue en 1734, à sa vente, 170 florins ; elle appartint ensuite, suivant Descamps, à M. de Lassay, puis au fermier-général M. Randon de Boisset, à la vente duquel, en 1777, elle fut acquise pour le cabinet du roi au prix de 10,500 livres.

408. *Le philosophe en méditation.*

H. 0,29. — L. 0,33. — B. — Fig. de 0,08.

Dans une grande pièce voûtée, éclairée à gauche, au second plan, par une fenêtre partagée en trois compartiments, est assis près d'une table, sur laquelle on voit un coffre supportant un livre ouvert, un vieillard à longue barbe, coiffé d'une calotte et vêtu d'une robe fourrée ; il a les mains jointes et semble réfléchir. A droite, un escalier tournant en bois, au milieu duquel on remarque une femme qui monte en tenant un seau. Au premier plan, du même côté, une autre femme prend d'une main un chaudron suspendu à la crémaillère, et de l'autre attise le feu avec des pincettes. Derrière elle, sur une planche, et en avant, par terre, des vases et des ustensiles de cuisine. — Signé au bas, et à gauche, d'une écriture extrêmement fine et difficile à lire : *R. Van Ryn.*, 1633.

<small>Ce tableau et le suivant ont été gravés par *Surugue*; par *R. Houston*; par *Herstel*; par *W. Baillie*; par *Michael Bisi*, avec des modifications considérables; à l'eau-forte par *Wattelet*; par *Joseph Longhi* dans le *Musée français*. — *Filhol, t. 8, pl. 575*. — *Landon, t. 2, pl. 67.*</small>

Collection de Louis XVI. — Cette peinture et celle du numéro suivant ont été vendues, en 1750, à la vente du comte de Vence, 3,000 livres; en 1772, à la vente du duc de Choiseul, 14,000 livres; en 1777, à la vente de M. Randon de Boisset, 10,900 livres; en 1784, à la vente du comte de Vaudreuil, 13,090 livres.

409. *Le philosophe en méditation.*

H. 0, 28. — L. 0, 33. — B. — Fig. de 0, 08.

Au second plan, à droite, dans une espèce de galerie voûtée et en face d'une croisée divisée en quatre compartiments par des meneaux, un vieillard, assis devant une table sur laquelle on voit un grand livre ouvert, deux autres livres fermés et une sphère, paraît absorbé dans la méditation; il est coiffé d'une toque, vêtu d'une robe fourrée, porte la main gauche à sa barbe et pose la droite sur le bras de son fauteuil. Au premier plan, à gauche, un escalier de bois en spirale; plus loin, une galerie parallèle à l'autre, mais plus basse, et dans le fond, une porte conduisant à un escalier.

<small>*Filhol, t. 4, pl. 261.* — (Voir, pour les autres gravures, le numéro précédent.)</small>

Collection de Louis XVI. — (Voir, pour la provenance, le numéro précédent.)

410. *Le ménage du menuisier.*

H. 0, 41. — L. 0, 34. — B. — Fig. de 0, 15.

Dans un atelier, où le jour pénètre, à gauche, par une grande fenêtre cintrée, une femme, assise à côté d'un berceau, allaite son enfant, qui est vivement éclairé par un rayon de soleil; près d'elle, une vieille femme, tenant un livre et des lunettes, caresse l'enfant. Plus loin, le menuisier, debout près de la fenêtre, et vu de dos, rabote une planche avec une doloire. A droite, une haute cheminée où l'on voit un chaudron pendu à une crémaillère. — Signé, à gauche : *Rembrandt f.*, 1640.

Gravé par Lebas; par Martini; par Probst; par de Frey dans le Musée français. — Filhol, t. 5, pl. 291.

Ancienne collection. — Ce superbe tableau, qui se trouve décrit dans plusieurs catalogues comme une *Sainte-Famille*, fut vendu, en 1701, à la vente de M. Isaac van Thye, 900 florins; en 1768, à la vente Gaignat, 5,450 livres; en 1793, à la vente de M. de Choiseuil-Praslin, 17,120 livres.

411. *Vénus et l'Amour.*

H. 1, 10. — L. 0, 88. — T. — Fig. à mi-corps gr. nat.

Vénus, richement habillée à la mode hollandaise, est assise et tient sur ses genoux l'Amour enfant, dont elle appuie la tête contre sa joue. L'Amour est vêtu d'une petite tunique, a des ailes, les bras nus, et pose sa main gauche sur la poitrine de sa mère.

Ancienne collection. — Ces deux figures sont sans doute des portraits. Une peinture, désignée également sous le titre de *Vénus et l'Amour*, existait dans la collection de Pieter Six, à Amsterdam, et fut vendue, en 1704, 65 florins 5 liv. Serait-ce celle qui se trouve actuellement au Louvre, et dont nous n'avons pas encore pu trouver la provenance?

412. *Portrait de Rembrandt.*

H. 0, 58. — L. 0, 45. — Forme ovale. — B. — Buste gr. nat.

Il est représenté de trois quarts, tourné à droite, tête nue avec des cheveux courts et crépus, de petites moustaches et une mouche. Il porte sur son manteau de velours violet foncé une chaîne d'or avec des pierreries, qui s'agrafe sur la poitrine. — Signé : *Rembrandt f.* 1633.

Musée Napoléon.

413. *Portrait de Rembrandt.*

H. 0, 68. — L. 0, 53. — Forme ovale. — B. — Buste gr. nat.

Il est vu presque de face ; il a des cheveux courts, des moustaches, une petite mouche, une toque de velours ornée d'une petite chaîne d'or avec des pierreries, et sur son manteau une autre chaîne d'or avec des pierres précieuses qu'il tient de la main gauche. — Signé : *Rembrandt f.* 1634.

> *Gravé, dans la galerie du duc de Choiseul (n° 96), avec le titre de* Portrait de Rembrandt jeune; *par Wiesbrod ; par J. Smith ; par Claessens, dans le Musée français, avec le titre de* Portrait d'un jeune homme. — *Filhol, t.* 1, *pl.* 59, *avec le titre de* Tête d'un jeune homme. — *Landon, t.* 2, *pl.* 60, *avec le titre de* Portrait d'homme.

Ancienne collection. — Acheté par Lebrun, en 1772, à la vente du duc de Choiseul, 600 livres.

414. *Portrait de Rembrandt.*

H. 0, 80. — L. 0, 62. — Forme ovale. — B. — Buste gr. nat.

Il s'est représenté de trois quarts, la tête tournée à droite. Il a des moustaches, une mouche, de longs cheveux tombant sur les épaules, et porte une toque de velours noir, ornée d'une chaîne d'or avec des pierreries. Une perle pend à son oreille. Il est enveloppé d'un manteau bordé d'une broderie et retenu par une agrafe sur la poitrine. Dans le fond, à droite, un mur d'appui, un pilier cannelé, et plus loin une porte cintrée. — Signé : *Rembrandt f.* 1637.

> *Gravé par de Frey dans le Musée français.* — *Filhol, t.* 1, *pl.* 263. — *Landon, t.* 2, *pl.* 59.

Collection de Louis XVI.

415. *Portrait de Rembrandt âgé.*

H. 1, 11. — L. 0, 85. — T. — Fig. à mi-corps gr. nat.

Il est vu de trois quarts, tourné à droite, avec des cheveux courts et gris, des moustaches et des favoris.

La tête est coiffée d'un linge blanc, et il porte une robe garnie de fourrure. Il tient sa palette et ses pinceaux de la main gauche, et de la droite un appui-main. A droite, une toile sur un chevalet. — Signé : *Rem. f.* 1660.

<small>*Gravé par J. de Frey dans le Musée français.* — *Filhol, t. 5, pl.* 329.</small>

<small>Collection de Louis XIV. — A la suite d'un rentoilage, une bande de toile de 5 à 6 centimètres ayant été ajoutée à droite dans toute la hauteur, il est à supposer que le nom de l'artiste se lisait en entier et n'était pas écrit en abrégé ; la lettre *m* touche la couture.</small>

416. *Portrait d'un vieillard.*

<small>H. 0, 70. — L. 0, 56. — Forme ovale. — B. — Buste gr. nat.</small>

Il est représenté de face, la tête nue, presque chauve, avec une longue barbe et des moustaches grisonnantes, et enveloppé d'un manteau. Il porte la main droite à sa chemise, près de son cou. — Signé : *Rembrandt,* 1638.

<small>*Gravé par Claessens dans le Musée français.* — *Landon, t. 2, pl.* 63. — *Filhol, t. 1, pl.* 17.</small>

Ancienne collection.

417. *Portrait d'un jeune homme.*

<small>H. 0, 73. — L. 0, 61. — T. — Buste gr. nat.</small>

Il est représenté presque de face avec de petites moustaches et de longs cheveux. Il porte une large toque ornée d'une chaîne d'or, et un pourpoint à boutons d'or entr'ouvert, qui laisse voir la chemise sur sa poitrine. Sa main gauche est à moitié cachée dans son pourpoint. — Signé : *Rembrandt,* 1658.

Musée Napoléon.

418. *Portrait d'homme.*

<small>H. 0, 26. — L. 0, 19. — B. — Buste.</small>

Il est vu presque de face et coiffé d'un bonnet fourré Il a des cheveux gris, une longue barbe et des moustaches brunes, et par-dessus son habit, un manteau ouvert sur la poitrine.

Filhol, t. 1, pl. 71. — Landon, t. 2, pl. 58.
Ancienne collection.

419. *Portrait de femme.*

H. 0,72. — L. 0, 60. — T. — Fig. en buste gr. nat.

Elle est représentée un peu de trois quarts, tournée à gauche, avec ses cheveux relevés sur le front et retombant en boucles de chaque côté. Elle porte sur le sommet de la tête une toque de velours vert ornée de nœuds de rubans rouges; aux oreilles, des pendeloques en diamants terminées par une grosse perle en poire; sa mante garnie de fourrure, ouverte par devant, laisse voir une chemisette plissée, et sur la poitrine une agrafe terminée par une grosse perle en poire.

Gravé par Claessens dans le Musée français. — Filhol, t. 1, pl. 35. — Landon, t. 2, pl. 64.
Ancienne collection. — Ce tableau paraît avoir été signé au bas, à droite; mais on ne peut rien lire dans l'état actuel.

REMBRANDT (*École de*).

420. *Jésus à Emmaüs.*

H. 0, 48. — L. 0, 62. — T. — Fig. de 0, 30.

Jésus-Christ, assis au milieu de la table, tient le pain et le bénit. A gauche, près d'une croisée ouverte, un disciple dont le dos est vivement éclairé par le soleil. A droite, le second disciple vu de profil, une main sur la table, l'autre sur le bras de son fauteuil. Derrière lui, une femme qui appuie la main gauche sur le dos du fauteuil. En avant de la table des disciples règne une barrière sur laquelle est posé un vêtement.

Ancienne collection. — Ce tableau était porté comme original de Rembrandt dans la notice de 1841.

ROKES (Hendrik-Martenz), *surnommé* Zorg, *né à Rotterdam en* 1621, *mort en* 1682. (Ecole hollandaise.)

Son père était voiturier d'eau. L'attention qu'il donnait aux commissions dont il était chargé lui fit donner le surnom de *Zorg* (c'est-à-dire *soigneux*), qui passa aussi à son fils et lui est resté. Henri fut élève de David Teniers, puis de **Willem Buytenweg**. Il peignit, dans une manière qui tient de celle de ces deux maîtres et de Brauwer, des fêtes de village, des foires, des cabarets, des intérieurs de cuisine, des tableaux de nature morte. Il se distingue par une belle couleur et une imitation de la nature, à la fois fidèle et pittoresque. Les historiens prétendent qu'il abandonna la peinture pour remplacer son père dans le métier de voiturier, et qu'il ne travailla plus alors que dans les intervalles de loisir que lui laissait sa profession.

421. *Intérieur de cuisine.*

H. 0, 48. — L. 0, 63. — B. — Fig. de 0, 14.

Vers le centre de la composition, sur un tonneau, une cruche de grès avec un couvercle d'étain et une serviette. Par terre, à gauche, une marmite en cuivre, un panier renversé avec des oignons, des plats d'étain, une cuiller, une passoire. Au milieu, une cruche, une bouteille revêtue d'osier, des plats de cuivre, un chaudron. A droite, un panier rempli de différents ustensiles, une chaise, une lanterne, des fagots. Dans le fond, du même côté, une grande fontaine en cuivre, près de laquelle un paysan est accroupi; à gauche, près d'une cheminée et debout devant une table, un homme une main posée sur l'épaule d'une femme et portant l'autre à son fichu.

Ancienne collection.

ROMEYN (Willem), *né à Utrecht, florissait de* 1640 *à* 1660. (Ecole hollandaise.)

Füessly et Hagedorn prétendent qu'il fut élève de Melchior Hondekoeter. On n'a, du reste, aucun détail sur sa vie. Il imita dans ses paysages et ses animaux la manière de Berghem, de Karel du Jardin et d'Adriaan van den Velde.

422. *Paysage avec des animaux.*

H. 0, 33. — L. 0, 40. — T. — Fig. de 0, 12.

Dans un pâturage, cinq moutons et trois béliers, la plupart couchés sur l'herbe. A droite, un bœuf debout, et derrière lui, un berger assis, vu de dos et à mi-corps. Dans le fond, à gauche, sur un chemin qui passe entre des montagnes, un homme marchant en s'appuyant sur un bâton, et un âne chargé de bagages. — Signé : X. ROMEYN.

Ancienne collection.

ROOS (PHILIPP-PETER), *dit* ROSA DI TIVOLI, *peintre, graveur, né à Francfort-sur-le-Mein en 1655, mort à Rome en 1705.* (Ecole allemande.)

Il fut élève de son père, **Johann-Heinrich Roos**. Envoyé en Italie, en 1677, par la protection du landgrave de Hesse-Cassel, il se fit remarquer à Rome par le peintre Giacinto Brandi, dont il épousa la fille après s'être converti à la religion catholique en 1679. Il s'établit à Tivoli, d'où lui vint son surnom, vécut dans la débauche et mourut dans la misère. Il peignit des paysages et des animaux. — Son père, **Johann-Heinrich Roos**, peintre, graveur, né à Otterberg en 1631, mort à Francfort en 1685 ou 1686, vint encore enfant à Amsterdam, où il fut élève de **Julien Dujardin** pendant sept ans, puis d'**Adriaan de Bye**. D'Amsterdam il alla à Mayence, parcourut ensuite l'Italie, la France, l'Angleterre, une partie de l'Allemagne, et se fixa à Francfort en 1671. Il peignit le portrait, le paysage, les animaux, et acquit une fortune considérable. — **Theodor Roos**, peintre, graveur, frère de Johann Heinrich, né à Wezel en 1638, mort à 60 ans suivant Pilkington, en 1696 selon d'autres auteurs, fut élève d'Adriaan de Bye. Il travailla avec son frère, fut employé par le landgrave de Hesse, s'établit à Manheim en 1657, fut premier peintre des cours de Birkenfeld, de Bade, de Hanau, de Nassau, de Wurtemberg, se trouvait à Strasbourg lors de la prise de cette ville par les Français en 1681, et fut traité par eux avec distinction. Il peignit des tableaux d'histoire, des portraits, des paysages, des animaux. — **Johann-Melchior Roos**, peintre, graveur, fils de Johann-Heinrich, né à Francfort-sur-le-Mein en 1659, mort dans la même ville en 1731, élève de son père. Il habita successivement sa ville natale, Wurtzbourg, Cassel, Brunswick, voyagea en Italie de 1685 à 1690, revint à Nuremberg, puis à Francfort. Il peignit des portraits, des tableaux d'histoire, des paysages et des animaux. — Il y eut encore un **Jakob Roos**, surnommé *Rosa di Napoli*, fils de Philipp-Peter Roos, élève de Brandi, et peintre de paysages ; — un **Cajetan Roos**, autre fils de Philipp-Peter, peintre de paysages et d'animaux, qui florissait en 1735 ; — enfin, **Joseph Roos**, fils de Cajetan, peintre, graveur, nommé aussi *Rose* ou *Rosa*, né à Vienne en 1728 ou 1732 ; il demeura à Dresde, fut membre de l'académie électorale, inspecteur de la galerie du Belvédère de Vienne en 1796, et mourut directeur en 1805 ; il peignit des paysages, des animaux et des scènes villageoises. — D'autres peintres ont encore porté le nom de Roos, mais ne semblent pas faire partie de cette nombreuse famille.

423. *Un loup dévorant un mouton.*

H. 1, 91. — L. 2, 48. — T. — Gr. nat.

A gauche, le loup, caché à moitié par un tronc d'arbre, tient dans la gueule un morceau de la chair sanglante d'un mouton qu'il vient d'égorger. A droite, une chèvre et des moutons qui se sauvent effrayés. Dans le fond, un berger et son troupeau fuyant vers une maison.

Collection de Louis XV. — L'inventaire dit que le paysage est peint par Tempesta.

ROTTENHAMMER (JOHANN), *né à Munich en 1564, mort à Augsbourg, non en 1604, 1607 ou 1608, comme la plupart des biographes le disent; mais, suivant les registres mortuaires de la cathédrale, en 1623.* (Ecole allemande.)

Il fut élève de son père, **Thomas Rottenhammer**, peintre des écuries de la cour ducale, et de **J. Donnauer**, artiste médiocre, qu'il abandonna pour aller étudier les ouvrages des grands maîtres en Italie. Il se rendit d'abord à Rome, puis à Venise, et prit le Tintoret pour modèle. Après un assez long séjour en Italie, il vint s'établir à Augsbourg, où, malgré ses nombreux travaux, il mourut dans la plus profonde misère. Rottenhammer a peint des tableaux d'histoire, et surtout un grand nombre de petites compositions sur cuivre. Il a imité la couleur et la manière de disposer les figures du Tintoret. Breughel de Velours et Paul Bril ont souvent fait les paysages et les fonds de ses tableaux. Rottenhammer eut un fils nommé **Dominicus** dont on connaît un ouvrage daté de 1613, mais sur qui l'on n'a aucun détail biographique.

424. *La mort d'Adonis.*

H. 1, 55. — L. 1, 99. — T. — Fig. pet. nat.

A gauche, Vénus évanouie, ayant près d'elle un amour tenant un arc, est soutenue par une des Grâces; au milieu, une autre soulève le corps d'Adonis, étendu sur un manteau, et à droite, une troisième debout va le couvrir d'un voile. Un amour qui vole contemple Adonis avec douleur et croise les mains sur sa poitrine. Dans le fond, des amours poursuivent le sanglier et le percent de leurs traits.

Landon, t. 3, pl. 3.

Ancienne collection. — Ce tableau faisait partie de la collection du duc de Penthièvre à Châteauneuf-sur-Loire.

RUBENS (Peter-Paul), *né à Cologne le 29 juin 1577, mort à Anvers, le 30 mai 1640, à 62 ans et 11 mois.* (Ecole flamande.)

Johann Rubens, docteur ès-lois, échevin d'Anvers, qui s'était réfugié à Cologne pendant les guerres de religion, était mort depuis une année, lorsque son fils Peter-Paul, âgé de 11 ans, vint en 1588 avec sa famille habiter Anvers. Sa mère le mit d'abord, comme page, au service de Marguerite de Ligne, veuve du comte Philippe de Lalaing ; mais bientôt, cédant à ses instances, elle lui permit d'entrer à l'atelier d'Adam van Oort, qu'il quitta ensuite pour celui d'Otto van Veen, communément appelé Otto Venius, maître habile, érudit, qui lui fit faire de rapides progrès. En 1598, Rubens fut reçu franc-maître de l'académie de Saint-Luc, et deux ans après, le 19 mai 1600, il partit pour l'Italie, passa par la France, suivant Houbraken, et se rendit à Venise, où il étudia les chefs-d'œuvre du Titien et de Paul Véronèse. Pendant son séjour dans cette ville, il se lia avec un jeune seigneur qui le présenta à Vincent Ier, de la maison de Gonzague et duc de Mantoue. Ce prince, appréciant l'immense mérite de Rubens, le nomma gentilhomme, peintre de sa cour, et le retint huit ans à son service, en lui accordant, toutefois, la permission de faire plusieurs voyages à Venise et à Rome. En 1608, le duc de Mantoue chargea Rubens d'une mission diplomatique près de Philippe III, roi d'Espagne, et Rubens fut reçu à Madrid avec distinction, comme artiste et comme ambassadeur. Il fit un grand nombre de portraits, et, poursuivant ses études, il copia plusieurs tableaux de Titien. Revenu à Mantoue, il obtint du duc la permission de retourner à Rome, où il peignit les meilleurs tableaux de sa première époque ; puis il alla à Florence, à Bologne, à Venise, à Milan, à Gênes, étudiant partout les maîtres, et produisant un nombre considérable d'ouvrages en tout genre. Au commencement du mois de novembre 1608 la nouvelle de la maladie de sa mère lui fit quitter Gênes pour revenir à Anvers. Il eut la douleur d'apprendre en route que sa mère était morte le 19 du mois d'octobre ; aussi, après un court séjour en Belgique, il résolut, pour faire diversion à son chagrin, de repasser les Alpes ; mais l'archiduc Albert et l'infante Isabelle l'engagèrent vivement à rester en Flandre, l'attachèrent à leur service en le nommant chambellan et en lui assurant une pension considérable. Rubens s'établit magnifiquement à Anvers, et le 13 octobre 1609, ou au commencement de 1610 suivant d'autres biographes, il épousa Isabelle Brandt, fille de Jean Brandt, secrétaire de la ville d'Anvers. Elle mourut en 1626, et il en eut deux fils. Vers la fin de 1620, Marie de Médicis, après avoir conclu un accord avec son fils Louis XIII, revint à Paris, et voulut faire décorer la grande galerie du palais du Luxembourg, qu'elle venait d'élever, par un des plus grands artistes de l'époque, chargé de retracer les principaux événements de son histoire. Le baron de Vicq, ambassadeur de l'archiduc Albert et de l'infante Isabelle, proposa de confier à Rubens cet immense travail. La proposition fut acceptée. Rubens vint en France en 1621, peignit les esquisses à Paris, et, de retour à Anvers, exécuta les tableaux avec l'aide de ses plus habiles élèves. Revenu à Paris au mois de février 1625, il mit la dernière main à cette magnifique galerie, et compléta son œuvre par trois portraits : celui de Marie de Médicis en Bellone, et ceux de son père François de Médicis et de sa mère Jeanne d'Autriche, grande-duchesse de Toscane. Rubens était de retour à Anvers dans le mois de juin de la même année. Pendant son séjour à Paris il s'était lié avec le duc de Buckingham, et ce ministre lui avait fait connaître le désir de Charles Ier de voir cesser les différends qui existaient entre l'Espagne et l'Angleterre. Rubens fit part de la communication du duc à l'infante Isabelle, qui le choisit pour traiter cette importante négociation.

Il arriva en 1628 à la cour d'Espagne, conquit la faveur du roi, revint en 1629 à Bruxelles avec le titre de secrétaire du conseil privé de Sa Majesté Catholique, passa la même année en Angleterre, et réussit à faire conclure la paix entre Philippe IV et Charles Ier. Le roi d'Angleterre, à cette occasion, le créa chevalier et le combla d'honneurs et de présents d'une valeur considérable. De retour à Anvers, Rubens épousa en secondes noces, le 6 décembre 1630, Hélène Fourment, dont il eut trois filles et deux fils. En 1631 il fut revêtu de la dignité de doyen de l'académie d'Anvers. Enfin, en 1633, il voyagea en Hollande dans le but d'amener un rapprochement entre les États et l'infante Isabelle ; la mort du prince Maurice mit fin à sa mission. A partir de l'année 1635, Rubens, souffrant de fréquentes attaques de goutte, se retira entièrement de la cour et ne s'occupa plus que de peinture, abandonnant presque entièrement les grands ouvrages pour travailler surtout à des toiles de petites dimensions. — Ce qui caractérise surtout le génie de Rubens, c'est le mouvement, la force, la passion, portés au plus haut degré. Chez lui, jamais d'hésitation ni de demi-parti : son dessin est toujours savant, rapide, accentué ; sa couleur éblouissante, son geste énergique jusqu'à la violence. Loin de rester en deçà du but, dans sa bouillante ardeur souvent il le dépasse, et met en égal relief ses sublimes qualités et ses imperfections. Si l'on ne trouve pas dans ses œuvres ce sentiment délicat des convenances dont les artistes français se montrent, avant tout, les religieux observateurs ; si le besoin de cette suprême élégance, objet de la recherche constante des Italiens, ne s'y fait pas sentir, on y voit toujours une richesse d'invention inépuisable, une main pour qui l'exécution des plus grandes difficultés n'est qu'un jeu ; aussi le nombre de ses peintures et de ses dessins est-il immense. L'admirable organisation de Rubens, secondée par l'extrême régularité de son genre de vie, lui permit de mener de front l'étude approfondie des sciences, des lettres, de l'archéologie, de la peinture et de la politique. Il excella dans tout ce qu'il entreprit, et il partage avec Raphaël et Titien le privilège bien rare d'avoir épuisé, comme homme et comme artiste, toutes les faveurs de la gloire et de la fortune. Rubens forma une quantité d'élèves, dont plusieurs sont justement célèbres : il suffira de citer Anton van Dyck, **Justus van Egmont,** Théodore van Thulden, Abraham van Diepenbeck, Jakob Jordaens, Pieter van Mol, **Cornelius Schut, Johan van Hoeck, Simon de Vos, Francis Wouters,** David Teniers le vieux et le jeune, etc. Parmi ses imitateurs, on compte : Franz Snyders, **John Wildens,** Lucas van Uden, **Josse Momper,** Gerard Zeegers, Gaspard de Crayer, etc.

425. *La fuite de Loth.*

H. 0, 75. — L. 1, 19. — B. — Fig. de 0, 44

A droite, un ange, les ailes déployées, entraîne Loth et lui montre le chemin. Au milieu de la composition, un autre ange hâte la marche de la femme du patriarche, qui se retourne vers lui, les yeux humides de larmes et les mains jointes. A gauche, une des filles de Loth ayant au bras un panier rempli de bijoux et tenant la bride d'un âne chargé de coupes, de vases, et de vaisselle d'or et d'argent. Derrière l'âne, à moitié sorti seulement

de la porte de la ville, la deuxième fille portant sur la tête une corbeille pleine de fruits. Dans le ciel, quatre démons armés de foudres qu'ils lancent sur la ville. — Signé : PE. PA. RVBENS FE
A° 1625.

Gravé par W. Swaenenburg.

Ancienne collection. — Avant d'exécuter cet admirable tableau, qui est du très petit nombre de ceux portant sa signature, Rubens avait déjà peint le même sujet, mais différemment composé. Cette peinture, qui fut donnée au duc de Malborough par la ville d'Anvers, fait aujourd'hui partie de la galerie Malborough en Angleterre, et a été gravée par Lucas Vosterman. Le Louvre en possède le dessin fait pour la gravure et retouché par Rubens.

426. *Le prophète Élie dans le désert.*

H. 4, 71. — L. 4, 13. — T. — Fig. colossale.

Le prophète est représenté la tête vue de profil, tourné à gauche, le corps à moitié vêtu d'une peau de bête et d'une draperie blanche. Un ange lui présente un pain et un verre à forme de calice rempli d'eau. — Ce tableau figure une tapisserie suspendue sous un entablement, entre deux colonnes torses d'ordre composite.

Gravé au burin par Lauwers; à l'eau-forte par Panneels. — Landon, t. 3, pl. 7.

Collection de Louis XVIII. — Cette peinture, ainsi que celle du n° 432, ont été acquises pour 60,000 fr. du général Sébastiani, qui les avait rapportées d'Espagne, et étaient exposées au Luxembourg en 1815 et 1816 avec les tableaux de la galerie de Marie de Médicis. Elles faisaient partie de neuf compositions destinées à être reproduites en tapisserie, et furent peintes, dit-on, par ordre de Philippe IV, qui les donna à son ministre le duc d'Olivarès, pour décorer un couvent de Carmélites fondé par lui à Loeches, près de Madrid. Transmises par héritage au duc d'Alva, celui-ci vendit quatre d'entre elles à M. de Bourke, ministre de la cour de Danemark en Espagne, qui les rapporta à Londres, où elles furent exposées dans la grande salle de Piccadilly et acquises par le comte Grosvenor au prix de 10,000 guinées. Voici l'indication des sujets représentés dans les sept compositions qui ne se trouvent pas au Louvre : *Le Triomphe de la Charité*, gravé par Lommelin ; collection Joshua Taylor, esq. — *Le Triomphe de l'Eglise*, gravé par Bolswert. L'esquisse fut achetée en 1814, à la vente de M. de La Hante, 410 guinées par M. Philipps, revendue en 1816 300 guinées. — *Le Triomphe de la religion chrétienne sur le paganisme et l'idolâtrie*, gravé par Bolswert. — *Les Israélites recueillant la manne dans le désert*; collection du comte Grosvenor ; non gravé. — *Les Pères de l'Eglise*, gravé par Eynhouedts et Bolswert ; collection du comte Grosvenor. L'esquisse originale, provenant de la collection de John Webb, esq., fut vendue, en

1821, 100 guinées. Une peinture, aussi désignée sous le titre des *Pères de l'Eglise*, fut aussi vendue par M. Christie, en 1807, 195 guinées; puis, en 1808, 255 livres. — *Les quatre Evangélistes*, gravé par Eynhouedts et Bolswert; collection du comte Grosvenor. En 1814, on vendit 100 guinées l'esquisse originale à la vente de la collection de M. A. de Lallante, esq. Elle se trouve maintenant dans celle de Edward Grey, esq. — *Abraham recevant le pain et le vin de Melchisédech*; collection du comte Grosvenor. Le même sujet, mais composé d'une manière différente, est gravé par Witdouc et par Neefs. La douairière lady Stuart possède l'esquisse terminée. — Les esquisses originales de ces neuf compositions étaient réunies autrefois au Palais-Neuf, à Madrid. Quelques unes sont restées en Espagne; d'autres, comme on vient de le voir, ont passé en Angleterre. Michel (Vie de Rubens, page 365) rapporte que, lors de l'incendie du vieux Palais, à Bruxelles, en février 1731, plusieurs peintures de Rubens furent détruites, et entre autres des cartons représentant l'Eglise triomphante, exécutés en tapisserie à Bruxelles par ordre de l'infante Isabelle, qui les envoya à Philippe IV. Des copies de ces cartons se voyaient dans l'église des Carmes déchaussés, à Bruxelles. Mansaert, dans son *Peintre curieux*, publié en 1763, dit aussi que les originaux périrent dans l'incendie du vieux Palais de Bruxelles. Ces deux auteurs parlent évidemment des mêmes compositions; mais il y a tout lieu de croire qu'il s'agit ici des dessins faits sur papier ou carton, d'après les peintures dont nous avons parlé plus haut, pour les ouvriers en tapisserie, peintures dont ils ne connaissaient pas l'existence, car Michel lui-même, en citant, page 126, les ouvrages de Rubens qui se trouvent à Loeches (il écrit Lorches), dit simplement : « On trouve à Lorches, chez les petits Carmes, *quatre cartons*, ouvrages de Rubens, qui ont été exécutés en tapisserie, » et il n'indique pas les sujets de ces cartons. Michel et Mansaert font aussi mention d'une dixième composition représentant *la Religion triomphante de l'Hérésie*.

427. *L'adoration des mages.*

H. 2, 80. — L. 2, 18. — T. — Fig. gr. nat.

Sur le premier plan, à gauche, la Vierge debout tient l'Enfant-Jésus assis sur un coussin placé sur de la paille qui recouvre une espèce de piédestal. Il met la main gauche dans une coquille pleine de pièces d'or que lui présente un mage agenouillé. A droite, un autre mage, également à genoux, tient un vase d'or. Au second plan et au milieu, le roi nègre, coiffé d'un turban, porte une cassette ouverte. A gauche, derrière la Vierge, saint Joseph debout, et au fond, le bœuf mangeant à un râtelier. A droite, un groupe de quatre soldats, et une porte cintrée qui laisse apercevoir le ciel.

Gravé par Bolswert; par Panneels; par un anonyme.

Ancienne collection. — Cette peinture fut commandée à Rubens, vers 1612, pour l'église des Annonciades à Bruxelles. Il en existe une répétition dans la galerie Malborough, en Angleterre.

428. *La Vierge entourée des saints Innocents.*

H. 1, 38. — L. 1, 00. — T. — Fig. de 0, 70.

La Vierge, tenant l'Enfant-Jésus dans ses bras, est portée sur des nuages et soutenue par des groupes de petits anges non ailés. Au-dessus d'elle, deux d'entre eux suspendent sur sa tête une couronne ; d'autres tiennent des palmes.

Gravé par Visscher; gravé à l'eau-forte par un anonyme, mais avec des changements. — Landon, t. 3, pl. 36.

Collection de Louis XIV. — Ce tableau est connu sous le nom de *la Vierge aux anges.* Il existe dans la collection de Potsdam une copie de cette composition exécutée par un élève de Rubens.

429. *La Vierge, l'Enfant-Jésus et un ange au milieu d'une guirlande de fleurs.*

H. 0, 85. — L. 0, 65. — B. — Grandeur du médaillon : h. 0, 38 ; l. 0, 28.

La Vierge assise, vue à mi-corps, tient l'Enfant-Jésus sur ses genoux. Un ange pose une couronne de fleurs sur la tête de la Vierge, et des chérubins volent autour d'elle. Cette composition, en forme de médaillon, est entourée d'une guirlande de fleurs au milieu desquelles sont perchés des oiseaux de différentes espèces, des singes, des insectes, des lézards, etc.

Musée Napoléon. — L'inventaire de l'Empire attribue les fleurs à Breughel de Velours et dit à tort que les figures sont d'un *imitateur de Rubens.* On trouve dans le catalogue de la vente qui eut lieu en mai 1641, après la mort du grand artiste : «N°249. La Vierge entourée de fleurs, par Rubens.» Ce tableau est classé parmi ceux de peintres modernes parce que les fleurs sont exécutées par un artiste autre que Rubens, mais contemporain, dont on ne dit pas le nom. On remarque aussi, dans la même section, des ouvrages de Breughel avec des figures de Rubens, et l'on peut supposer, sans trop d'invraisemblance, que le tableau du Louvre est celui cité par ce catalogue.

430. La fuite en Égypte.

H. 0, 75. — L. 1, 10. — B. — Fig. de 0, 23.

La Vierge, tournant la tête à droite, du côté d'une rivière qu'elle vient de traverser, et tenant l'Enfant-Jésus dans ses bras, est montée sur l'âne, qu'un ange conduit et fait entrer dans un ruisseau. Un autre ange vole à la droite de la Vierge et est éclairé, ainsi que les autres figures du groupe, par la lumière qui émane de l'enfant divin. Saint Joseph, enveloppé d'un manteau, appuyé sur un bâton, se retourne avec inquiétude et observe si deux cavaliers qui galopent à droite, sur les bords de la rivière, ne sont pas sur leurs traces. Le disque de la lune se reflète dans les eaux, et un héron effrayé s'envole d'une touffe de roseaux. Au fond, à gauche, au pied d'un rocher entouré d'arbres, trois bergers couchés près d'un feu, une femme debout, des vaches, des moutons et un chien. Le ciel est parsemé d'étoiles.

Collection de Louis XIV. — La même composition, avec quelques changements, figure dans la notice de 1810 sous le n° 572. Elle est portée sur les inventaires de l'Empire comme *pasticcio de Dietrich*, et fut rendue, en 1815, à la ville de Cassel.

431. Le Christ en croix.

H. 3, 33. — L. 2, 82. — T. — Fig. gr. nat.

Au milieu, le Christ sur la croix. Debout, à gauche, la Vierge; à droite, saint Jean. La Madeleine agenouillée baise les pieds du Sauveur. Dans le fond, des collines; à gauche de la croix, deux soldats, dont l'un porte l'échelle, s'éloignent, et deux hommes se retournent en regardant le Christ avec compassion.

Ancienne collection.

432. *Le triomphe de la Religion.*

H. 4, 81. — L. 5, 95. — T. — Fig. plus gr. que nat.

A gauche, deux anges ailés traînent un char d'or où sont placées, de chaque côté d'une sphère, la Religion agenouillée tenant la croix, et la Foi montrant le calice de vie. Deux petits anges volent en avant, portant la couronne d'épines et les clous ; deux autres suivent le char et le poussent. Près d'eux, à droite, marchent un vieillard qui s'appuie sur un bâton, un homme tenant un livre et un globe céleste, figurant la science, et une femme à six mamelles, image symbolique de la nature. Derrière ces figures viennent l'Asie et l'Afrique, représentées par un nègre et par un homme au teint cuivré. Au-dessus de leurs têtes volent deux anges, dont l'un tient un flambeau. Au milieu, dans la partie supérieure, deux anges, soutiennent un cartouche sur lequel sont écrits ces mots : FIDES CATHOLICA. Enfin, deux autres anges déroulent cette peinture qui figure une tapisserie déployée devant l'ouverture d'un riche portique, sur le soubassement duquel on voit un réchaud en or et un cœur dans un creuset au milieu des flammes. De chaque côté du brasier, un monstre ailé à tête et poitrine de femme, à griffes de lion et à queue de poisson.

Collection de Louis XVIII. — (Voir la note du n° 426.)

433. *Thomyris, reine des Scythes, fait plonger la tête de Cyrus dans un vase rempli de sang.*

H. 2, 63. — L. 1, 99. — T. — Fig. gr. nat.

A droite, sous un dais de velours rouge, Thomyris, en robe de satin brodé d'or, en manteau royal doublé d'hermine, le sceptre à la main, est assise sur un trône exhaussé de cinq marches couvertes d'un tapis. Au pied du trône, deux femmes jeunes, et une vieille dont on ne voit que la tête et une main posée sur l'épaule de l'une d'elles. A gauche, un soldat, le bras nu, va plonger la tête de Cyrus dans un bassin d'or ciselé, et un petit chien lèche le sang tombé sur le tapis. Un homme vêtu d'une robe cramoisie, la tête coiffée d'un bonnet de fourrure et les mains derrière le dos, regarde la tête de Cyrus. Un ministre se tient près de la reine et deux soldats sont debout par derrière. Dans le fond, deux colonnes torses et le ciel.

Collection de Louis XIV. — Le même sujet, autrement composé et provenant de la galerie d'Orléans, se trouve dans la collection du comte Darnley, en Angleterre, gravé par Pontius, Ragot, Duchange et Launay. Un dessin annoncé comme de la main de Rubens, après avoir appartenu au peintre sir Thomas Lawrence, fit partie du cabinet du roi des Pays-Bas et fut retiré lors de la vente par la famille. Ce dessin n'était certainement pas de Rubens, mais d'un graveur.

434. *La destinée de Marie de Médicis.*

H. 3, 94. — L. 1, 55. — T. — Fig. gr. nat.

Les trois Parques, assises sur des nuages, filent la destinée de Marie de Médicis. Dans la partie supérieure, Junon, tendrement appuyée sur l'épaule de Jupiter, le prie de la laisser assister à la naissance de la princesse.

Gravé par Louis de Chastillon (Calc. imp.). — Landon, t. 3, pl. 42.

Collection de Louis XIII. — On a vu déjà, dans la biographie de Rubens (page 223), comment et par qui les tableaux de la galerie de Médicis lui furent commandés. A ces détails nous ajouterons les suivants. Les écrivains ne sont pas d'accord sur l'époque précise où Rubens commença ces peintures et sur l'année où il les termina; les uns disent qu'il entreprit cette immense tâche en 1620 et qu'il l'accomplit en deux ans; d'autres prétendent qu'il y consacra trois années. Quant à nous, il nous semble démontré qu'il mit la première main à ce travail en 1621, et qu'il l'acheva au commencement de 1625, ainsi que nous l'avons déjà dit; voici nos preuves. L'accommodement de Marie de Médicis et de Louis XIII eut lieu seulement le 13 août 1620, à Brissac. Ce ne fut donc qu'après son retour à Paris et à la fin de 1620 que la reine dut penser à la décoration de sa galerie. D'un autre côté, les dates des lettres de Rubens, publiées par MM. Gachard et Emile Gachet, prouvent que le 26 février 1622 Rubens se trouvait à Anvers, mais qu'il avait déjà fait un voyage à Paris. Le 8 juin 1623, il est à Paris; le 12 décembre 1624, il est à Anvers et dit qu'il espère être prêt dans six semaines; le 10 janvier 1625, il habite encore Anvers, mais il a reçu l'ordre de l'abbé de Saint-Ambroise de se trouver à Paris entre le 2 et le 4 février. Enfin, le 13 mai 1625, il écrit de Paris à Peiresc et se plaint amèrement du retard qu'on met à *satisfaire ses honoraires* pour la galerie déjà placée. Il pense que le prochain mariage de la princesse Henriette avec Charles Ier est la cause de ce retard, et il craint de n'être payé qu'après la Pentecôte. Rubens peignit les vingt-une compositions dans son superbe atelier d'Anvers; mais auparavant il en fit à Paris, sous les yeux de la reine, les esquisses en grisaille, que Depiles vit chez l'abbé de Saint-Ambroise, aumônier de la reine-mère, grand amateur de peinture, qui fut constamment l'intermédiaire entre Rubens et Marie de Médicis pour tout ce qui touchait aux travaux de la galerie. Dix-huit d'entre elles font maintenant partie de la galerie de Munich; ce sont celles des dix-sept peintures portant les n°s 435-439, 441-450, 452-453; plus une qui représente la reine reléguée au château de Blois, et qui n'a pas été exécutée. Surchargé de travaux, Rubens, à partir de 1620, se fit considérablement aider par ses élèves, ne peignant que les parties principales et retouchant le reste avec une immense habileté. Il ne faut pas oublier que les élèves de Rubens étaient alors van Dyck (il ne dut pas, toutefois travailler beaucoup à la galerie de Médicis, puisqu'il partit pour Rome le 3 octobre 1621), **Justus van Egmont**, Jakob Jordaens, Pieter van Mol, **Cornelius Schut, Johan van Hoeck, Simon de Vos, Deodat Delmont, Nicolas van der Horst,** Snyders, Lucas van Uden, **Momper et Wildens**; ces quatre derniers faisaient principalement les animaux et les paysages. C'est à Paris que Rubens mit la dernière main à ces tableaux et aux nombreux portraits qu'ils renferment. Ils furent placés dans une galerie attenante à la chambre de la reine, galerie percée de neuf fenêtres sur la cour et de neuf fenêtres sur le jardin. *La Destinée de Marie de Médicis* occupait l'espace entre la porte et la première fenêtre du côté du jardin; les autres compositions couvraient les entre-deux de fenêtres suivant l'ordre où elles sont classées dans cette Notice. Le *Couronnement* se trouvait après la neuvième fenêtre; l'*Apothéose de Henri IV* et le *Gouvernement de la reine* remplissaient la largeur de l'extrémité de la galerie; puis, en retour et entre les croisées, se déroulait le reste de l'histoire de Marie de Médicis, terminée par le *Triomphe de la Vérité*. Enfin, au-dessus de la cheminée construite entre les deux portes conduisant dans les appartements de la reine, on voyait son portrait en Bellone (n° 457), et de chaque côté les portraits de son père et de sa mère (n°s 455 et 456). La galerie immortalisée par le pinceau de Rubens n'existe plus; elle fut détruite presqu'en partie et remaniée pour faire place à l'escalier d'honneur conduisant au Sénat et à des salles situées à l'extrémité de la terrasse. L'intention de la reine était de construire une deuxième galerie parallèle à la première, où serait représentée l'histoire de Henri IV. Cette galerie, qu'elle fit commencer, mais que ses malheurs l'empêchèrent d'achever, ne fut terminée que plus tard. Elle est maintenant consacrée à l'exposition des ouvrages des artistes français modernes. Bien que Rubens se plaigne à plusieurs reprises, dans ses lettres, du retard apporté au paiement de ses honoraires, et qu'il *s'ennuie*, dit-il, *à cette cour où il pourrait bien arriver qu'il ne revint pas facilement si on ne le satisfait pas aussi ponctuellement qu'il l'a fait pour le service de la reine-mère*, il paraît cependant que l'entreprise de la galerie n'avait pas été *très onéreuse*, comme il l'avance pourtant dans une autre lettre où il énumère ses frais de voyage, la perte de son temps et l'oubli d'une *récompense extraordinaire*, car il avait accepté de peindre l'histoire de Henri IV pour la deuxième galerie, et se montra fort préoccupé de la nouvelle qui lui était parvenue qu'un peintre italien devait lui ravir ce travail. La nouvelle n'était pas fausse, comme on essaya de le lui faire croire ensuite; le peintre italien qu'on voulait opposer à Rubens était le cavalier d'Arpino, et le protecteur le cardinal de Richelieu, qui commandait des tableaux à Rubens afin de le rassurer, pendant qu'il écrivait à la reine une lettre où se trouve ce paragraphe : « Madame, j'ai creu que votre Majesté n'auroit pas désagréable que je luy disc que j'estime qu'il seroit à propos qu'elle fit peindre la galerie de son palais par Josepin, qui ne desire que d'avoir l'honneur de la servir et d'entreprendre et parachever cet ouvrage pour le prix que

Rebens a eu de l'autre galerie qu'il a peinte. » Après quelques nouvelles politiques : « Vostre Majesté excusera, s'il lui plaist, la hardiesse que je prends de lui envoyer demye douzaine de paires de gands que l'on m'a apporté de Rome. Suze, le 22 apvril 1629. » Quoi qu'il en soit, Rubens resta définitivement chargé du travail. On voit, par sa correspondance, qu'au mois de février 1626, la reine n'avait pas encore choisi les sujets ; qu'à la fin de l'année ou au commencement du mois de janvier 1627 il avait fait un voyage à Paris, où ses intérêts autant que la politique devaient l'attirer, et que dans le mois d'octobre ou novembre 1630 il avait déjà mis la main à l'œuvre. La preuve en est fournie par le passage suivant d'une de ses lettres, curieuse à plus d'un titre, car elle est du très petit nombre de celles écrites en français, Rubens employant presque toujours les langues italienne, latine ou flamande. Après les plus chaleureuses protestations de dévouement pour l'abbé de Saint-Ambroise, il ajoute : « Et pour le présent, je ne scay pas qu'il y a aulcun différent entre nous, sinon quelque malentendu touchant les mesures et symmetries de ceste galerie de Henry le Grand. Je vous supplie d'entendre s'il y a rayson en mon endroict, me remettant entièrement à votre jugement. On m'a envoyé les mesures de tous les tableaux dès le commencement, les accompagnant, M. l'abbé, de ses lettres, fort exactement selon la coustume ; et, m'ayant gouverné selon ses ordres, et fort avancé quelques pièces des plus grandes et des plus importantes, comme le Triumphe du Roy, au fond de la galerie ; depuis, le mesme Monsr l'Abbé de St-Ambroyse me retranche deux pieds de la haulteur des tableaux, et aussi il hausse tous les frontispices sur les huys et portes qui percent en quelques endroits les tableaux que sans remède je suis contrainct d'estropier, gaster et changer quasi tout ce que j'ai faict. Je confesse que je l'ay senti fort, et plaint à Mons. l'Abbé mesme (nul autre) *le priant, pour ne couper la teste au Roy assis sur son chariot triumphal, me faire grace d'un demy-pied*, aussi, luy remonstrant l'incommodité de l'accroyssement des portes susdittes, etc. » L'ébauche de ce Triumphe du roi, ainsi que celle de la bataille d'Ivry, se voient maintenant à la galerie de Florence ; un sujet allégorique relatif à Henri IV, que M. d'Argenville possédait en 1756 dans sa collection ; une esquisse appartenant probablement aussi à cette série et représentant le roi agitant une branche de laurier et emmenant Marie de Médicis sous les auspices de l'Hyménée, qui plane au-dessus de leur tête, esquisse qui appartenait au général Phippes, en Angleterre ; enfin, une figure de la France, sous les traits de Marie de Médicis, tenant les balances de la Justice et couronnée par des génies, tableau qui a pu être destiné à figurer dans cette galerie et qui est dans la possession de M. Louis Lacaze, sont les seuls débris connus de cette galerie que l'exil ne permit pas à la reine d'achever.

435. *Naissance de Marie de Médicis, le 26 avril 1575, à Florence.*

H. 3, 94. — L. 2, 95. — T. — Fig. gr. nat.

Lucine, déesse qui préside aux naissances, tenant le flambeau de la vie, remet la petite princesse dans les mains de la ville de Florence, assise devant la porte d'un édifice. Deux enfants soutiennent un écusson à une fleur de lys ; et le fleuve Arno, sur lequel un lion s'appuie, se repose près d'une touffe de roseaux. Les heures fortunées répandent des fleurs sur Marie de Médicis, et son bon génie, portant une corne d'abondance d'où sortent les insignes de la royauté, vole annoncer sa naissance, dont le mois est indiqué par le signe du Sagittaire que l'on aperçoit dans le ciel.

Gravé par G. Duchange (Calc. imp.). — Landon, t. 3, pl. 43.

Collection de Louis XIII.

436. *Éducation de Marie de Médicis.*

H. 3, 94. — L. 2, 95. — T. — Fig. gr. nat.

Minerve préside à l'éducation de la jeune princesse et la fait écrire sur ses genoux. Les Grâces lui offrent une couronne ; Apollon, en jouant de la basse, lui inspire le goût de la musique, et Mercure, descendant du ciel, lui apporte le don de l'éloquence. Dans le fond, la fontaine de Castalie ; sur le devant, par terre, des instruments de peinture, de sculpture et de musique. — Les draperies qui couvrent les Grâces ont été ajoutées postérieurement à Rubens.

Gravé par N. Loir (Calc. imp.). — Landon, t. 3, pl. 44.

Collection de Louis XIII.

437. *Henri IV reçoit le portrait de Marie de Médicis.*

H. 3, 94. — L. 2, 95. — T. — Fig. gr. nat.

Le portrait est présenté par l'Amour et l'Hymen ; la France, placée près du roi, l'engage à contracter cette alliance agréable à Jupiter et à Junon, que l'on voit assis sur des nuages. Près d'Henri IV, deux amours, s'emparant de son casque et de son bouclier, indiquent la longue paix dont ce mariage fera jouir la France.

Gravé par Jean Audran (Calc. imp.). — Landon, t. 3, pl. 45.

Collection de Louis XIII.

438. *Mariage de Marie de Médicis avec Henri IV*.

H. 3, 94. — L. 2, 95. — T. — Fig. gr. nat.

Le 5 octobre 1600, le grand-duc Ferdinand épouse au nom du roi, par procuration, la princesse sa nièce. L'Hymen, tenant un flambeau, porte le manteau de la jeune reine. Le cardinal Pierre Aldobrandini donne la bénédiction nuptiale dans l'église de Santa-Maria-del-Fiore. On voit à la suite de Marie de Médicis, Christine de Lorraine, grande-duchesse de Toscane, et Éléonore de Médicis, duchesse de Mantoue. Du côté du grand-duc, Roger de Bellegarde, grand-écuyer de France, depuis duc de Bellegarde, porteur de la procuration d'Henri IV, et le marquis de Sillery, négociateur de cette alliance. Sur l'autel, on remarque un groupe de marbre représentant le Christ mort, couché sur les genoux de Dieu le père.

Gravé par A. Trouvain (Calc. imp.). — *Landon, t. 3, pl. 46.*
Collection de Louis XIII.

439. *Débarquement de Marie de Médicis au port de Marseille, le 3 novembre 1600.*

H. 3, 94. — L. 2, 95. — T. — Fig. gr. nat.

La France, la ville de Marseille et son clergé vont au-devant de la nouvelle reine et lui présentent le dais. Rubens a supposé que le grand-duc lui-même avait accompagné sa nièce; mais il reste dans la galerie, tandis que la duchesse de Mantoue et la grande-duchesse de Toscane suivent Marie de Médicis, dont la Renommée annonce dans les airs l'heureuse arrivée. Le premier plan est occupé par des tritons et des naïades qui veulent amarrer le bâtiment, et Neptune arrive pour veiller au débarquement.

Gravé par G. Duchange en 1710 (Calc. imp.). — *Landon, t. 3, pl. 47.*

Collection de Louis XIII. — M. le baron Charles de Vèze a communiqué un passage curieux d'une lettre de Rubens, à M. de Chennevières, qui l'a publié dans les *Archives de l'art français* (2ᵉ année, 5ᵉ liv., 15 sept.), et qu'il nous semble intéressant de reproduire ici : «Je uous prie comuniquer à M. Jean Sauuages, ce que je place cy-dessous : Je uous prie de nous arrenger, (l'amy) pour retenir pour moi, pour la IIIᵉ semaine quy suyura celle-cy les deux Dames Capaïo de la Reue du Verbois, et aussy la petite niece Louysa, car je compte faire en grandʳ natᴵˡᵉ trois Etuddes de Syrennes et ces trois personnes, me seront d'un gᵈ secours et infini, tant à cause des Expressions supperbes de leurs uisages mais encore par leurs supperbes cheuelures Noires que je rencontre difficilement ailleur et aussy de leur stature.» Les trois sirènes dont Rubens parle dans cette lettre sont les trois naïades de ce tableau, naïades appelées sirènes dans plusieurs descriptions manuscrites et imprimées de la galerie de Médicis.

440. *Mariage de Henri IV avec Marie de Médicis, accompli à Lyon le 10 décembre 1600.*

H. 3, 94. — L. 2, 95. — T. — Fig. gr. nat.

La ville de Lyon, assise sur un char traîné par deux lions, lève ses regards vers le ciel et admire les nouveaux époux, qui y sont représentés sous les traits de Jupiter et de Junon. L'Hymen est auprès d'eux et indique d'une main la constellation de Vénus, sous l'influence de laquelle ce mariage a été célébré.

Gravé par G. Duchange (Calc. imp.). — Landon, t. 3, pl. 48. Collection de Louis XIII.

441. *Naissance de Louis XIII à Fontainebleau, le 27 septembre 1601.*

H. 3, 94. — L. 2, 95. — T. — Fig. gr. nat.

Marie de Médicis, la tête appuyée sur le bras de la Fortune, vient de donner le jour au dauphin, et le regarde avec une douce satisfaction, qui change en joie toutes les douleurs de l'enfantement. D'un côté, la Justice confie le prince nouveau-né au Génie de la santé ; de l'autre est la Fécondité, qui, dans sa corne d'abondance, montre à la reine les cinq autres enfants qui doivent naître d'elle.

Gravé par Benoît Audran (Calc. imp.). — Landon, t. 3, pl. 49. Collection de Louis XIII.

442. *Henri IV part pour la guerre d'Allemagne et confie à la reine le gouvernement du royaume.*

H. 3, 94. — L. 2, 93. — T. — Fig. gr. nat.

En 1610, le roi ayant résolu d'aller commander en personne l'armée qui faisait la guerre en Allemagne pour s'opposer à l'envahissement du duché de Clèves par la maison d'Autriche, avant son départ investit Marie de Médicis du gouvernement, et lui remet un globe aux armes de France. Le dauphin, depuis Louis XIII, debout entre eux, donne la main à sa mère. Des officiers armés attendent le roi, et deux femmes accompagnent la reine.

Gravé par J. Audran (Calc. imp.). — Landon, t. 3, pl. 50.

Collection de Louis XIII.

443. *Couronnement de Marie de Médicis.*

H. 3, 94. — L. 7. 27. — T. — Fig. gr. nat.

Cette cérémonie se fit à Saint-Denis le 13 mai 1610. La reine y paraît à genoux, vêtue du manteau royal. Les cardinaux de Gondy et de Sourdis assistent le cardinal de Joyeuse qui la couronne. Le dauphin (Louis XIII) et sa jeune sœur Henriette de France sont à ses côtés. Le duc de Ventadour porte le sceptre, le chevalier de Vendôme la main de justice. Marie de Médicis est accompagnée de la reine Marguerite de Valois, première femme de Henri IV, qui ne put, à cause de son rang, se dispenser de faire partie du cortége; de Madame, fille aînée de France, et des princesses de la cour. La princesse de Conti et la duchesse de Montpensier tenaient la queue du manteau de la reine ; MM. de Souvré et de Béthune en soutenaient les pans pour le dauphin et le duc d'Anjou, tenant la place du duc d'Orléans, alors malade. Dans le fond, on remarque le roi dans une tribune, d'où il regarde la cérémonie. Un peu au-dessous sont les ambassadeurs des puissances étrangères.

Gravé par J. Audran (Calc. imp.).— Landon, t. 3, pl. 51 et 52.
Collection de Louis XIII.

444. *Apothéose de Henri IV; régence de Marie de Médicis.*

H. 3, 94. — L. 7, 27. — T. — Fig. gr. nat.

Henri, enlevé par le Temps, est reçu dans l'Olympe par Jupiter. Plus bas et sur la terre, Bellone, portant un trophée, et la Victoire, assise sur un monceau d'armes, expriment la douleur que leur cause la mort du héros, tandis que l'Hydre de la rébellion, quoique blessée, dresse encore sa tête menaçante. De l'autre côté du tableau, la reine, vêtue de deuil et les yeux baignés de larmes, est assise sur son trône. Elle est accompagnée de Minerve et de la Prudence. La France à genoux lui présente le gouvernement, sous l'emblème d'un globe fleurdelisé, et la Régence le gouvernail de l'Etat. Les seigneurs de la cour lui promettent fidélité et dévouement.

Gravé par G. Duchange en 1708 (Calc. imp.).— Landon, t. 3, pl. 53 et 54.
Collection de Louis XIII.

445. *Le gouvernement de la reine.*

H. 3, 94. — L. 7, 02. — T. — Fig. gr. nat.

L'Olympe est assemblé pour présider au gouvernement de Marie de Médicis. Jupiter et Junon, symboles de la Providence, font atteler au globe de la France plusieurs colombes, emblèmes de la douceur; ils en donnent la conduite à l'Amour; devant eux sont la Paix et la Concorde. Cependant Apollon, armé de ses flèches, Minerve de sa lance, et Mars, que Vénus veut en vain retenir, chassent la Discorde, l'Envie, la Haine et la Fraude, monstres ennemis de la félicité publique.

Gravé par Picart en 1707 (Calc. imp.). — Landon, t. 3, pl. 55 et 56.

Collection de Louis XIII.

446. *Voyage de Marie de Médicis au Pont-de-Cé (en Anjou).*

H. 3, 94. — L. 2, 95. — T. — Fig. gr. nat.

La reine, portant un casque ombragé de panaches blancs et verts, montée sur un cheval blanc et suivie de la Force, indiquée par un lion, vient de réduire le Pont-de-Cé, où se fomentait une guerre civile. La Victoire la couronne et la Renommée publie ses succès. Dans le fond on voit une ville prise, dont les magistrats viennent offrir leur soumission aux officiers des troupes royales.

Gravé par Ch. Simonneau l'aîné en 1709 (Calc. imp.). — Landon, t. 3, pl. 57.

Collection de Louis XIII.

447. *Échange des deux princesses sur la rivière d'Andaye, le 9 novembre* 1615.

H. 3, 94. — L. 2, 95. — T. — Fig. gr. nat.

Deux ans après la mort de Henri IV, la régente avait conclu un traité ayant pour but de consacrer une double alliance entre les cours de France et d'Espagne. Elisabeth de France, fille aînée de Henri IV, devait épouser l'infant d'Espagne, depuis roi sous le nom de Philippe IV; Anne d'Autriche, Louis XIII. La France et l'Espagne, distinguées par leurs attributs, donnent et reçoivent les nouvelles reines. La Félicité, dans les cieux, entourée d'une foule d'amours, répand sur elles une pluie d'or; un fleuve et une naïade leur offrent des perles et du corail.

Gravé par B. Audran (Calc. imp.). — *Landon, t. 3, pl. 58.*

Collection de Louis XIII.

448. *Félicité de la Régence.*

H. 3, 94. — L. 2, 95. — T. — Fig. gr. nat.

La reine, sur son trône, tient d'une main le sceptre et de l'autre une balance; Minerve et l'Amour sont à ses côtés. L'Abondance et la Prospérité distribuent des médailles, des lauriers et d'autres récompenses aux génies des beaux-arts, qui foulent aux pieds l'Ignorance, la Médisance et l'Envie. Le Temps, couronné des diverses productions des saisons, conduit la France au siècle d'or.

Gravé par B. Picart (Calc. imp.). — *Landon, t. 3, pl. 59.*

Collection de Louis XIII.

449. *Majorité de Louis XIII.*

H. 3, 94. — L. 2, 95. — T. — Fig. gr. nat.

Marie de Médicis rend à son fils le gouvernement de l'État, sous l'emblême d'un vaisseau dont il tient le gouvernail, et que mettent en mouvement la Force, la Religion, la Bonne Foi et la Justice, caractérisées chacune par un écusson représentant leurs attributs; près du mât se tient debout la France, un globe fleurdelisé d'une main, une épée de l'autre. D'autres vertus prennent soin des voiles; deux renommées publient la sage conduite de la reine dans son gouvernement. On aperçoit dans le ciel les constellations de Castor et de Pollux, présage ordinaire des heureux voyages.

Gravé par A. Trouvain (Calc. imp.). — *Landon, t. 3, pl. 60.*

Collection de Louis XIII.

450. *La reine s'enfuit du château de Blois dans la nuit du 21 au 22 février 1619.*

H. 3, 94. — L. 2, 95. — T. — Fig. gr. nat.

Louis XIII avait relégué, par le conseil de ses courtisans, Marie de Médicis dans le château de Blois. Accompagnée seulement du comte de Bresne et de Duplessis, elle en sortit par une fenêtre, d'où l'on voit descendre une de ses femmes, nommée Catherine. Minerve confie la reine à la fidélité et au courage du duc d'Épernon, qui l'attend avec quelques officiers ; ils paraissent la rassurer tous par des protestations de zèle et de dévouement. (C'est par licence que Rubens introduit ici le duc d'Épernon ; car, bien qu'il favorisât l'évasion de la reine, il l'attendait à Montrichard avec soixante cavaliers, pour la conduire à Loches.) La Nuit, caractérisée par des ailes de chauve-souris, déploie un voile étoilé pour protéger sa fuite, et l'Aurore, qui la précède en tenant son flambeau, annonce que l'événement a eu lieu à la pointe du jour.

Gravé par Corneille Vermeulen (Calc. imp.).— Landon, t. 3, pl. 64.

Collection de Louis XIII.

451. *Réconciliation de Marie de Médicis avec son fils.*

H. 3, 94. — L. 2, 95. — T. — Fig. gr. nat.

La reine tient conseil à Angers avec les cardinaux La Valette et de La Rochefoucauld. Ce dernier l'engage à accepter le rameau d'olivier que Mercure lui présente et à faire la paix avec Louis XIII; le cardinal de La Valette, au contraire, lui retient le bras pour marquer qu'il est d'un avis opposé ; la Prudence, placée à la gauche de la reine, semble lui inspirer de se tenir sur ses gardes. (C'est encore par licence que Rubens donne ici la pourpre romaine à l'un des fils du duc d'Épernon ; il n'était alors qu'archevêque de Toulouse, et ne fut cardinal de La Valette que plus tard.)

Gravé par Loir (Calc. imp.). — Landon, t. 3, pl. 62.
Collection de Louis XIII.

452. *La conclusion de la paix.*

H. 3, 94. — L. 2, 95. — T. — Fig. gr. nat.

Mercure et l'Innocence introduisent Marie de Médicis dans le temple de la Paix, malgré les violents efforts et la rage impuissante de la Fraude, de la Fureur et de l'Envie. La Paix éteint le flambeau de la guerre sur un amas d'armes devenues inutiles.

Gravé par B. Picart en 1703 (Calc. imp.). — Landon, t. 3, pl. 63.
Collection de Louis XIII.

453. *Entrevue de Marie de Médicis et de son fils.*

H. 3, 94. — L. 2, 95. — T. — Fig. gr. nat.

Pour montrer la droiture de leurs intentions, Louis XIII et sa mère se donnent dans le ciel des témoignages d'une union sincère, qu'exprime d'une manière symbolique la Charité pressant contre son sein un des enfants qui lui servent d'attribut; de l'autre côté du tableau est le gouvernement de la France, précédé du Courage, qui foudroie et précipite l'hydre de la rébellion.

Gravé par Duchange en 1709 (Calc. imp.). — Landon, t. 3, pl. 64.
Collection de Louis XIII.

454. *Le triomphe de la Vérité.*

H. 3, 94. — L. 1, 60. — T. — Fig. gr. nat.

La Vérité, soutenue par le Temps, s'élance vers le ciel, où la reine et son fils, tenant un médaillon représentant deux mains l'une dans l'autre et surmontées d'un cœur, se réconcilient après avoir reconnu que de faux avis avaient seuls causé leur mésintelligence.

Gravé par A. Loir (Calc. imp.). — Landon, t. 3, pl. 65.

Collection de Louis XIII. — Ce sujet est le vingt-unième et dernier de l'histoire de Marie de Médicis. Les trois tableaux sous les n°ˢ 455, 456 et 457 faisaient également partie de la galerie du palais du Luxembourg.

455. *Portrait de François de Médicis, grand-duc de Toscane, père de Marie de Médicis, mort en 1587.*

H. 2, 47. — L. 1, 16. — T. — Fig. gr. nat.

Il est debout, tête nue, vêtu d'un manteau de velours noir doublé d'hermine, et s'appuie sur une canne. La croix qu'il porte sur la poitrine est celle de l'ordre de Saint-Étienne, institué par son père Côme de Médicis. Dans le fond, un rideau relevé et une balustrade.

Gravé par G. Édelinck (Calc. imp.).

Collection de Louis XIII. — Ce portrait et les deux suivants furent ajoutés par Rubens aux vingt-un qui précèdent pour décorer les deux côtés et le dessus de la cheminée de la galerie.

456. *Portrait de Jeanne d'Autriche, grande-duchesse de Toscane, fille de l'empereur Ferdinand Ier, mère de Marie de Médicis, morte en 1578.*

H. 2, 47. — L. 1, 16. — T. — Fig. gr. nat.

Elle est debout, coiffée d'une toque de velours noir ornée de perles et de plumes blanches. La robe de dessous et celle de dessus, ouverte sur le devant et plus courte que la première, sont chargées de broderies et de perles.

Gravé par G. Édelinck (Calc. imp.).

Collection de Louis XIII. — (Voir la note du numéro précédent.)

457. *Portrait de Marie de Médicis, reine de France, morte en 1642, âgée de 68 ans.*

H. 2,76. — L. 1,49. — T. — Fig. plus gr. que nat.

Elle est représentée en Bellone, de face et debout, coiffée d'un casque, tenant le sceptre d'une main et une statue de la Victoire de l'autre. Elle est entourée des attributs de la guerre, et deux génies portent au-dessus de sa tête une couronne de laurier.

Gravé en 1708 par J.-B. Massé (Calc. imp.). — Landon, t. 3, pl. 66.

Collection de Louis XIII. — (Voir la note du n° 455.) Sir Abraham Hume possède en Angleterre l'esquisse de ce portrait.

458. *Portrait du baron Henri de Vicq, ambassadeur des Pays-Bas à la cour de France.*

H. 0,73. — L. 0,54. — B. — Buste fig. gr. nat.

Il est vu presque de face, tête nue, avec des moustaches et la barbe déjà grise. Il porte un costume noir et autour du cou une fraise à larges tuyaux. Dans le fond, un rideau rouge.

Gravé par C. van Caukerken.

Acquis à la vente de la galerie du roi de Hollande Guillaume II, faite à La Haye en août 1850, pour la somme de 7,025 florins (15,934 fr. avec les frais). On a vu, dans la biographie de Rubens, que c'est par l'entremise du baron de Vicq, ambassadeur de l'archiduc Albert et de l'archiduchesse Isabelle à la cour de France, qu'il fut chargé de la décoration de la galerie du Luxembourg en 1621. Rubens, pour témoigner sa reconnaissance au baron de Vicq, lui donna un tableau représentant la Vierge et l'Enfant-Jésus, fit son portrait et celui de sa femme. Ces deux portraits se trouvaient, en 1771, chez M. van den Branden, conseiller de la chambre des comptes à Bruxelles ; ils passèrent ensuite en Angleterre, et firent partie, vers 1790, du cabinet du colonel Stuart, dans la suite lord Stuart, qui hérita de la plus grande partie des tableaux de lord Bute. Après la mort de lady Stuart, on vendit les tableaux, et les deux portraits furent séparés. M. Nieuwenhuys acheta celui du baron et le revendit au roi des Pays-Bas.

459. *Portrait d'Élisabeth de France, fille d'Henri IV, qui épousa, en 1615, l'infant d'Espagne Philippe, depuis roi d'Espagne sous le nom de Philippe IV. Elle mourut à Madrid en 1644, à l'âge de 42 ans.*

H. 1, 06. — L. 0, 93. — B. — Fig. jusqu'aux genoux gr. nat.

Elle est assise dans un grand fauteuil de velours rouge, la tête vue de trois quarts, tournée vers la gauche. Sa robe de dessous est bleue, brodée d'or, et celle de dessus, ouverte sur le devant, en satin noir. Elle porte les cheveux relevés, la couronne sur la tête, une fraise, des manchettes et un riche collier d'émeraudes et de perles; elle tient de la main droite, sur ses genoux, un bouquet composé de roses, de lys et de jasmin. A droite, derrière elle, un rideau rouge. A gauche, au fond, l'intérieur d'un palais richement décoré.

Filhol, t. 11, pl. 53.

Collection de Louis XIV. — En 1830, Mme Hoffmann, à Harlem, possédait une répétition de ce portrait; une autre existe dans la collection Malborough.

460. *Portrait d'Hélène Fourment, seconde femme de Rubens, et de deux de ses enfants.*

H. 1, 13. — L. 0, 82. — B. — Fig. pet. nat.

La femme de Rubens, vêtue en blanc, est assise dans un fauteuil et vue presque de profil, tournée à gauche. Elle porte sur la tête un large chapeau de feutre gris orné de plumes, qui projette une ombre légère sur la figure, et tient sur ses genoux un petit garçon coiffé d'une toque noire avec des plumes et des nœuds rouges. A gauche, une petite fille debout, relevant son tablier. Les têtes seules de ce tableau sont assez avancées, mais le reste est à l'état d'ébauche. Dans le fond, indiqué par un léger frottis, on aperçoit entre les deux enfants un arbre, un oiseau qui vole, et à droite, près du fauteuil, deux mains d'un autre enfant.

Gravé par Schmutzer dans le Musée français; par Cosway, mais avec l'omission d'un enfant.

Collection de Louis XVI. — La notice de 1841 dit : Portrait d'une femme avec deux enfants. — Vendu en 1769, à la vente de M. de La Live de Jully, 20,000 liv.; en 1777, à la vente de M. Randon de Boisset, 18,000 liv.; en 1784, à la vente de M. de Vaudreuil, 20,000 liv.

461. *Portrait d'une dame de la famille Boonen.*

H. 0, 62. — L. 0, 47. — B. — Buste fig. gr. nat.

Elle est représentée de trois quarts, tournée à gauche, avec des pierreries dans les cheveux. Elle porte une perle à l'oreille, une robe de satin noir brodée d'or, et tient de la main droite une riche chaîne en or et en pierres précieuses qui fait trois tours sur sa poitrine. Derrière elle, un rideau rouge relevé.

Filhol, t. 11, pl. 17.

Musée Napoléon. — Vendu en 1776, à la vente de la baronne de Boonen, 2,025 florins; en 1793, à la vente du duc de Choiseul-Praslin, 7,750 livres.

462. *La kermesse ou fête de village.*

H. 1, 49. — L. 2, 61. — B. — Fig. de 0, 44.

A gauche, des maisons rustiques et des arbres; près d'une table dressée sur des tréteaux, des groupes nombreux de buveurs. Au premier plan, couchées sur des bottes de paille, des femmes donnant le sein à leurs enfants, et une vieille qui fait boire un jeune garçon, vus de dos, la tête renversée en arrière. Au milieu, un homme et une femme assis, tenant tous deux le même pot de bière, et un paysan qui embrasse une femme renversée sur l'herbe. A droite, un baquet contenant de la vaisselle et une serviette qu'un chien lèche, un tonneau vide flottant dans une mare où nagent deux canards. Sur le bord de la mare, des terrines, un chaudron, une roue supportée par un pieu sur laquelle sont posés un vase de cuivre et deux vases en terre ; une poule, un seau, un râteau et un cochon dont on aperçoit seulement la tête sortant d'une petite cabane couverte en chaume. Au second plan, un musicien jouant du violon, un autre de la musette, et une immense ronde de paysannes et de paysans. A l'horizon, des prairies, des collines, et tout-à-fait à droite le clocher d'un village.

Gravé par Fessard (Calc. imp.) ; *par Dupréel dans le Musée français.*

Collection de Louis XIV.— On trouve ce renseignement dans les Comptes manuscrits des bâtiments royaux : «Du 8 avril 1685. A M. le marquis d'Hauterive, 3,850 livres pour le paiement de deux grands tableaux : l'un, du vieux Bassan, représentant l'Arche de Noé (voir le n° 298 de la Notice des tableaux des écoles d'Italie) ; l'autre, de Rubens, représentant une *Noce de village.*» Cette noce est évidemment la kermesse qui se trouve inscrite sur l'inventaire manuscrit de Bailly dressé en 1709-1710.

463. *Tournoi près des fossés d'un château.*

H. 0, 73. — L. 1, 08. — B. — Fig. de 0, 16.

Six cavaliers armés de toutes pièces combattent deux à deux à la lance devant les fossés d'enceinte d'un château. A gauche, un page tenant un faisceau de lances et un autre ramassant celles tombées par terre. A droite, deux hérauts à cheval sonnant de la trompette. Au second plan, du même côté, un château fortifié entouré d'eau, auquel on arrive par un pont qui conduit d'abord à une tour carrée sur laquelle flotte un étendard. A gauche, une rivière, des plaines avec des arbres. Effet de soleil couchant.

Ancienne collection.

464. *Paysage.*

H. 0, 45. — L. 0, 84. — B. — Fig. de 0, 07.

Sur un chemin près d'une petite rivière d'où s'élèvent des vapeurs, deux hommes scient un arbre. A gauche, deux femmes et un homme sont assis à terre près d'un grand filet suspendu à des arbres en travers de la route et tendu par un oiseleur. Sur une hauteur, à droite, un moulin, et dans le fond le clocher d'un village. On aperçoit dans le ciel le disque du soleil.

Gravé par Bolswert; par Duparc dans le Musée royal.

Musée Napoléon.

465. *Paysage.*

H. 1, 22. — L. 1, 72. — T. — Fig. de 0, 35.

A gauche, contre un arbre, un homme et une femme debout; une autre femme assise à terre se retourne pour les regarder et a près d'elle un berger tenant une flûte. Au milieu de la composition, un paysan et une paysanne couchés par terre et entourés de moutons. Dans le fond, à droite, une rivière traversée par un pont de bois et un pont de pierre, près duquel s'élèvent quelques fabriques. A l'horizon, des montagnes, et au milieu des nuages, un arc-en-ciel.

Gravé par Bolswert, avec l'omission de plusieurs moutons et quelques changements; par Garreau dans le Musée français.

Collection de Louis XIV. — Ce tableau, suivant l'inventaire de Bailly, a été élargi de 7 pouces.

RUBENS (*Attribué à*).

466. *Portrait d'un jeune homme.*

H. 0, 55. — L. 0, 42. — B. — Buste gr. nat.

Il est représenté presque de profil, tourné à gauche, tête nue, avec des cheveux bouclés, et enveloppé d'une draperie jaune.

Collection de Louis XVIII. — Acquis en 1816 de M. Mareoz pour 800 fr.

467. *Diogène cherchant un homme.*

H. 1, 98. — L. 2, 49. — T. — Fig. à mi-corps gr. nat.

Au centre de la composition, Diogène, avec son manteau, son bâton et sa lanterne, au milieu d'un groupe où l'on remarque une femme et deux enfants effrayés. Derrière lui, à droite, une femme tenant un enfant, un nègre, une vieille femme avec une corbeille de fruits sur la tête. Au fond, à gauche, un homme monté sur le piédestal d'une colonne. A droite, une porte cintrée par où l'on aperçoit le ciel.

Collection de Louis XVI. — L'inventaire dit que ce tableau a été aussi attribué à Jordaens, et la notice de 1841 le donne comme original de Rubens. Il nous semble fait dans l'école de ce maître, et peut-être retouché par lui. On voit la même composition dans la galerie de Munich.

RUBENS (*D'après*).

468. *Le denier de César.*

H. 1, 50. — L. 1, 97. — T. — Fig. à mi-corps gr. nat.

A droite, le Christ, debout, élève la main gauche et tient une pièce d'argent de la droite. A gauche, un groupe de prêtres ou pharisiens. Composition de neuf figures.

Gravé par Landry ; par Visscher ; par Vosterman. Il existe aussi une gravure du même sujet, composé de douze figures, par Dankers, et une autre plus petite par un anonyme.

Ancienne collection. — Un tableau de la main de Rubens, suivant Gerard Hoet (Catalogue des ventes, t. I, p. 149, n° 25), représentant le même sujet, orna le château de Loo, résidence de Guillaume III, prince d'Orange, et ensuite roi d'Angleterre. Il fut vendu à Amsterdam, le 26 juillet 1713, 1,150 florins. On croit que c'est cette même peinture qui passa dans la collection de lord Courtenay, et fut vendue, en 1820, 490 guinées ; puis, en 1821, à la vente de John Webb, esq., 441 guinées. M. Héris, de Bruxelles, posséda aussi un *Denier de César* ; nous ignorons si c'est celui venant de Loo. Quant au tableau qui se trouvait dans la collection du roi des Pays-Bas, qui fut mis sur table à la vente, en 1850, à 8,000 florins, et qu'on retira à 8,950 florins, nous avons la conviction qu'il n'est pas plus de Rubens que celui du Louvre, donné aussi à ce maître dans les notices précédentes.

RUBENS (*École de*).

469. *Paysage.*

H. 0, 29. — L. 0, 43. — B. — Fig. de 0, 06.

A droite, un homme fait boire deux chevaux à un ruisseau traversé par un pont de pierre rustique. Plus loin, sur une éminence, des fabriques entourées d'arbres. A gauche, un bouquet d'arbres, une maison et une église avec un clocher. Vers le milieu, près du sommet de collines qui bornent l'horizon, le disque du soleil couchant.

Ancienne collection.

RUISDAEL ou **RUYSDAEL** (JAKOB), *peintre, graveur, né à Harlem vers 1630, mort dans la même ville le 16 novembre 1681.* (Ecole hollandaise.)

Les historiens ne sont pas d'accord sur la date de naissance de cet artiste célèbre, qu'ils fixent, les uns en 1635 ou 1636, les autres en 1640 ou 1645. Un tableau de lui, signé et daté de 1645, rend la date de 1630 plus vraisemblable que celle de 1636, assez généralement adoptée. Le père de Ruisdael était ébéniste, et lui fit d'abord étudier la médecine, qu'il exerça même quelque temps avec assez de succès. Plusieurs biographes prétendent que, tout en s'appliquant aux études classiques, il montra de bonne heure de grandes dispositions pour la peinture, et que dès l'âge de 12 ans il produisit des tableaux qui étonnèrent les artistes et les amateurs. On ignore le nom de son maître; peut-être Berghem, avec qui il était intimement lié, lui donna-t-il des conseils. Everdingen, qui était son aîné, eut aussi, évidemment, une grande influence sur son talent; car, dans une certaine quantité de tableaux, Ruisdael s'est évidemment efforcé de le prendre pour modèle. On a peu de détails sur la vie de Ruisdael; on a prétendu qu'il n'avait pas voyagé et qu'il n'avait jamais quitté les environs d'Amsterdam et de Harlem. Cependant, la perfection avec laquelle il a représenté des vues de Suisse et d'Allemagne doit faire supposer qu'il a dessiné sur les lieux les sites de ces pays, qu'il a rendus d'une manière si remarquable. Ruisdael a peint des paysages, surtout des forêts, des chutes d'eau, des plages, des marines, avec une exécution admirable. Ses compositions, saisissantes à la fois par leur poésie et leur accent de vérité, le placent au rang des plus grands paysagistes de la Hollande. — **Salomon Ruisdael**, né à Harlem, plus âgé que Jakob de vingt ans, mort en 1670, imita son frère et van Goyen, mais resta bien au-dessous de ses modèles.

470. *La forêt.*

H. 1, 71. — L. 1, 94. — T. — Fig. de 0, 25.

Dans une vaste forêt traversée par une rivière, une paysanne, montée sur un âne et accompagnée d'un chien, parle à un villageois suivi d'un bœuf. A gauche, un voyageur, assis à terre, remet sa chaussure ; son bagage est à ses côtés. Dans le fond, quelques bestiaux paissent ou se désaltèrent. — Signé : *J. Ruisdael.*

Gravé par Geissler dans le Musée royal. — *Filhol*, t. 9, pl. 598. — *Landon*, t. 4, pl. 3.

Ancienne collection. — Les figures et les animaux sont peints par Berghem.

471. *Une tempête sur le bord des digues de la Hollande.*

H. 1, 10. — L. 1, 56. — T.

A droite, une digue, une chaumière avec quelques arbres et des pieux dans la mer. Plusieurs navires sont près de la digue, et l'un d'eux porte le pavillon tricolore hollandais. Au milieu, une petite barque conduite par cinq rameurs. A gauche, un navire à trois mâts et différentes embarcations. A l'horizon, un village. — Signé : *J. Ruisdael.*

Landon, t. 4, pl. 2.

Collection de Louis XVI. — Vendu en 1783 à la vente de M. Locquet, à Amsterdam, 1,410 florins.

472. *Paysage.*

H. 0, 66. — L. 0, 80. — T. — Fig. de 0, 06.

A droite, un chemin montant et sablonneux, bordé d'un côté par un buisson et des arbres, et de l'autre par une côte boisée. Un paysan, portant un paquet d'herbes sous son bras et accompagné de trois chiens, gravit cette route, au bout de laquelle on aperçoit le toit d'une maison. A gauche, des champs séparés par des clôtures en planches, des arbres, et plus loin un village. — Signé : *J. Ruisdael.*

Collection de Louis XVI. — Ce tableau est connu sous le nom du *Buisson.*

473. Paysage.

H. 0, 83. — L. 0, 98. — T. — Fig. de 0, 05.

A gauche, au premier plan, sur le bord élevé d'une rivière qui traverse la campagne, un cavalier à qui des pauvres demandent l'aumône; des ruines de chaque côté d'un pont, dont on aperçoit quatre arches, et qui aboutit sur l'autre rive à la porte d'une espèce de tour carrée à moitié détruite. A droite, des baigneurs dans la rivière; sur une éminence, un moulin à vent, les ruines d'un château; plus loin, un village, des clochers et un autre moulin à vent; dans le fond, de hautes montagnes. Un rayon de soleil, qui passe à travers des nuages orageux, éclaire la campagne. — Signé, à gauche, d'un monogramme formé des lettres *J. R.*

Gravé par Laurent dans le Musée français. — *Filhol, t. 1, pl. 70.* — *Landon, t. 4, pl. 1.*

Collection de Louis XVI. — Les figures de ce paysage, connu sous le nom du *Coup de soleil*, sont de Philips Wouwerman.

474. Paysage.

H. 0, 23. — L. 0, 30. — B. — Fig. de 0, 02.

A droite, sur une route sinueuse et escarpée, au bord de laquelle s'élèvent deux grands arbres, un homme marche appuyé sur un bâton. Dans un pli de terrain, une cabane; plus loin, sur la hauteur, un clocher de village. A gauche, à l'horizon, une prairie et un village. — Signé, à droite : *J. Ruysdael.*

Collection de Louis XV.

475. Paysage.

H. 0, 35. — L. 0, 42. — B. — Fig. de 0, 02.

A gauche, sur un chemin qui passe près d'une chaumière élevée sur une petite éminence, un homme reçoit l'aumône d'un voyageur qui est dans un chariot. Une petite fille court après le chariot, et deux petits garçons le précèdent en faisant des culbutes. A droite, au premier plan, une mare ombragée d'arbres. — Signé, à gauche, du monogramme *J. R.*

Collection de Louis XV.

RUTHART (CARL), *peintre, graveur, florissait de 1660 à 1680*. (Ecole allemande.)

Quoiqu'on ait placé quelquefois cet artiste dans l'école hollandaise, il paraît cependant qu'il était né en Allemagne, où ses œuvres sont assez communes, tandis qu'on en trouve rarement en Hollande. Il voyagea en Italie et habita quelque temps Venise. On n'a, du reste, presque aucun détail sur sa vie.

476. *Chasse à l'ours.*

H. 0, 65. — L. 0, 87. — T.

A droite, un ours s'élance par dessus deux chiens, qu'il vient de terrasser. Plus au milieu de la composition, un autre ours, debout, tient un chien en l'air par la gorge. Au premier plan, un chien renversé sur le dos et dont les entrailles sortent par une blessure. A gauche, près de trois arbres, deux chiens courant à la rencontre des ours.

Musée Napoléon.

RUYSDAEL. — *Voir* RUÏSDAEL.

SANTVOORT (DICK VAN), *florissait en 1630*. (Ecole hollandaise.)

Il pourrait être fils d'un **Anthonis Santvoort**, peintre hollandais, qui était à Rome en 1577. Du reste, on n'a aucun détail sur la vie de cet artiste, qui a peint des portraits et des tableaux dans la manière de Rembrandt.

477. *Jésus-Christ à Emmaüs.*

H. 0, 66. — L. 0, 50. — B. — Fig. de 0, 35.

A droite, Jésus-Christ, vu de profil et assis devant une table ronde, bénit le pain et lève les yeux au ciel. Au milieu, un vieillard à longue barbe blanche; à gauche, un autre vieillard dans l'ombre; tous deux dans l'attitude de l'étonnement. Au fond, à droite, un serviteur, coiffé d'un turban, descend un escalier en portant un plat. — Signé en bas, au milieu du tableau : D. v. Santvoort. f. 1633.

Musée Napoléon. — Ce tableau vient de l'église de Saint-Louis-des-Français, à Rome.

SACHT ou **SAFT-LEEVEN.** — *Voir* Zachtleven.

SCHALKEN (Gottfried), *né à Dordrecht en* 1643, *mort à La Haye le* 16 *novembre* 1706. (Ecole hollandaise.)

Son père, Cornelis Schalken, était recteur des écoles latines de Dordrecht et le destinait à la carrière du professorat; mais la vocation de Gottfried pour le dessin lui fit changer de résolution. Il le plaça d'abord chez **Samuel van Hoogstraeten**, puis à l'atelier de Gerard Dov, où il prit le goût des effets piquants et d'une exécution très finie. Schalken jouit de son vivant d'une grande réputation, et se rendit en Angleterre, à la cour de Guillaume III, qui le protégea et se fit peindre par lui. De retour dans sa patrie, il s'établit à La Haye et y demeura jusqu'à sa mort, pouvant à peine satisfaire aux commandes de tableaux qui lui étaient faites de toutes parts. Schalken, pendant son séjour en Angleterre, essaya de peindre de grands portraits, afin de lutter contre **Kneller**, qui était alors fort en vogue; mais son peu de succès dans ce genre le fit revenir aux portraits et aux scènes familières de petites dimensions. Il affectionnait surtout les scènes de nuit, et représenta souvent des figures éclairées par des flambeaux ou des lumières artificielles. — **Jakob Schalken**, son neveu, et **Maria Schalken**, sa sœur, furent tous deux ses élèves et ses imitateurs. On compte aussi parmi ceux-ci **Arnold Boonen**, né à Dort en 1669, mort en 1729; Karel de Moor.

478. *La Sainte-Famille.*

H. 0, 67. — L. 0, 49. — Forme cintrée dans la partie supérieure. — B. — Fig. de 0, 35.

La Vierge assise tient sur ses genoux l'Enfant-Jésus endormi et enveloppé d'une draperie que sainte Anne, placée derrière lui, à droite, soulève. De l'autre côté, un ange debout, les mains croisées sur la poitrine, est en adoration. A gauche, saint Joseph souffle le feu d'un réchaud placé sur un mur d'appui. — Signé : *G. Schalcken.*

Landon, t. 4, pl. 4.

Collection de Louis XVI. — Cette peinture est peut-être celle qui faisait partie de la collection de M. van Susteren, et qui fut vendue, en 1764, 800 florins.

479. *Cérès cherchant Proserpine.*

H. 0,34. — L. 0,26. — T. — Fig. à mi-corps.

Elle est vue de trois quarts, tournée à gauche, les bras nus, la tête coiffée d'un large chapeau; elle tient de la main gauche une corbeille remplie de fruits et d'épis; de la droite, qu'elle élève, une torche allumée. Dans le fond, à gauche, des arbres sur le bord d'un champ de blé. Effet de nuit. — Signé : *G. Schalcken.*

Collection de Louis XVI.

480. *Deux femmes éclairées par la lumière d'une bougie.*

H. 0,20. — L. 0,14. — Forme cintrée. — B. — Fig. à mi-corps.

Elles sont représentées de face et derrière l'appui d'une fenêtre. L'une porte une toque sur la tête, de longs cheveux et une fraise; elle pose la main gauche sur l'épaule de l'autre femme et tient de la droite une bougie qu'elle a ôtée du chandelier posé sur l'appui de pierre. A droite, derrière le groupe et dans une niche cintrée, une statue de Vénus vue de profil. A gauche, dans le fond, une échappée de ciel avec la lune en partie cachée par des nuages.

Filhol, t. 3, pl. 184.

Collection de Louis XVI. — Acheté en 1785, à la vente de M. van Slingeldant, 870 florins.

481. *Vieillard répondant à une lettre.*

H. 0, 12. — L. 0, 09. — Forme ovale. — B. — Fig. à mi-corps.

Il est vu de trois quarts et tourné à droite ; il a la barbe blanche, porte une toque noire et un vêtement fourré. Assis devant un pupitre, il écrit en tenant une lettre.

Collection de Louis XVI. — Vendu en 1784, à la vente du comte de Vaudreuil, avec une peinture de Gérard Dov de la même dimension (n° 131), 2,500 liv.

SCHOEVAERDTS (M.), *peintre, graveur, vivait dans le milieu du XVIIe siècle.* (Ecole flamande.)

Les historiens ne donnent que des renseignements très confus sur cet artiste, et Balkema, en l'appelant Christophe, l'a confondu avec **Christophe Schwartz**. Les uns le font naître en Hollande, d'autres en Flandre ou en Allemagne ; son prénom même, qui commence par un M, n'est pas connu. On a prétendu qu'il peignit des paysages avec des figures dans la manière de D. Teniers et de **C. Dusart**; mais son exécution ne ressemble pas à celle de ces artistes, et il n'a de commun avec eux que quelquefois le choix des sujets, représentant des fêtes de village. Généralement il a introduit dans ses paysages un grand nombre de figures très animées, des voitures, des chevaux et d'autres animaux.

482. *Paysage.*

H. 0, 38. — L. 0, 58. — B. — Fig. de 0, 04.

Sur la rive d'un large fleuve, au bord duquel deux grandes barques sont arrêtées, des hommes et des femmes en grand nombre portent des bagages sur des chariots, sur des mulets ou à bras ; d'autres conduisent des bestiaux. Dans le fond, à gauche, un grand bâtiment et des paysans debout ou assis près de leurs marchandises. On aperçoit à l'horizon plusieurs barques à voile et de hautes montagnes. — Signé, à droite . M. Schoevaerdts.

Ancienne collection. — Ce tableau et le suivant viennent de l'abbaye Saint-Martin, à Tournay.

483. *Paysage.*

H. 0,28. — L. 0.68. — B. — Fig. de 0,04.

A droite, sur une colline boisée qui domine une immense vallée dans laquelle serpente une rivière, un mendiant demande l'aumône à des paysans assis dans un chariot traîné par trois chevaux; d'autres paysans sont arrêtés sur le bord de la route. Plus loin, une charrette suivie d'un cavalier en manteau bleu. — Signé, à droite : M. Schoevaerdts.

Ancienne collection. — (Voir la note du numéro précédent.)

SCHWEICKHARDT (Heinrich-Wilhelm), *peintre, graveur, né dans le Brandebourg en 1746, mort à Londres en 1797.* (Ecole allemande.)

Il fut élève du peintre italien **Girolamo Lapis**, se rendit en Hollande et fixa sa résidence à La Haye jusqu'en 1786. C'est à cette époque qu'il partit pour Londres, où il mourut. Il a peint des portraits, des paysages avec des animaux et des figures, et aimait à représenter des effets d'hiver.

484. *Des patineurs sur un canal glacé.*

H. 0.71. — L. 0,99. — T. — Fig. de 0,12.

Sur le premier plan, à gauche, deux hommes assis par terre arrangent leurs patins, un autre allume sa pipe, et un enfant joue avec un chien. A droite, au bord du canal, des habitations rustiques, un moulin à vent. Dans le fond, un village. — Signé à droite, sur la maison : H. V. Schweickhardt 1779.

Musée Napoléon.

SEGHERS. — *Voir* Zeegers.

SEIBOLD (CHRISTIAN), *né à Mayence en* 1697, *mort à Vienne en* 1768. (Ecole allemande.)

Il n'eut point de maître, fit une étude assidue de la nature et s'efforça d'imiter l'extrême fini de B. Denner. Il a peint surtout des portraits. En 1749, il était peintre du cabinet de l'impératrice Marie-Thérèse.

485. *Portrait de Seibold.*

H. 0, 44. — L. 0, 36. — T. — Tête gr. nat.

Il s'est représenté de trois quarts, tourné à droite, coiffé d'une toque de velours vert à bord relevé. Il porte une chemise dont le col est rabattu et un vêtement gris.

Ancienne collection.

SLINGELANDT (PIETER VAN), *né à Leyde le* 20 *octobre* 1640, *mort le* 7 *novembre* 1691. (Ecole hollandaise.)

Il fut élève de Gerard Dov, qu'il imita et surpassa en patience. Le temps considérable qu'il employait à exécuter chacun de ses tableaux ne lui a pas permis d'en produire un grand nombre, quoiqu'ils fussent très recherchés et bien payés. Il a peint des sujets de nature morte et des scènes familières. — Ses élèves ou imitateurs furent : **Jakob van der Sluys**, né à Leyde en 1660, mort en 1736 ; **Jan Filicus**, né à Bois-le-Duc en 1660, mort en 1719.

486. *Une famille hollandaise.*

H. 0, 52. — L. 0, 44. — B. — Fig. de 0, 20.

Dans un vaste salon, une dame, vêtue d'une robe de satin à fleurs et d'un justaucorps de velours écarlate bordé d'hermine, est assise devant une table couverte d'un tapis. A ses pieds, un petit chien couché. A gauche, une petite fille portant un nid d'oiseaux ; un perroquet sur un bâton. A droite, un jeune homme tenant d'une main son chapeau, et de l'autre une canne. Près de la petite fille, un homme debout, en robe de chambre, la main appuyée sur le bord de la table où est placé un livre, reçoit une lettre qu'un nègre lui présente.

Dans le fond, à droite, une porte ouverte qui laisse apercevoir une autre salle. A gauche, sur l'angle du manteau de la cheminée, une statuette d'enfant. Au plafond, la cage du perroquet.

Filhol, t. 9, pl. 627.

Collection de Louis XVI. — Ce tableau, qui appartenait à un brasseur anglais, fut acquis pour le roi, par M. d'Angiviller, au prix de 12,000 livres. Il y a lieu de penser que c'est celui dont parlent tous les biographes et particulièrement Descamps : « Il employa, dit-il, trois années consécutives à peindre la famille d'un Hollandais, M. Meerman, et mit, entre autres détails, un mois à finir un rabat de dentelles. » Le jeune homme porte, en effet, un rabat d'une exécution très précieuse.

487. *Portrait d'homme.*

H. 0, 12. — L. 0, 09. — Forme ovale. — B. — Fig. en buste.

Il est représenté presque de face, tête nue, les cheveux courts sur le front, longs sur les côtés. Il porte une chemise plissée, sans col, et un manteau noir. — Signé : *P V Slingeland fecit* 1656.

Ancienne collection.

488. *Ustensiles de cuisine.*

H. 0, 17. — L. 0, 20. — B.

A droite, un tonneau sur lequel est posée une serviette; un coffre carré supportant un pot d'étain, une bassinoire, sont appuyés contre un mur. Par terre, un plat de faïence, des assiettes d'étain, une marmite de fonte, un chandelier de cuivre, une écumoire.

Ancienne collection.

SNYDERS, SNEYDERS ou **SNYERS (Franz),** *né à Anvers en* 1579, *mort en* 1657. (Ecole flamande.)

Il eut pour maître, en 1593, Peter Breughel, puis Hendrik van Balen, et fut reçu franc-maître de la confrérie de Saint-Luc d'Anvers en 1656-1657. Il peignit d'abord des fleurs et des fruits, ensuite il se livra à l'étude des animaux de toute espèce, qu'il représenta avec une finesse de dessin, une vigueur de couleur et une légèreté de touche que peu d'artistes ont égalées. Le roi d'Espagne Philippe III lui commanda de grandes chasses et des batailles; l'archiduc Albert, gouverneur des Pays-Bas, le nomma son premier peintre et le combla d'honneurs et de présents. Snyders a souvent fait des animaux, des fleurs et des fruits dans les tableaux de Rubens et de Jordaens, qui, à leur tour, ont peint des figures dans ses ouvrages.

489. *Le paradis terrestre.*

H. 2, 65. — L. 3, 20. — T.

On remarque, en allant de gauche à droite, un cheval et une jument, un chien et une chienne, deux pigeons gris, un chat, un dindon, un lézard, une fouine, un écureuil, un renard, un cerf, une biche, un petit chien, deux pigeons noirs et blancs, un lion et une autruche. Dans le fond, Dieu créant la femme.

Ancienne collection. — Ce tableau, provenant du palais d'Orléans, après avoir été séparé en deux parties, a été de nouveau réuni en 1840.

490. *Entrée des animaux dans l'arche de Noé.*

H. 2, 30. — L. 3, 60. — T.

En allant de gauche à droite, on trouve, par couples, des béliers, des renards, des chats, des chiens, des ânes, des moutons, des lézards, des lions (ce sont ceux représentés dans le mariage d'Henri IV, par Rubens, n° 440), une vache et un taureau, un coq et des poules. A gauche, un arbre sur lequel sont perchés quatre perroquets et d'autres oiseaux. Dans le fond, l'arche sur une colline, et Noé, accompagné de plusieurs personnes, se dirigeant vers elle avec des couples d'animaux.

Ancienne collection.

491. *Cerf poursuivi par une meute.*

H. 2, 12. — L. 2, 77. — T.

Il foule aux pieds un chien renversé à gauche, et en lance un autre en l'air. Deux chiens se jettent à son cou, un troisième le mord à l'épaule. A droite, deux chiens accourant. Au fond, une plaine.

Musée Napoléon.

492. *Chasse au sanglier.*

H. 2, 32. — L. 3, 48. — T.

Sur le premier plan, trois chiens blessés, hors de combat et hurlant de douleur. Le sanglier en décout deux autres, et tandis qu'un chien le tient par l'oreille, un second s'élance sur son dos. A droite, quatre troncs d'arbres, dont un brisé. Fond de paysage.

Musée Napoléon. — Ce tableau, dans les notices précédentes, est donné à tort à Martin de Vos, qui n'a pas peint des animaux. S'il n'était pas de Snyders, comme nous le croyons, il faudrait alors l'attribuer à **Paul de Vos**, habile imitateur de ce dernier, né à Alost en 1600, mort en 1654, qui a fait un grand nombre de batailles et de chasses pour le roi d'Espagne, l'empereur et le duc d'Aerschot.

493. *Les marchands de poissons.*

H. 2, 46. — L. 3, 40. — T. — Fig. gr. nat.

A gauche, un homme verse dans un baquet posé sur un trépied des anguilles et des lamproies contenues dans un seau de cuivre. Une longue table de pierre supporte un amas de poissons de différentes espèces et des crustacés. Derrière cet amas, un vase de cuivre à anse avec de plus petits poissons. A droite, un homme coupe un saumon par tranches avec un couperet. Sous la table, en allant de gauche à droite, on trouve des raies, des tortues, un phoque vivant, un bassin plein d'eau et de poissons, un baquet rempli d'huîtres, et un chat tirant avec sa patte une tranche de saumon placée sur la table. Dans la partie supérieure, sous l'auvent de la boutique, une poutre où sont accrochés des poissons.

Dans le fond, à gauche, un port de mer et des bâtiments.

Ancienne collection. — Ce tableau, attribué à **Paul de Vos** sur l'inventaire de l'Empire, avait été coupé en deux, et a été de nouveau réuni en 1840, d'après une composition semblable de Snyders, gravée par Richard Earlom dans la collection Hougthon, acquise par l'impératrice Catherine II.

494. *Des chiens dans un garde-manger.*

H. 1, 24. — L. 2, 03. — T.

Sur une table de cuisine appuyée contre un mur, deux gigots, des pièces de viande, des asperges et des artichauts. A droite, un chien se dresse contre la table et mord dans un des morceaux de viande. Sous la table, un chien à longs poils pose la patte sur un os qu'il est en train de manger, et le défend contre un autre chien qui veut le lui enlever. Dans le fond, à droite, un chat sur une table.

Ancienne collection.

495. *Fruits et animaux.*

H. 0, 76. — L. 1, 08. — B.

Du maïs, un artichaut, une courge, une pastèque, des groseilles, des pommes, une grenade ouverte, une branche de figuier, du raisin muscat et un melon entamé, sont posés par terre. Au milieu, sur le premier plan, un écureuil mange une noisette, un perroquet donne un coup de bec dans un abricot, et, à droite, un singe vole une grappe de raisin.

Ancienne collection.

SNYDERS (*Attribué à*).

496. *Aigles s'abattant sur des canards.*

H. 1, 94. — L. 2, 42. — T.

A droite, sur un tronc d'arbre, au bord d'une rivière, un aigle dévorant un canard. Au pied de l'arbre, et dans des roseaux, une troupe de canards se sauvent effrayés, tandis que l'un d'eux, à gauche, est poursuivi par un second aigle. A l'horizon, une ville. Dans le ciel, deux oiseaux.

Ancienne collection. — Ce tableau est porté, sur les inventaires, aux inconnus de l'école française.

SPAENDONCK (GERARD VAN), *né le 23 mars 1746 à Tilbourg, mort à Paris le 11 mai 1822.* (Ecole hollandaise.)

Il fut élève de **Herreyns**, habile peintre de fleurs d'Anvers. A 24 ans il vint à Paris, et obtint, en 1774, la survivance de peintre en miniature du roi. Sa grande vogue date de cette époque, et il n'y eut personne à la cour qui ne voulût posséder, sur un dessus de boîte, un vase de fleurs de van Spaendonck. Il fut reçu à l'Académie en 1781, et depuis lors il n'y eut pas d'exposition au Louvre sans qu'il exposât quelque œuvre très remarquée du public. En 1793, nommé administrateur et professeur d'iconographie au Jardin des plantes, il fit des cours suivis par un grand nombre d'élèves. Plus tard, à la création de l'Institut, il fut un des premiers peintres appelés dans la section des beaux-arts. — **Corneille van Spaendonck**, son frère, né à Tilbourg en 1756, mort à Paris en 1839, se rendit à Anvers en 1773, fut élève de Herreyns à Malines, s'établit ensuite à Paris et étudia la peinture des fleurs sous les yeux de son frère.

497. *Fleurs et fruits.*

H. 1, 18. — L. 0, 90. — T.

Un vase d'albâtre dans lequel sont des roses, des tulipes, des campanules, des anémones, des roses trémières, etc., est posé sur une table de marbre. A droite, au pied du vase, des châtaignes revêtues de leur enveloppe, une corbeille remplie de pêches, de raisins noirs, de maïs, de groseilles. A gauche, deux ananas. — Signé : *G. van Spaendonck* 1789.

Collection de Louis XVI. — Ce tableau a été exposé au salon de l'année 1789.

SPRONG (Gerard), *né à Harlem en 1600, mort en 1651.* (Ecole hollandaise.)

Il fut élève de son père, qu'il surpassa. On n'a pas de détails sur sa vie. Il a peint des scènes d'intérieur et des portraits estimés.

498. *Portrait de femme.*

H. 0, 78. — L. 0, 68. — T. — Fig. à mi-corps gr. nat.

Elle est représentée de trois quarts, tournée à gauche. Elle a sur le derrière de la tête un bonnet à guipure, et porte une robe de soie noire à petites fleurs, un grand col rabattu et de hautes manchettes aussi en guipure. Elle tient de la main droite, la seule qu'on aperçoive, des gants blancs.

STAVEREN (Johann-Adriaan van), *peignait en 1675.* (Ecole hollandaise.)

On n'a aucun détail sur la vie de cet artiste. Hoet, qui le cite dans son ouvrage sur les peintres omis par van Gool, n'en dit lui-même que fort peu de choses. Il peignit dans la manière de Gérard Dov, mais avec beaucoup moins de finesse, et aimait à représenter des ermites et des vieillards en prière. Il a fait aussi des portraits, des tableaux de famille et des scènes de la vie privée. Houbraken parle d'un **Jacob Staveren** d'Amersfoort qui faisait partie, en 1700, de la bande académique de Rome, où il avait reçu le surnom d'*Yver*. Il peignait sans grand succès des fleurs et des fruits, et mourut dans la misère. Ce Jakob pourrait être le fils de Johann-Adriaan.

499. *Un savant dans son cabinet.*

H. 0, 39. — L. 0, 33. — B. — Fig. de 0, 18.

Il est représenté de face, debout derrière une table, prenant d'une main avec un compas une mesure sur un globe, et tenant de l'autre ses lunettes. Sur la table sont posés, outre le globe, un papier, un livre fermé et un grand livre ouvert. A gauche, une fenêtre cintrée. A droite, un grand fauteuil. Dans le fond, du même côté, quelques degrés et une porte ouverte.

Ancienne collection. — Ce tableau a aussi été attribué à **Mathon,** autre imitateur de Gerard Dov.

STEEN (JAN VAN), *né à Leyde en* 1636, *mort à Delft en* 1689. (Ecole hollandaise.)

Le père de Jan Steen, qui était brasseur, remarquant les dispositions de son fils pour la peinture, le plaça d'abord chez **Knupfer,** à Utrecht, puis chez Adriaan Brauwer, et enfin à l'atelier du paysagiste van Goyen, dont il épousa ensuite la fille. Jan Steen, qui s'était fait aussi brasseur après son mariage, ouvrit une taverne; mais, faute d'ordre, il fut bientôt ruiné. Chargé en outre d'une nombreuse famille, quoique ses tableaux fussent recherchés, il paraît qu'il mourut dans la misère. Dirk van Steen, le plus jeune des enfants qu'il eut d'une seconde femme, s'est distingué dans la sculpture, et eut une pension dans une cour d'Allemagne. Tous les biographes, copistes de Weyerman et d'Houbraken, qui se sont plu à grossir leurs ouvrages de contes incroyables et ridicules, représentent Steen comme un modèle d'ivrognerie et de débauche. Le métier de cabaretier, qu'il exerçait tout en faisant de la peinture, a sans doute donné lieu à des accusations calomnieuses et à des récits fort exagérés sur sa conduite. Comment un artiste, qui n'a vécu que cinquante-trois ans aurait-il pu produire un quantité aussi considérable de tableaux, d'une exécution extrêmement précieuse pour la plupart, s'il eût passé son temps dans une orgie continuelle? Quoique Jan Steen ait adopté le genre où ont brillé A. van Ostade, Brauwer, Terburg, Mieris, ses intimes amis, il se distingue par une originalité bien tranchée de ces habiles artistes. Sir J. Reynolds l'appelle un homme extraordinaire. En effet, aucun peintre hollandais ne l'a surpassé dans l'art de faire vivre ses personnages et d'exprimer leurs passions, tantôt avec une grande énergie, tantôt avec une exquise délicatesse.

500. *Fête flamande dans l'intérieur d'une auberge.*

H. 1, 18. — L. 1, 61. — T. — Fig. de 0, 35.

Au premier plan, à gauche, un homme tenant un pot d'une main, un long verre de l'autre, est assis par terre contre un banc sur lequel un homme couché fume sa pipe. Derrière lui, un enfant bat du tambour, et une femme, une feuille de papier à la main, chante; on lit sur ce papier : DIE VER KRUY VIFE LUYTE... A côté, un homme assis jouant du violon, et une femme debout, de la cornemuse. A droite, et vu de dos, un trompette assis devant une table servie, tenant de la main droite un pot d'étain, de la gauche son chapeau; un vieillard chauve portant un panier de crevettes et buvant; une femme ayant son enfant sur ses genoux. Au second plan, du même côté, un homme monté sur la table et une foule de personnes près de la porte ouverte de l'auberge. Au milieu, des paysans dansant. A gauche, un homme embrassant une femme qui va monter un escalier, et qu'un vieillard veut entraîner en la prenant par la main et par son tablier. Dans la partie supérieure, une galerie chargée de personnages regardant danser. — Au bas du tableau, à gauche, on lit la date, à peine visible, de 1674.

Collection de Louis XVIII. — Compris dans les onze tableaux acquis, en 1817, de M. Quatresols de La Hante, moyennant 100,000 fr.

STEENWYCK, STEINWICK ou STEINWEYCK LE JEUNE (HENDRICK VAN), *né à Amsterdam en 1589, mort à Londres on ne sait précisément en quelle année. On connaît un tableau de lui daté de 1642.* (Ecole hollandaise.)

Il fut élève de son père **Hendrick van Steenwyck** *le vieux*, qu'il a surpassé par une plus grande finesse d'exécution et par une couleur moins sombre. Il peignit des monuments et surtout des intérieurs d'église, où il montra une grande connaissance de la perspective. Il affectionna les effets de nuit, et représenta souvent des intérieurs éclairés par des flambeaux. J. Breughel, Th. van Thulden, **Stalbem**, Poelenburg, **van Bassen** ont fréquemment peint des figures dans ses tableaux. Steenwyck le jeune a surtout travaillé en Angleterre. Van Dyck, qui faisait cas de son talent, et qui l'employait à faire des fonds d'architecture dans ses portraits, le présenta à Charles Ier, pour qui il exécuta de nombreux ouvrages. Après sa mort, sa veuve vint s'établir à Amsterdam, et peignit des perspectives dans le même genre. Peter Neefs le père est le seul élève connu de Steenwyck. — **Hendrick van Steenwyck** *le vieux*, père du précédent, né à Steenwyck en 1550, mort à Francfort-sur-le-Mein, qui travaillait encore en 1604, fut élève de **Hans Fredeman de Vries**, peignit des vues de villes, de villages, et surtout des intérieurs d'église. Breughel de Velours a souvent fait des figures dans ses compositions.— Il y eut encore un **Nicolaas Steenwyck** que les auteurs ont confondu avec les deux Steenwyck père et fils, et qui vécut longtemps dans la ville de Breda, où il était né. Il peignit des allégories et mourut dans la misère.

501. *Jésus-Christ chez Marthe et Marie.*

H. 0, 64. — L. 0, 96. — T. — Fig. de 0, 15.

Dans une vaste pièce dont le plafond est formé de poutres saillantes, le Christ est assis à gauche, près d'une haute fenêtre cintrée, sur un banc attenant à une cloison divisée en compartiments et terminée dans la partie supérieure par une tablette où sont rangés des livres, des vases et des fioles. Près du Christ, une table couverte d'un tapis sur lequel est placé un livre ouvert ; en face de lui, assise sur un coussin, Marie tenant des tablettes. A droite, Marthe debout demandant au Seigneur pourquoi sa sœur ne vient pas à son aide. Dans le fond, une large porte cintrée qui laisse apercevoir, plus loin, une cuisine dans laquelle sont un homme, une femme et un enfant qui tourne la broche. — Signé : HENRI V. STEINWICK, 1620. — Les figures sont attribuées à Kornelis Poelenburg.

Gravé par Caquet dans le Musée français. — Filhol, t. 10, pl. 664.

Collection de Louis XIV.

502. *Intérieur d'église.*

H. 1, 23. — L. 1, 74. — B. — Fig. de 0, 20.

Au premier plan, on ne voit que deux figures : à gauche, un homme sortant avec un flambeau allumé, et une vieille femme assise sur une marche près de la porte. Plus loin, une autre figure. — Signé, sur le deuxième pilier à droite : H. V. STEINWICK.

Collection de Louis XVIII. — Compris dans les onze tableaux acquis, en 1817, de M. Quatresols de La Hante, moyennant 100,000 fr.

503. *Intérieur d'église.*

H. 0, 27. — L. 0, 43. — C. — Fig. de 0, 06.

A gauche, dans une chapelle, un sacristain montre à trois personnages un tableau à deux volets placé au-dessus de l'autel. En dehors de la chapelle, un petit page. A droite, une vieille femme tenant un panier et un bâton. Dans le fond, de chaque côté, des chapelles, des figures et un jubé. — Signé, sur le pilier à gauche : H. V. STEINWEYCK, 1608. — La date est répétée sur une des pierres tombales.

Collection de Louis XIV.

504. *Intérieur d'église.*

H. 0, 26. — L. 0, 37. — C. — Fig. de 0,04.

A gauche, assis contre un pilier, un pauvre à moitié nu reçoit l'aumône. Sur le devant, un groupe de quatre figures. A droite, un homme parlant à un vieillard à longue barbe blanche, adossé contre un pilier et tenant un bâton. Dans le fond, des autels contre les piliers, et plus loin, un jubé.

Ancienne collection.

505. *Intérieur d'église.*

H. 1, 16. — L. 1, 81. — T. — Fig. de 0, 15.

Au premier plan, dans le bas-côté à gauche, deux enfants. Dans la nef, un moine, un seigneur, sa femme et deux petites filles. Sur le premier pilier de gauche, un tableau représentant un homme et une femme à mi-corps, les mains jointes, et dans la partie supérieure, la Résurrection de Jésus-Christ. Dans le bas-côté de droite, un paysan agenouillé, en prière devant une chapelle dont le tableau d'autel a pour sujet l'Annonciation. Dans le fond de la nef, diverses figures et un jubé. — Signé, à droite : *H. V. Steenwyck fecit.*

Ancienne collection.

SUSTER ou SUSTRIS. — *Voir* ZUSTRIS.

SWANEVELT, SWANEUELT ou SUANEVELT (Herman van), *dit* Herman d'Italie, *né à Woerden vers 1620, mort à Rome en 1690 suivant presque tous les biographes, et en 1655 selon les registres de l'Académie de peinture de Paris.* (Ecole hollandaise.)

Les auteurs hollandais ne donnent presque aucun renseignement sur cet artiste, dont on a écrit diversement le nom, et que Zani, nous ne savons d'après quel document, appelle Fischer. On croit qu'il eut pour maître Gerard Dov. Ce qui est certain, c'est que, jeune encore, il voyagea en Italie, se fixa à Rome, devint élève de Claude le Lorrain, et prit ce maître pour modèle. Au lieu de fréquenter les jeunes artistes de son pays établis dans la même ville, Swanevelt recherchait la solitude, passait ses journées au milieu des ruines, qu'il aimait à représenter. Cette vie retirée lui fit donner le surnom d'*Ermite*. Il vint à Paris, travailla avec Patel à la décoration du cabinet de l'Amour de l'hôtel du président Lambert, fut reçu de l'Académie royale de peinture le 8 mars 1653, et mourut, suivant les registres de cette société, en 1655. Cette dernière date est en contradiction avec celle donnée par ses biographes. Passeri dit qu'il abandonna Rome et mourut à Venise, en 1659, âgé d'environ 50 ans. Presque tous les autres auteurs, se copiant sans doute les uns les autres, rapportent qu'il mourut à Rome en 1690. Si l'on réfléchit que Herman vécut à Paris, circonstance que ses biographes ne mentionnent pas, et que d'Argenville même, qui aurait pu facilement s'assurer du fait, repousse comme peu vraisemblable; qu'il y fit des tableaux pour le cabinet de l'Amour; enfin, que nous avons des tableaux de lui datés de Paris, 1654, on doit penser que l'Académie, dont il faisait partie depuis l'année précédente, n'avait pas dû le perdre de vue et a eu une connaissance exacte de l'époque de sa mort.

506. *Site d'Italie; effet de soleil couchant.*

H. 0, 66. — L. 0, 95. — T. — Fig. de 0, 09.

A gauche, une rivière coulant au pied d'une éminence sur laquelle est construit un vieux château. Huit vaches paissent de l'autre côté de la rive. Au premier plan, à droite, un homme, les jambes nues, portant sur l'épaule un paquet attaché à un bâton, et une femme ayant aussi un paquet sur la tête. Un peu plus loin, un berger vu de dos et marchant en sens contraire.

Gravé par Duparc dans le Musée français. — Filhol, t. 5, pl. 292.

Ancienne collection.

SWANEVELT (VAN).

507. *Paysage.*

H. 0, 77. — L. 1, 40. — Forme ovale. — T. — Fig. de 0, 10.

Au fond, à gauche, une forêt et trois groupes d'hommes et de femmes. Au premier plan, sur une route passant au pied de deux grands arbres, entre autres figures, deux hommes, une femme portant un panier, et une autre femme donnant la main à un enfant à cheval sur un bâton. A droite, un fleuve avec des barques, des pêcheurs tirant un filet, et sur la rive, qui est élevée, sept hommes les regardant. Un peu plus loin, deux cavaliers; à l'horizon, des montagnes.

Ancienne collection. — Ce tableau décorait le cabinet de l'Amour, à l'hôtel du président Lambert. (Voir la note du n° 3.)

508. *Paysage.*

H. 0, 84. — L. 0, 67. — T. — Fig. de 0, 08.

A gauche, une mare, un groupe d'arbres sur un terrain en pente où paissent des moutons, et six figures, parmi lesquelles on remarque un berger debout, appuyé sur un bâton et causant avec une femme assise par terre. Plus loin, un homme conduisant un âne chargé d'un sac. A droite, deux fabriques au milieu d'arbres. Dans le fond, des montagnes. Tout-à-fait au premier plan, un pâtre portant un paquet sous son bras et suivi d'une femme tenant un panier. Effet de soleil couchant.

Collection de Louis XVIII. — Acquis, en 1816, de M. du Pommereuille, pour 500 fr.

509. *Paysage.*

H. 0, 28 — L. 0, 38. — Forme ovale. — C. — Fig. de 0,05.

Sur une route qui s'élève en serpentant au bord d'une rivière, on remarque, entre autres figures, un homme accompagnant une femme montée sur un âne et se dirigeant dans le sens contraire d'un autre voyageur à moitié nu. A gauche, au pied d'espèces de huttes pratiquées dans un terrain couvert d'arbres et de broussailles, un berger assis et trois vaches; plus loin, un troupeau sort d'une de ces huttes, traverse la route et va boire à la rivière, sur laquelle est jeté un pont près d'une tour ronde élevée sur l'autre rive. Dans le fond, à gauche, des fabriques sur une éminence. A droite, des montagnes. — Signé, à gauche : *H. Swanevelt, Paris,* **1654.**

Gravé par Niquet l'aîné dans le Musée royal.

Collection de Louis XVIII. — Acquis, en 1817, de M. Fisch, pour 500 fr.

510. *Paysage.*

H. 0,28. — L. 0,38. — Forme ovale. — C. — Fig. de 0,04.

Au premier plan, à droite, sur une route, une femme portant une corbeille sur la tête, un berger parlant à un homme, un chien jappant après deux chèvres. Vers la gauche, un pâtre assis par terre au bord de la route; son chien est auprès de lui, et des chèvres broutent le gazon. Au second plan, à gauche, un homme monté sur un âne descend une route en pente qui tourne au pied de grands arbres. A droite, une rivière, des arbres, une route s'élevant avec de nombreux détours jusqu'au sommet d'une montagne où l'on aperçoit des ruines. — Signé : *H. Swanevelt, Paris,* **1654.**

Gravé par Duparc dans le Musée royal.

Collection de Louis XVIII. — Acquis, en 1817, de M. Fisch, pour 500 fr.

TENIERS LE JEUNE (DAVID), *né à Anvers en* **1610,** *mort à Perk, village entre Malines et Vilvorde, en* **1694.** (Ecole flamande.)

Il fut d'abord élève de son père, puis d'Adriaan Brauwer, et enfin de Rubens. Reçu à la maîtrise de Saint-Luc d'Anvers en 1632-1633, il paraît que ses débuts ne furent pas d'abord très heureux et qu'il plaçait difficilement ses ouvrages; on leur préférait ceux de **van Thilborg**, de **van Artois** et de **van Heil**, qui leur sont bien inférieurs. Cependant la fortune ne tarda pas à lui devenir plus favorable, et bientôt peu d'artistes jouirent d'une réputation aussi populaire et aussi méritée. L'archiduc Léopold fut son premier protecteur; il le nomma peintre de la cour, chambellan, directeur de sa galerie de tableaux, et envoya dans les différentes cours de l'Europe plusieurs de ses ouvrages qui le firent connaître. Le roi d'Espagne admirait tellement les peintures de Teniers, qu'il fit construire une galerie uniquement destinée à recevoir celles qu'il lui commandait. La reine Christine de Suède obtint quelques unes de ses œuvres, le récompensa magnifiquement et lui envoya son portrait avec une chaîne d'or. Don Juan d'Autriche, qui fut l'élève et l'ami de Teniers, voulut faire le portrait du fils de l'artiste et le lui laissa en souvenir des leçons qu'il en avait reçues. Teniers ne pouvait suffire aux demandes des grands seigneurs et des amateurs de tous les pays. Peignant avec une prodigieuse rapidité, il commençait et finissait souvent un tableau dans la même journée; aussi le nombre de ses œuvres est-il immense. Possesseur d'une fortune considérable, il se fit bâtir, dans le village de Perk, un château qui devint le lieu de réunion de tout ce que la Belgique comptait alors d'hommes distingués dans la noblesse, les lettres, les sciences et les arts. Il fut doyen de Saint-Luc en 1644-1645, et il est à remarquer que sur les registres de la compagnie son nom est toujours écrit *Tenier* sans *s*. Teniers le jeune fut l'ami de Rubens; il partage, avec ce grand homme et van Dyck, l'honneur d'être une des plus grandes gloires de l'art flamand du XVIIe siècle. Quoique Teniers ait peint d'assez grands tableaux, il excelle cependant dans les compositions de petites ou moyennes dimensions. Ses kermesses, ses paysages, ses tabagies, ses joueurs, ses corps-de-garde, ses chimistes, d'une couleur argentine, d'une touche aussi légère que vive, brillent par un profond caractère d'originalité. Teniers, suivant la plupart de ses biographes, a peint une grande quantité d'imitations trompeuses des maîtres italiens, flamands et hollandais. Le fait n'est point entièrement exact : le plus grand nombre des ouvrages de ce genre ne sont que des copies réduites des tableaux de la galerie de l'archiduc Léopold, dont il était directeur, et furent destinées à être reproduites par la gravure dans un ouvrage bien connu. Quant aux peintures véritablement *pastiches*, elles sont très habiles, il est vrai, trop habiles même pour être *trompeuses*, car Teniers n'a jamais été assez maître de sa main pour déguiser cette touche si piquante qui, aux yeux d'un connaisseur, équivaut à une signature. — **David Teniers** *le vieux*, père du précédent, né à Anvers en 1582, mort dans la même ville en 1649, fut élève de Rubens, voyagea en Italie, resta dix ans à Rome avec Elzheimer, dont il imita la manière, ainsi que celle de différents maîtres. Il a peint de grandes compositions, mais surtout des fêtes de village, des cabarets, des chimistes. Quoique habile, il fut surpassé par son fils David le jeune dans le genre qu'il avait adopté. — **Abraham Teniers**, fils de David le vieux, né à Anvers en 1608, mort dans la même ville en 1671, fut élève de son père, et peignit aussi des kermesses, des joueurs, des chimistes. Son talent est de beaucoup inférieur à celui de son frère David le jeune.

511. *Saint Pierre renie Jésus-Christ.*

H. 0, 38. — L. 0, 51. — C. — Fig. de 0, 26.

Sur le premier plan et au milieu du tableau, quatre soldats, assis autour d'une table, jouent aux cartes, un cinquième, debout, les regarde. Au second plan, à gauche, saint Pierre se chauffe devant une haute cheminée, contre laquelle s'appuie un paysan assis, vu de dos. Une servante interroge l'apôtre en posant la main sur son bras gauche, et un homme placé derrière lui tient sa pipe et semble attendre sa réponse. Au-dessus de la tête du saint, sur le manteau de la cheminée, le coq qui chante. Dans le fond, à droite, trois soldats se disposant à sortir et à suivre un porte-drapeau. — Signé : DAVID. TENIERS. f. AN 1646.

Gravé par Delaunay dans le Musée français. — Filhol, t. 9, pl. 615. — Landon, t. 4, pl. 9.

Collection de Louis XVI. — Vendu, en 1784, à la vente du comte de Merle, 10,320 liv. Un tableau (peut-être celui-ci) représentant le même sujet avait été vendu au Jardin de Saint-Georges, à Bruxelles, le 18 mars 1776.

512. *L'Enfant prodigue à table avec des courtisanes.*

H. 0, 68. — L. 0, 88. — C. — Fig. de 0, 26.

A gauche, au second plan, l'enfant prodigue est assis à table devant une hôtellerie avec deux courtisanes. Une vieille femme, vêtue de noir, appuyée sur un bâton, demande l'aumône à celle qui est vue de dos. A gauche, un petit serviteur verse du vin dans un verre que l'enfant prodigue va prendre. Sur le seuil de la porte de l'auberge, un domestique apportant un plat, et une servante écrivant la dépense sur une petite planche. Derrière la table, contre une palissade, deux musiciens debout; l'un d'eux joue de la flûte, l'autre chante en jouant du violon. Au premier plan, à gauche, sur un siége, le manteau, le chapeau à plumes et l'épée de l'enfant prodigue. Au milieu, un petit chien. A droite, par terre, une coupe, un vase en verre, un pot en faïence et deux flacons mis à rafraîchir dans un bassin de cuivre. Du même côté, dans le fond, une rivière. Sur l'autre bord, l'enfant prodigue agenouillé près d'une auge à pourceaux. A l'horizon, des arbres et un clocher. — Signé : DAVID. TENIERS. *f.* AN. 1644.

Gravé par Jacques-Philippe Le Bas. — Filhol, t. 1, pl. 21. — Landon, t. 4, pl. 8.

Collection de Louis XVI. — Vendu, en 1776, à la vente de M. Blondel de Gagny, 28,999 liv. 19 s. ; en 1783, à la vente de M...... (Dazincourt?), 25,000 liv.

513. *Les œuvres de miséricorde.*

H. 0, 56. — L. 0, 78. — C. — Fig. de 0, 25.

L'artiste a réuni dans cette composition les sept œuvres de miséricorde. A gauche, au second plan, un vieillard, richement vêtu et placé devant une table couverte de pains, les distribue à des indigents. — Derrière lui, une femme âgée, assistée d'un serviteur, donne des vêtements à quatre mendiants, dont l'un est à demi nu. — Au premier plan, une corbeille de pains posée sur deux tonneaux, une cruche par terre, et un petit page versant à boire à une femme assise, qui tient sur ses genoux un enfant à la mamelle, tandis qu'un enfant plus âgé boit dans un vase. — Au troisième plan, à droite, un villageois invite deux pélerins à entrer dans sa maison. — Dans le fond, un cavalier reçoit à la porte d'une prison un malheureux qu'il vient de délivrer. — Dans une chambre du même bâtiment on voit, par deux fenêtres ouvertes, un malade soigné par un médecin et une autre personne. — Enfin, plus loin, un cortége funèbre entoure une fosse ouverte où l'on descend un cercueil. — Signé : DAVID. TENIERS. F.

Gravé par Jacques-Philippe Le Bas en 1747. — Filhol, t. 2, pl. 104. — Landon, t. 4, pl. 10.

Ancienne collection. — Un tableau de même dimension, et dont la description peut se rapporter à la composition de celui du Louvre, a été vendu, en 1735, à La Haye, à la vente de M. Schuylemburg, 860 florins. Teniers, au surplus, a répété plusieurs fois ce sujet.

514. *Tentation de saint Antoine.*

H. 0, 62. — L. 0, 50. — B. — Fig. de 0, 40.

Dans une grotte, le saint, vu de profil, tourné à droite, est agenouillé, les mains jointes, devant un livre placé contre une tête de mort qui repose sur un fragment de rocher, ainsi qu'un crucifix en bois, un sablier, une cruche sur laquelle est perché un oiseau fantastique, moitié œuf, moitié poulet. Un démon, coiffé d'un chapeau où est attachée une carotte, met sa griffe droite sur le capuchon du saint et lui présente de l'autre un verre de vin. A gauche, un animal à tête décharnée portant une chouette sur son dos. Plus loin, une vieille femme avec des cornes lit un papier qu'elle tient à la main. Derrière elle, près d'une ouverture de la grotte, trois animaux monstrueux. Dans la partie supérieure, une chauve-souris volant, un poisson et d'autres bêtes hideuses sur un rocher. Par terre, au premier plan, à droite, trois livres, une sébile de bois. — Signé : D. TENIERS. *fec.*

Collection de Louis XVIII. — Acquis de M. Grégoire en 1816, avec deux autres tableaux de Leduc et Maes (n°˚ 134 et 276), pour la somme de 6,000 fr.

515. *La fête de village.*

H. 0, 79. — L. 1, 07. — T. — Fig. de 0, 18.

Des paysans mangent et boivent dans une cour d'auberge fermée au fond par une cloison de planches. Au premier plan, à droite, assis devant une table, deux hommes et une femme qui donne le sein à son enfant. Derrière eux, un groupe de quatre hommes debout, et plus loin, entouré de paysans, le ménétrier sur un tonneau. Au milieu, quatre couples dansant. Vers la gauche, un seigneur et une dame, accompagnés de deux suivantes et d'un page qui tient un chien en laisse, s'avancent vers la fête. Tout-à-fait à gauche, un ivrogne, entraîné par sa femme, s'éloigne en criant. Au second plan, derrière les quatre couples de danseurs, une longue table entourée de nombreux convives. Dans le fond, à gauche, des arbres, un village, une église. — Signé : D. TENIERS FEC^T, AN. 1652.

Collection de Louis XVI. — Vendu en 1737, à la vente de la comtesse de Verrue, 1,250 livres; en 1769, à la vente de M. de La Live de Jully, 6,800 livres.

516. *Un cabaret près d'une rivière.*

H. 1, 20. — L. 2, 03. — T. — Fig. de 0, 35.

A gauche, en avant d'un cabaret, un groupe de six paysans; deux sont assis à une table autour de laquelle trois autres se tiennent debout. L'hôtesse, portant un plat de viande, sort de sa maison, dont le toit est couvert en chaume, et sur lequel on remarque un crâne de cheval. A droite, une rivière où sont entrés à mi-jambes cinq pêcheurs qui lèvent leurs filets; trois autres pêcheurs, sur le rivage, mettent des poissons dans un baquet. Au fond, sur une colline, des arbres, un château, un berger gardant ses moutons. Sur le premier plan, au milieu et par terre, des moules, un chaudron, une cruche, un tonneau et trois vases. — Signé : D. TENIERS F.

Gravé par Godefroy dans le Musée français.

Collection de Louis XVI. — Ce tableau, le plus grand des Teniers de la collection, a précisément les dimensions de celui indiqué, dans le catalogue manuscrit dressé sous Louis XVI par ordre de M. d'Angiviller, comme représentant *une Ferme au bord d'une rivière*. M. Smith, dans son catalogue de Teniers, dit (nous croyons à tort) qu'il provient de la vente de M. Laborde, faite en 1802, vente où il aurait été payé 1,210 fr.

517. *Danse de paysans à la porte d'un cabaret.*

H. 0, 14. — L. 0, 27. — C. — Fig. de 0, 06.

A gauche, près d'un banc supportant une serviette et un pot de bière, un joueur de cornemuse debout.

Vers le milieu, un paysan et une paysanne dansent en se tenant par la main. A droite, contre l'hôtellerie, un paysan, vu de profil, assis sur un baquet contre un tonneau, ayant une pipe d'une main, un pot de l'autre. A la porte de la maison, un homme prenant le menton à une femme assise à côté de lui. Par derrière, un homme en manteau et une femme debout sur le seuil. Dans le fond, à gauche, des arbres sur une petite éminence ; à l'horizon, un clocher. — Signé : D. TENIERS.

Gravé par Le Bas sous le titre de : La septième vue de Flandre.

Collection de Louis XVI. — Vendu en 1768, à la vente Gaignat, 671 liv. Il passa ensuite dans la collection du duc de Cossé, avant d'entrer au Louvre.

518. *Intérieur de cabaret.*

H. 0, 62. — L. 0, 88. — B. — Fig. de 0, 30.

Au premier plan, à gauche, deux hommes, assis de chaque côté d'une planche posée sur un tonneau, jouent aux cartes ; entre les deux joueurs, un homme et une femme assis ; cette dernière tient un pot de bière, et derrière elle, un homme debout, le coude appuyé sur sa chaise, semble s'intéresser vivement à la partie. Près d'eux, un valet, vu de dos, marque la dépense sur une planchette accrochée à une muraille où sont posés et suspendus différents ustensiles de cuisine. A droite, toujours au premier plan, un chien, un tréteau et trois vases de terre. Dans le fond, un homme richement vêtu, enveloppé d'un manteau, donne de l'argent à l'hôte, qui tient une cruche à la main, et se tourne vers une femme assise avec ses enfants près d'une cheminée où brille un grand feu. — Signé D. TENIERS. FEC.

Filhol, t. 6, pl. 423.

Collection de Louis XIV.

519. *Intérieur de cabaret.*

H. 0, 38. — L. 0, 61. — B. — Fig. de 0, 20.

A gauche, un homme, assis devant une table, offre un verre de vin à une femme placée près de lui; au-dessus d'eux, une vieille regarde par une petite fenêtre. A droite, sur le premier plan, par terre, une pantoufle, deux moules, un chaudron, un pot de terre, deux bûches, un tonneau supportant un vase. Dans le fond, du même côté, quatre paysans, dont deux assis, fument devant une cheminée, et un homme entre en apportant du bois. — Signé : D. TENIERS. F.

Collection de Louis XVIII. — Acquis en 1816 pour la somme de 5,700 fr.

520. *Chasse au héron.*

H. 0, 81. — L. 1, 18. — T. — Fig. de 0. 18.

Au milieu du tableau et en avant d'un groupe d'arbres, un héron va percer d'un coup de bec un faucon qu'il a renversé et qui se défend avec ses serres. Un autre faucon, accroché sur le dos du héron, le déchire avec son bec et arrache ses plumes. A droite, un fauconnier accourant au secours de ses oiseaux. A gauche, à moitié caché par un pli du terrain, l'archiduc Léopold à cheval, suivi de deux cavaliers qui ont la tête nue. Dans les airs, deux faucons fondant sur un héron. — Signé : D. TENIERS. F.

Gravé par Duparc dans le Musée français. — Filhol, t. 11, pl. 40. — Landon, t. 4, pl. 12.

Collection de Louis XVI. — Vendu en 1784, à la vente du comte de Vaudreuil, 3,210 liv.

521. *Le fumeur.*

H. 0, 38. — L. 0, 30. — T. — Fig. de 0, 28.

Un homme assis sur un escabeau, la main gauche posée sur son genou et le coude appuyé sur une table où l'on voit un pot de bière, un réchaud, du papier, des allumettes, fume sa pipe. Dans le fond, à gauche, une vieille servante entr'ouvre une porte. A droite et près de la cheminée, tandis que deux hommes assis jouent aux cartes, un troisième, debout et tenant un verre, les regarde. — Signé : D. TENIERS. F. — Sur une gravure attachée au haut de la cheminée et représentant une tête de vieille femme, on lit la date de 1643.

Gravé par Delaunay dans le Musée français. — Filhol, t. 5, pl. 315.

Collection de Louis XIV.

522. *Le rémouleur.*

H. 0, 42. — L. 0, 28. — B. — Fig. de 0, 23.

Il est debout, coiffé d'un large chapeau à bord retroussé, sur lequel est posée une longue plume ; son corps est tourné à gauche et la tête vers la droite. Il aiguise un couteau sur une meule portée par une brouette. Dans le fond, à droite, devant deux maisons et quelques arbres, deux hommes qu'un accident de terrain ne laisse voir qu'à mi-corps.

Gravé par Guttemberg dans le Musée français. — Filhol, t. 5, pl. 333.

Ancienne collection.

523. *Le joueur de cornemuse.*

H. 0, 28. — L. 0, 23. — T. — Fig. à mi-corps.

Il est représenté debout, de face, la tête nue et chauve, avec des moustaches et une barbe blanche ; il tient sa cornemuse dans ses bras. A gauche, derrière lui, assis autour d'une table sur laquelle est placé un pot, trois hommes, dont l'un tient un papier. — Sur l'épaisseur de la table, le monogramme de Teniers, composé d'un petit T renfermé dans un D.

Gravé par Heliman dans le Musée français. — Filhol, t. 2, pl. 74.

Ancienne collection.

524. *Portrait d'un vieillard.*

H. 0, 22. — L. 0, 17. — B. — Fig. à mi-corps.

Il est représenté de trois quarts, tourné vers la droite; il a de longs cheveux, des moustaches, une barbe épaisse, et porte sur la tête un grand bonnet garni de fourrure. Son manteau, également bordé de fourrure, est ouvert sur la poitrine, et laisse voir une chaîne d'or à laquelle pend une médaille et sa main droite tenant un gant.

Gravé par Gandolfy dans le Musée français. — Filhol, t. 4, pl. 281. — Landon, t. 4, pl. 14.

Ancienne collection.

525. *Les bulles de savon.*

H. 0, 68. — L. 0, 51. — T. (Grandeur du médaillon : h. 0, 21; l. 0, 16.) — Fig. à mi-corps.

Dans un médaillon occupant le milieu d'un cartouche de pierre posé sur une tablette, un jeune homme, vu de profil et tourné à gauche, souffle des bulles de savon; un autre le regarde en tenant son chapeau. En haut du médaillon, des armes de toute espèce et le collier de la Toison-d'Or. De chaque côté, des fleurs et des fruits. Au bas, des insectes, des poissons, des oiseaux vivants et morts, des pipeaux enveloppés et un appeau. Le médaillon est signé D. T. (cette dernière lettre est dans le D) F. Les accessoires sont de van Kessel.

Ancienne collection.

TERBURG (Gerard), *ou* **G. TER BORCH**, *ou* **G. T. BORCH**, *né à Zwol en* 1608, *mort à Deventer en* 1681. (Ecole hollandaise.)

Il fut élève de son père, peintre d'histoire, qui avait habité Rome pendant plusieurs années, et se perfectionna en étudiant les œuvres des peintres qui travaillaient de son temps à Harlem. Il voyagea en Allemagne, en Italie, et en 1648 il se trouvait au congrès de Munster, qu'il représenta dans une composition célèbre où il peignit les ministres plénipotentiaires qui y assistaient. L'ambassadeur d'Espagne, juste appréciateur du talent du célèbre artiste, l'engagea, après le congrès, à le suivre à Madrid. Terburg vint en Espagne, fit le portrait du roi, qui le créa chevalier et le combla de faveurs. Il passa ensuite en Angleterre, puis en France, et de retour enfin dans sa patrie, il s'établit à Deventer, devint bourgmestre de cette ville, où il passa le reste de sa vie, estimé comme magistrat et considéré comme un des artistes les plus éminents des Pays-Bas. Terburg a peint beaucoup de portraits, quelques sujets historiques, mais surtout un grand nombre de tableaux de genre d'une exécution large et vive, d'une couleur pleine de vigueur et d'harmonie. Il a excellé dans la représentation du satin blanc, et en a introduit dans presque tous ses ouvrages.

526. *Un militaire offrant des pièces d'or à une jeune femme.*

H. 0, 67. — L. 0, 55. — T. — Fig. de 0, 45.

A gauche, près d'une table couverte d'un tapis de velours rouge, où sont posés deux plateaux d'argent et des fruits, une femme avec des perles dans les cheveux, vêtue d'une robe de satin blanc et d'un corsage de velours bordé d'hermine, est assise, tenant d'une main une coupe et de l'autre un vase d'argent. Elle regarde les pièces d'or que lui offre un militaire assis à côté d'elle. Celui-ci a la tête nue, de longs cheveux, des moustaches et une mouche; il porte une cuirasse et de grosses bottes à entonnoir; son chapeau est posé par terre, contre sa chaise. Dans le fond, à gauche, une haute cheminée à colonnes, richement sculptée, et un lit entouré de rideaux rouges. Sur le manteau de la cheminée, dans un écusson, le monogramme de l'artiste, formé des lettres T. B.

Gravé par Audoin dans le Musée français. — Filhol, t. 9, pl. 645.

Collection de Louis XVI. — Vendu à Amsterdam en 1745, à la vente de M. van der Vugt, 440 florins; à Dort, en 1785, à la vente de M. van Slingeldant, 2,635 florins.

527. *La leçon de musique.*

H. 0, 81. — L. 0, 72. — T. — Fig. de 0, 50.

A gauche, un jeune cavalier, la tête nue, et vu de profil, tourné à droite, est assis le coude appuyé sur une table couverte d'un tapis, où sont posés un cahier de musique, un chandelier, une lettre, un vase. Il joue du luth. A droite, debout, une femme coiffée avec des nœuds de rubans tient un livre dans ses mains. Derrière elle, un fauteuil sur lequel un petit chien est couché. Dans le fond, une femme entr'ouvre la porte et regarde avec curiosité. Une carte de géographie est suspendue à la muraille. Au bas de cette carte on lit : BURG F 1660.

Gravé par Mons et Lavallée dans le Musée français. — Filhol, t. 11, pl. 33.

Collection de Louis XVI. — Vendu en 1771, à la vente de M. Braamcamp, 800 florins.

528. *Le concert.*

H. 0, 47. — L. 0, 43. — Cintré par le haut. — B. — Fig. de 0, 30.

Assise près d'une table couverte d'un tapis turc, une jeune femme vue de profil, tournée à gauche, coiffée avec des nœuds de rubans, vêtue d'un jupon de satin blanc et d'un corsage jaune, chante en tenant un papier d'une main et en battant la mesure de l'autre. A gauche, derrière la table, une femme debout l'accompagne avec un sistre. A droite, un jeune page, le chapeau sous le bras, apporte un verre sur un plateau d'argent. Dans le fond, une tenture en tapisserie. — On trouve la signature : T. BVRG, presque effacée, sur le barreau de la chaise où la femme est assise.

Filhol, t. 11, pl. 39.

Ancienne collection.

529. *Assemblée d'ecclésiastiques.*

H. 0, 22. — L. 0, 83. — B. — Fig. de 0, 07.

Dans une vaste salle éclairée par six hautes fenêtres, des ecclésiastiques, portant presque tous des robes noires, des rabats, des bonnets, sont assis sur des bancs, disposés de manière à former un carré. Au centre, une table où deux secrétaires écrivent; de l'autre côté de la table, huit personnes sur un banc isolé, et derrière ce banc, sur des sièges plus élevés, le président de l'assemblée avec trois ecclésiastiques de chaque côté. On remarque, à droite, sur le premier banc voisin de la table, quatre évêques avec le camail et la croix pectorale.

Ancienne collection. — Esquisse.

THULDEN (THEODOR VAN), *peintre, graveur, né à Bois-le-Duc en 1607, mort dans la même ville en 1686.* (Ecole hollandaise.)

Il vint très jeune à Anvers et fut élève de Rubens. Il fit des progrès assez rapides pour être admis dès l'âge de 20 ans (1626-1627) maître dans la confrérie de Saint-Luc, dont il fut ensuite doyen en 1638 et 1639. Rubens estimait beaucoup son talent; il l'emmena avec lui à Paris, et l'employa dans ses travaux de la galerie du Luxembourg. Van Thulden parcourut une partie de la France, vint à Fontainebleau, où il dessina et grava les travaux d'Ulysse peints par Nicolo dell'Abate, d'après les dessins du Primatice, dans la galerie d'Ulysse, détruite sous le règne de Louis XV. De retour en Flandre, il remplit les églises et les cabinets de ses ouvrages. Van Thulden a peint un grand nombre de compositions historiques, des foires et des kermesses dans le goût de Teniers, et a fait souvent des figures dans les tableaux des paysagistes et des peintres d'architecture.

530. *Le Christ apparaissant à la Vierge.*

H. 5, 73. — L. 3, 60. — Forme cintrée. — T. — Fig. plus gr. que nat.

Jésus-Christ, après sa résurrection, accompagné de plusieurs saints personnages qui se tiennent derrière lui à gauche, et d'un ange portant un étendard déployé, apparaît à sa mère agenouillée à droite, et aux pieds de laquelle sont les instruments de la passion. Un ange soulève le voile noir qui couvre les traits de la Vierge. Les cieux ouverts offrent un concert nombreux d'esprits célestes portés sur des nuages et jouant de divers instruments. Des anges soutiennent cette légende : *Regina Cœli lœtare al......* (leluia). — Signé : *T. van Thulden f.*

Landon, t. 4, pl. 17.
Collection de Louis XVI.

UDEN (LUCAS VAN), *peintre, graveur, né à Anvers le 18 octobre 1595, mort en 1660 ou 1662.* (Ecole flamande.)

Il reçut des leçons de son père, qu'il surpassa bientôt. Rubens, appréciant les talents du jeune artiste, fit des figures dans quelques uns de ses tableaux et contribua à sa réputation. Van Uden, de son côté, peignit souvent des paysages dans les tableaux de Rubens. Teniers et van Dyck, amis de van Uden, ont aussi fait des figures dans ses compositions, quoique lui-même les exécutât avec beaucoup d'habileté. — Il y eut encore un **Jakob van Uden**, frère puîné du précédent, qui peignit des paysages dans sa manière. Füessly dit qu'on ne compte pas moins de huit artistes portant le nom d'Uden inscrits sur les registres de l'académie d'Anvers.

531. *Enlèvement de Proserpine.*

H. 1, 35. — L. 1, 83. — T. — Fig. de 0, 40.

Pluton, assis sur son char, tient sur ses genoux Proserpine qu'il emmène de force. A gauche, la nymphe Cyané, sortie à mi-corps de la rivière, veut s'opposer à cet enlèvement. A droite, des arbres; dans le fond, à gauche, des blés, des moissonneurs et des collines.

Ce tableau et le suivant étaient placés autrefois dans l'église Saint-Louis-des-Français, à Rome.

532. *Cérès et la nymphe Cyané.*

H. 1, 35. — L. 1, 83. — T. — Fig. de 0, 40.

Cérès, un flambeau dans la main gauche, une guirlande de fleurs dans la droite, apprend de la nymphe Cyané, à moitié sortie de l'eau, le nom du ravisseur de sa fille. Dans le fond, à gauche, des collines; à droite, un arc-en-ciel dans les nuages.

(Voir la note du numéro précédent.)

ULFT (JAKOB VAN DER), *peintre, graveur, né à Gorcum en 1627. On ignore la date de sa mort, mais on connaît un dessin de lui portant la date de 1688.* (Ecole hollandaise.)

On ne sait pas qui fut son maître. Quoiqu'il n'ait pas voyagé en Italie, il a peint beaucoup de vues des environs de Rome, des ruines, des places, qu'il exécutait d'après des estampes, et dans lesquelles il introduisait des figures touchées avec esprit. Il s'occupa de chimie, fit des recherches sur les couleurs propres à la peinture sur verre et peignit des vitraux estimés.

533. *Une porte de ville.*

H. 0, 42. — L. 0, 55. — T. — Fig. de 0, 06.

Sur une rivière qui baigne les murs de l'enceinte fortifiée d'une ville, on aperçoit une barque chargée de marchandises, à moitié cachée par une élévation du terrain. A gauche, en avant, un paysan marche précédé d'un chien, et derrière lui un marchand conduit un cheval chargé de deux petits tonneaux. Sous la porte de la ville passe une charrette pleine de ballots, dont le conducteur est assis sur un des brancards. A droite, de l'autre côté de la rivière, de nombreuses figures, et à l'horizon des collines.

Gravé par Dequevauvilliers dans le *Musée français.* — *Filhol,* t. 8, pl. 526. — *Landon,* t. 4, pl. 28.

Musée Napoléon. — Ce tableau a été acquis en 1801, à la vente de Claude Tolozan, pour la somme de 850 fr.

534. *Vue d'une place publique où se font les préparatifs d'un triomphe.*

H. 0, 31. — L. 0, 49. — B. — Fig. de 0, 04.

Un triomphateur suivi d'un cortège composé de guerriers, de joueurs d'instruments et d'une foule nombreuse, traverse une place publique décorée de monuments anciens, et monte les degrés d'un temple ou d'un palais dont on voit, à gauche, au premier plan, trois colonnes d'ordre dorique. Près de ces colonnes, différents personnages, assis et debout, regardant passer le cortège. Au milieu, sur la place, un guerrier à cheval; à droite, sur un piédestal et vue de dos, une statue colossale de femme tenant un bouclier.

Ancienne collection.

VANLOO. — *Voir* LOO (JAKOB VAN).

VEEN (OTHO VAN), *dit* OTTO VENIUS, *poëte, historien, mathématicien, né à Leyde en* 1556, *mort à Bruxelles en* 1634. (Ecole flamande.)

Cet artiste, dont le nom est écrit de trois manières différentes sur les registres de l'académie de Saint-Luc, *Octarj' un Veen, Octave Vene, Otho van Veen*, appartenait à une des familles les plus illustres du Brabant. Il fit de bonnes études classiques et eut pour premier maître de dessin **Isaac Nicolaï**. Il vint à Liège à l'âge de 15 ans, et le cardinal Craesbeke l'envoya à Rome, où il étudia sous la direction de **Federigo Zucchero**. Après un séjour de sept ans dans cette ville, Otto Venius parcourut l'Allemagne et se fixa dans les Pays-Bas méridionaux, gouvernés alors par le duc de Parme, qui lui fit donner les titres d'ingénieur en chef et de peintre de la cour d'Espagne. En 1592, il arriva à Anvers; reçu franc-maître de Saint-Luc en 1594, il devint le doyen de la compagnie en 1603-1604. Il fut en grande considération auprès de l'archiduc Albert et de l'infante Isabelle, qui l'attirèrent de nouveau à Bruxelles et lui donnèrent la charge de surintendant des monnaies. Attaché par la reconnaissance à la cour d'Albert, il refusa les offres avantageuses de Louis XIII, qui l'appelait en France et voulait lui faire faire des dessins pour les tapisseries du Louvre. Otto Venius, peintre d'histoire érudit, fut le précurseur du beau siècle de l'art en Belgique et le maître de Rubens. Il eut deux frères: l'un, nommé **Peter**, cultiva la peinture en amateur; l'autre, appelé **Gysbrecht**, né à Leyde en 1558 et mort à Anvers en 1628, fut graveur. Otto n'eut pas de fils; il laissa sept filles; et **Roch van Veen**, que plusieurs biographes font passer pour son fils, est probablement fils de Gysbrecht.

535. *Otho Venius et sa famille.*

H. 1, 65. — L. 2, 30. — T. — Fig. gr. nat.

Otto Venius, vu presque de dos, assis devant son chevalet, sur lequel est posée l'ébauche d'un portrait de femme, retourne la tête vers le spectateur. A droite, son père assis dans un fauteuil. A gauche, son frère Gisbert le graveur, appuyé sur une table, tenant une planche de cuivre d'une main et un burin de l'autre. Les membres de la famille entourant le peintre ont au-dessus de la tête des numéros qui se rapportent à ceux inscrits, avec leurs noms, sur le cartouche de droite. Dans le fond, un paravent garni d'une tapisserie. On lit sur le cartouche de droite, au-dessous de deux écussons aux armes de la famille :

PARENTES

1 CORNELIVS VENIVS
2 GERTRVDIS.

LIBERI

3 SIMON 4 ANNA uxor

5 ELISABETH

18 NICOLAVS
19 HVGO

14 MARIA
15 MARGARE
16 VSNOVT
17 ELISABETH

6 IOANNES 7 OTTO
8 MARIA 9 GISBERTVS
10 PETRVS 11 ALDEGONDA
12 TIMANNVS 13 AGATHA.

Le cartouche de gauche porte l'inscription suivante :

D. MEMORIAE SACR.
HANC TABVLAM SIBI SVISQ.
PINXIT AC DEDICAVIT
OTHO VENIVS
ANNO CIƆ IƆ XXCIV
HAC LEGE VT SI IPSVM NVLLIS VIRILIS
SEXVS LIBERIS SVPERSTITIBVS MORI CON
TINGAT, IN FAMILIA NATV MAXIMI FRATRIS
SIT QVADIV IBI MASCVLA PROLES FVERIT,
QVA DEFICIENTE CEDAT SEMPER FRATRI
AETATE ILLI PROXIMO EIVSQ. FAMLIÆ (sic)
QVAMDIV ET ILLI MASCVLA
PROLES SVPER
FVERIT

C'est-à-dire : Otto Venius a peint en 1584, pour lui et pour les siens, ce tableau qu'il dédie à la mémoire sacrée de Dieu, afin que s'il lui arrive de mourir sans laisser d'enfants du sexe masculin il reste dans la famille du frère le plus âgé tant que sa descendance mâle existera, et qu'après l'extinction de celle-ci il revienne toujours au frère dont l'âge se rapprochera le plus du sien et à sa famille, aussi longtemps que sa descendance mâle subsistera.

Collection de Louis-Philippe. — Acquis pour 240 fr. dans une vente publique faite à la salle Lebrun les 11, 12 et 13 mars 1835.

VELDE (ADRIAAN VAN DEN), *peintre, graveur, né à Amsterdam en 1639, mort à 33 ans dans la même ville le 21 janvier 1672.* (Ecole hollandaise.)

Il était fils de **Willem van den Velde le vieux** et frère de Willem van den Velde le jeune, qui se distinguèrent, le premier comme dessinateur et le second comme peintre habile de marines. Adriaan, dès son enfance, montrant un penchant décidé pour le paysage, son père l'envoya à Harlem, où il entra à l'atelier de Wynants, qui lui donna d'excellents conseils. Chaque jour, le jeune peintre allait dessiner dans la campagne, et c'est à cette étude constante de la nature qu'il doit le haut degré de perfection où il est arrivé. Ami et condisciple de Wouwerman, qui faisait souvent des figures dans les tableaux de Wynants, il apprit de lui l'art de dessiner la figure avec un tel succès, que bientôt il fut en état de remplacer Wouwerman près de leur maître commun. Plus tard, van den Velde rendit le même service à van der Heiden, Hobbema, Moucheron, etc., en peignant de belles figures et des animaux pleins de vie et d'une touche vigoureuse dans leurs paysages. Adriaan a exécuté aussi des compositions historiques et quelques tableaux d'autels; mais c'est surtout dans le paysage et dans la représentation des animaux qu'il se montre véritablement supérieur et digne de prendre place à côté de Paul Potter. Ses eaux-fortes, au nombre de vingt environ et dont plusieurs ont été gravées par lui à l'âge de 14 ans, sont très recherchées des connaisseurs. Van den Velde eut Dirk van Bergen pour élève.

536. *La plage de Schvelingen.*

H. 0,37. — L. 0,49. — B. — Fig. de 0,05.

Le prince d'Orange se promène dans un carrosse attelé de six chevaux blancs, derrière lequel se trouvent des gens de sa suite. A droite, un pêcheur portant un filet, un seigneur et une dame, une barque restée à sec sur la plage. Derrière les dunes, le sommet de deux clochers, et, dans le fond, un carrosse à deux chevaux descendant sur le rivage. — Signé à droite, sur une pièce de bois : *A. V. Velde f.* 1660.

Gravé par Lorieux dans le Musée français. — Filhol, t. 2. pl. 93. — Landon, t. 4, pl. 20.

Collection de Louis XVI. — Vendu, en 1771, à la vente de M. Braamcamp, 1,000 florins; en 1777, à la vente du prince de Conti, 5,072 livres; en 1779, à la vente de M. Trouard, 3,800 livres; en 1780, à la vente de M. Nogaret. 2,500 livres; en 1784, à la vente du comte de Vaudreuil, 6,801 livres.

537. *Paysage et animaux.*

H. 0,21. — L. 0,28. — B. — Fig. de 0,015.

A gauche, sur une route au bord de laquelle s'élève une haute muraille où sont posés deux vases avec des plantes, un homme et une femme conduisent des bestiaux. Au second plan, une hôtellerie attenant aux ruines d'une espèce d'aqueduc, et, devant la porte, des paysans buvant sous une treille près d'un grand arbre. A droite, un chariot attelé de deux chevaux, une plaine, et des collines à l'horizon. — Signé à gauche, sur la muraille : *A. V. Velde* 1661.

Filhol, t. 2, pl. 112. — *Landon, t.* 4, *pl.* 19.

Ancienne collection. — Vendu, en 1771, à la vente de M. Braamcamp 345 florins.

538. *Paysage et animaux.*

H. 0,39. — L. 0,51. — B. — Fig. de 0,08.

A gauche, près de la porte d'une hutte construite entre des arbres et entourée d'une palissade basse, deux pâtres, dont l'un est appuyé sur un bâton et assis sur la palissade, regardent une paysanne qui est assise au pied d'un arbre et paraît endormie. Sur le premier plan, en allant de gauche à droite, on voit un mouton, une vache et une chèvre couchés, un mouton, une chèvre et son chevreau debout, trois moutons couchés, une chèvre broutant, une vache et un bœuf debout. Dans le fond, à droite, des collines. — Signé au bas, à droite : *A. V. Velde f.* 1661.

Filhol, t. 9, *pl.* 580.

Collection de Louis XVI. — Vendu, en 1769, à la vente de M. de La Live de Jully, 3,100 livres; en 1783, à la vente de M. P.-V. Locquet d'Amsterdam, 2,610 florins.

539. *Paysage et animaux.*

H. 0, 50. — L. 0, 71. — T. — Fig. de 0, 05.

A gauche, une rivière, et dans le fond, sur la rive, des arbres, un village, des bestiaux. Au premier plan, deux bœufs dans l'eau, et derrière eux un autre debout. Au bord de la rivière, une brebis, deux agneaux, une chèvre broutant une plante et une vache couchée. Au second plan, sur une hauteur, une cabane, un saule, des moutons, deux chevaux, un bœuf, une chèvre. Au pied de la hauteur, un homme assis pêchant à la ligne et un autre homme couché sur l'herbe près de lui. — Signé au bas, un peu à droite : *A. V. Velde* 1664.

Gravé par Varin, dans le Musée français, sous le titre du Soleil levant; à l'eau-forte, par le baron Denon.

Collection de Louis XVI. — Ce tableau fut vendu, à Amsterdam, le 12 avril 1719, à la vente de M. Jakob van Hock, 610 florins; il passa ensuite dans la collection de M. Lubbeling; fut vendu, en 1777, à la vente de M. Randon de Boisset, 20,000 livres, et en 1784, à la vente du comte de Vaudreuil, 19,910 livres.

540. *La famille du pâtre.*

H. 0, 29. — L. 0, 40. — T. — Fig. de 0, 10.

A gauche, un pâtre accroupi tend les bras à son enfant, à moitié emmaillotté, que lui présente sa femme assise au pied d'un saule. Deux vaches, trois moutons, une chèvre, paissent ou ruminent autour d'eux. Dans le fond, à droite, sur une éminence, six moutons; à l'horizon, des collines. — Signé, à droite : *A. V. Velde f.* 1668.

Collection de Louis XVI.

541. *Un canal glacé.*

H. 0, 23. — L. 0, 29. — T. — Fig. de 0, 03.

Sur un canal glacé, des hommes patinent ou font glisser des traîneaux. A gauche, devant une cabane dont le toit est couvert de neige, un pigeonnier, ayant la forme d'une église, placé en haut d'un poteau. Dans le fond, un cavalier traversant un pont de bois jeté sur le canal, et par derrière un village et une église. — Signé, sur les planches de la cabane : *A. V. Velde 1668.*

Landon, t. 4, pl. 24.

Collection de Louis XVI. — Vendu, en 1784, à la vente du comte de Vaudreuil, 1,100 livres.

VELDE LE JEUNE (WILLEM VAN DEN), *né en 1633 à Amsterdam, mort à Greenwich le 6 avril 1707.* (Ecole hollandaise.)

Fils et élève de **Willem van den Velde le vieux**, qui, à son départ pour Londres, le confia à Simon de Vlieger. Il adopta le genre de son père, mais il le surpassa et acquit bientôt la réputation méritée d'un des plus grands peintres de marines de son temps. Le roi Charles II ayant eu occasion de voir des tableaux de van den Velde, l'appela à sa cour et lui donna une pension considérable. Il jouit de la même faveur sous Jacques II et exécuta un grand nombre de compositions tirées des fastes de la marine anglaise, et destinées à orner les maisons royales. Van den Velde a rendu les ciels et les eaux avec une vérité admirable; le dessin de ses navires, la représentation des manœuvres de toute espèce, sont, suivant les marins, d'une justesse qui ne laisse rien à désirer. — **Willem van den Velde le vieux**, père du précédent, né à Leyde en 1610, mort à Londres dans le mois de décembre 1693, entra, dans sa jeunesse, au service de la marine des Etats. Il connaissait à fond la construction des navires et les représentait avec une grande fidélité. Il assista aux combats que se livrèrent, pendant quatre jours, les amiraux Monck et de Ruyter, et dessina d'après nature les mouvements des deux flottes. Le roi Charles 1er l'appela à sa cour. Il vint à Londres, servit aussi Charles II et Jacques II, et ne peignit à l'huile que vers la fin de sa vie, mais sans beaucoup de succès. On croit que **Esaïas van den Velde**, peintre, graveur, né à Leyde vers 1597, mort en 1648, qui peignit des paysages, des batailles, des attaques de voleurs, et **Jan van den Velde**, né à Leyde vers 1598, plus habile comme graveur que comme peintre, furent les frères de Willem van den Velde le vieux.

542. *Marine.*

H. 0, 34. — L. 0, 42. — T.

Au premier plan, à gauche, un vaisseau de guerre hollandais sous voile portant la flamme d'amiral. A droite, un yacht d'avis. De chaque côté et dans le fond, des bateaux pêcheurs.

Acquis, le 26 mai 1852, à la vente de M. le baron de Varange, pour la somme de 11,550 fr. avec les frais.

VENNE (VAN DER).

543. *Escadre hollandaise au mouillage.*

H. 0, 45. — L. 0, 53. — T. — Fig. de 0, 02.

A gauche, au premier plan, une barque de pêcheur; au second plan, un vaisseau portant la flamme d'amiral. Dans le fond, plusieurs vaisseaux faisant sécher leurs voiles.

Ancienne collection. — Ce tableau, qui nous semble de van den Velde, a beaucoup souffert et porte les traces de nombreux repeints. On croit voir des traces d'écriture dans le bas à gauche.

VELDE LE JEUNE (*École de* WILLEM VAN DEN).

544. *Calme plat.*

H. 0, 48. — L. 0, 41. — B. — Fig. de 0, 02.

A gauche, un navire de guerre hollandais vu par l'avant, accompagné de plusieurs barques. A droite, au premier plan, un bateau de pêcheur à la voile. Dans le fond, un vaisseau et d'autres embarcations.

Ancienne collection.

VENIUS (OTTO). — *Voir* VEEN.

VENNE (ADRIAAN VAN DER), *peintre, poëte, né à Delft en 1589, mort à La Haye en 1662.* (Ecole hollandaise.)

Après avoir fait ses études classiques à Leyde, il se mit sous la direction d'un orfèvre nommé Simon de Valck pour apprendre à dessiner. Il fut ensuite chez **Jeronimus van Diest**, assez bon peintre, surtout en camaïeu, genre que van der Venne a pratiqué lui-même souvent. Ses progrès furent rapides et il acquit promptement de la réputation. Le prince d'Orange, le roi de Danemark et d'autres souverains recherchèrent ses ouvrages, qui sont nombreux. Il fit aussi beaucoup de dessins pour les imprimeurs et illustra une édition du poëte hollandais de Cats, qui est particulièrement recherchée.

545. *Fête donnée à l'occasion de la trêve conclue, en 1609, entre l'archiduc Albert d'Autriche, souverain des Pays-Bas, et les Hollandais.*
H. 0, 62. — L. 1, 12. — B. — Fig. de 0, 11.

Précédé par un amour auprès duquel se trouvent deux colombes, un homme s'avance en donnant la main à une femme richement parée. Derrière ces deux personnages, un nain vêtu de rouge, puis un groupe nombreux de seigneurs, tous nu-tête, à l'exception de l'archiduc, qui tient sa femme par la main. Le cortège est terminé par des soldats dont on aperçoit le haut des hallebardes. A droite, neuf musiciens, presque tous assis par terre. L'un d'eux, vu de dos, joue d'une épinette dont le couvercle relevé représente, au milieu d'un paysage, Latone changeant en grenouilles les Lyciens qui l'avaient insultée. Devant ces musiciens, les étuis de leurs instruments, de la vaisselle, des plats chargés de fruits, des verres, un singe. Plus à droite, des valets qui mettent des flacons à rafraîchir dans une mare. Au-delà, sous un bois, quatre hommes se battant, et d'autres assis au pied d'un arbre. A gauche, le sol est couvert d'armes de toute espèce et un paysan en retire encore d'une charrette. Tout-à-fait à droite, à moitié cachées par les armes et des plantes, l'Envie et une Furie expirantes; un paysan agenouillé, et un autre paysan debout, les mains dans ses poches. Dans le fond, de riches voitures attelées et des chevaux de selle gardés par des valets. — Signé, au-dessous de l'amour : A. V. VENNE. FESIT 1616.

Collection de Louis XIV. — Le paysage et les accessoires sont de Breughel de Velours. — Ce tableau, placé à Versailles dans le cabinet des peintures en 1709-1710, est enregistré dans l'inventaire de Bailly sous le nom de Porbus, malgré l'authenticité de la signature, fort lisible. Il fut exposé au Luxembourg en 1750 sous le même nom, et l'on voit, par ses notes à *l'Abecedario* du père Orlandi, que Mariette le croyait aussi de ce maître.

VERELST (SIMON), *né à Anvers en 1664, mort à Londres en 1721 suivant Balkema, en 1710 selon Pilkington et Bryan. Descamps et Fiorillo ignorent la date de sa mort.* (Ecole flamande.)

On ne sait pas le nom de son maître et l'on a peu de renseignements sur le commencement de sa carrière. Il peignit des fleurs et des fruits avec beaucoup de succès, et lorsqu'il vint à Londres ses tableaux jouirent d'une grande vogue. Le duc de Buckingham et le prince de Condé, qui le protégeaient, furent cause, sans le vouloir, de la perte de son talent. Ils lui firent faire leurs portraits, et le prix élevé que Verelst reçut d'eux pour ces ouvrages médiocres flatta tellement sa vanité qu'il se crut supérieur dans cet art à van Dyck et aux plus grands portraitistes de l'époque. L'orgueil dégénéra bientôt en folie, et il fallut l'enfermer. Lorsqu'il revint à la raison, il voulut se remettre à peindre des fleurs; mais il était trop tard, il avait perdu presque toute son habileté première. — **Cornelis**, son frère et son élève, né en 1665, mort à Londres en 1728, peignit aussi avec talent des fleurs et des fruits. — **Herman**, autre frère de Simon, né également à Anvers, vécut quelque temps à Vienne, voyagea en Italie, et mourut à Londres en 1690 suivant Balkema, ou en 1700 si l'on en croit Fiorillo. Il peignit l'histoire, le portrait, le genre, le paysage, les fleurs et les fruits. — **Marie**, nièce et élève de Simon, née à Anvers en 1680, morte à Londres en 1744, se distingua comme peintre d'histoire et de portraits.

546. *Portrait de femme.*

H. 1,32. — L. 0,98. — T. — Fig. jusqu'aux genoux gr. nat.

Elle est représentée de trois quarts, tournée vers la gauche, tête nue, avec des cheveux courts et bouclés. Elle porte un collier de perles au cou, une robe bleue, et est à moitié enveloppée d'une draperie rouge qu'elle relève de la main gauche. La droite est appuyée sur un banc de marbre où elle est assise. A droite, un rideau vert relevé. — Signé, à droite : *S. Verelst f.*

Ancienne collection. — On avait cru reconnaître dans ce portrait Mlle de Fontange. La justesse de cette dénomination ne nous a pas paru assez démontrée pour être conservée.

VERKOLIE (JAN), *peintre, graveur en manière noire, né à Amsterdam le 9 février 1650, mort à Delft en 1693.* (Ecole hollandaise.)

Il était fils d'un serrurier. Forcé dans son enfance de garder le lit pendant plusieurs années, par suite d'une blessure qu'il reçut en jouant avec ses camarades, il s'amusa à dessiner une quantité de petites compositions et à copier, d'après le conseil de Bronkorst, des estampes qu'il imitait avec une grande fidélité. Il apprit seul la perspective en un mois, commença à peindre à l'huile, et se proposa d'abord pour modèle **Gerard van Zyl**. Il entra ensuite pendant six mois à l'atelier de **Lievensz** et fit des progrès rapides. Verkolie s'établit à Delft en 1672, et peignit avec succès des portraits, des tableaux d'histoire et des sujets de genre.

VERKOLIE (JAN).

547. *Scène d'intérieur.*

H. 0, 58. — L. 0, 51. — T. — Fig. de 0, 34.

Au milieu d'une chambre, une femme assise, vêtue d'une jupe de soie jaune et d'un corsage rouge, tient sur ses genoux un enfant à moitié enveloppé dans ses langes. Il pose la main sur le sein de sa mère et regarde un petit chien qu'elle fait sauter. A droite, derrière une table couverte d'un tapis, où est posée une corbeille à ouvrage, une servante prend de la bouillie avec une cuillère dans une écuelle d'argent. A gauche, le berceau de l'enfant. — Signé I. VERKOLYE. 1675.

Filhol, t. 11, pl. 3.

Ancienne collection.

VERKOLIE (NICOLAAS), *peintre, graveur à la manière noire, né à Delft en 1673, mort dans la même ville le 21 janvier 1746. (Ecole hollandaise.)*

Il fut élève de son père, Jan Verkolie, dont il imita la manière. Comme lui, il peignit des portraits, des tableaux d'histoire, des sujets de genre, et réussit très bien à rendre les effets de lumière.

548. *Proserpine cueillant des fleurs avec ses compagnes dans la prairie d'Enna.*

H. 0, 65. — L. 0, 82. — T. — Fig. de 0, 33.

Au milieu, Proserpine debout, retenant sa robe où une de ses compagnes vient de déposer des lys. Debout également et près d'elle, une autre compagne. A gauche, une petite fille mettant des fleurs sur la tête d'une jeune nymphe agenouillée. Une autre, derrière celle-ci et vue de dos, porte un panier, tandis qu'une dernière, agenouillée sur le devant, à droite, cueille des fleurs. Plus loin, du même côté, un amour ôtant un masque de sa figure. Au fond, au pied de l'Etna, Pluton descendant de son char et guidé par un amour. — Signé au bas, à gauche : *N. Verkolje.*

Collection de Louis XVI.

VICTOOR. — *Voir* FICTOOR.

VLIEGHER (SIMON DE), *peintre, graveur, florissait à Amsterdam en 1640.* (Ecole hollandaise.)

Les biographes ne donnent aucun détail sur cet artiste, qui fut le maître de Willem van den Velde le jeune. Il a peint des paysages avec des figures et des animaux, mais il est plus connu par ses marines. Il fut employé, lors du séjour de Marie de Médicis à Amsterdam en 1638, à faire les dessins des différentes fêtes qui eurent lieu à cette époque sur la rivière l'Y.

549. *Marine par un temps calme.*

H. 0,43. — L. 1,00. — B. — Fig. de 0,02.

A gauche, une grande barque chargée de monde et un petit canot avec deux figures. Sur la mer, une foule d'embarcations diverses. A droite, quatre hommes sur une pointe de terre un peu élevée, près de laquelle sont amarrées plusieurs barques. Dans le fond, les fortifications d'une ville dont on aperçoit les nombreux clochers. — Signé, sur un linge qui flotte à droite : *S. Vlieger.*

Musée Napoléon.

VOS (MARTIN DE), *né à Anvers en 1524. Plusieurs biographes cependant fixent sa naissance en 1520, et van Mander la place en 1531. Mort à Anvers en 1603 ou en 1604.* (Ecole flamande.)

Son père, Hollandais d'origine et qui portait le prénom de **Pieter**, vint à Anvers et fut reçu franc-maître de Saint-Luc en 1519. Il enseigna les premiers éléments de l'art au jeune Martin, qui étudia ensuite chez **Franz Floris** et se perfectionna plus tard à Venise à l'atelier du Tintoret, dont il devint l'ami. De retour à Anvers, il entra, en 1558, dans la confrérie de Saint-Luc en qualité de fils de maître, et devint doyen de la corporation en 1572. Martin de Vos a peint un grand nombre de portraits et de sujets historiques, où il a cherché à imiter la composition, le dessin et l'exécution du Tintoret. Il eut un fils, connu dans la confrérie sous le nom de **Martin de Vos le jeune** et reçu comme fils de maître en 1607. Un frère de Martin, nommé **Peter** et dont on ignore la biographie, eut aussi un fils, **Willem de Vos**, qui cultiva la peinture. D'autres artistes, mais qui ne paraissent pas de la famille des précédents, ont également porté le nom de Vos.

550. *Saint Paul, dans l'île de Mytilène, piqué par une vipère* (Actes des Apôtres, chap. XVIII).

H. 1, 30. — L. 2, 00. — B. — Fig. demi-nat.

Au milieu de la composition, saint Paul portant un fagot sous son bras est piqué par une vipère en mettant du bois sur un brasier allumé par terre. A droite, un homme, agenouillé et à moitié nu, prend des morceaux de bois pour alimenter le feu. Plus loin, un groupe d'hommes, de femmes et de soldats s'étonnent de ce que le saint ne meurt pas de sa blessure. A gauche, au premier plan, une jeune fille assise, et près d'elle un petit garçon debout, la main gauche appuyée sur l'épaule de celle-ci. Par derrière, plusieurs figures. Dans le fond, des hommes apportant du bois. A l'horizon, un temple circulaire couvert d'un dôme, et une ville.

Donné en 1850 au Musée du Louvre par M. Cottini.

VOYS (ARY DE), *né à Leyde en 1641, mort dans la même ville en 1698.* (Ecole hollandaise.)

Il fut d'abord élève de **Knupfer**, peintre d'Utrecht, puis d'**Abraham van den Tempel**. Il a peint des tableaux d'histoire, des paysages, où il aimait à introduire des figures nues et des sujets dans le genre de Poelenburg, de Brauwer et de Teniers.

551. *Portrait d'un homme assis à son bureau.*

H. 0, 39. — L. 0, 31. — B. — Fig. de 0, 30.

Il est vu presque de face, la tête tournée vers la droite; il porte les cheveux longs, de petites moustaches, une toque noire, une veste de velours de même couleur ouverte aux manches ; son pied gauche est posé sur un petit escabeau de bois. La main droite, qui tient une plume, est appuyée sur un livre placé sur une table couverte d'un tapis turc, où l'on voit encore d'autres livres, un globe, un pupitre, un encrier d'argent, une montre. Dans le fond, accroché au mur, un grand tableau dans un cadre d'ébène, représentant une marine. A droite, un rideau vert relevé.

Gravé par Abram dans le Musée français.
Ancienne collection.

552. *Portrait d'un peintre à son chevalet.*

H. 0, 25. — L. 0, 22. — B. — Fig. à mi-corps.

Il est debout, vu de trois quarts, tourné vers la droite ; il a les cheveux longs tombant sur les épaules, et de petites moustaches ; il porte une grande toque de velours noir, une robe de chambre de soie violette à revers et entr'ouverte sur la poitrine. Son bras droit repose sur l'appui d'une balustrade qu'un tapis recouvre en partie, et il tient de la main gauche sa palette, ses pinceaux et son appui-main. Devant lui, un chevalet supportant un tableau représentant un paysage. Dans le fond, un pilastre, et à droite une ouverture qui laisse apercevoir le ciel et des arbres.

Collection de Louis XVI. — On lit dans Lebrun (Galerie des peintres flamands, t. II, p. 29) : « J'ai acheté à la vente de van der Maker, à Leyden, un tableau de Voys, qu'on dit être le portrait de Pynakert, il a orné le cabinet de M. de Boisset, il est maintenant dans le Muséum national. » Ce tableau fut vendu en 1797, à la vente de M. Randon de Boisset, 540 liv.; il est inscrit dans le catalogue comme portrait de A. de Voys lui-même.

WEENIX *ou* **WEENINX** (**Jan-Baptist**), *né à Amsterdam en* 1621, *mort à 39 ans, en* 1660, *au château de Huys-Termeyen, près du bourg d'Hoor, à deux lieues d'Utrecht.* (Ecole hollandaise.)

Il fut successivement élève de **Jan Micker**, peintre médiocre, d'Abraham Bloemaert, et enfin de **Nicolaas Mogaert**. A l'âge de 22 ans il partit pour l'Italie, et séjourna quatre années à Rome, où ses ouvrages étaient très recherchés. Le cardinal Pamphile se l'attacha, le nomma son peintre, et lui fit commander par le pape des travaux importants. Admis dans la bande académique, il reçut le surnom de *Hochet* à cause de sa voix aigre. De retour dans les Pays-Bas, il habita Amsterdam, puis Utrecht, et se retira en dernier lieu au château de Huys-Termeyen, où il se livra tout entier à l'étude de son art, ayant renoncé à retourner en Italie, malgré la promesse qu'il avait faite au cardinal de revenir achever les travaux qu'il avait commencés à Rome. Weenix s'est exercé dans tous les genres avec une égale facilité; il imita aussi la manière de plusieurs peintres, et a laissé des tableaux très terminés dans le goût de Mieris et de Gerard Dov.

553. *Les corsaires repoussés.*

H. 1, 24. — L. 1, 76. — T. — Fig. de 0, 40.

A gauche, dans un port de mer contre lequel des corsaires ont tenté une surprise, un général à cheval, tenant un bâton de commandement, suivi d'un nègre et de deux cavaliers, dont l'un porte un drapeau, fait arrêter un pirate armé d'un fusil, qui lui est signalé par une femme à genoux, comme lui ayant dérobé des objets précieux qui sont à ses pieds. Derrière elle, un petit garçon est debout les mains jointes, et des habitants s'embrassent avec joie. Près de la tête du cheval du général, un jeune homme tenant un lièvre et un panier avec des perdrix. Sur la droite, un paysan faisant rentrer un troupeau de chèvres et de moutons dans la ville. Un arc de triomphe en ruines orne le devant du port, et dans le fond on aperçoit des galères qui s'éloignent en combattant. — Signé : *Gio Batta Weenix f.*

Collection de Louis XVI.

WEENIX ou **WEENINX** (JAN), *né à Amsterdam en 1644, mort dans la même ville le 20 septembre 1719.* (Ecole hollandaise.)

Il avait à peine 16 ans lorsqu'il perdit son père, Jan-Baptist Weenix, qui fut son maître. L'étude assidue qu'il fit des tableaux de son père lui permit bientôt d'en exécuter dans le même genre qu'on ne pouvait distinguer de ceux-ci que par la signature, et plus tard par un coloris plus chaud et moins gris. Jan Weenix fit des tableaux d'histoire, des paysages, des fleurs, et excella surtout dans la représentation du gibier mort ou vivant. L'électeur palatin Jean-Guillaume, grand appréciateur de son talent, le fit venir à sa cour, lui commanda de grandes chasses pour orner les deux galeries du château de Bensberg, et lui accorda une pension considérable. On croit que Weenix ne quitta la cour qu'après la mort du prince. De retour à Amsterdam, il continua à jouir d'une grande réputation et produisit un nombre considérable de tableaux de tous genres, d'une exécution très soignée, que les connaisseurs se disputent à des prix élevés.

554. *Gibier et ustensiles de chasse.*

H. 1, 09. — L. 0, 88. — T.

La patte d'un lièvre est accrochée en haut d'une fenêtre cintrée, et sa tête repose sur l'appui de marbre de cette fenêtre. A droite, des perdrix sur une gibecière. A gauche, une trompe en corne. Fond de paysage. — Signé, en haut à droite : *J. Weenix f.* 1671.

Musée Napoléon.

555. *Les produits de la chasse.*

H. 1, 43. — L. 1, 86. — T.

A gauche, un paon, un lièvre, des perdrix; un faisan et d'autres oiseaux sont posés au pied d'un grand vase de marbre blanc dont le pourtour est orné d'un bas-relief représentant l'enlèvement des Sabines. A droite, le fusil et la poire à poudre du chasseur sont gardés par son chien. Dans le fond, un vaste parc orné de vases et de statues. — Signé, sur le couvercle du vase : *J. Weenix f* 1696.

Musée Napoléon. — Acquis le 9 fructidor an IX pour 5,971 fr. à une vente faite par M. Paillet, et M. Coclers, peintre et marchand de tableaux.

556. *Port de mer.*

H. 1, 17 — L. 1, 40. — T. — Fig. de 0, 50.

Vers le milieu, en avant d'un piédestal supportant une statue de femme qui tient une bourse à la main, un marchand ambulant grotesquement vêtu, et un jeune homme offrant à une dame une petite peinture dont elle détourne les yeux. A droite, près d'un escalier, un enfant excite un chien contre un dindon. A gauche, par terre, des pièces de gibier, une manne de fruits et des ballots où est assis un homme tenant un paon. Plus loin, quatre Orientaux, et dans le port une espèce de gondole. Sur le quai, des cavaliers, un groupe colossal d'Hercule assommant Cacus, et au-delà de grands vaisseaux; Jésus-Christ et saint Pierre sont peints à l'arrière de l'un d'eux. — Signé : *J. Weenix* 1704.

Musée Napoléon.

WERFF (Le chevalier ADRIAAN VAN DER), *peintre, architecte, né le 21 janvier 1659 dans le village de Kralinger-Ambacht, près de Rotterdam, mort à Rotterdam le 12 novembre 1722. (Ecole hollandaise.)*

Il montra dès son enfance les plus grandes dispositions pour le dessin. Son père, qui était inspecteur de moulins, le plaça dès l'âge de 10 ans à l'atelier de **Cornil Picolett**, peintre de portraits à Rotterdam, puis à celui d'Eglon van der Neer, où il resta quatre années. A 17 ans il quitta ce dernier maître et se mit à peindre de petits portraits qui eurent le plus grand succès. En 1696, l'électeur palatin étant venu à Rotterdam, visita van der Werff, qui jouissait déjà d'une grande réputation, et lui commanda plusieurs tableaux, que l'artiste alla lui porter l'année suivante à Dusseldorf. Il fut richement récompensé par l'électeur, qui, ne pouvant réussir à se l'attacher entièrement, obtint qu'il s'engagerait seulement pendant neuf mois par an, moyennant une pension de 6,000 florins. Van der Werff fut créé chevalier, sa famille et celle de sa femme furent anoblies, et l'électeur ne cessa de le combler des plus riches présents. Aucun artiste, peut-être, n'a vu rechercher ses ouvrages avec un tel empressement, ni payer ses tableaux, de son vivant, un si haut prix. Adriaan a peint des sujets historiques, des scènes de la vie privée, des portraits, presque toujours dans de petites dimensions. On estime même plus ses petits tableaux que ceux où les figures sont de grandeur naturelle. Le fini précieux de l'exécution de van der Werff a été certainement pour beaucoup dans la vogue exagérée de ses ouvrages. Tout en lui reconnaissant certaines qualités réelles, on ne peut se dissimuler que ses chairs, qui manquent de vie et de transparence, ne ressemblent trop à de l'ivoire, et que ses peintures ne soient privées de ces qualités pittoresques qui font le charme et la supériorité des ouvrages de Metsu, de Terburg et d'Ostade. — Adriaan eut un frère nommé **Pieter**, né à Kralinger-Ambacht en 1665, mort à Rotterdam en 1718, qui fut son élève. Les deux frères ont peint ensemble des tableaux qui semblent faits par une seule main. Les tableaux de Pieter étaient aussi très recherchés de son temps; ils sont aujourd'hui très rares, et quoique d'une touche moins délicate que ceux d'Adriaan, ils passent souvent pour être de lui.

557. *Adam et Ève près de l'arbre du bien et du mal.*

H. 0, 44. — L. 0, 33. — B. — Fig. de 0, 28.

A gauche, assis sur un tertre, à l'ombre d'un pommier sur lequel est perché un perroquet, Adam semble refuser la pomme qu'Ève, debout, lui présente. Entre Adam et Ève, par terre, deux colombes.

Landon, t. 4, pl. 31.

Musée Napoléon. — Ce tableau fut vendu à Rotterdam, en 1722, à la vente de M. Meyers, 3,000 florins.

558. *La fille de Pharaon fait retirer de l'eau le jeune Moïse.*

H. 0, 72. — L. 0, 59. — B. — Fig. de 0, 38.

A gauche, sur le bord du fleuve, deux femmes agenouillées tiennent la corbeille sur laquelle est couché le petit Moïse. Derrière elles, une troisième femme levant un linge qui le couvrait, et une négresse posant la main sur l'épaule de celle-ci. A droite, debout, la fille de Pharaon appuyée sur une jeune fille. Dans le fond, du même côté, une statue de fleuve vue de dos, deux palmiers, des monuments, des obélisques. A gauche, un pont de pierre à une seule arche, et plus loin des montagnes. — Signé : *Chev^r V^r Werff fec. 1722.*

Collection de Louis XVI.

559. *La chasteté de Joseph.*

H. 0, 59. — L. 0, 45. — B. — Fig. de 0, 30.

A gauche, la femme de Putiphar, assise sur un lit, s'efforce de retenir par son manteau Joseph, qui cache sa figure dans ses mains. Au fond, à droite, dans une niche, un groupe de deux femmes en marbre. Au-dessus du lit, à gauche, un rideau de velours rouge relevé. — Signé : *Ch^{er} V^{er} Werff. A^o* 1710.

Gravé par Henriquez dans le Musée français. — Filhol, t. 3, pl. 206. — Landon, t. 4, pl. 30.

Collection de Louis XVI. — Ce tableau fut acheté, avec les peintures inscrites aux n°s 560, 561, 562, 563, à sir Gregory Page pour 33,000 fr.

560. *Les anges annoncent aux bergers la naissance du Messie.*

H. 0, 65. — L. 0, 50. — B. — Fig. de 0, 25.

A droite, sur le devant, un berger couché et endormi. Derrière lui, deux femmes debout et deux enfants. A gauche, quatre bergers, un debout, deux agenouillés et le quatrième prosterné. A gauche, dans le ciel, trois anges, dont un plus grand que les deux autres. — Signé : *Chev^r V^r- Werff.* 1720.

Landon, t. 4, pl. 51.

Collection de Louis XVI. — (Voir la note du numéro précédent.)

561. *La Madeleine dans le désert.*

H. 0, 60. — L. 0, 46. — B. — Fig. de 0, 42.

Elle est représentée de profil, tournée à gauche, presque nue et assise à terre. Elle tient de la main gauche un livre dont elle va tourner un feuillet de l'autre main. A droite, par terre, une branche de figuier et une tête de mort. Dans le fond, des rochers couverts d'arbres et des montagnes escarpées.

Gravé par Halbon dans le Musée français. — Filhol, t. 4, pl. 272. — Landon, t. 4, pl. 34.

Collection de Louis XVI. — (Voir la note du n° 559.)

562. *Antiochus et Stratonice.*

H. 0, 71. — L. 0, 52. — B. — Fig. de 0, 50.

Au milieu, Séleucus, les yeux levés au ciel, va poser sa couronne sur la tête de son fils, à qui il amène par la main Stratonice. Celle-ci, vue de profil, relève vers sa poitrine nue son manteau, dont un petit nègre porte l'extrémité. Derrière elle, à droite, le médecin Erasistrate tête nue, et un soldat. A gauche, Anthiocus se soulève sur son lit et regarde Stratonice en portant les deux mains sur son cœur. Au milieu du premier plan, deux petites filles à mi-corps derrière une balustrade recouverte en partie par un tapis, et tenant des bassins remplis d'oranges et de myrtes. — Signé : *$Ch^r\ V^r\ Werff.$ fec. an* 1721.

Filhol, t. 6, pl. 392.

Collection de Louis XVI. — (Voir la note du n° 559.)

563. *Nymphes dansant.*

H. 0, 58. — L. 0, 44. — B. — Fig. de 0, 30.

A gauche, un berger nu, vu presque de dos, assis sur un fragment de rocher, couvert d'une draperie, joue de la flûte et fait danser deux nymphes qui se tiennent par la main. Derrière le berger, à l'ombre, un jeune homme avec un tambour de basque, deux jeunes filles qui regardent les nymphes, et un terme de satyre ayant sur la tête une corbeille. — Signé : *$Ch^r\ V^r\ Werff$ fec.* 1718.

Gravé par Petit dans le Musée français. — *Filhol, t. 2, pl.* 122.

Collection de Louis XVI. — (Voir la note du n° 559.)

WOHLGEMUTH (MICHAEL), *peintre, graveur, né à Nuremberg en* 1434, *mort en* 1519. (Ecole allemande.)

Il fut élève de **Jakob Walen** et le maître d'**Albrecht Durer**.

564. *Jésus-Christ amené devant Pilate.*

H. 0, 34. — L. 0, 26. — Étain. — Fig. de 0, 25.

Le Christ, une corde passée autour du cou, est amené par deux soldats devant Pilate, qui est assis à droite et déchire sa robe. Dans le fond, à gauche, un homme assis par terre et se chauffant à un brasier. Derrière lui, saint Pierre et la servante, une maison et le coq perché sur une balustrade au-dessus de la porte d'entrée. Dans le ciel, le croissant de la lune. — Signé d'un monogramme formé des deux lettres WO.

Musée Napoléon. — Acquis pour la galerie.

WOUWERMAN (PHILIPS), *peintre, graveur, né à Harlem en* 1620, *mort le* 19 *mai* 1668. (Ecole hollandaise.)

Il fut d'abord élève de son père, **Paul Wouwerman**, peintre d'histoire fort médiocre; puis il étudia le paysage à l'atelier de Jan Wynants, et ensuite les animaux chez **Pieter Verbeek**. Le jeune élève fit des progrès si rapides qu'il put bientôt se passer des conseils d'un maître et se livrer seul à l'étude de la nature. Ses premiers ouvrages, malgré leur mérite réel, n'eurent pas grand succès : on leur préférait ceux de P. van Laar, dit *Bamboche*, qui excitaient alors l'admiration des Hollandais. Mais un jour, ayant traité avec une supériorité incontestable un sujet que van Laar venait d'exécuter, et qu'il s'obstinait à ne vouloir vendre qu'à un prix très élevé, Philips vit depuis ce moment ses tableaux recherchés avec empressement et estimés à leur juste valeur. La vogue dont il jouit jusqu'à sa mort ne put cependant lui procurer une honnête aisance. Chargé d'une nombreuse famille, exploité par les marchands, qui gagnaient plus à vendre ses tableaux que lui à les faire, il fut obligé de peindre sans relâche pour subsister. Les sujets de prédilection de Wouwerman sont des chasses, des foires de chevaux, des cours d'hôtellerie, des attaques de cavalerie, etc., et dans ce genre il est arrivé à un degré de perfection qu'aucun de ses imitateurs n'est parvenu à égaler. Malgré son extrême application au travail, on a peine à comprendre comment un artiste qui n'a vécu que 48 ans, et dont tous les ouvrages sont terminés avec un soin infini, a pu exécuter un nombre aussi considérable de tableaux.

565. *Le bœuf gras en Hollande.*

H. 0, 47. — L. 0, 42. — B. — Fig. de 0, 08.

Sur le devant, un homme battant du tambour, un enfant tenant un cerceau, un chien, précèdent le bœuf gras, conduit par deux bouchers, dont l'un boit dans un grand verre. Le cou du bœuf est entouré de feuillages et deux verres sont posés sur son dos. A droite, un paysan son chapeau à la main, un petit garçon effrayé qui se sauve, une petite fille tenue debout sur une muraille basse par sa mère. A gauche, un homme à cheval avec son fils en croupe et une carriole à deux chevaux sont arrêtés auprès du bœuf, ainsi que quelques autres personnages. Dans le fond, du même côté, un pont à une seule arche; à droite, des fabriques. — Signé du monogramme **PHILS.** suivi d'un **W.**

Collection de Louis XVI. — Vendu en 1765, à la vente de M. Walraven, 1,000 florins; en 1783, à la vente Locquet, 3,500 florins.

566. *Le pont de bois sur le torrent.*

H. 0, 58. — L. 0, 68. — T. — Fig. de 0, 08.

A gauche, un pont de bois jeté sur un torrent qui coule entre un rocher et une construction en ruine, où l'on voit, près d'une porte, une femme qui file. Une paysanne portant un panier de poisson sur la tête, un jeune homme, deux chiens, traversent le pont. Au premier plan, dans l'eau, un chien qui atteint le bord, un petit garçon, une femme ayant sur le dos son enfant au berceau. Au bord du torrent, un chariot attelé de quatre chevaux, dont un boit. A droite, au pied d'un mur, un groupe d'hommes, de femmes et d'enfants se reposant, un homme monté sur un cheval chargé de bagages et de volaille, et un autre cheval portant des bottes de paille. Par derrière, descendant un chemin escarpé, une femme sur un mulet conduit par un homme. En haut de la route, un paysan à cheval, vu de dos, et un chien. Dans le fond, à droite, des collines boisées; à gauche, sous le pont, une chaumière entourée d'arbres. — Signé du monogramme **PHILS** et d'un **W.**

Ancienne collection.

567. *Départ pour la chasse.*

H. 0,69. — L. 0,84. — T. — Fig. de 0,10.

A gauche, en haut d'un large escalier conduisant à la terrasse d'une maison de campagne, un homme coiffé d'un bonnet de coton; sur les premières marches, un homme à longue robe tenant un bâton en guise de fusil, un hallebardier appuyé contre le pilastre de l'escalier et riant, un page vu de dos, et une femme assise sur les marches avec son enfant. Au pied du mur de la terrasse, un mendiant, le chapeau à la main; une servante montrant à un enfant un cheval chargé de paniers dans lesquels un domestique met des bagages, une dame à cheval, un valet agenouillé découplant deux chiens, sept autres chiens en liberté, un chasseur richement vêtu tenant son cheval par la bride et pressant contre lui une dame. A droite, une fontaine jaillissante, à laquelle des hommes font boire leurs chevaux. Dans le fond, des collines couvertes d'arbres et de fabriques. A l'horizon, de hautes montagnes. — Signé du monogramme **PHILS** et d'un **W**.

Ancienne collection.

568. *Départ pour la chasse au vol.*

H. 0,35. — L. 0,48. — B. — Fig. de 0,08.

A gauche, devant une écurie ouverte sur la campagne, un cavalier veut embrasser une servante qui est près d'un puits. En allant vers la droite, on remarque dans l'écurie un page près d'un cheval vu par la croupe, un cavalier tête nue et tenant un verre, l'hôte avec une bouteille; deux autres cavaliers, dont l'un a un fusil; une femme à cheval, avec un faucon sur le poing et un petit chien sur sa selle; deux enfants, et deux chevaux au râtelier.

Gravé par Moyreau (n° 35).

Ancienne collection. — Ce tableau faisait partie de la collection du prince de Carignan en 1738.

569. *La chasse au cerf.*

H. 0, 30. — L. 0, 39. — C. — Fig. de 0, 05.

A gauche, dans une rivière, le cerf, trois cavaliers qui lui barrent le passage et plusieurs chiens. Sur la rive, un valet retenant un chien, tandis que deux s'élancent à la poursuite du cerf; une femme à cheval, deux cavaliers, un piqueur sonnant de la trompe. A droite, un valet à pied courant, et plus loin, une femme à cheval accompagnée d'un autre valet, et deux chiens débouchant du bois. Dans le fond, un pavillon au milieu d'arbres. A gauche, sur la rive opposée, une tour carrée. A l'horizon, des montagnes.

Gravé par Daudet dans le Musée français. — Gravé dans la collection Moyreau. — Filhol, t. 4, pl. 232. — Landon, t. 4, pl. 50.

Collection de Louis XVI. — Collection de M. Quintin de Lorangère. Vendu en 1744 séparément 1,050 livres; vendu en 1776, à la vente de M. de Blondel de Gagny, 6,620 livres; en 1784, à la vente du comte de Vaudreuil, 3,000 livres.

570. *Le manège.*

H. 0, 49. — L. 0, 41. — T. — Fig. de 0, 08.

Au second plan, à droite, un homme, la cravache à la main, est monté sur un cheval blanc attaché à un poteau, et le fait piaffer, tandis qu'un palefrenier le frappe par derrière avec un fouet. Près de lui, un autre cavalier se penche et parle à un jeune homme. A gauche, un personnage plus richement vêtu, debout, appuyé sur une canne, regarde le cavalier qui s'exerce. A droite, au premier plan, un chien et un enfant sur un cheval de bois. Dans le fond, deux hommes en manteau derrière le poteau; deux jeunes garçons sur les marches d'un édifice. A gauche, au premier plan, deux enfants. Dans le fond, un paysan qui mène boire son cheval à une rivière. A l'horizon, des montagnes.

Gravé par Laurent dans le Musée français. — *Filhol, t. 2, pl. 81.* — *Landon, t. 4, pl. 49.*

Musée Napoléon. — Vendu à Amsterdam en 1762, à la vente de M. Wiezman, 610 florins.

571. *Intérieur d'écurie.*

H. 0,35. — L. 0, 47. — B. — Fig. de 0, 08.

A gauche, une servante tenant un seau sur le bord d'un puits et un garçon d'auberge ouvrant la porte de l'écurie donnant sur la campagne. Un cavalier arrange la bride de son cheval; un autre, enveloppé de son manteau, est déjà sur sa monture, et un valet d'écurie selle un troisième cheval. A droite, sur le premier plan, trois poules, un enfant monté sur une chèvre, qu'un petit garçon tire par la bride, tandis qu'un autre les précède sur un cheval de bois. Dans le fond de l'écurie, trois chevaux et un homme près du râtelier. On voit à gauche, par la porte, une femme qui monte un petit escalier extérieur attenant à la maison.

Gravé par Moyreau (n° 34). — *Filhol, t. 8, pl. 539.*

Ancienne collection. — Ce tableau a fait partie du cabinet du prince de Carignan.

572. *Choc de cavalerie.*

H. 0,34. — L. 0, 47. — B. — Fig. de 0, 08.

Une troupe de fantassins, soutenue par un détachement de cavalerie, met en déroute un parti de cavaliers ennemis qui fuient à gauche en emportant leur drapeau. A droite, un homme renversé avec son cheval près d'un ruisseau. Dans le fond, du même côté, une redoute défendue par de l'artillerie. — Signé, à gauche, du monogramme PHILS et d'un W.

Gravé par Dupréel dans le Musée français. — Filhol, t. 1, pl. 69. — Landon, t. 4, pl. 52.

Musée Napoléon.

573. *Choc de cavalerie.*

H. 0, 98. — L. 1, 35. — T. — Fig. de 0, 18.

Un parti de cavalerie enlève une redoute défendue par des troupes à pied et à cheval et par de l'artillerie. Parmi les nombreuses figures dont se compose cette bataille, on remarque au premier plan, à gauche, un cavalier qui va frapper de la crosse de son pistolet un fantassin cherchant à le percer d'une hallebarde. A droite, le porte-drapeau est étendu mort à terre, et l'étendard baigne dans un ruisseau où entre un homme blessé qui s'éloigne du combat en portant ses deux mains sur sa poitrine. — Signé, à gauche, du monogramme *PHILS* et d'un *W*.

Ancienne collection de Louis XVI. — Vendu, en 1761, à la vente de M. Selle, 4,550 livres.

574. *Halte de chasseurs et de cavaliers devant une hôtellerie.*

H. 0, 36. — L. 0, 34. — B. — Fig. de 0, 10.

A gauche, près d'une porte sur laquelle sont perchés deux paons, et devant une échelle qui sert d'escalier à une maison, un homme fait manger son cheval dans une auge. Derrière lui, un autre homme boit dans une bouteille en faïence. A droite, une femme à cheval suivie d'un valet également à cheval, et un paysan montant la route en portant un fardeau. Sur le devant, trois chiens. — Signé, à gauche, d'un monogramme formé des lettres P.H. et d'un W.

Ancienne collection. — Ce tableau était porté à Peter Wouwerman dans les notices précédentes. La présence du monogramme PH., bien tracé dans la pâte, nous semble devoir ne laisser aucun doute sur le véritable auteur de cette peinture.

575. *Halte de cavaliers près d'une tente.*

H. 0, 33. — L. 0, 39. — B. — Fig. de 0, 09.

Au milieu, deux cavaliers à cheval, dont un tient un pot d'étain, et un troisième à pied, la main gauche appuyée sur la selle de sa monture. A droite, devant une tente qui sert de cabaret, un soldat assis parlant à une femme debout, et un petit garçon vu de dos, tenant son chapeau à la main. A gauche, un homme conduisant un mulet chargé, et plus loin un bivouac.

Ancienne collection.

576. *Halte de militaires.*

H. 0, 36. — L. 0, 48. — B. — Fig. de 0, 08.

A droite, sous un reste de tente, des militaires font donner à manger à leurs chevaux attachés à une auge, près de laquelle l'un d'eux est couché à terre. A gauche, un capitaine appuyé sur sa canne, un chien, et un palefrenier faisant boire deux chevaux à la rivière. Dans le fond, un village et différentes figures.

Ancienne collection.

577. *Paysans conduisant une charrette de foin et arrêtés sur le bord d'une rivière.*

H. 0, 35. — L. 0, 40. — B. — Fig. de 0, 08.

A gauche, une charrette de foin, dont on ne voit que le commencement, attelée de deux chevaux, dont l'un est monté par un homme. Au milieu, un paysan à cheval vu de face et un chien. A droite, de l'eau dans laquelle un homme trempe du foin retenu par une corde attachée à l'extrémité d'un bâton, et un homme dans un bateau, portant un panier. Sur le bord, des tas de légumes, une femme accroupie, un petit garçon et une autre femme debout tenant son enfant. Dans le fond, à l'extrémité d'une muraille, une tour ronde entourée d'échafaudages.

Ancienne collection. — Ce tableau, sur l'inventaire de l'Empire, est porté à Pieter Wouwerman.

WOUWERMAN (PIETER), *né à Harlem en 1625, mort en 1683.* (Ecole hollandaise.)

Élève de son frère Philips et de **Roeland Roghman**, paysagiste habile. Il chercha surtout à imiter la manière de son frère, mais ne parvint pas à l'égaler. — **Jan Wouwerman**, né à Harlem en 1629, mort dans la même ville en 1666, fut aussi frère et élève de Philips, et n'a laissé qu'un petit nombre d'ouvrages, qui ne sont pas sans mérite.

578. *Vue de la tour et de la porte de Nesle vers 1664.*

H. 1, 36. — L. 1, 70. — T. — Fig. de 0, 20.

A droite, un carrosse aux armes de France, attelé de six chevaux blancs, et dans lequel se trouve une dame portant un masque, est mené par un postillon et un cocher; deux laquais sont montés derrière le carrosse, qu'accompagne un domestique à cheval. Du même côté, tout-à-fait au premier plan, contre une maison, un homme jouant de la vielle, un enfant et un chien. Vers le milieu, au second plan, sur un pont conduisant à la porte de Nesle, un carrosse à quatre chevaux. Près du pont, de nombreuses figures, parmi lesquelles on remarque un homme sur une charrette dételée. Au premier plan et au bord de la rivière, un seigneur monté sur un cheval blanc parle à une dame richement vêtue, également à cheval, et suivie d'un cavalier. Derrière ce groupe, la tour de Nesle accouplée à une tour moins large, plus élevée, et contenant l'escalier. A gauche, des hommes baignent leurs chevaux dans la Seine, et des blanchisseuses, dans un bateau, lavent du linge. Dans le fond, le pont Neuf, la statue de Henri IV, la place Dauphine et l'église Notre-Dame. — Signé : *P. Wouwerman.*

Ancienne collection.

WYNANTS ou WYNANDTS (JAN), *né à Harlem vers 1600, mort après 1677.* (Ecole hollandaise.)

Les auteurs hollandais ne donnent aucun détail sur la vie de cet artiste célèbre, dont on ne connaît même pas exactement les dates de naissance et de mort. La plupart des biographes, en fixant sa mort en 1670, se sont évidemment trompés; car, non seulement on a des preuves qu'il vivait encore après le décès de son élève Adriaan van den Velde, en 1672, mais même qu'en 1677 il se fit enregistrer dans la société des peintres de Harlem. Wynants doit être compté parmi les plus habiles paysagistes de la Hollande. Ostade, Wouwerman, Lingelbach, Adriaan van den Velde, van Thulden, etc., ont souvent fait des figures dans ses tableaux.

579. *Lisière de forêt.*

H. 1, 16. — L. 1, 44. — T. — Fig. de 0, 12.

A gauche, au premier plan, un tronc d'arbre coupé, couché par terre, et deux autres debout, en partie dépouillés de leur écorce. A droite, au second plan, trois chiens, un chasseur assis par terre, examinant la batterie de son fusil, et un autre homme couché, la tête appuyée sur sa main. Plus loin, deux paysans conduisant, l'un deux bœufs, l'autre trois, et une femme dans une charrette. Dans le fond, à gauche, la lisière d'un bois, un berger assis au pied d'un arbre et entouré de dix moutons. A droite, trois arbres, une rivière et des montagnes. — Signé: *J. Wynants F. A° 1668.*

Gravé par F. Geissler dans le *Musée royal.* — *Filhol,* t. 8, pl. 550.

Collection de Louis XVI. — Ce tableau, dont les figures et les animaux sont peints par Adriaan van den Velde, faisait partie du cabinet de M. d'Heer

Lubbeling, à Amsterdam, d'où il passa dans celui du fermier-général Randon de Boisset. Acquis au prix de 10,000 liv. à la vente de ce dernier cabinet, en 1777, par le maréchal de Noailles, il devint peu après propriété de la couronne.

580. *Paysage.*

H. 0, 90. — L. 1, 22. — T. — Fig. de 0, 05.

A gauche, au second plan, un homme à la porte d'une ferme donne l'aumône à une femme qui a son enfant sur le dos. Du même côté, trois cochons sur une éminence qui borde un chemin que descendent sept bœufs conduits par un pâtre. Vers le milieu, un cavalier sortant d'un bois, un seigneur, une dame et un enfant se promenant sur la route; une femme assise sur le bord avec un petit enfant dans ses bras et un autre plus grand près d'elle. Sur le devant, un chien buvant dans une ornière. Dans le fond, à droite, deux hommes pêchant à la ligne dans une mare traversée par un pont rustique. Plus loin, un champ, des gerbes dressées, une ferme, des collines. — Signé à gauche : *J. Wynants;* à droite : *A. V. Velde* (les figures sont de ce peintre).

Gravé par Duthenofer dans le Musée royal.
Collection de Louis XVI. — Ce tableau fut acheté en Hollande par M. Paillet, et cédé à son retour à M. d'Angiviller, pour le roi.

581. *Paysage.*

H. 0, 29. — L. 0, 27. — B. — Fig. de 0, 02.

A gauche, au bord d'une route, un talus, une haie et un grand arbre. Sur la route, un cavalier précédé d'un valet portant des faucons perchés sur un bâton et accompagné de trois chiens. A droite, plus loin, deux vaches, dont une couchée, des moutons et un berger debout contre un arbre. Dans le fond, un village et un moulin à vent. — Signé au bas, à droite : *J. Wynants.*

Gravé par Darnstedt dans le Musée français. — *Filhol, t. 5, pl. 310.* — *Landon, t. 4, pl. 53.*
Ancienne collection. — Ce tableau fit partie de la collection de M. Boutin, et ses héritiers le cédèrent au Musée.

WYNTRACK, *né à Drenthe, florissait dans le milieu du XVII*e *siècle.* (Ecole hollandaise.)

Il paraît que cet artiste fut l'ami et le compagnon de Wynants. On n'a, du reste, aucun renseignement biographique sur lui. Il a peint surtout des animaux de basse-cour, et Wynants a fait souvent des paysages et des fonds dans ses tableaux.

582. *La ferme.*

H. 0,38. — L. 0, 49. — B. — Fig. de 0, 04.

A gauche, deux arbres morts, et sur un chemin qui mène à des cabanes, un homme, habillé de noir, précédé de deux chèvres et marchant appuyé sur un bâton. Cinq autres chèvres, dont deux couchées, sont arrêtées sur le chemin ou sur son bord. A droite, trois canards nageant dans une mare. Plus loin, un berger gardant son troupeau, et à l'horizon une rivière et des montagnes boisées.

Gravé, sous le nom de *Wynants*, par Dequevauvilliers dans le *Musée français.* — *Filhol,* t. 6, pl. 370.

Musée Napoléon. — Ce tableau est donné par l'inventaire de l'Empire à Wynants.

ZACHT-LEVEN, **ZAFTLEVEN**, **SACHT** ou **SAFT-LEEVEN** (HERMAN), *peintre, graveur, né à Rotterdam en 1609, mort à Utrecht en 1685, suivant d'Argenville. Les auteurs hollandais ne donnent pas la date de sa mort. Ses eaux-fortes ont été exécutées entre 1640 et 1669.* (Ecole hollandaise.)

Il fut élève de van Goyen, et a peint un grand nombre de vues des environs d'Utrecht et des bords du Rhin. Il a quelquefois imité avec beaucoup de bonheur la manière de Paul Potter. Il eut pour élève J. Griffier.

583. *Vue des bords du Rhin.*

H. 0, 30. — L. 0, 39. — B. — Fig. de 0, 02.

A gauche, sur la rive escarpée du fleuve, une auberge derrière laquelle on aperçoit le haut d'un clocher. Sur la route conduisant à l'hôtellerie, plusieurs voyageurs, et au premier plan des barques amarrées, deux hommes assis et une femme qui lave du linge. A droite, sur l'autre rive, au bord de l'eau et au pied d'un village entouré d'arbres qui couvre une montagne, une maison au bas de laquelle se trouve une écluse. Dans le fond, de hautes montagnes boisées et d'autres villages. Le fleuve est couvert de barques. — Signé du monogramme de l'artiste, formé des lettres H. S. L. enlacées, et daté de 1655.

Ancienne collection.

ZACHT-LEVEN (KORNELIS), *peintre, graveur, né à Rotterdam en 1606 suivant Houbraken, en 1612 selon d'autres auteurs. On ne connaît pas la date certaine de sa mort, mais on sait qu'il vivait encore en 1661.* (Ecole hollandaise.)

On ignore le nom du maître de ce frère d'Herman Zacht-Leven. Il peignit avec beaucoup d'esprit des sujets comiques et des scènes de cabaret dans le genre de Brauwer. Il prit aussi David Teniers pour modèle, et fit des intérieurs de cuisine, des fêtes de village, des corps-de-garde, où il aimait à introduire des armes, des drapeaux, des tambours, qu'il exécutait soigneusement d'après nature. Il s'établit à Anvers et y jouit d'une grande réputation.

584. *Portrait d'un peintre.*

H. 0, 31. — L. 0, 23. — B. — Fig. de 0, 30.

Il est assis près de son chevalet, tenant son pinceau et sa palette. A ses pieds, à droite, un petit réchaud en terre avec du feu. — Signé, sur la toile placée sur le chevalet : ...t Leuen, 1629. Les proportions de la toile ayant été changées, le commencement du nom manque.

Collection de Louis XV. — Ce portrait est probablement celui de Zacht-Leven lui-même. Sur les inventaires et dans les notices précédentes il était indiqué comme portrait de Zacht-Leven, peint par Craesbeke.

ZEEGERS ou **SEGHERS** (GERARD), *né à Anvers en 1589, mort dans la même ville en 1651.* (Ecole flamande.)

Il fut inscrit comme élève de la confrérie de Saint-Luc, en 1603, sans indication de maître. Il fréquenta successivement les ateliers de H. van

Balen et d'**Abraham Janssens**, et voyagea en Italie, où il étudia les ouvrages du Caravage et ceux de Manfredi, son élève. De retour à Anvers, il fut reçu franc-maître de Saint-Luc en 1608, et vit ses ouvrages recherchés avec empressement. Il alla à Madrid, et, recommandé par le cardinal Zapata, ambassadeur d'Espagne à Rome, il fut comblé de présents par le roi, qui lui fit peindre plusieurs tableaux et ne le laissa partir qu'à regret. Revenu dans sa ville natale, il fut nommé doyen de Saint-Luc en 1646-1647. Il peignit des sujets sacrés, des scènes familières, des joueurs, des musiciens, et gagna des sommes tellement considérables qu'il put consacrer 60,000 florins à l'acquisition d'une collection des chefs-d'œuvre des grands maîtres de son époque. Nous nous sommes conformé, pour l'orthographe du nom de cet artiste, que la plupart des biographes écrivent *Seghers*, aux signatures de ses œuvres et de différentes notes manuscrites. Il ne faut pas confondre Gerard Zeegers avec **Daniel Seghers**, dit le *jésuite d'Anvers*, né en 1590, mort en 1660, élève de Johann Breughel et peintre de fleurs, ni avec **Hercule Seghers**, paysagiste hollandais, né en 1625, mort en 1679.

585. *Saint François d'Assise en extase.*

H. 2, 40. — L. 1, 58. — T. — Fig. gr. nat.

Il est à genoux et lève les yeux au ciel. Deux anges le soutiennent de chaque côté, un autre plane au-dessus de sa tête et joue de la viole. A droite, par terre, un livre ouvert et une tête de mort.

Landon, t. 4, pl. 7.
Ancienne collection.

ZEEMAN (REMI ou REINIER), *peintre, graveur, né à ce qu'on croit à Amsterdam en 1612. On ignore la date de sa mort.* (Ecole hollandaise.)

D'après l'opinion de M. le baron Heinecken, le véritable nom de cet artiste serait Remigius Nooms, et le surnom de Zeeman, qui signifie *marinier*, lui aurait été donné parce qu'il peignit et grava un grand nombre de marines. Son histoire est presque inconnue. On sait seulement que le roi Frédéric-Guillaume l'appela à sa cour, qu'il séjourna longtemps à Berlin, y produisit un grand nombre d'ouvrages, et voyagea en France et en Angleterre. On trouve sur ses eaux-fortes publiées à Amsterdam les dates de 1652, 1654 et 1656 ; sur celles publiées à Paris, et représentant des vues de Belleville, de Charonne, de Conflans, d'Arcueil, les dates de 1650 et 1652. Enfin le catalogue de la vente Marcus indique, comme extrêmement rares, trois estampes ayant pour titre : *Combat naval entre les Français, les Anglais et les Hollandais, le 7 juin* 1673, *le 14 juin et le 21 août de la même année.* Zeeman a peint des marines, des ports de mer, des paysages avec beaucoup de finesse, et l'on retrouve dans ses tableaux l'influence de Willem van den Velde, de Backuysen, de Both, et quelquefois de Claude le Lorrain. — Walpole, dans ses anecdotes, cite, comme étant probablement de la même famille, **Enoch Zeeman**, qui habita Londres longtemps, y mourut en 1744, et fit beaucoup de portraits dans le genre de Denner. — **Paul Zeeman**, élève et fils de ce précédent. — **Isaak Zeeman**, frère d'Enoch, mort en 1751, qui laissa un fils également peintre.

586. *Vue de l'ancien Louvre du côté de la Seine.*

H. 0, 45. — L. 0, 75. — T. — Fig. de 0, 05.

Cette vue représente la fin de la galerie du bord de l'eau, l'extrémité de la galerie d'Apollon (appelée alors galerie des Rois) et la portion du Louvre construite jusqu'à une tour bâtie par Philippe-Auguste, à peu près à l'endroit où est maintenant le pont des Arts. La partie occupée actuellement par le grand salon carré n'est pas plus élevée que le reste de la galerie, et l'étage placé au-dessus des cinq fenêtres du rez-de-chaussée est surmonté des deux frontons triangulaires, supportés, non par quatre pilastres comme les autres, mais par deux colonnes. Le premier étage de la façade de la galerie diffère entièrement de celui de Lebrun. La fenêtre inférieure est bouchée, et il n'existe pas de trace de balcon. L'appropriation des salles du bas n'avait donc pas été encore faite par Anne d'Autriche. A partir de l'extrémité de la galerie d'Apollon jusqu'à une tour d'angle de l'ancien Louvre, s'étend, sur la ligne occupée maintenant par le jardin de l'Infante, un bâtiment à deux rangs de fenêtres, bas et surmonté d'une terrasse qui se prolonge au-delà de l'endroit où se trouve à présent le guichet du pont des Arts. Les constructions de la cour du Louvre sont encore sur la même ligne que celles en retraite où sont placées aujourd'hui les salles du candélabre, au rez-de-chaussée, et au-dessus la salle des bronzes. Les communs occupent la droite jusqu'à Saint-Germain-l'Auxerrois. Sur la Seine, des bateaux, et sur les deux rives des groupes nombreux de figures, parmi lesquelles on remarque, au premier plan, à gauche, des laveuses; au milieu, des seigneurs sur une éminence, et à droite, des hommes et des chevaux dans l'eau. — Signé, sur une planche par terre, au milieu de la composition : *A. R. Zeeman.* 165..

Collection de Louis-Philippe. — Acquis en 1846, en vente publique, pour la somme de 551 fr. 10 c.

ZORG. — *Voir* ROKES.

ZUSTRIS, SUSTRIS ou **SÜSTER**, *né à Amsterdam, peignait pendant la seconde moitié du XVIe siècle. (Ecole hollandaise.)*

Il prit d'abord des leçons de **Christoph Schwartz**, à Munich, habita Venise pendant plusieurs années, suivant Vasari, et reçut des conseils de Titien, qu'il prit pour modèle. La plus grande confusion règne chez tous les auteurs au sujet de la biographie de cet artiste, que l'on a confondu avec **Lambert Lombart** et **Lambert Suterman** ou **Suavius**, deux artistes dont Sandrard n'a fait aussi qu'un seul individu, et à tort, puisque l'on connaît une gravure représentant une Charité où on lit : *Lambert Lombart, invenit*, suivi des lettres L. S., marque ordinaire de Lambert Suavius, peintre et graveur au burin, dont Vasari cite avec éloge la planche représentant la Résurrection du Lazare. — **Frederik Zustris**, peintre, architecte, était fils de Lambert, gendre du Padouan **Cartaro**, faisait partie de l'académie de Florence, et peignit un tableau qui figura aux obsèques de Michel-Ange. Vasari vante beaucoup son talent.

587. *Vénus et l'Amour*.

H. 1, 34. — L. 1, 85. — T. — Fig. gr. nat.

La déesse, nue, vue de profil, se soulève sur un lit de repos richement sculpté, et pose la main droite sur des colombes que l'Amour, couché à droite sur un coussin placé à terre, montre avec une flèche. Derrière le lit, un rideau relevé laisse apercevoir dans le fond Mars revêtu de son armure, et plus loin quatre personnes assises devant une table au milieu d'un paysage.

Gravé par Romanet dans le Musée français. — Filhol, t. 1, pl. 37. — Landon, t. 4, pl. 55.

Collection de Louis XIV.

INCONNUS.

XVe SIÈCLE.

588. *Sainte-Famille.*

H. 0,45. — L. 0, 32. — T. — Fig. de 0, 30.

Sous les arcades d'une galerie ouverte, la Vierge, avec une riche couronne sur la tête et un sein à découvert, est agenouillée, tient l'Enfant-Jésus dans ses bras et met sa main gauche dans celle de sainte Elisabeth, assise près d'elle, vêtue d'une robe garnie de fourrure et relevée sur ses genoux. Devant la Vierge, à gauche, un panier renfermant de la toile roulée et des ciseaux; derrière elle, une table où sont posés une pomme et un vase. Plus loin, de l'autre côté de la galerie, saint Joseph coiffé d'un chapeau de paille à haute forme et tenant un cep de vigne. Au milieu, un jardin entouré d'une barrière, sur laquelle un homme s'appuie, et, sous un édifice gothique, la Vierge avec l'Enfant-Jésus et un ange. A droite, sous la galerie, quatre anges chantant devant un livre posé sur un pupitre.

*Landon, t. 1, pl. 46. — Gravé sous le nom d'***Albrecht Durer.**

Ancienne collection. — Ce tableau, donné par les inventaires et dans les notices précédentes à **Lucas van Leyden**, nous semble être l'ouvrage d'un élève de Jan van Eyck. (Ecole flamande.)

589. *Instruction pastorale.*

H. 0,95. — L. 0, 68. — B. — Fig. de 0, 45.

A droite, sous un porche, deux jeunes femmes et des vieillards assis et à genoux écoutent les paroles d'un prédicateur monté sur une petite estrade à jour. Sur le bord des vêtements d'un vieillard, près du cou, on lit:

320   INCONNUS.

VOLENTIER LE....; sur celui d'un autre : **ADELii : VETALI .·. IAM...** A gauche, un jeune homme debout, l'épée au côté et avec des souliers à la poulaine, s'adresse à un vieillard assis dans un petit bâtiment attenant au porche, et près duquel un chien barbet est couché. Dans le fond, du même côté, une rue où l'on voit plusieurs figures et terminée par l'église de Sainte-Gudule de Bruxelles, dont la tour septentrionale n'est point encore achevée.

Collection de Louis XVIII. — Acquis de M. de Langeac, en 1822, comme étant de Hans Memling, et porté dans la notice de 1841 à ce maître, à qui cependant on ne peut l'attribuer. (Ecole flamande.)

590. *Les Israélites recueillant la manne dans le désert.*

H. 0,67. — L. 0,51. — B. — Fig. de 0,28.

Au centre, un Israélite tient un vase au-dessus de sa tête; un autre tend son manteau pour recueillir la manne qui tombe du ciel; d'autres la ramassent par terre, et quelques uns remercient Dieu de ce secours inespéré. Sur le devant, une femme assise par terre, tenant son enfant au maillot dans ses bras, et un autre enfant agenouillé mettant de la manne dans une corbeille d'osier. Dans le fond, des montagnes.

Musée Napoléon. — Acquis en Allemagne sous l'administration impériale. Ce tableau, dans les inventaires et dans les notices précédentes, était attribué à tort à **Martin Schoen**. (Ecole allemande.)

591. *Les rois mages.*

H. 0,58. — L. 0,93. — B. — Fig. en buste gr. nat.

Ils sont coiffés d'espèces de turbans. Celui de gauche, le seul qui n'ait pas de barbe et de moustaches, est vu presque de face; celui du milieu, de trois quarts, tourné à droite; enfin le dernier est de profil. Au-dessus d'eux, on lit sur une banderole : **EGREDIETUR · VIRGA DE**

RADICE · IESSE · ET · FLOS · DE · RADICE · EIUS · ASCENDET · ISAIE · XI ·

Ancienne collection. — Ce tableau, qui provient de Marseille, y était attribué au roi René; il a été donné ensuite, sur les inventaires et dans la notice de 1841, à l'école vénitienne ; puis on a pensé qu'il pourrait être de l'école de Cologne, ville où les trois rois sont en grande vénération. Ces trois attributions nous semblent également erronées. (Ecole flamande.)

592. *Portrait d'Isabeau de Bavière, reine de France, femme de Charles VI, morte en 1435, à l'âge de 64 ans.*

H. 0,30. — L. 0,22. — B. — Fig. en buste.

Elle est vue de trois quarts, tournée à droite; elle a sur la tête un bonnet à haute forme, orné de perles et couvert d'une étoffe d'or dont l'extrémité retombe sur l'épaule droite. Sa robe de dessus est rouge, garnie de fourrure; celle de dessous est verte. Elle porte au cou un large collier d'or avec des perles terminé par une pendeloque.

Ancienne collection. — Ce portrait, porté sur l'inventaire et les anciennes notices aux inconnus de l'école française, nous semble plutôt appartenir à l'école flamande.

593. *Le Christ.*

H. 0,38. — L. 0,28. — B. — Fig. en buste gr. nat.

Il est représenté de face, les mains jointes, avec la couronne d'épines sur la tête. Fond doré.

Ancienne collection. — (Voir la note du numéro suivant.)

594. *La Mère de douleur.*

H. 0,38. — L. 0,28. — B. — Fig. en buste gr. nat.

La Vierge est vue de trois quarts, tournée à droite ; elle porte une coiffe blanche recouverte par un manteau bleu ; ses mains sont jointes et des larmes coulent sur ses joues. Fond doré.

<small>Ancienne collection.—Cette tête et celle du numéro précédent ne seraient-elles pas celles dont il est question dans ce passage de d'Argenville (Voyage pittoresque de Paris, page 265, 5ᵉ édition) : «Les Filles-Bleues (rue Culture-Sainte-Catherine) possèdent quelques bons tableaux qu'elles font voir avec plaisir aux amateurs, savoir, un Ecce homo et une Mère de douleur. Ce sont deux demi-figures, d'un très grand fini et fort anciennes, qui paraissent d'un peintre allemand ; on ne les expose que le Jeudi-Saint. » Dans ce cas, ces peintures seraient venues au Louvre après la suppression du couvent. (École flamande.)</small>

595. *La salutation angélique.*

H. 0,86. — L. 0,92. — B. — Fig. de 0,55.

A gauche, l'ange, vêtu d'une robe blanche et d'un riche manteau d'étoffe d'or à dessins noirs retenu sur sa poitrine par un bouton ciselé, est à genoux derrière la Vierge, qui se retourne vers lui. La Vierge, les cheveux flottants, agenouillée devant un prie-dieu, tient de la main gauche un livre de prières. Dans le fond de la chambre, à droite, un lit à la tête duquel est suspendu par une chaîne un médaillon d'or représentant le Christ assis sur un trône avec un nimbe aurifère, le globe du monde sur ses genoux et la main droite élevée. Au milieu, une chaise, une petite armoire en bois sculpté où est posée une aiguière avec son bassin, une fenêtre vitrée seulement dans la partie supérieure, dont les volets sont ouverts, et qui laisse apercevoir la campagne. A gauche, une cheminée fermée par des planches et devant laquelle est placé un banc de bois garni de trois coussins rouges. Au plafond, un lustre en cuivre à six lumières supportées par des dragons et d'où pendent de petits écussons. Par terre à gauche, près de l'ange, un vase de faïence avec un lys.

<small>Musée Napoléon. — Ce tableau, donné par les inventaires et dans les notices précédentes à **Lucas van Leyden**, nous semble appartenir à l'école de Memling. (École flamande.)</small>

596. *Les noces de Cana.*

H. 0,96. — L. 1,28. — B. — Fig. de 0,60.

Dans une salle à colonnes, ouverte à gauche, Jésus-Christ et la Vierge sont assis à la table nuptiale, derrière laquelle est une tapisserie où on lit sur un des côtés : FILI MEI DATE MAND (ucare). Les lettres tracées sur l'autre côté paraissent être de fantaisie. A gauche, le donateur et son fils agenouillés; à droite, la femme du donateur dans la même position; au milieu, deux serviteurs, dont l'un est agenouillé, tiennent des hanaps qu'ils viennent de remplir à de grandes cruches placées près d'eux. Au second plan, à gauche, un jeune serviteur apportant un plat dans la salle. En dehors, un homme, vêtu de noir et de blanc, regarde à travers les colonnes ce qui se passe dans l'intérieur de la pièce. Tout au fond, de ce côté, des édifices d'architecture gothique.

Collection de Louis XIV.—L'inventaire de Bailly (1709-1710) donne cette peinture, placée à Paris dans le cabinet des tableaux, à Jean de Bruges. Une note de l'inventaire de l'Empire dit que ce tableau est plus probablement de *Hans Hemmelinck*, attribution inacceptable ; puis la notice de 1841 le donne également à van Eyck. Quant à nous, l'exécution et le type des têtes nous semblent rappeler surtout Jan van Gossaert ou Mabuse. (Ecole flamande.)

XVIᵉ SIÈCLE.

597. *L'adoration des mages.*

H. 1,25. — L. 0,71 — B. — Fig. de 0,65.

Le plus âgé des rois mages, richement vêtu à la mode allemande du XVIᵉ siècle, est agenouillé devant la Vierge, assise à droite entre deux pilastres. La Vierge tient sur ses genoux l'Enfant-Jésus qui joue avec une bague placée au pouce de la main droite du roi. Derrière celui-ci, à gauche, un autre roi debout, un vase en or repoussé d'une main, son bonnet garni de fourrure de l'autre. Au milieu, le roi maure ayant aussi un vase dont il retient le couvercle de la main droite. Trois des serviteurs qui accompagnent les rois portent des étendards : le premier est vert avec deux étoiles d'or ; le second, également vert, a une étoile et un croissant d'or; le troisième, qui est jaune, offre l'image d'un nègre. Près de la Vierge et derrière les rois, deux personnages causant ensemble ; l'un d'eux a au cou un ruban noir auquel est suspendu un ornement d'or dans lequel est un T. Dans le fond, des cavaliers, et plus loin un château avec un perron. En l'air, de chaque côté, un ange en adoration; au milieu, l'étoile qui dirigea la marche des mages.

Musée Napoléon. — Ce tableau, acquis sous l'Empire, a été attribué à **Holbein** le père, quoique les costumes soient évidemment de 1520 à 1540, et par conséquent postérieurs à l'époque où il vivait; puis, sans plus de raison, à Holbein le fils, dans la notice de 1841. (Ecole allemande.)

598. *Le sacrifice d'Abraham.*

H. 0,40. — L. 0,32. — B. — Fig. de 0,13.

Sur le devant du tableau, Abraham charge son fils du bois destiné au bûcher. Un serviteur, tenant l'épée qui doit servir au sacrifice, conduit un âne par la bride; un autre serviteur porte un vase de terre rempli de feu; près de lui, deux hallebardes appuyées contre un arbre. A gauche, au second plan, Isaac et son père gravissant la montagne; enfin, au sommet, l'ange arrêtant le bras d'Abraham prêt à immoler son fils agenouillé sur le bûcher. A droite, une plaine avec des vaches, des cabanes à toits de tuiles rouges, des collines boisées et une ville au bord d'un fleuve.

Ancienne collection. — Ce tableau, qui avait été d'abord donné à Holbein, a été ensuite attribué, sur les inventaires et dans la notice de 1841, à Lucas Cranach. (Ecole allemande.)

599. *La Visitation.*

H. 1, 18. — L. 0, 72. — B. — Fig. de 0, 60.

Sainte Élisabeth reçoit Marie au milieu d'une espèce de place et près d'une maison, à gauche, dont Zacharie descend les degrés. Dans le fond, un édifice de style gothique, et à droite, près d'un arbre, deux anges.

Landon, t. 7, pl. 35.

Musée Napoléon. — Ce tableau, dans les inventaires et dans les notices précédentes, est donné à **Andrea Sabbatini**, peintre napolitain, et a été confondu avec un ouvrage de cet artiste fait pour l'église de San-Potito de Naples, et décrit par Domenici dans les Vies des peintres napolitains (t. II, p. 43) ; mais il y a ici une erreur évidente : la peinture est flamande et l'édifice du fond représente l'hôtel-de-ville de Bruges.

600. *Le jugement de Pâris.*

H. 0, 50. — L. 0, 36. — B. — Fig. de 0, 24.

A gauche, Pâris couché par terre, endormi et vêtu d'une riche armure. Près de lui, Mercure sous les traits d'un vieillard, avec un manteau rouge, un sceptre à la main et une boule sur laquelle on lit : DETVR PVLCHRIORI. Le nom du dieu est ainsi écrit au-dessus de sa tête : MARCVERIVS. Derrière un arbre, le cheval de Pâris. Devant Mercure, les trois déesses nues, avec leurs noms : IVNO, PALLAS, VENVS. Au-dessus de cette dernière, KVPIDO volant. Un paon est à côté de Junon ; un casque à la grille baissée, aux pieds de Minerve qui tient une épée. Dans le fond, une montagne.

Collection de Louis-Philippe. — Acquis en 1846 de M. le baron de Gérando pour la somme de 1,600 fr., avec une autre peinture d'Ercole Gennari. Ce tableau a été porté à tort sur les inventaires à l'école d'Andrea Mantegna. (Ecole allemande.)

601. *Trois compositions réunies dans un même cadre.*

1° *Le Christ faisant la cène avec ses disciples.*

H. 0, 45. — L. 2, 06. — B. — Fig. en buste demi-nat.

La table est couverte d'une nappe blanche chargée de verres, de pains et de couteaux. A gauche, le peintre s'est représenté sous les traits d'un serviteur prêt à verser à boire. A droite, entre saint Pierre et le deuxième apôtre, à la gauche du Christ, le portrait du donateur vêtu de noir et les mains jointes.

2° *Les apprêts de la sépulture.*

H. 1, 45. — L. 2, 06. — B. — Fig. pet. nat.

Au milieu, Jésus, descendu de la croix, est étendu sur un linceul; son bras droit repose sur celui de sa mère, agenouillée devant lui. Saint Jean, par derrière, soutient son corps, et la Madeleine, debout, le contemple avec douleur. Derrière la Vierge, une des saintes femmes. A gauche, saint Nicolas de Tolentino, un lys à la main, présente le donataire à genoux, les mains jointes et tenant un chapelet. A droite, la donatrice, également agenouillée, avec un livre de prières, et assistée de sainte Claire, en religieuse, portant un ostensoir. Sur le premier plan, vers la droite, par terre, le bassin rempli de sang, l'éponge, une tête de mort et deux os. Dans le fond, la ville de Jérusalem, le Calvaire et le sépulcre où l'on ensevelit le Seigneur.

3° *Saint François d'Assise recevant les stigmates.*

H. 0, 75. — L. 1, 46. — Forme cintrée. — B. — Fig. pet. nat.

Il est à gauche, agenouillé, et plus loin, à droite, le frère Léon, couché par terre, est endormi près d'un rocher. Dans le fond, une rivière, un village, un bois et des montagnes.

Ancienne collection.—Ces trois tableaux étaient autrefois placés sur un autel de l'ancienne église de Sainte-Marie-de-la-Paix, à Gênes. On les a attribués successivement, sans aucune raison, à **Lucas van Leyden**, Quinten Matsys et Holbein. Ils sont d'un maître flamand, peut-être de **Mabuse**, qui s'est inspiré évidemment, pour la partie représentant la cène, du chef-d'œuvre de Léonard de Vinci.

INCONNUS. 327

602. *Portrait de l'empereur Maximilien Ier, mort en 1519, à l'âge de 60 ans.*

H. 0, 39. — L. 0, 28. — B. — Buste fig. demi-nat.

Il est représenté presque de profil, tourné à droite. Il porte une toque de velours rouge, une robe fourrée et le collier de la Toison-d'Or ; sa main gauche est sur sa poitrine, et de la droite il tient un papier sur lequel on lit : I (ich) armer dienstman ernbam̄ (erbat?) meiner ersagw (entsagung?) tzen wogen (wochen) vā (von) euch rat un hilp (hulfe) al.... C'est-à-dire : Moi, pauvre soldat, je demande mon congé de dix semaines, de vous conseil et secours comme....

Collection de Charles X. — (Ecole flamande.)

603. *Intronisation d'un pape.*

H. 0, 48. — L. 0, 70. — B. — Fig. de 0, 33.

Au milieu, un pape, tenant la clef de saint Pierre, assis sur un trône de marbre sculpté et surmonté d'un baldaquin formé par des rideaux. A gauche, un cardinal, et à droite un archevêque, vont placer sur sa tête la tiare pontificale. A gauche, deux évêques, un autre cardinal et un moine vêtu de noir. A droite, un roi de France, ayant quelque ressemblance avec François Ier, portant un chapeau orné d'une plume et de fleurs de lys ; l'empereur tenant un sceptre, et trois personnages par derrière. Par terre, sur les dalles, des fleurs de lys et une croix d'azur cantonnée d'aigles de gueule.

Collection de Louis-Philippe.—Acquis en 1843, à la vente de M. Aguado, pour la somme de 335 fr. 50 c. (Ecole flamande.)

604. *La Vierge et l'Enfant-Jésus.*

H. 0, 60. — L. 0, 56. — B. — Fig. demi-nat.

La Vierge, vue de trois quarts, tournée à gauche et à mi-corps derrière un mur d'appui, tient d'une main son fils nu, assis sur un coussin posé sur ce mur. De la main gauche, elle lui offre un œillet vers lequel il tend la main. A droite, un vase avec des fleurs. Au fond, deux fenêtres, partagées chacune au milieu par une colonnette, et laissant apercevoir à l'horizon des collines boisées.

Ancienne collection. — Ce tableau, porté sur les inventaires d'abord comme une peinture originale du Pérugin, puis inscrit dans les notices précédentes sous le titre seulement d'école du Pérugin, appartient à l'école flamande, et probablement à quelque disciple de van Orley.

605. *Le mariage de la Vierge.*

H. 0, 80. — L. 0, 66. — B. — Fig. de 0, 40,

Sur les marches du péristyle du temple de Jérusalem, le grand-prêtre Zacharie tient dans ses mains les mains de la Vierge et de saint Joseph. La Vierge est vêtue d'une robe rouge et d'un long manteau bleu, dont deux petits anges relèvent l'extrémité. Ses cheveux flottent sur ses épaules et elle porte une couronne d'or sur la tête. Derrière saint Joseph, un vieillard; derrière la Vierge, sainte Anne, les mains jointes, et une jeune fille. Au premier plan, à gauche, un homme debout, vu de dos, s'appuyant sur une canne; au milieu, un chien couché par terre; et à droite, deux femmes.

Collection de Louis XVIII. — Acquis de M. Langeac en 1822, et compris dans le lot de tableaux qui fut payé 20,000 fr. Ce tableau, dans les inventaires et dans les notices précédentes, est donné à tort à **Rizzo di Santa-Croce**, élève de Jean Bellin où de Carpaccio. Il est évidemment d'un maître flamand, influencé par les artistes italiens, et pourrait être attribué à Bernardin van Orley.

606. *L'enlèvement d'Hélène.*

H. 1, 04. — L. 1, 36. — B. — Fig. de 0, 28.

A gauche, Pâris, couvert d'une riche armure et tenant un arc, conduit Hélène. Il est suivi de deux guerriers, l'un accompagnant une jeune femme, l'autre un vieillard, et précédé par un chien, sur le collier duquel on lit les lettres B.T.A.M. Un valet, portant sous le bras un livre et sur l'épaule un coffre avec un écusson et les lettres M R (Menelaüs rex), marche en avant. Au centre et au second plan, un temple circulaire d'une architecture bizarre. Une statue de l'Amour tenant trois flèches est placée au sommet du dôme. On voit au-dessus du portique de l'entrée un bas-relief représentant Vénus avec un cœur enflammé dans la main, donnant une flèche à l'Amour aveugle, et on lit au-dessous cette inscription : TEMPLVM. VENERIS. GENITRICIS. ET. VERTICORDIÆ. Le temple est rempli de soldats qui emportent des statues d'or, des vases, des meubles, et entraînent des femmes. A droite, quelques Troyens sur les marches du temple repoussent l'ennemi, qui se précipite d'une montagne sur laquelle s'élève un château-fort. Au fond, à gauche, la mer et la flotte troyenne attendant les ravisseurs.

Ancienne collection. — (École allemande.)

607. *Portrait d'homme.*

H. 0, 54. — L. 0, 44. — B. — Fig. à mi-corps demi-nat.

Il est représenté de trois quarts, tourné à droite, coiffé d'une toque rouge, vêtu d'une cape brune bordée de noir, et tenant un œillet de la main droite. Derrière lui, une campagne traversée par une rivière, et sur la rive, à gauche, un pêcheur.

Ancienne collection. — Ce portrait représentant, suivant les notices précédentes, le Garofolo peint par lui-même, est évidemment une peinture flamande, que quelques critiques donnent, les uns à Holbein, les autres à Quinten Matsys.

608. *Portrait d'homme.*

H. 1, 20. — L. 0, 82. — B. — Fig. à mi-corps gr. nat.

Il est représenté de trois quarts, tourné à gauche et debout contre une table, avec des moustaches, une grande barbe rousse ; il porte une toque rouge ornée d'une plume et d'un médaillon représentant saint Michel, un vêtement et un petit manteau de velours rouge ; il a la main gauche sur la garde de son épée et pose la droite sur une tête de mort. Une des bagues de sa main gauche porte un écusson et ses armes : d'azur (ou de sable) à la face d'or. Dans le fond, un rideau de velours vert et un pilastre où est écrit : ÆTATIS, 28 1546.

Musée Napoléon. — Ce tableau, donné par les notices précédentes à Antonis de Mor, n'est évidemment pas de la même main que celui du n° 342, qui est signé. (École allemande.)

609. Portrait d'homme.

H. 1,10. — L. 0,76. — B. — Fig. à mi-corps gr. nat.

Il est représenté de trois quarts, tourné à droite, avec barbe et moustaches, et une petite toque noire sur la tête ; il est vêtu de noir, pose la main droite sur le côté ; la gauche, qui tient ses gants, est placée sur une table couverte d'un tapis à dessins noirs et jaunes. — Sur le fond, on voit un monogramme formé des lettres S. B. N. surmontées d'une espèce de 4, et on lit : ÆTATIS SVÆ 33 1565.

Collection de Louis XIV. — Ce portrait, dans les notices précédentes, est donné à Antonis de Mor. Le monogramme et l'exécution prouvent le peu de justesse de cette attribution. (École allemande.)

610. Portrait d'homme.

H. 0,63. — L. 0,53. — B. — Buste gr. nat.

Il est représenté de trois quarts, tourné à droite. Il porte une petite toque, un vêtement noir, pose la main droite sur sa poitrine et tient un gant de la main gauche. — On lit sur le fond, en haut, à gauche : *A. Maure*. (Cette signature est fausse et postérieure à la peinture.)

Ancienne collection. — Ce portrait, dans les notices précédentes, était attribué à tort à Holbein. Quelques critiques pensent qu'il pourrait être

INCONNUS. 331

de **Nicolas Lucidel**, dit *Neufchatel*, né à Mons dans le XVIe siècle, mort à Nuremberg, où il s'était établi. Les auteurs allemands font seuls mention de ce peintre, dont on voit un portrait dans la galerie de Vienne et un autre dans celle de Berlin.

XVIIe SIÈCLE.

611. *Le Christ sur le chemin du Calvaire.*

H. 0,30. — L. 0,40. — C. — Fig. de 0,13.

Au milieu, le Christ, conduit par des soldats et des bourreaux, succombe sous le poids de sa croix soutenue par Simon de Cyrène. A gauche, un homme à cheval vu de dos, ainsi qu'un enfant suivi d'un chien.

Landon, t. 3, pl. 2. — Gravé sous le nom de Rottenhammer.

Collection de Louis XIV. — Ce tableau, donné à tort par les inventaires et dans les notices précédentes à Rottenhammer, est une copie sans variantes et de même dimension, faite du temps des Franck, du Portement de croix de **Martin Schoen**, dont le Musée possède le dessin original. (Ecole flamande.)

612. *La Vierge et l'Enfant-Jésus.*

H. 0,46. — L. 0,40. — C. (Grandeur du médaillon : h. 0,22; l. 0,17.) — Fig. de 0,14.

La Vierge, assise, tient sur ses genoux l'Enfant-Jésus nu, debout et portant dans la main gauche la boule du monde. Il est adoré par deux anges à genoux, dont l'un à droite joue de la viole, et l'autre à gauche de la basse. Les fleurs qui entourent le médaillon sont peintes sur un fond noir.

Ancienne collection. — Ce tableau est attribué à Rottenhammer par les inventaires; il nous semble appartenir plutôt à l'école des Franck.

613. *Portrait d'homme.*

H. 0, 80. — L. 0, 68. — Buste gr. nat.

La tête est découverte, vue de trois quarts et tournée vers la droite. Il porte une fraise plissée et un vêtement noir. — On lit sur ce tableau : *Ferd :* **1633** ÆTATIS **28**.

Ancienne collection. — Ce tableau, que les inventaires et la notice de 1841 disent être signé des lettres F. H., était à tort, à cause de ces fausses initiales sans doute, donné par quelques personnes à Frans Hals. (École hollandaise.)

614. *Marine.*

H. 0, 33. — L. 0, 36. — B. — Fig. de 0, 03.

A gauche, sur une pointe de terre, un homme portant un panier. Près de lui, deux barques ; dans l'une d'elles, trois hommes, dont un assis fume. A droite, une barque et six figures, un canot et deux hommes. Dans le fond, à gauche, une barque, deux rameurs, trois personnages. A l'horizon, un vaisseau de guerre. — Signé sur le terrain : W VD 16...

Ancienne collection. — Cette marine est donnée, dans les notices précédentes, à Vlieger. Les lettres de la signature s'opposent à cette attribution. (École hollandaise.)

615. *Une bataille.*

H. 0, 30. — L. 0, 44. — C. — Fig. de 0, 08.

A gauche, un groupe de cavaliers avec casque, armure et le pistolet au poing. Plus loin, un carrosse attelé de quatre chevaux, et sur une montagne des régiments de cavalerie et d'infanterie s'élançant contre l'ennemi. A droite, deux pièces de canon, dont une fait feu, et deux soldats roulant un tonneau de poudre. Un autre tonneau couché près d'eux porte sur le fond un monogramme formé des lettres E. P.

Ancienne collection. — Ce tableau, dans les notices précédentes, est donné à **Hunter**, peintre dont les biographes ne font pas mention. En tout cas, la présence du monogramme rend cette attribution inadmissible. Les figures portent le costume à la mode sous Louis XIII et ont quelque analogie avec celles de Callot. (Ecole flamande.)

616. *La femme adultère.*

H. 1, 97. — L. 2, 31. — T. — Fig. gr. nat.

A gauche, la femme adultère, vue de profil, tournée à droite, est amenée par les pharisiens à Jésus-Christ, qui est debout, tend vers elle la main et lui parle. A droite, un homme assis par terre et tenant un livre. Composition de dix figures.

Collection de Louis XVIII. — Acquis de M. Bourdois, en 1824, pour 1,000 fr. Ce tableau, donné dans les notices précédentes à van Dyck, a trop souffert pour qu'on puisse juger de son originalité. En tout cas, il est d'un artiste flamand influencé par les maîtres vénitiens. (Ecole flamande.)

617. *L'embarquement d'Énée après la prise de Troie.*

H. 1, 46. — L. 2, 27. — T. — Fig. de 0, 60.

Énée et un autre personnage portent Anchise qui tient ses dieux ; d'autres hommes semblent les supplier de les emmener avec leurs femmes. A droite, les préparatifs de l'embarquement. Au fond, sur une colline, un temple en flammes. On lit dans la partie supérieure : ***Van Dyck à Venise*** (inscription apocryphe).

Ancienne collection. — Ce tableau, porté sur les inventaires et dans la notice de 1841 à van Dyck, est une imitation, par un artiste de l'école de Rubens, des maîtres vénitiens. (Ecole flamande.)

618. *Intérieur d'étable.*

H. 0, 80. — L. 0, 68. — T. — Fig. de 0, 18.

A gauche, contre un tonneau supportant un vase de cuivre et un autre en terre, une cage à poulets ; au milieu, par terre, des cardons, des oignons, des carottes, des choux-fleurs, etc. Sur un cuvier renversé, un chat qui mange des poissons dans un plat d'étain. A droite, un grand chaudron contenant de la vaisselle d'étain, un pot de forme allongée couvert de papier, un balai et de la viande accrochée à un poteau. Dans le fond, une femme sur un escalier rustique ; au milieu, une servante tirant de l'eau d'un puits ; à droite, une étable, trois vaches, un paysan et un homme en haut d'une échelle. — Signé, sur un des plats d'étain qui se trouvent dans le chaudron : **I. D.**

Ancienne collection. — Ce tableau, sur les inventaires et dans les notices précédentes, est donné à Hendrick-Martinz Rokes, surnommé *Zorg* ; mais, outre que son exécution diffère totalement de celle du n° 421, qui appartient à cet artiste, les deux initiales I. D. ne permettent pas de conserver l'ancienne attribution, tout en ne sachant pas encore à qui restituer cette peinture.

TABLES.

TABLE CHRONOLOGIQUE

DES

ARTISTES ALLEMANDS, FLAMANDS ET HOLLANDAIS

DONT LES OUVRAGES SONT DÉCRITS

DANS LA 2ᶜ PARTIE DE LA NOTICE DES TABLEAUX

EXPOSÉS DANS LES GALERIES DU LOUVRE.

XIVᵉ SIÈCLE.

	Naissance.	Mort.
Eyck (Jan van). — (Ec. Flam.)	Vers 1390	1441

XVᵉ SIÈCLE.

	Naissance.	Mort.
Wohlgemuth (Michael). — (Ec. Allem.)	1434	1519
Matsys (Quinten). — (Ec. Flam.)	Vers 1460	1531
Mabuse (Jan van). — (Ec. Flam.)	Vers 1470	1532
Orley (Bernardin van). — (Ec. Flam.)	Vers 1470	vers 1550
Cranach le vieux (Lucas Sunder, *dit*). — (Ec. Allem.)	1472	1553
Holbein (Hans) le jeune. — (Ec. Allem.)	1498	1554
Juste d'Allemagne. — (Ec. Allem.)	Vivait en	1451
Memling (Hans). — (Ec. Flam.)	Peignait de	1470 à 1484

XVIᵉ SIÈCLE.

	Naissance.	Mort.
Beham (Hans-Sebald). — (Ec. Allem.)	1500	vers 1550
Hemssen (Jan van). — (Ec. Holland.)	Vers 1500	après 1555
Pencz (Gregorius). — (Ec. Allem.)	Vers 1505	1550
Porbus (Pieter). — (Ec. Flam.)	1510	1583
Vos (Martin de). — (Ec. Flam.)	1524	1603
Mor (Antonis de). — (Ec. Holland.)	1525	1581
Breughel (Peter), *dit* le vieux — (Ec. Flam.)	1530	vers 1600
Franck (Franz), *dit* le vieux. — (Ec. Flam.)	Vers 1544	1616
Bril (Matthaus). — (Ec. Flam.)	1550	1584
Bril (Paul). — (Ec. Flam.)	1554	1626
Veen (Otho van), *dit* Otto Venius. — (Ec. Flam.)	1556	1634
Balen (Henrick van). — (Ec. Flam.)	1560	1632

TABLE CHRONOLOGIQUE.

	Naissance.	Mort.
Rottenhammer (Johann). — (Ec. Allem.)	1564	1623
Bloemaert (Abraham). — (Ec. Holland.)	1564	1647
Mireveld (Michiel-Jansz.) — (Ec. Holland.)	1568	1641
Breughel (Johann), *dit* de Velours. — (Ec. Flam.)	1569	1625
Porbus le jeune (Franz). — (Ec. Flam.)	1570	1622
Neefs le vieux (Peter). — (Ec. Flam.)	Vers 1570	1651
Elzheimer (Adam). — (Ec. Allem.)	1574	1620
Rubens (Peter-Paul). — (Ec. Flam.)	1577	1640
Snyders (Franz). — (Ec. Flam.)	1579	1657
Mol (Pieter van). — (Ec. Flam.)	1580	1650
Crayer (Gaspar de). — (Ec. Flam.)	1582	1669
Hals (Frans). — (Ec. Flam.)	1584	1666
Poelenburg (Kornelis). — (Ec. Holland.)	1586	après 1665
Steenwyck le jeune (Hendrick van). — (Ec. Holland.)	1589	après 1642
Zeegers (Gerard). — (Ec. Flam.)	1589	1651
Venne (Adriaan van der). — (Ec. Holland.)	1589	1662
Honthorst (Gerard). — (Ec. Holland.)	1592	après 1662
Jordaens (Jacob). — (Ec. Flam.)	1593	1678
Heda (Willem-Klaasz). — (Ec. Holland.)	1594	après 1678
Uden (Lucas van). — (Ec. Flam.)	1595	1660
Goyen (Jan van). — (Ec. Holland.)	1596	1656
Dov (Gerard). — (Ec. Holland.)	1598	1674
Dyck (Anton van). — (Ec. Flam.)	1599	1641
Meel ou Miel (Jan). — (Ec. Flam.)	1599	1664
Matsys (Jan). — (Ec. Flam.) Peignait de	1531 à 1565	
Zustris. — (Ec. Holland.) Peignait pendant la seconde moitié du	XVIe siècle.	

XVIIe SIÈCLE.

	Naissance.	Mort.
Sprong (Gerard). — (Ec. Holland.)	1600	1651
Molyn le vieux (Pieter). — (Ec. Holland.)	Vers 1600	1654
Pot (Henri). — (Ec. Holland.)	1600	1656
Oost le vieux (Jakob van) — (Éc. Flam.)	Vers 1600	1671
Heem (Jan-Davidz de). — (Ec. Holland.)	1600	1674
Wynants (Jan). — (Ec. Holland.)	Vers 1600	après 1677
Helst (Bartholomeus van der). — (Ec. Holland.)	1601	1670
Champaigne (Philippe de). — (Ec. Flam.)	1602	1674
Cuyp (Aalbert). — (Ec. Holland.)	1605	après 1672
Zacht-Leven (Kornelis.) — (Ec. Holland.)	1606	après 1661
Rembrandt van Ryn. — (Ec. Holland.)	1606	1669
Delen (Dirck van). — (Ec. Flam.)	1607	après 1651
Lievens (Jan). — (Ec. Holland.)	1607	vers 1663

TABLE CHRONOLOGIQUE. 339

	Naissance.	Mort.
Thiuden (Theodor van). — (Ec. Holland.)	1607	1686
Brauwer (Adriaan). — (Ec. Holland.)	1608	1640
Craesbeke (Joost van). — (Ec. Holland.)	1608	1641
Nicasius (Bernaert). — (Ec. Flam.)	1608	1678
Terburg (Gerard). — (Ec. Holland.)	1608	1681
Zacht-Leven (Herman). — (Ec. Holland.)	1609	1685
Both (Jan), *dit* Both d'Italie. — (Ec. Holland.)	1610	1650
Asselyn (Jan). — (Ec. Holland.)	Vers 1610	1660
Heemskerk (Egbert), *dit* le Paysan ou le vieux. — (Ec. Holland.)	1610	après 1680
Bol (Ferdinand). — (Ec. Holland.)	Vers 1610	1681
Ostade (Adriaan van). — (Ec. Holland.)	1610	1685
Teniers le jeune (David). — (Ec. Flam.)	1610	1694
Zeeman (Remi ou Reinier). — (Ec. Holland.)	Vers 1612	après 1673
Flamael (Bartholomé). — Ec. Flam.)	1612	1675
Ostade (Isack van). — (Ec. Holland.)	Vers 1613	vers 1654
Neer (Aart van der). — (Ec. Holland.)	1613	1683
Loo (Jakob van). — (Ec. Holland.)	1614	1670
Metsu (Gabriel). — (Ec. Holland.)	1615	1658
Flinck (Govaert). — (Ec. Holland.)	1616	1660
Faes (Peter van der), dit le Chevalier Lely. —(Ec. Flam.)	1618	1680
Swanevelt (Herman van), *dit* Herman d'Italie. — (Ec. Holland.)	Vers 1620	1655
Breemberg (Bartholomeus). — (Ec. Holland.)	1620	1660
Bega (Kornelis Begyn, *dit*). — (Ec. Holland.)	1620	1664
Maas ou Maes (Aaert ou Arnold van). — (Ec. Flam.)	1620	1664
Wouwerman (Philips). — (Ec. Holland.)	1620	1668
Diepenbeek (Abraham van). — (Ec. Flam.)	1620	1675
Weenix (Jan-Baptist). — (Ec. Holland.)	1621	1660
Pynacker (Adam). — (Ec. Holland.)	1621	1673
Eeckhout (Gerbrandt van den). — (Ec. Holland.)	1621	1674
Everdingen (Aldert van). — (Ec. Holland.)	1621	1675
Rokes (Hendrick-Martinz), *surnommé* Zorg. — (Ec. Holland.)	1621	1682
Berghem (Nicolaas). — (Ec. Holland.)	1624	1683
Potter (Paulus). — (Ec. Holland.)	1625	1654
Wouwerman (Pieter). — (Ec. Holland.)	1625	1683
Lingelbach (Johannes). — (Ec. Holland.)	1625	1687
Fyt (Johannes). — (Ec. Flam.)	1625	»
Duchatel (François). — (Ec. Flam.)	1625	»
Kessel (Johann van). — (Ec. Flam.)	1626	vers 1678
Ulft (Jakob van der). — (Ec. Holland.)	1627	après 1688
Meer (Jan van der). — (Ec. Holland.)	1628	1691
Ruïsdael (Jakob). — (Ec. Holland.)	Vers 1630	1681

TABLE CHRONOLOGIQUE.

	Naissance	Mort
Kalf (Willem). — (Ec. Holland.)	1630	1693
Backuisen (Ludolff). — (Ec. Holland.)	1631	1709
Moucheron (Frederick). — (Ec. Holland.)	1632	1686
Velde le jeune (Willem van den). — (Ec. Holland.)	1633	1707
Meulen (Anton-Franz van der). — (Ec. Flam.)	1634	1690
Jardin (Karel du). — (Ec. Holland.)	Vers 1635	1678
Mieris le vieux (Frans van). — (Ec. Holland.)	1635	1681
Steen (Jan van). — (Ec. Holland.)	1636	1689
Hondekoeter (Melchior). — (Ec. Holland.)	1636	1695
Ducq (Jan le). — (Ec. Holland.)	1636	vers 1695
Mignon (Abraham). — (Ec. Holland.)	1637	1679
Heyden (Jan van der). — (Ec. Holland.)	1637	1712
Heusch (Willehn ou Guiliam de). — (Ec. Holland.)	1638	1712
Velde (Adriaan van den). — (Ec. Holland.)	1639	1672
Netscher (Gaspar). — (Ec. Holland.)	1639	1684
Slingelandt (Pieter van). — (Ec. Holland.)	1640	1691
Lairesse (Gerard de). — (Ec. Holland.)	1640	1711
Voys (Ary de). — (Ec. Holland.)	1641	1698
Berkeyden (Gerard). — (Ec. Holland.)	1643	1693
Neer (Eglon van der). — (Ec. Holland.)	1643	1703
Schalken (Gottfried). — (Ec. Holland.)	1643	1706
Weenix (Jan). — (Ec. Holland.)	1644	1719
Griffier (Jan). — (Ec. Holland.)	1645	1718
Glauber (Johannes), *dit* Polidor. — (Ec. Holland.)	1646	1726
Huchtenburgh (Johan van). — (Ec. Holland.)	1646	1733
Huysmans (Cornelis), *surnommé* Husymans de Malines. — (Ec. Flam.)	1648	1727
Verkolie (Jan). — (Ec. Holland.)	1650	1693
Roos (Philipp-Peter), *dit* Rosa di Tivoli. — (Ec. Allem.)	1655	1705
Moor (Karel de). — (Ec. Holland.)	1656	1738
Bloemen (Johan ou Julius-Franz van). — (Ec. Flam)	1656	1748
Werff (le chevalier Adriaan van der). — (Ec. Holland.)	1659	1722
Boudewyns (Anton-Franz). — (Ec. Flam.)	Vers 1660	»
Mieris (Willem van). — Ec. Holland.)	1662	1747
Verelst (Simon). — (Ec. Flam.)	1664	1721
Janssens (Victor-Honoré). — (Ec. Flam.)	1664	1739
Netscher (Constantin). — (Ec. Holland.)	1670	1722
Verkolie (Nicolaas). — (Ec. Holland.)	1673	1746
Dyck (Philip van), *dit* le petit van Dyck. — (Ec. Holland.)	1680	1753
Limborck (Hendrick van). — (Ec. Holland.)	1680	1758
Huysum (Jan van). — (Ec. Holland.)	1682	1749
Breda (Johann van). — (Ec. Flam.)	1683	1750
Falens (Carl van). — (Ec. Flam.)	1684	1735

	Naissance.	Mort.
Denner (Balthasar). — (Ec. Allem.)	1685	1747
Seibold (Christian). — (Ec. Allem.)	1697	1768
Moni (Ludwig de). — (Ec. Holland.)	1698	1771
Santvoort (Dick van). — (Ec. Holland.) Peignait en	1630	
Vliegher (Simon de). — (Ec. Holland.) Peignait en	1640	
Fictoor (Jan). — (Ec. Holland.) Peignait en	1640	
Romeyn (Willem). — (Ec. Holland.) Peignait de	1640 à 1660	
Dekker (Conrad). — (Ec. Holland.) Vivait vers	1650	
Hagen (Jan van). — (Ec. Holland.) Peignait vers	1650	
Ceulen (Cornelis-Janson van). — (Ec. Holland.)	»	1656
Breckelencamp (Quirin van). — (Ec. Holland.). Vivait encore en	1668	
Ruthart (Carl). — (Ec. Allem.) Peignait de	1660 à 1680	
Hobbema (Meindert ou Minder-Hout). — (Ec. Holland.) Peignait en	1663	
Beerstraeten (A.-Johannes). — (Ec. Holland.). Peignait en	1664	
Droogsloot (Joost-Conelisz.).—(Ec.Holland.) Vivait encore en	1668	
Bouck (van). — (Ec. Flam.)	»	1673
Laar (Pieter van), *surnommé* Bamboche. — (Ec. Holland.)	»	vers 1673
Staveren (Johann-Adriaan van). — (Ec. Holl.). Peignait en	1675	
Bergen (Dirk van). — (Ec. Holland.)	»	vers 1680
Poel (Egbert van der). — (Ec. Holland.)	»	vers 1690
Grief (Anton.). — (Ec. Flam.) Vivait dans le milieu du	XVIIe siècle.	
Schoevaerdts (M.). — (Ec. Flam.) Vivait dans le milieu du	XVIIe siècle.	
Wyntrack. — (Ec. Holland.) Peignait dans le milieu du	XVIIe siècle.	
Nickelle (Isack van). — (Ec. Holl.). Peignait vers le milieu du	XVIIe siècle.	
Hooch (Pieter de). — (Ec. Holl.). Peignait vers le milieu du	XVIIe siècle.	
Bega (Abraham ou Adriaan). — (Ec. Holland.)	»	fin du XVIIe siècle.

XVIIIe SIÈCLE.

Beschey (Balthasar). — (Ec. Flam.)	1709	1776
Dieterich (Christian-Wilhelm-Ernst). — (Ec. Allem.)	1712	1774
Mengs (Anton-Rafael). — (Ec. Allem.)	1728	1779
Os (Jan van). — (Ec. Holland.)	1744	1808
Schweickhardt (Heinrich-Wilhelm). — (Ec. Allem.)	1746	1797
Spaendonck (Gerard van). — (Ec. Holland.)	1746	1822
Denis (Simon-Joseph-Alexandre-Clément). — (Ec. Flam.)	1755	1813
Ommeganck (Balthasar-Paul). — (Ec. Flam.)	1755	1826
Dael (Jean-François van). — (Ec. Flam.)	1764	1840
Heinsius (Johann-Ernst). — (Ec. Allem.)	»	1787

TABLE ALPHABÉTIQUE

DES ARTISTES

DONT LE MUSÉE NE POSSÈDE PAS D'OUVRAGES,

MAIS QUI SONT CITÉS DANS LES NOTICES BIOGRAPHIQUES ET DANS LES RENSEIGNEMENTS HISTORIQUES.

	Pages.
Allemand (L')	38
Amberger (Christophe)	109
Antonello de Messine	83
Antonissen (Henri-Joseph)	58, 189
Arlaen	146, 148
Artois (Jacob van)	119, 271
Asper (Hans)	109
Balen (Jan)	5
Bassen (van)	265
Berkeyden (Job)	16
Beschey (Jacob)	17
Beschey (Jacob-Franz)	17
Beschey (John-Franz)	17
Beschey (Nicolas)	17
Biset (Emmanuel)	135, 176
Blockland	174
Bloemaert (Adriaan)	18
Bloemaert (Frederick)	18
Bloemaert (Hendrick)	18
Bloemaert (Kornelis)	18
Bloemen (Norbert van)	20
Bloemen (Peter van)	19
Boeckmakere (Henne)	146
Boeyermans	58
Bol (Hans)	22
Bonnart	159
Boonen (Arnold)	78, 253
Bouillon	38
Bourdeaux (Michel)	38
Brandon (J.-Hendrik)	140
Breda (Alexandre van)	27
Breda (Franz van)	27
Breughel (Abraham), dit le *Napolitain*	32
Breughel (Ambros)	32
Breughel (Caspar)	32
Breughel (Franz-Hieronymus)	32
Breughel (Johann) le fils	31
Breughel (Johann-Baptist)	32
Breughel (Peter)	31
Broers	150
Bronkorst (Jan van)	81

	Pages.
Bunel (Jacques)	207
Buytenweg (Willem)	220
Bye (Adriaan de)	221
Campo (Johann del)	136
Carlier	88
Champaigne (Jean-Baptiste)	39
Christophsen (Pieter)	83
Coninxloo	31
Coopse (Peter)	3
Cornelis (Nicolaas)	174
Coxcie (Michel)	51, 192
Coxcie (Raphaël)	51
Cranack (Lucas) le jeune	50
Croce (Rizzo di Santa)	328
Cuyp (Benjamin)	53
Cuyp (Jakob-Gerritz)	53, 55
Dalens (Dirk van)	58
Delmont (Deodat)	231
Donnauer (J.)	222
Donffest (Gerard)	88
Dubbels (Jan)	3
Dubreuil (Toussaint)	207
Du Chesne (Nicolas)	39
Dujardin (Julien)	221
Durer (Albrecht)	8, 199, 303, 319
Duru	159
Dusart (Cornelius)	193, 255
Dyck (Frans van)	69
Egmont (Justus van)	224, 231
Everdingen (Cezar)	81
Everdingen (Jan)	81
Eyck (Hubert van)	83
Eyck (Lambrecht van)	83
Eyck (Margaretha van)	83
Eyckens	135
Filicus (Jan)	257
Fiscré (Englebert)	88
Floris (Frans)	18, 89, 90, 205, 295
Fouquiere	38

TABLE ALPHABÉTIQUE.

	Pages.
Franck (Ambros)	90
Franck (Constantin)	90
Franck le jeune (Franz)	90
Franck (Franz), fils de Franz le jeune	90
Franck (Gabriel)	90
Franck (Hieronymus)	18, 90
Franck (Hieronymus) le jeune	90
Franck (Johann-Baptist)	90
Franck (Nicolas)	89
Franck (Sebastiaan)	90
Froost (Willem)	188
Gaël (B.)	107
Geel (Joost van)	117, 155
Gerritz (Willem)	95
Glauber (Diana)	94
Glauber (Jan-Gottlieb)	94
Goe-Kindt	31
Grebber (Pieter)	12, 84, 101
Griffier (Robbert)	97
Gysen (Peter)	31
Haerlem (Peter-Klaasze ou Peter van)	12
Hagelsteen (Thomas)	80
Hals (Dirck)	99
Hals (Frans) Franszoon	99
Hals (Jan) Franszoon	99
Hals (Jan) Franszonen	99
Hals (Herman) Franszoon	99
Hals (Klaas) Franszoon	99
Haverman (Marguerite)	121
Heem (David de)	100
Heem (Jan de)	101
Heem (Kornelis de)	101
Heemskerk jeune (Egbert van)	101
Hell (van)	271
Helmbreker (Theodoor)	107, 179
Helstockade	107
Herp (van)	58
Herreyns	262
Heusch (Abraham de)	105
Heusch (Jakob de)	105
Hoeck (Johan van)	224, 231
Holbein (Ambros)	109
Holbein (H.), dit le vieux	109, 324
Holbein (Johann)	108
Holbein (Sigismund)	109
Hondekoeter (Gillis ou Egid.)	113
Hondekoeter (Gisbert)	113
Honthorst (Willem)	113
Hoogstraeten (S. v.)	117, 212, 253
Horst (Nicolas van der)	234
Muchtenburgh (Jakob)	118
Hunter	333
Huysum (Jakob van)	121
Huysum (J. van) le vieux	120, 121
Huysum (Justus van) le jeune	121

	Pages.
Huysum (Nicolaas van)	121
Hyeer (C. de)	196
Jacobs (Lambert)	88
Janssens (Abraham)	346
Kabel (Ary van der)	19, 94
Kessel (Ferdinand van)	135
Kessel (Johan van)	135
Kessel (Nicolas van)	135
Klock (Henri)	95
Klomp (Albert)	209
Kluyt (Pieter-Dirck)	174
Kneller (Godefried)	253
Knupfer (Nicolaas)	264, 296
Kock (Hieronymus)	30
Koeck d'Alost (Pieter)	30, 31
Koedick (Nicolaas)	117
Koning (Philips)	212
Koning (Salomon)	212
Koster	185
Laar (J.-O. van)	136
Laar (Roeland van)	136
Lairesse (Abraham de)	137
Lairesse (Ernst de)	137
Lairesse (Jakob de)	137
Lairesse (Jan de)	137
Lairesse (Jan de)	137
Lairesse (Renier de)	137
Lambert Lombart	318
Lambert Suterman, ou Suavius	318
Lastman (Pieter)	139, 211
Le Comte (Jean-Baptiste)	159
Leyden (L. van)	148, 319, 322, 326
Lievensz (Jan)	293
Loo (Jan van)	143
Lucidel (Nicolas), dit Neufchatel	331
Maas (Adriaan)	144
Maas (Dirck)	144
Maas (Gerard)	144
Maas (Nicolaas)	144, 212
Maas (Pieter)	144
Maas (E. van der)	144
Maddersteg (Michiel)	3
Mander (Carl van)	99
Mann (van)	95
Martin (J.-B.) l'ainé	159
Martin (P.-D.), dit le jeune	159
Matsys (Cornelis)	148
Matsys (Jan)	146, 148
Matsys (Jocksen)	148
Matsys (Peerken-Quintens)	148
Meer (Jan van der) de Delft	117, 151
Meer (Jan van der) de Jonghe, ou le jeune	150
Meer (Jakob van der)	151

TABLE ALPHABÉTIQUE.

Mengs (Ismaël) 153
Micker (Jan) 297
Mieris (Frans) le jeune 170
Mieris (Jan) 168
Mireveld (Pieter) 174
Mogaert (Nicolaas) 297
Mojaert (N.) 12
Mol (Johann-Baptist van) 175
Molyn (Pieter) le jeune, dit Tempesta 81, 176
Mommers (H.) 144
Momper (Josse) 31, 224, 231
Montford (Pieter-Gerritz) 174
Moor (Karel de) le fils 177
Moreels (Jacob) 171
Moreelze (Paul) 174
Moro (Torbido) 179
Moucheron (Isaac) 179
Muelembroec (Willem) 146
Musscher (Michel van) 155
Myn (Herman van der) 188

Neefs (F.-Ludewig) 180
Neefs (Peter) le jeune 180
Netscher (Theodor) 187
Nickelle (Jacoba-Maria van) .. 188
Nickelle (Jan van) 188
Nicolaï (Isaac) 285
Nicolaï (Jan) 95
Noort (Adam van) 5, 90, 129

Ochtervelt 155
Offembach (Philipp) 80
Oortelman (Damien) 35
Oost (Jakob van) le jeune 190
Opstal (van) 135
Os (Pieter-Gerard van) 192
Oskens (Jaket) 148

Palamedes 58
Picolett (Cornil) 300
Pinas (Jakob) 211
Porbus (Franz) le vieux 205
Portugalois (Edwaert) 146
Potter (Pieter) 208

René (le roi) 321
Rietschorf (Hendrick) 3
Rietschorf (Jan-Klaasze) 3
Rogman (Roeland) 97, 311
Roos (Cajetan) 221
Roos (Jakob), surnommé Rosa di Napoli 221
Roos (Johann-Heinrich) 221
Roos (Johann-Melchior) 221
Roos (Joseph) 221
Roos (Theodor) 221
Rottenhammer (Dominicus) 222
Rottenhammer (Thomas) 222
Ruïsdael (Salomon) 107, 249

Sabbatini (Andrea) 325
Sandrard 136
Santvoort (Anthonis) 252
Savery (Roland) 81, 113
Schalken (Jacob) 253
Schalken (Maria) 253
Schilderpoort 95
Schoen (Martin) 320, 331
Schook (Henri) 101
Schooten (G. van) 139, 211
Schorcel (Jan) 178
Schut (Cornelius) 224, 231
Schwartz (Christophe) .. 255, 318
Seghers (Daniel), dit le Jésuite d'Anvers 135, 316
Seghers (Hercule) 316
Sluys (Jakob van der) 257
Snayers (Peter) 159
Spaendonck (Corneille van) ... 262
Stalbem 265
Staveren (Jacob) 263
Steenwyck (Hendrick van) le vieux 265
Steenwyck (Nicolaas) 265
Stephan, ou Etienne 83
Stevens 58
Stork 107
Strick (Peter) 17
Stry (Jakob van) 53
Swanembourg (Jacob van) 211

Tempel (Abraham van den) 177, 296
Tempel (Adriaan van den) 168
Teniers (Abraham) 271
Teniers (D.) le vieux ... 53, 80, 271
Thiele (Alexandre) 61
Thilborg (van) 271
Trippez 88

Uden (Jakob van) 283

Val (Robert du) 140
Veen (Gysbrecht van) 285
Veen (Peter van) 285
Veen (Roch van) 285
Velde (Ezaïas van den) . 1, 95, 290
Velde (Jan van den) 290
Velde (Willem van den) le vieux 287, 290
Verbeek (Pieter) 304
Verelst (Cornelis) 293
Verelst (Herman) 293
Verelst (Marie) 293
Vermeer (Jan) 151
Verschuur (Lieve) 150
Vinckebooms (David) 113
Vos (Martin de) le jeune 296
Vos (Paul de) 261
Vos (Pieter de) le père 295

TABLE ALPHABÉTIQUE.

	Pages.		Pages.
Vos (Peter de)	296	**Wolfort** (Arthus)	175
Vos (Simon de)	134, 224, 231	**Wortelmans** (Daniel)	35
Vos (Willem de)	296	**Wouters** (Francis)	224
Vries (Hans-Fredeman de)	265	**Wouwerman** (Jan)	311
		Wouwerman (Paul)	304
Walen (Jakob)	303	**Wyk** (Jan)	118
Werff (Pieter van der)	300		
Weyden (Rogier van der)	152	**Zeeman** (Enoch)	316
Wierx (Hieronimus)	174	**Zeeman** (Isaak)	316
Wildens (John)	224, 231	**Zeeman** (Paul)	316
Wilhem, ou Guillaume	83	**Zucchero** (Federigo)	285
Wils (J.)	12	**Zustris** (Frederick)	318
Wit (G. de)	119, 179	**Zyl** (Gérard van)	295

Avril. — De 1,801 à 3,300 exempl.

www.ingramcontent.com/pod-product-compliance
Lightning Source LLC
Chambersburg PA
CBHW060324170426
43202CB00014B/2659